基于语文核心素养的大单元教学

张艳萍 著

yǔwén héxīn sùyǎng

武汉大学出版社

图书在版编目(CIP)数据

基于语文核心素养的大单元教学 / 张艳萍著. -- 武汉：武汉大学出版社, 2025.8. -- ISBN 978-7-307-24891-5

Ⅰ.G633.302

中国国家版本馆 CIP 数据核字第 2025AN4215 号

责任编辑：邓　喆　　责任校对：鄢春梅　　版式设计：韩闻锦

出版发行：**武汉大学出版社**　（430072　武昌　珞珈山）

（电子邮箱：cbs22@whu.edu.cn　网址：www.wdp.com.cn）

印刷：湖北云景数字印刷有限公司

开本：787×1092　1/16　　印张：26　　字数：522 千字　　插页：1

版次：2025 年 8 月第 1 版　　2025 年 8 月第 1 次印刷

ISBN 978-7-307-24891-5　　定价：98.00 元

版权所有，不得翻印；凡购买我社的图书，如有质量问题，请与当地图书销售部门联系调换。

序

五年前的八月，我曾给张艳萍校长的《小学语文核心素养案例教学研究》一书写过序言，赞叹该书是"在滚滚热浪中写成的文字，是汗水挥洒、心血灌浇的果实"。今年的武汉进入"三伏"后，天气预报几乎都是 40℃以上，不由得使人感叹：在夏日的酷暑里，在城市的喧嚣声中，作者依然心静如水、不畏艰辛，用智慧和汗水培育出课改之花，难得啊！作者跟五年前一样，敢于直面课改中的重点和难点。不同的是，五年前侧重于对教学案例的实证探究，以促进语文核心素养的学科化、具象化；而本书《基于语文核心素养的大单元教学》则是在一个更高的起点上，运用课程理论去引领和指导教学实践、盘活教学实践、创新教学实践，从而印证、发展和丰富课程理论。可以说，理论解读和实践探索的相得益彰、交相辉映是本书的一大特色。

2022 年颁行的《义务教育语文课程标准》(以下简称"新课标")的特点之一，就是"语文课程内容主要以学习任务群组织与呈现"。这是根据发展学生核心素养的要求，实现课程结构化的新探索。"新课标"要求设计学习任务要围绕特定的学习主题，确定具有内在逻辑关联的语文实践活动。学习内容由相互关联的系列学习任务组成。关联性表明学习内容具有内在联系，是结构化的内容；系列性表明学习内容纵向发展的连贯性，是具有内在逻辑的内容。教学中，结构化的教学内容将导致整合化、网络化的思维；系列化的教学任务会促进符合逻辑的抽象思维。

其实，"学习任务群"并非"天外来客"。多年来，小学语文教材以同一主题的不同内容，组成单元，双线并进，已为老师们所熟知。课改中，"群文阅读""群读类学""比较阅读"等单元教学改革试验，随处可见。本书作者脚踏实地，登高望远，从"大单元教学"入手，颇有见地。语文本就是一个大概念。维特根斯坦说："语言的边界就是世界的边界。"伽达默尔说："人是一种语言的存在，人正是用拥抱语言的方式去拥抱世界。"语言源于生活，反映生活，表现生活。因为生活是无限的，语言也是无限的。语言的源泉是生活，离开了生活，语言就干涸了。语言的根在心灵，是人心、人性，因此，唤醒悟性、激活灵性、净化心灵是语文教学的任务。张艳萍校长在第一章就开宗明义，指出："大单元教学是以单元为学习单位，依据学科课程标准，聚焦学科核心素养，围绕某一主题或活动(大概念、大任务、大项目)，对教学内容进行整体思考、设计和组

1

基于语文核心素养的大单元教学

织实施的教学过程。""大单元"的"大",并非指学习单位的体量,而是"大概念"引领下的单元整体教学设计。学科"大概念"是大单元教学的核心,强调概念的大,意在凸显其在教学中的素养引领作用。"大单元""大概念"整合多个学段的教学内容,使之更具有整体性和系统性。

"新课标"明确要求"增强课程实施的情境性和实践性,要求学生从语文生活实际出发,创设丰富多样的学习情境,设计富有挑战性的学习任务,激发学生的好奇心、想象力、求知欲,促进学生自主、合作、探究学习。"新课标"把原课标(2011年版)中的课程基本理念"积极倡导自主、合作、探究的学习方式"修改为"促进学生自主、合作、探究学习",意味深长。这说明学生学习方式的变革(包括教师教学方式的变革)决定着课程改革的成败。或者说,没有学生学习方式的变革,无论是何种形式和内容的课程改革,都不过是虚无缥缈的海市蜃楼而已。

在实施"大单元教学"实践中,进行学生学习方式的变革,关键是学生思维方式的变革。所以"新课标"指出:"语言是重要的交际工具和思维工具,语言发展的过程也是思维发展的过程,二者相互促进。"本书作者特别重视学生思维能力的培养,将情境、梳理、整合三个关键词语贯穿始终,连接成为一条忽显忽隐的思想链条。

先谈情境。情境是什么?情境是人的主观心境和客观环境相融合的产物。真实场景,真实需求,真实问题,才会有真正意义上的语言情境。也只有在真实的情境中,才会有真实的需求和需要解决的真实问题,才会有真实而有效的言语实践活动。教学中,创设了情境之后,还要随时捕捉"境脉"的流向。当"境脉"的流向和学生思路的流向、情绪的流向趋向一致之时,才有可能会掀起另一个学习高潮。

"新课标"在"基础型学习任务群"中,要求学生"在日常的交际情境中学习汉语拼音和普通话"。还要求"紧密联系学生生活实际,结合识字内容,选择适宜的学习主题,创设学习情境,激发学生识字、写字、诵读、积累、探究的兴趣"。在"发展型学习任务群"和"拓展型学习任务群"中,均有创设情境的要求。为强化"情境意识","新课标"在"教学建议"中,还要求"创设真实而富有意义的学习情境,凸显语文学习的实践性,强调学习情境的设置要符合核心素养的整体提升和螺旋发展的一般规律。本书中呈现的若干教学实例研究,对此作出了具体而生动的诠释。

例如作者在对一年级上册第三单元学习任务群的设计中,特别强调"建立学习与生活的联系"和"构建生活化的故事情境",让学生在游戏活动中快乐地识字、写字。

作者在"实用性阅读与交流"学习任务群实施中,特别强调要创设真实的情境,认为"真实学习情境下的学习任务,是一定要在生活中真实实践的,而不只是简单地在上课时有一个创设情境的教学流程"。她还进一步强调,"真实情境不仅限于我们生活的物理空间。随着时代的发展,虚拟空间、网上资源、学习评价都是我们真实生活的一部

分"。在当今以人工智能和量子信息技术为特征的新技术革命的浪潮中，作者具有如此远见卓识，实在难能可贵。

再谈梳理。何谓梳理？梳理是对人的一种思维方式的形象化表达。即对复杂纷纭的事物或问题，通过梳理，理清头绪，疏通脉络，以便分门别类。为此，要运用分析、综合、比较、归纳等思维方法，对其中相关联的事物或问题，进行鉴别归类，然后分类整理，以便为知识、能力的重组、整合、优化结构打好基础，也为学生从已知到未知进行探究做好准备。"新课标"将"梳理与探究"贯通于整个义务教育学段，充分显示出作为思维方式的"梳理与探究"在语文学习实践中的特殊地位和重要价值。

在教学实践中，积累、梳理、运用密不可分。梳理离不开积累，没有积累，脑子空空如何梳理？然而，无论是积累还是梳理都存在于语言运用之中。通过梳理，进行由此及彼、由浅入深的探究；通过梳理，达成"物以类聚"的整合。

在设计四年级下册第六单元"文学阅读与创意表达"的学习任务群时，作者通过教材分析，既梳理了大单元语文要素年段间的纵向关联，同时也梳理了年段间的横向关联。在梳理大单元语文要素的纵横交错的关联中，注意顺应单元语文要素呈螺旋上升的趋势，指导学生学会运用多种方法把握文章的主要内容。如对本单元的几篇长课文，先引导学生运用拟小标题的方法，再把每个部分的主要意思连缀起来，从而把握课文的主要内容。

如前所述，梳理是一种思维方式。学生在梳理中进行探究，寻求整合，是大单元教学中思维活动的特点和规律。本书阐释的"大单元教学"是基于核心素养、指向核心素养的教学。而语言运用和思维能力正是语文核心素养的主要内涵。学生在语文学习中，无论是初步具有良好语感，还是形成个体语言经验，具有正确、规范运用语言文字的意识和能力，都离不开学生丰富的语言实践，也离不开学生思维能力的发展。

在小学教学实践中，我们常常有意避开"抽象思维"，而专注于学生的"具体思维"，以为这是遵循了儿童思维发展的特点和规律。其实，小学生的思维特点，虽然是以具体形象思维为主，但应适时向抽象逻辑思维过渡。在实践中，我们恰恰是强化了"为主"，忽略了"过渡"，以致延缓了学生的思维发展，使学生长期滞留在具体形象思维阶段。在"思辨性阅读与表达"学习任务群的理念解读和实施建议中，作者大声呼唤：理性思维让阅读和表达走向清明！使人警醒，令人振奋！因为"思辨性阅读与表达"学习任务群，正是要求学生具有理性思维能力，即抽象逻辑思维能力。学生在思辨中，或提供依据进行证明，或推翻前者进行反证；或独持己见，力排众议；或反弹琵琶，旧题新解；或标新立异，另辟蹊径；或暂搁争议，课后再找答案；等等。作者旗帜鲜明，观点明确，指出："培养逻辑思维是发展学生理性思维的基本点，培养辩证思维是发展学生理性思维的着力点，发展创造性思维是发展学生理性思维的突破点。"正当国家号召推进中

基于语文核心素养的大单元教学

国式现代化、发展新质生产力之际，语文教学应与时俱进，在培养学生创新思维上闯出一条新路。不如此，必将被时代抛弃。

此外，在对四年级下册第二单元"实用性阅读与交流"学习任务群进行教学设计时，作者以"穿梭古今探奥秘　奇思妙想解难题"为题，表现出宏大的气势和开阔的视野。在梳理了大单元语文要素的横向和纵向关联后，构建了大单元学习任务群框架。通过学习活动，让学生回顾提问方法，积累科技词语；借助图表梳理课文内容；根据学习任务，收集资料，解决不懂的问题；筛选资料，提取整合有价值的信息。学生在理解文本的基础上，根据不同的学习任务，查找资料、阅读信息、借助图表、罗列清单、记录问题，在不断地倾听、观察中整合有价值的信息。这样，不仅促进了学生积极思考、深入思考，而且能根据交际情况和交流对象，进行清楚得体的表达，有效地传递信息，从而提高语言能力和思维能力。

在语文教学实践中，引导学生对学习内容进行梳理，不仅让学生在"纵向关联"上，使内容呈现序列性，而且让学生在"横向关联"中，使内容结构化。乌申斯基说："智慧不是别的，而是一种组织得很好的知识体系。"可见，凡是组织得很好的、结构优化了的知识体系，必定包含着智慧，是思维活动的产物，是创新思维的成果。

后谈整合。整合是什么？整合也是一种思维方式，即将零散的、看似无关的事物或问题，在探寻其关联性后按内在逻辑，组合成一个有机的整体，以发挥其整体的优势。

张艳萍校长认为，大单元教学呈现了从知识为本到素养为本的目标重构，实现学习者的经验统整。这主要体现在两个方面：一是知识的传授和人的发展的统整；二是核心素养对人的整体发展的统整。在某种意义上说，实施"大单元教学"，正是为了更科学、更有效的整合，目的在于"注重课程内容与生活、与其他学科的联系，注重听说读写的整合，促进知识与能力，过程与方法，情感、态度与价值观的整体发展"（见"新课标"），真正实现五育融合，培根铸魂，立德树人。

"新课标"在多处出现"融为一体""统筹安排""综合运用""整体规划""集中体现""整体刻画""整体交融""综合效应""深度融合""整体提升"等词语，从不同角度、不同层次表达出"整合"的蕴意，意在强化学生对客观世界的整体认知，克服学科分得太细、知识切割太碎的"碎片化"现象。其实，"学习任务群"就是整合的产物，"大单元教学"就是大整合的结果。整合不是多种事物的聚集或相加，而是在揭示出多种事物之间的关联性的基础上的优化组合。其目的在于优化事物的内部结构，促使事物产生质的飞跃。

在五年级下册第六单元"思辨性阅读与表达"学习任务群的教学设计中，作者以"不一样的思维火花"为题，对"整合"作出了深入浅出的诠释，写道："以单元整体教学的思路来统整单元内容，确立单元主题为：'不一样的思维火花'。以纵向方式设计学习

任务群，五个学习任务群之间既联系紧密，又呈螺旋上升趋势，从读懂故事、探究思维，到创编故事、碰撞思维，再到联系生活、拓展思维，在真实的情境中运用思维解决问题，形成一个完整的单元学习系统，是思维认知从识记、理解、应用到分析、评价、创造的转变，是关注学生思维能力由低阶到高阶的阶梯式发展。"

作者在对五年级下册第七单元"文学阅读与创意表达"学习任务群的教学设计中，以"文学与阅读共舞　创意与表达同振"为题。题目中的"共舞"是"整合"的文学化表达，"共振"则是"整合"的科学化表达。教师围绕本单元的语文要素和人文主题，通过任务驱动，品味语言，考证历史，让学生走进文本、走进作者的内心，真切感受属于荷兰的城市味道。老师富有创意地对教材各部分进行整合，把课后习题变为教学环节，又把"交流平台"和"词句段运用"融入教学环节，最大化地实现了"词句段运用"的价值。教师还抓住了散文阅读是一个披文入情、因人而异的过程。因此，教师让学生在品味语言、感悟散文作品内容和形式统一的基础上，感受散文的节奏和韵味，从而获得独特的情感认知和个体的审美体验——这就是我眼中的不一样的荷兰。

正如作者所说："大单元教学设计不能简单地单篇课文叠加教学，而要依托单元资源间的内在逻辑关系，对教学的内容、结构、重点、课时等进行合理的调整。例如，将语文园地中的教学资源打散，分别安排到有内在逻辑联系的相关课文中去，既节省授课时间，又引导学生用关联的眼光去看待学习资源，提高学生的整体把握能力；加入单元导读课和单元总结课，是为了提升学生概括、总结等抽象思维能力。将有相同特点的课文放在一起，引导学生比较阅读，梳理出它们的相同点和不同点，以提升学生的思辨性阅读与表达能力；本单元中有节选自整本书的教学内容，借此契机开展整本书阅读指导，培养学生整本书阅读经验，提高学生整体认知能力，丰富精神世界。"

总观本书，作者勾勒了基于核心素养的大单元教学的基本轮廓，重点解读了大单元教学的课程理念，指引了大单元教学的实施路径，并用富有创意的、生动活泼的"实例研究"，展示了大单元教学的设计与实施，铺展从"基础型学习任务群"到"发展型学习任务群"再到"拓展型学习任务群"的整体图景。本书中呈现的语文课程的大单元、大概念，蕴含的大任务、大项目、大活动，集中反映了语文课程的大视野、大格局、大生活。从洋洋洒洒的五十多万字的文字中透露出来的教育情怀、教育品质、教育人格、教育境界，使我这位从教六十余年的老教师感动不已，连声赞曰：这不就是我们心中最美的教师吗？

写作至此，突然想到南宋朱熹的一首小诗，题为《观书有感》。诗云："半亩方塘一鉴开，天光云影共徘徊。问渠那得清如许？为有源头活水来。"我想，张艳萍校长找到了语文课改的源头活水，顺应了生命的自然成长和儿童语言的自然生成，沿着生活之源的

自然流向，让生命之花自然绽放。此时此刻，语文课改将翻开新的一页。

书不尽言，言不尽意，情不自禁，意犹未了。写了上面的一些话，聊以为序也。

杨再隋
二〇二四年八月廿日于华师大桂子山

杨再隋：华中师范大学教授，中华文化促进会儿童文化委员会主任，教育部"国培计划"首任到现任专家库成员，中国语文报刊协会写作教学专业委员会学术顾问，曾任教育部全国中小学教材审定委员会审查委员，教育部课程资源专家委员会委员，全国语文教师继续教育研究会副理事长，湖北省小学语文教学研究会理事长。

目　录

第一章　大单元教学理念解读 ······························· 1
一、大单元教学的概念 ································· 1
二、大单元教学的内涵与基本特质 ····················· 2
三、大单元教学的关键要素 ····························· 5

第二章　大单元教学的实施路径 ··························· 7
一、找准切入点——如何分析单元学习内容 ············· 7
二、依托着力点——如何进行学情精准分析 ············· 13
三、抓住突破点——如何创设真实任务情境 ············· 17
四、围绕核心点——如何进行大单元教学设计 ··········· 20

第三章　基于语文学习任务群的大单元教学设计与实施 ······ 24
一、单元教学设计的理论基础 ··························· 24
二、创设真实情境任务 ································· 26
三、设计系列学习任务 ································· 27
四、任务群分类及实例研究 ····························· 30
（一）基础型学习任务群 ······························· 30
悟汉字文化之道　奠语文学习之基
　　　——"语言文字积累与梳理"学习任务群理念解读与实施建议 ··········· 30
有趣的游戏　美好的童心
　　　——一年级上册第三单元"语言文字积累与梳理"学习任务群教学设计 ······ 40
汉字游戏变变变　传统文化植心间
　　　——一年级下册第一单元"语言文字积累与梳理"学习任务群教学设计 ······ 47
品美食文化　形声字识字
　　　——二年级下册识字单元"语言文字积累与梳理"学习任务群教学设计 ······ 53

1

基于语文核心素养的大单元教学

(二)发展型学习任务群 …………………………………………… 67

1. 实用性阅读与交流 ……………………………………………… 67

紧密联系生活　提升语文素养
——"实用性阅读与交流"学习任务群理念解读与实施建议 …………… 67

解密国宝　做优秀文化研究员
——三年级下册第三单元"实用性阅读与交流"学习任务群教学设计 …… 74

穿梭古今探奥秘　奇思妙想解难题
——四年级下册第二单元"实用性阅读与交流"学习任务群教学设计 …… 83

做一个智慧的快速阅读者
——六年级上册第三单元"实用性阅读与交流"学习任务群教学设计 …… 91

2. 文学阅读与创意表达 ………………………………………… 101

以文化人　提升审美力
——"文学阅读与创意表达"学习任务群理念解读与实施建议 ……… 101

做一个巧预测、会梳理的悦读人
——三年级上册第四单元"文学阅读与创意表达"学习任务群教学设计 … 109

阅读，感受少年儿童成长的纯真与美好
——四年级下册第六单元"文学阅读与创意表达"学习任务群教学设计 … 119

读古典名著　品百味人生
——五年级下册第二单元"文学阅读与创意表达"学习任务群教学设计 … 130

文学与阅读共舞　创意与表达同振
——五年级下册第七单元"文学阅读与创意表达"学习任务群教学设计 … 141

3. 思辨性阅读与表达 …………………………………………… 148

理性思维　让阅读和表达走向清明
——"思辨性阅读与表达"学习任务群理念解读与实施建议 ………… 148

做一个擅长思维的思辨者
——五年级上册第六单元"思辨性阅读与表达"学习任务群教学设计 … 156

不一样的思维火花
——五年级下册第六单元"思辨性阅读与表达"学习任务群教学设计 … 165

穿越古今未来　探索科学之光
——六年级下册第五单元"思辨性阅读与表达"学习任务群教学设计 … 174

(三)拓展型学习任务群 ……………………………………… 184

1. 整本书阅读 …………………………………………………… 184

2

读整本书　丰富儿童的精神世界
　　——"整本书阅读"学习任务群理念解读与实施建议 ·············· 184

徜徉寓言故事　感受智慧的力量
　　——《列那狐的故事》"整本书阅读"学习任务群教学设计 ·············· 193

走进民间故事　领略故事魅力
　　——《中国民间故事》"整本书阅读"学习任务群教学设计 ·············· 215

阅读探险故事　学写作品梗概
　　——《汤姆·索亚历险记》"整本书阅读"学习任务群教学设计 ·············· 221

2. 跨学科学习 ·············· 228

融合　融通　融创
　　——"跨学科学习"学习任务群理念解读与实施建议 ·············· 228

寻脉中华文明　弘扬传统文化
　　——三年级下册第三单元"跨学科学习"任务群教学设计 ·············· 234

逛民俗园　悟民俗情
　　——六年级上册第一单元"跨学科学习"学习任务群教学设计 ·············· 244

依依惜别　成长往事
　　——六年级下册第六单元"跨学科学习"任务群教学设计 ·············· 253

第四章　聚焦学习任务群的大单元作业设计与实施 ·············· 262
　一、"素养"导向——重塑作业设计的"增值思维" ·············· 262
　二、"任务"驱动——确定大单元"学习任务群"作业目标 ·············· 263
　三、"实践"赋能——设计凸显学科实践的活动作业 ·············· 266
　四、"评价"贴合——走向"教学评"的素养型课程体系 ·············· 271

　（一）实用性阅读与交流 ·············· 274

寻根中华文化　弘扬民族精神
　　——三年级下册第三单元大单元作业设计 ·············· 274

游奇妙世界　做宣传大使
　　——三年级下册第七单元大单元作业设计 ·············· 289

　（二）文学阅读与创意表达 ·············· 302

融情于境　创意表达
　　——五年级上册第六单元大单元作业设计 ·············· 302

"一颗中国心　一双世界眼"：世界文化之旅
　　——五年级下册第七单元大单元作业设计 ·············· 318

“品文字妙趣　展想象奇美”：世界艺术主题之旅
——六年级上册第七单元大单元作业设计 ················· 329
(三)思辨性阅读与表达 ······················· 344
探寻思维　辨出智慧
——五年级下册第六单元大单元作业设计 ············· 344
(四)整本书阅读 ··························· 359
褒贬劝讽皆故事　听说读写悟人生
——三年级下册第二单元《中国寓言故事》整本书阅读作业设计 ····· 359
畅游童话世界　体会人物形象
——四年级下册第八单元《安徒生童话》整本书阅读作业设计 ······ 368
(五)跨学科学习 ·························· 377
“难忘小学生活”：毕业时光之旅
——六年级下册第六单元大单元作业设计 ············· 377

第五章　基于素养导向的学业质量评价 ················· 393
一、解核心素养内涵，明质量评价方向 ················· 393
二、析学业质量标准，建质量评价框架 ················· 394
三、研考试评价建议，丰质量评价之径 ················· 395

参考文献 ································ 403

后记 ································· 405

第一章
大单元教学理念解读

一、大单元教学的概念

2016 年，北京师范大学林崇德教授领衔的课题组发布《中国学生发展核心素养》；2017 年，教育部颁布高中新课标，2020 年基于时代需要进行了修订，各个学科的教学目标由此升级迭代为学科核心素养的培育。这标志着我国的教育目标体系由过去的"双基目标""三维目标"，向"核心素养教育目标"转型。新颁布的 2022 年版义务教育课程方案和课程标准，基本延续了此前 2017 年版、2020 年修订版高中课程改革方案和课程标准的理念与宗旨，核心素养教育时代已经来临。这意味着，课堂的教学目标要更多地从了解、理解、记忆知识点，转变为关键能力、必备品格与价值观念的培育。这就要求老师不仅要传授学科知识，还要培育学生在真实情境中应用和迁移所学知识的素养，真正实现五育融合，落实立德树人。大单元教学就是这一背景下的产物。

（一）大单元概念的界定

普通高中课程方案和语文等学科课程标准(2017 年版 2020 年修订)首次提出"大概念教学"，即"重视以学科大概念为核心，使课程内容结构化，以主题为引领，使课程内容情境化，促进学科核心素养的落实"。指向课程核心素养的大单元教学设计被视为落实立德树人、推进"双减"政策以及深化课程改革的必然要求，也是课程核心素养落地的关键路径。

大单元教学是以单元为学习单位，依据学科课程标准，聚焦学科核心素养，围绕某一主题或活动(大概念、大任务、大项目)，对教学内容进行整体思考、设计和组织实施的教学过程。

（二）大概念与大单元

大单元的"大"并非指学习单位的体量，而是指"大概念"引领下的单元整体教学设计。学科大概念是大单元教学的核心，强调概念的"大"，凸显其在教学中的素养导向

1

基于语文核心素养的大单元教学

作用。学科教学要求打破传统的单元教学，大单元教学成为落实学科大概念的实践范式，是一线教师落实素养目标的新型教学方式。大单元通过"大概念"整合多个学段的教学内容，使教学设计更具整体性和系统性。

（三）大单元与跨学科学习

大单元教学与跨学科学习紧密相关。大概念不仅在学科内具有重要性，还能促进跨学科、跨领域的知识迁移，有助于学生理解和应用知识，促进学生全面发展。大单元教学通过跨学科学习，推动教学内容与真实世界的联系，增强学生的学习兴趣和动手能力。

二、大单元教学的内涵与基本特质

教育部颁布的义务教育课程方案和课程标准（2022年版）（以下简称"义教新课程方案"）明确提出："探索大单元教学，积极开展主题化、项目式学习等综合性教学活动，促进学生举一反三、融会贯通，加强知识间的内在关联，促进知识结构化。"我国基础教育新课程改革倡导大单元教学，并将此作为促进知识结构化和落实学生发展核心素养的主要教学方式。

如何正确理解大单元教学的内涵？如何在把握大单元教学基本特质的基础上有效开展大单元教学？这是新课程改革过程中理论与实践领域急需深入探讨的问题。

（一）大单元教学的内涵

单元，是教材组织和教学活动的基本单位。一般来讲，教学单元有两种类型：一种是依据儿童思维的结构和过程来组织的经验单元，另一种是依据学科知识的逻辑体系来建构的教材单元。一般意义上的单元是学科课程内容的组织单位，而大单元是综合课程视域下的教学组织单位。关于大单元教学，崔允漷教授认为："这里所说的单元是一种学习单位，一个单元就是一个学习事件，一个完整的学习故事，因此一个单元就是一个微课程。或者说，一个单元就是一个指向素养的、相对独立的、体现完整教学过程的课程细胞。"[①]这里提到的"学习单位""学习事件""课程细胞"很有启示意义。他将大单元同现有教材中的单元加以区别，提供判别标准："譬如语文教材中一个单元通常是一个主题下的几篇课文，如果这几篇课文没有一个完整的'大任务'驱动，没能组织成一个围绕目标、内容、实施与评价的'完整'的学习事件，那它就不是我们所讲的单元概

---

① 崔允漷.何为大单元教学？为什么要实施大单元教学？[EB/OL].万维书刊网，2023-02-03.

念。"①这就是说，大单元教学应该是一个具有特定素养目标，拥有相对完整的教学内容、议题，有着特定活动方式的微课程设计和个性化的课程实施。

因此，大单元教学突破了教材单元的限制，真正做到了"用教材教"而不是"教教材"，赋予了教师更大的自主权。教师可以基于自己设定的核心素养目标，充分发挥个人的优势，基于学生更真实、更具体的需求，跨单元、跨书册、跨媒介地整合课程资源，实现情境和任务、目标和资源、学习活动和评价的全过程整合与重构。

1. 基于教材——大单元的微调

自然单元即教材单元。现在大部分学校践行的大单元教学设计多属这一类。这类设计的单元内部有统一的教学目标，也有明确的教学分工。但仅仅基于教材教学是不够的，大单元教学还要有"大容量"，在大单元教学内给不同的学生提供更多的学习选择。因为只有课堂学习资源足够丰富，才能满足不同层次学生的学习选择需求，以学生为主体的理念才能更好地落地。

例如，将语文要素转化为学习主题。统编教材以单元人文主题与语文要素为主线，将课文、习作等板块有机串联起来。依循教材单元特点，将语文要素适度微调，即可转化成真实情境中的学习主题，进而设计结构化的学习任务与实践活动，实施大单元教学。

2. 基于学科——大单元的重构

第一类是在单学科内的重组，即将同一学科领域内的多个知识点进行专题性的有效整合，以实施学科育人。

第二类是同领域多学科整合，即在同领域内，用一个大主题，把多个学科知识组织在一起，便于关联与迁移。

第三类是跨领域重组，即用一个大概念或主题把多个领域的多学科知识组织在一起。

不管哪一类，都是以素养发展为目标，打通语文与生活、学科与学科间的链接，引导学生综合运用不同学科知识解决生活中的真实问题。

（二）大单元教学的基本特质

大单元教学不是对传统单元教学的颠覆，而是批判性地继承了传统单元教学的课程知识取向及以单元组织教学的理念，通过对传统教学的目标重构、内容重构、程序重构，最终实现价值重构，因此具有学习者经验统整性、课程内容结构化、学习程序逆向性、学习成果生活化等特点。

---

① 崔允漷. 何为大单元教学？为什么要实施大单元教学？[EB/OL]. 万维书刊网，2023-02-03.

基于语文核心素养的大单元教学

1. "素养为本"的目标重构

教学目标是大单元教学的逻辑起点。在核心素养时代，大单元教学呈现了从知识本位到素养本位的目标重构，实现学习者经验的统整，体现在两个方面。一是知识的传授与人的发展的统整。"三维目标"在知识与技能的基础上，增设"过程与方法""情感态度与价值观"，使之具有人本主义理念，是对"双基"教学目标的超越。核心素养着眼于学生发展，引导教学由关注育分向关注育人转变，使学习者的发展受到前所未有的重视。二是核心素养对人的整体发展的统整。"双基目标"和"三维目标"难以映射出整个世界的真实情况，而核心素养作为一体化的育人框架，能够更好地整合人的整体发展。

《义务教育语文课程标准（2022年版）》（以下简称"2022年版课标"）指出：核心素养是学生通过课程学习逐步形成的正确价值观、必备品格和关键能力，是学生在积极的语文实践活动中积累、建构并在真实的语言运用情境中表现出来的，是文化自信和语言运用、思维能力、审美创造的综合体现。核心素养是一个综合性目标，这促使教师在教学实践中开展整合的教学设计，培养完整而非割裂的人。

2. "加强整合"的内容重构

随着人工智能的诞生以及知识大爆炸时代的到来，知识本身已不足以应对真实世界的变化，学会学习才是核心素养。新的危机迫使教育重新审视课程内容。为了促使学生能够调动学校知识去解决真实世界的现实问题，教学需要通过知识点的联结促使其结构化，这是激活知识的主要途径。因此，以统编教材为载体的大单元教学在内容的编排上作了重大调整，通过三个方面的整合来实现课程内容的结构化。

一是知识整合。语文学科以人文主题和学习任务群双线组元，将同一主题下的不同篇章聚合，追求教学的整合效应，实现相互关联的知识之间的整合。

二是社会生活整合。人文主题即与社会生活密切相关的重要议题，例如"传统节日的风俗"等综合单元。教师可运用智慧对教材进行二次开发，形成不同的意义整体，充分体现课程内容的情境化。

三是学习者中心整合。统编教材的人文主题基于学生生活生成，且每个单元都设有指向文本解读和意义生成的单元学习任务，替代了以往的碎片化问题。举一反三是大单元教学的底层逻辑。每个单元就是一个完整的学习事件，一个微课程。这种整合方式打破了过去的分科教学和单一技能训练的模式，重视课程内容的结构化统整、与学生生活的联系，凸显教学过程的实践性、综合性、实用性，打破学科壁垒，以人的生命发展为终极目标。

3. "以终为始"的程序重构

建立在大概念基础上的大单元教学，不着眼于碎片化的知识教学，而是以解决真实问题为导向。大单元"以终为始"的教学程序的逆向性正是大单元之"大"的核心所在。

4

传统教学的一般程序是：设计教学目标——开展教学活动——进行教学评价。这样的教学模式下，学生往往不知为何而学而处于被动学习的状态，效率低下。而大单元教学首先要明确学习的终点在哪里，采用逆向教学程序：确定预期结果——确定合适的评估证据——设计学习体验和教学。其中，评估证据是对预期结果的具体量化，明确学程终点和证明方式对学生具有重要的激励作用，这也是将评价融入教学过程的方式。这样的"以终为始"的教学程序，更能促使学生专注于教学过程。

4. "走向生活"的价值重构

以素养为导向的大单元教学指向真实生活，大单元教学的价值是促成学生对学习内容的深度理解，从知识能力的学习走向生活问题的解决，以实现高通路迁移，也即学习成果生活化，这是大单元教学的价值追求。怀特海认为："教育只有一个主题，那就是多姿多彩的生活本身。"[①]多姿多彩的生活是教育的出发点与旨归，不应该被大量的知识符号蒙蔽。大单元教学对课程内容情境化提出了更高的要求，致力于打破课内与课外、学科与学科、学校与社会、线上与线下的壁垒，实现教学的时空转化。通过这种方式，学生能够解决生活中复杂多变的问题，培养专家思维。大单元教学追求基于理解的高通路迁移，这正是价值重构的过程。因此，大单元赋予了教学超越学校教育的生活价值。

三、大单元教学的关键要素

大单元教学在实施过程中要把握以下关键要素：情境目标、统整内容、活动经验以及动态评价。

情境目标：教学目标是教学要实现的愿景以及学生素养的结果表现。它一般由教师依据课程标准、教材的单元提示以及各省市区课程实施方案等来确定。大单元教学的目标不再是传统的机械的知识和技能目标，而最好是一个以做事为导向的任务场景。

统整内容：打破以往固定的、有限的课程内容，在大单元教学中，构建真实的、有关联的、整体性的内容体系。它有时需要采取跨单元、跨书册、跨年级、跨媒介的方式，打通课上课下、校内校外，指向学生的真实生活经验和真实生活世界。

活动经验：这里的"经验"，既可以是动词，指教学实施和教学活动展开的过程，包括教学过程中一系列教学活动、策略、路径、方法、资源等的开展和运用；也可以理解为名词，指学生经历各种学习活动所形成的知识、技能、素养、态度、策略等。大单元教学更强调让学生经历知识产生的过程，因而更注重教学活动、教学事件、教学过程的设计。

---

① ［英］怀特海 A N. 教育的目的［M］. 徐汝舟，译. 北京：生活·读书·新知三联书店，2022.

基于语文核心素养的大单元教学

动态评价：指评价课程的实施效果。这种评价包括过程性评价和结果性评价，教师评价和同学之间的评价。这些评价最好以"学习任务单""评价量表""反思自检表"等方式出现，从而发挥评价对教与学的指向、反思、协作、调控的功能。

上述四要素不是固定、截然分割的，而是相互联系、相互影响的，有时候目标、内容、活动和评价甚至很难区分。但它们会形成一个具体丰富且不断生长的课程生态环境，学生的核心素养会在这个充满挑战性的活动环境中建构生成。

第二章
大单元教学的实施路径

一、找准切入点——如何分析单元学习内容

在基于核心素养的大单元教学中，首先要做的就是分析教材。这既是教学的基础，也是开展大单元教学设计的切入点。

（一）教材分析及其特性

本书强调的教材分析，指的是对给定的教材，从单元角度出发，找出教材的结构，即找出构成教材的要素及其相互间的层级关系。教材分析具有如下特性。

1. 综合性

每个单元的教学内容都不是孤立存在的，因此进行教材分析时，要综合与学生学习相关的因素作整体分析。我们要基于教材、教参、相关教学资料、各类网络资源等，综合理解 2022 年版课标中提到的学习任务群理念。在充分了解这些资源的基础上，我们才能准确地了解编者意图，把握教材内容，聚焦单元整体，帮助学生学习，促使核心素养真正落地。

2. 承接性

国家推行统编教材，旨在传承中华优秀传统文化和社会主义文化。这一过程通常涉及三个层面：编者(教材编写者)、教者(教师)、学者(学生)。教材的编写者依据国家育人方针，通过对众多文化类型的筛选、优化和整合，形成由主题单元方式组成的系统教材。学生拿到教材后，由于本身知识结构和理解能力的局限，很难掌握和运用这些教材，必须通过学习来获取知识和能力。学习的过程中，教师就是很好的媒介，作为学生学习的引领者，起到了桥梁的作用。教师通过对教材的分析，了解编者意图，获取教材信息。同时，根据学生的实际需要，帮助学生选择合适的教材内容和呈现方式，拉近教材的抽象性与学生的具体经验之间的距离，做好教材与学生之间的衔接工作。分析教材是教师创造性理解教材的过程。

3. 主观性

面对同样的教材，不同的教师由于经验、思考方法、价值观等不同，可能会将教学

基于语文核心素养的大单元教学

的重点放在不同的地方。也就是说，教材分析的过程反映了教师的教学经验和教学主观判断，体现了教师的教育思想和个人的思维特点。这些因素共同决定了教师分析教材的根本观念和根本思想，也就形成了教师个人的教学观。而这些带有很强主观性的教学观，直接决定了教材分析的质量。

（二）整体思考学习任务群的切入点

在进行学习任务群的教学设计时，教师需要对教材进行全面、深入的分析，主要包括纵向和横向两个维度。纵向分析是指围绕单元教学内容，对整册书，乃至小学六个年级中关于这个单元主题、语文要素的内容进行纵向分析和比较；横向分析是指对统编教材的每个单元内容进行横向梳理，找到这个单元内每部分教学内容之间的内在联系。通过对教材进行"纵向+横向"的分析，教师才能够准确地把握所教内容在整个学科体系中的位置，有助于我们有针对性地进行学习任务群的教学设计，教学过程才会有的放矢。

以统编版小学语文教材三年级上册第六单元为例，本单元围绕"祖国山河"这个主题编排了四篇精读课文，即《古诗三首》以及三篇写景的散文(《富饶的西沙群岛》《海滨小城》和《美丽的小兴安岭》)。本单元的语文要素是借助关键语句理解一段话的意思，习作的要求是围绕一个意思写作。

1. 纵观人文主题，明确大单元教学中大情境的创设

以"家国情怀"这一人文主题为例进行纵向分析。虽然统编版小学语文教材中并非每册都设有直接以"家国情怀"命名的单元，但诸如"家乡""祖国山河""乡村生活"等相关主题多有呈现。这些主题相互关联，帮助学生从不同角度理解和感受祖国的壮丽山河和深厚文化。

统编版小学语文教材"家国情怀"人文主题纵向分析

年级	册次	人文主题	梯度
二年级	上册	家乡	
三年级	上册	祖国山河	
三年级	下册	奇妙的世界	
四年级	上册	家国情怀	由浅入深， 逐步提升
四年级	下册	乡村生活	
五年级	上册	四季之美、家国之殇	
五年级	下册	家国情怀	

通过对统编版小学语文教材中"家国情怀"人文主题进行纵向分析可知，随着学生年级的升高和认知能力的发展，教材对学生的人文主题培养也在逐步深入。从关注家乡到放眼祖国，从欣赏、领略祖国的自然风景到品味、感受祖国的人文景观，从激发培养热爱祖国的情感到树立"天下兴亡、匹夫有责"的爱国责任感和远大的抱负，学生的视野、思维和情感都在逐步提升。三个学段整体推进，由浅入深，不仅体现了学生认知发展的特点，也体现了语文学习的特点。

本单元要理解的大概念是借助关键语句理解一段话的意思。教师结合单元内容和学生实际，可以创设这样的学习情境："假如你现在要跟着书本开始一段全国旅行，你会遇到哪些风光？请用心欣赏祖国美丽的风光。"在这样的学习情境中，我们可以将促进学生概念性理解的核心任务设计为"跟着书本去旅行"。在完成这个核心学习任务的过程中，学生通过学习课文，领略祖国各地美丽的风光，并结合自己的生活体验，尝试用文学语言表达自己对祖国的热爱之情。

本单元课文旨在让学生领略祖国各地美丽的风光，激发学生热爱祖国大好河山的思想感情，最终指向"家国情怀"，而"家国情怀"这一主题贯穿整个小学阶段。在第一学段，这一主题指向联系自身生活经历，理解家人、家乡，这一学段的内容是理解"家国情怀"的基础。在第二学段，这一主题指向构建学生的"家国情怀"版图，即通过认识祖国的壮美河山，进一步激发学生的爱国情怀。在第三学段，这一主题通过联系古今，深化学生的爱国情怀。随着学段进阶，"家国情怀"一步步由"家"展开到"国"，由"理解"深化到"热爱"，这是祖国的花朵成长为祖国的栋梁的心灵蜕变之旅。

2. 纵观语文要素，明确大单元整体教学中学生能力的进阶发展

以三年级上册第六单元的语文要素"借助关键语句理解一段话的意思"为例，关键语句是理解一段话、一篇文章的内容，体会作者思想感情的重要切入点。三年级的学生正式进入"段"的学习。随着学生年龄的增长和认知水平的提高，统编教材在关于关键句的学习内容编排和能力要求上，呈现出由低到高、层层递进的特点。从"理解"内容到"概括"大意，再到"体会思想感情"，直至把握文章主要观点，教材对阅读理解能力的要求逐步提升，对思维能力的要求也愈发深入。

统编版小学语文教材运用"关键语句"单元及要素纵向分析

年级	册次	单元	语文要素
三年级	下册	第六单元	借助关键语句理解一段话的意思
三年级	下册	第四单元	借助关键语句概括一段话的大意

基于语文核心素养的大单元教学

续表

年级	册次	单元	语 文 要 素
四年级	上册	第一单元	抓住关键语句，初步体会课文表达的思想感情
六年级	下册	第六单元	抓住关键句，把握文章的主要观点

尽管本单元是统编版语文教材第一次明确提出"关键语句"的概念，但实则之前就已经有要求了。一年级上册第七单元开始培养学生找出课文中的明显信息；一年级下册第七单元培养学生根据课文明显信息做简单判断；二年级上册第三单元培养学生整合信息，作出判断；二年级下册第六单元培养学生提取主要信息，了解课文内容。而这些"信息"，往往要从文章或文段的关键语句中获得。

而且，并非只有明确提出"关键语句"要素的单元才涉及此方面的学习和训练，其他单元也在从不同角度、以多种方式助力学生更好地理解和把握这一阅读方法。例如，三年级上册第一单元引导学生阅读时关注有新鲜感的词语和句子，这是对引导学生了解关键语句的铺垫，有助于学生明确"关键语句"这一概念。第二单元让学生运用多种方法理解难懂的词语；第六单元围绕"借助关键词语理解一段话的意思"做了有层次、有梯度的安排；第七单元让学生感受课文生动的语言，积累喜欢的语句；第八单元学习要求学生带着问题默读，理解课文的意思。三年级下册有多个单元都在围绕"关键语句"这一要素进行引导和训练，有读有写，段篇相继，让学生更集中、更深入、更系统地学习、理解和运用这一概念和阅读方法。

统编版小学语文教材三年级运用"关键语句"单元及要素纵向分析

册次	单元	语 文 要 素
上册	第一单元	阅读时，关注有新鲜感的词语和句子
	第二单元	运用多种方法理解难懂的词语
	第六单元	借助关键语句理解一段话的大意
	第七单元	感受课文生动的语言，积累喜欢的语句
	第八单元	学习带着问题默读，理解课文的意思
下册	第三单元	了解课文是怎么围绕一个意思把一段话写清楚的
	第四单元	借助关键语句概括一段话的大意
	第七单元	了解课文是从哪几个方面把事情写清楚的
	第八单元	了解故事的主要内容，复述故事

10

三年级上册第六单元的语文要素旨在引导学生养成寻找关键语句的阅读习惯，加深对阅读内容关键含义的理解。本单元的习作要求是试着围绕一个意思写一段话。这一要素为四、五、六年级进一步学习写作打下了良好的基础。

纵观小学语文教材，还有很多涉及借助关键语句加深理解课文内容的单元。一年级下册第二单元学习的"提取信息策略"是获得关键语句的基础；二年级上册第六单元学习的"借助语句，了解课文内容"同样在逐渐渗透关键语句的概念；三年级下册学习的"借助关键语句概括文章大意"反向认识关键语句对疏通文义的重要性；四年级下册第一单元进一步提升难度，在疏通文义的基础上，要求学生"能够借助关键语句，初步体会课文表达的思想感情"，这是从"理"到"解"的质的提升；六年级上册第六单元要求"抓住关键语句，把握文章主要观点"，进一步以关键语句为抓手，训练学生提升逻辑理解能力。

3. 横向分析，明确学习任务群的路径

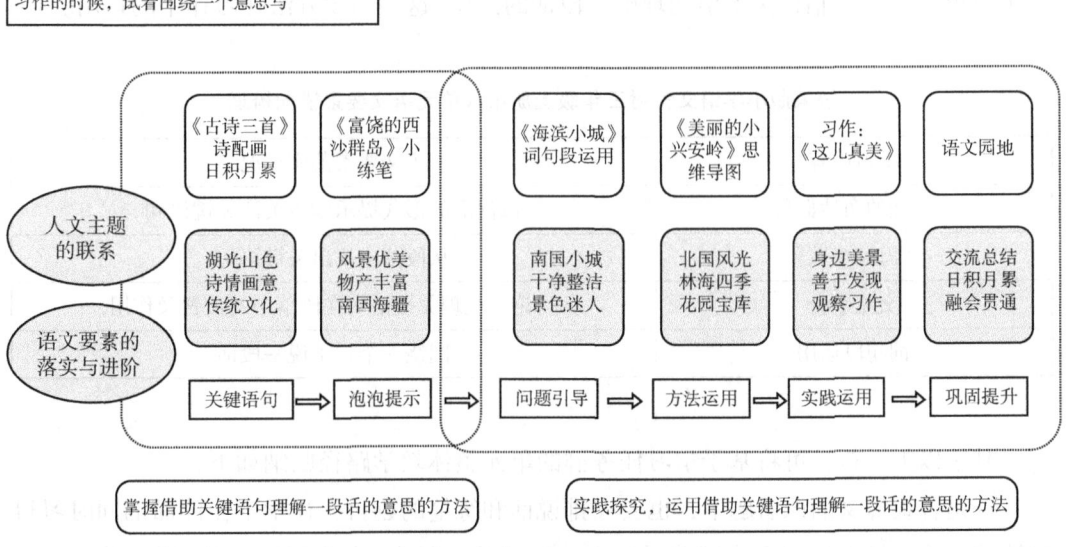

统编版小学语文三年级上册第六单元横向分析

如上图所示，从人文主题看，本单元四篇课文都描写了祖国的山河美景，编排别具匠心，时间从古至今，地域从南到北。《古诗三首》描绘了祖国山水或波澜壮阔、瑰丽壮美，或风光旖旎、美不胜收，或清新淡雅、宁静祥和的多彩画卷，能使学生在想象中感受祖国的山川壮丽，品悟诗歌的意境之美。《富饶的西沙群岛》《海滨小城》《美丽的小

基于语文核心素养的大单元教学

兴安岭》分别描写了风景优美、物产丰富的南部海疆，景色迷人的南国小城，以及四季风景各异、处处藏宝的北国林海，带领学生欣赏祖国的美丽风光，感受祖国的幅员辽阔、地大物博。

习作《这儿真美》要求学生运用阅读中积累的构段方法和优美词汇，写出观察到的周围的美景。语文园地安排了"交流平台""识字加油站""词句段运用"和"日积月累"四个板块的内容。"日积月累"安排的是李白的《早发白帝城》，让学生隔着悠远的时间与空间感受诗人的畅行心境和长江两岸的美景。

通过阅读整个单元，学生必将产生对祖国大好河山的赞美和热爱之情，有助于培养民族自豪感和民族自信心。

从语文要素看，《古诗三首》侧重引导学生根据注释和抓住关键字词理解诗歌描写的内容。《富饶的西沙群岛》作为第一篇精读课文，以泡泡的形式提示学生关注关键语句，发现段落的表达规律。《海滨小城》的课后题引导学生从段落中找出关键语句。《美丽的小兴安岭》结构清晰，让学生运用本单元所学，结合文章中的提示语来发现文章的段篇规律。语文园地中的"交流平台"重点讨论、梳理关键语句在段落中的位置及其作用，"词句段运用"安排了围绕一个句子说一段话的练习。本单元的习作要求"试着围绕一个意思写"，是"借助关键语句理解一段话的意思"这一阅读方法在习作中的运用。

统编版小学语文教材三年级上册第六单元语文要素横向梳理

学习内容	语文要素落实情况
《富饶的西沙群岛》	以泡泡的形式提示学生关注关键语句
《海滨小城》	从段落中找出关键语句
交流平台	讨论、梳理关键语句在段落中的位置及作用
词句段运用	围绕一个句子说一段话

基于以上分析，可将基于学习任务群的单元整体教学路径归纳如下：

一是各篇课文的课后题中，也要安排说话和练笔的题目，让学生在读懂的同时习得表达的方法，继而运用方法试着说明白、写清楚，形成"由读到说再到写"的单元学习路径。

二是基础型学习任务群作为整个单元的学习基础，通过语言文字的积累与梳理，为整个单元的学习内容做好铺垫，成为主学习任务群中一个重要的学习任务。

三是情境创设贯穿始终，通过真实任务情境串起所有学习任务，逐步提升学生的关键能力，在语言文字的运用中形成对祖国大好河山的热爱。

二、依托着力点——如何进行学情精准分析

（一）学情分析的定义

美国教育家奥苏贝尔曾说："假如让我把全部教育心理学归结为一条原理，那么，我将一言以蔽之：影响学生学习新知的唯一最重要因素，就是他们已经知道些什么。我们要探明这一点，并据此进行教学。"①

学情分析，通常又称为"教学对象分析"或"学生分析"，就是对学生情况的分析。基于"以学定教"的思想，学情分析是学习任务群设计与实施的着力点，所有设计均以学生的实际获得为依据。学情分析的作用体现在三个方面：一是学情分析是学习目标设定的基础，二是学情分析是单元整体学习内容分析的依据，三是学情分析是教学策略选择和教学活动设计的出发点。

（二）学情分析的角度及方式

一般情况下，学情分析从三个方面进行：对学段学生情况的分析，对学生已有知识积累的分析，对学生学习能力的分析。

核心素养的真正落实不能仅仅靠单节课，而要站在整体高度设计学习任务群，实施单元整体教学。因而，我们需要分析学生在本单元学习前已有的知识、经验、技能等，明确学生发展需求、学习路径，分析学生在单元学习过程中可能遇到的困难。简单地说，就是分析清楚学生从已知到须知中间的困难是什么，应对的教学策略是什么。

学情分析的方式很多，比较常用的是如下几种方式。

自然观察：观察学生的言谈举止表情；短期观察，长期观察；重点观察，全面观察。

书面材料：现有资料，诊断性资料（专题测查，如作文等）。

谈话：师生交谈。

调查研究：根据调查的内容和问题列出调查提纲，确定调查的重点对象，考虑好调查的具体步骤和方法。

测验法：设计相应的练习题或试卷，要求在特定的时间内作答。

---

① 译自 Ausubel D P. Educational Psychology：A Cognitive View[M]. New York：Holt, Rinehart and Winston, 1968.

基于语文核心素养的大单元教学

（三）如何进行单元学情分析

单元是基于学习任务群的教学设计的基本单位。因此，从大单元整体入手进行教材分析对后续的设计非常重要。下面以统编版小学语文五年级上册第八单元为例，阐述如何进行单元学情分析。

1. 从单元要素看学生能力进阶

（1）提升阅读速度

五年级上册第二单元围绕"阅读要有一定的速度"的主题整体编排，注重学习提高阅读速度的方法。第八单元课文的课后题渗透着第二单元的语文要素。《古人谈读书》的课后题是"正确、流利地朗读课文，背诵课文"。《忆读书》的课后题是"用较快的速度默读课文，说说作者回忆了自己读书的哪些经历，她认为什么样的书才是好书"。《我的"长生果"》的导读要求是"用较快的速度默读课文，说说作者读过哪些类型的书，从童年读书、作文中悟出了哪些道理"。前有第二单元对提高阅读速度方法的习得，后有第八单元对提高阅读策略的应用及效果检测，这种编排既体现出单元间的关联性、能力培养的连贯性，有助于学生阅读能力的进阶提升，同时也凸显了阶段迈进，在理解内容的基础上提高阅读速度，使学生能够灵活运用所学方法，根据不同的阅读目标和阅读过程中的即时效果，适时调整阅读速度。

（2）掌握阅读策略

四年级上册第七单元的语文要素之一是关注主要人物和事件，学习把握文章的主要内容。五年级上册第八单元的语文要素为根据要求梳理信息，把握内容要点；根据表达的需要，分段表述，突出重点。在学习这一单元时，可有效应用四年级上册第七单元的阅读策略，既有巩固的作用，又有提升的效果。同时本单元阅读策略的习得又为六年级上册第六单元"抓住关键句，把握文章的主要观点"的能力培养打下基础。

（3）语言构建与运用

五年级上册第八单元口语交际的主题为"我最喜欢的人物形象"，这一内容的设置不仅为单元的习作"推荐一本书"做铺垫，也与五年级上册第二单元的语文要素"结合具体事例写出人物的特点"有相通之处。而本单元习作《推荐一本书》承接了五年级上册第六单元的语文要素"用恰当的语言表达自己的看法和感受"，同时，为六年级下册第一单元的语文要素"习作时注意抓住重点，写出特点"以及六年级下册第二单元的语文要素"借助作品梗概，了解名著的主要内容，就印象深刻的人物和情节交流感受"的落实打下基础。

2. 从学生的年段特点看学生发展

根据皮亚杰的教育理论，五年级学生的认知正处于形象思维向抽象思维过渡的时

第二章 大单元教学的实施路径

期，因此应该将语言能力的培养和思维能力的培养有机结合起来。对于五年级第一学期的学生来说，他们对《古人谈读书》的理解可能较为浅显，有的学生仅仅停留在体会作者的读书经历、读书方法层面，而未上升到读书的意义以及与生活密切相关的高度。读书的意义到底是什么，学生会好奇，也会渴望探究，因而这是他们理解的难点。

五年级学生具备一定的默读能力和略读能力。学生默读时边读边思考，边读边圈点、做批注，默读能力在逐步提升，从而能够较为完整地把握文本内容。他们有较强的好奇心，能够发现文本中的兴趣点，并且能较为清晰和完整地说出自己的所见、所思、所感。他们对生活的了解较为丰富，能够为课堂学习提供较为广阔的资源，并且对开拓性的话题有自己简单的见解。

五年级学生已经养成日常读书的习惯，涉猎的内容、题材也较为广泛，有了一定的知识基础及阅读能力，同时已经积累了一定的阅读习惯和阅读方法，能够对文章中不理解的地方提出疑问，基本能够通过抓住文章中的关键词句把握文章的要点，体会文章表达的思想感情。五年级学生注重对文章细节的思考，对于关键词句有自己独到的见解，但整体把握不甚准确。对于篇幅较长的文章，或意义较为深刻的文章，他们有时难以从整体上把握，容易陷入逐词、逐句、逐段地分析，把课文肢解。

善于模仿、表现欲强是这一学段学生的显著特点。他们虽然思维活跃，但不够认真细致。他们能够阅读浅显的文章，初步理解文章的内容，懂得文章蕴含的浅显道理；已有了较强的自学能力，能通过预习，了解文章大意，并自主进行批注，帮助自己理解。然而，他们深入课文、完整地梳理关键信息以把握文章的要点、体会文章的表达顺序、感受文字背后情感的能力，还需要提高。

3. 从学情调研看学生发展空间

为了更清晰地了解学生的学情，我们还可以围绕单元整体，从多个维度设计调研问卷，通过数据分析，找到学生的已知、未知，确定学习的难点，有助于我们更好地突破。下面是针对五年级上册第八单元设计的调研问卷。

①你认为读书的价值是什么？把你的理由写出来。

②本单元的三篇课文中你更喜欢哪一篇？写出你喜欢的原因。

③你肯定也读过许多书吧？你最喜欢哪本书呢？简单写一写理由。

④针对本单元的三篇课文，你认为怎样才能把握文章的重点内容？

通过调研发现，全班67%的同学喜欢《忆读书》，理由是他们很喜欢文中"读书"带来的丰富经历，同时喜欢看作者分享的读书感受以及对部分所读书籍的评价，觉得可以读一读作者提到的好书。19%的同学喜欢《我的"长生果"》，理由是读起来有意思，欣

15

基于语文核心素养的大单元教学

赏作者能把读书学到的知识用在写作上。14%的同学喜欢《古人谈读书》，理由是文章介绍了古代人是怎么读书的。

对学习方法的调研发现，全班有40%的同学提到多朗读几遍，有25%的同学选择在文章中查找重要的语句（提取关键信息），有18%的同学选择搜集资料，其余同学没有作答。

基于调研的数据，我们梳理了学生的调研情况，可以获得以下信息。

第一，学生对读书的认知是浅层次的。学生关注更多的是读书给自己带来的直接影响，而很少考虑到读书对人的一生乃至对人类文化的影响，这就需要教师在教学中进一步引导学生深入理解读书的内涵。我们需要创设一个活动，以项目的形式推进学生对读书内涵的理解，真正理解读书的意义、反复读经典的意义，比如开展"我为经典代言"系列活动。

第二，读者之间更容易产生情感共鸣。很多同学喜欢《忆读书》的理由还停留在对文章表层信息的喜爱。在教学中，教师需要引领学生挖掘"读书"的内涵——读书的意义不仅仅指向知识，更指向人的素养、生命的意义，乃至人类文明。同时，教师还要引导学生感悟作者的有序表达，让学生了解这种表达方式赋予这篇叙事散文叙事清晰的语言特色，得出"读起来轻松快意，也是喜读理由之一"的结论。

第三，学生具备了一定的辨别学习方法的能力，以及初步的依据文本进行策略选择的能力。

基于学情调研，我们明确了本单元基于学习任务群的整体设计。学习任务群的真实情境的创设是从学生的认知中生长出来的。基于学生的认知基础，我们找到了学生对读书认知的最近发展区，将这个单元的任务情境创设定为"我为经典代言"。结合学校的"阅读节"活动，我们为大家创设了共同读书的契机，搭建了分享交流的平台。

在教学中，我们可以用"我最喜欢的人物形象"这一话题引导学生复习刻画人物形象的方法，让学生利用方法有序表达、突出重点；在开启"我为经典代言"活动的同时，为后续的习作学习打下基础。三篇课文的学习为习作"推荐一本书"中要求学生掌握分段表述、突出重点有效搭设了"脚手架"。学生通过阅读实践，能够多维度认知读书的意义，为"阅读节"分享交流活动奠定基础。整个单元教学始终以"我为经典代言"这一单元任务情境整体推进，逐步落实学生"梳理关键信息，把握主要内容"的阅读策略，逐步推进学生对读书内涵意义的整体认知，从而促进学生阅读能力的提升。

结合学情分析的情况，大单元整体设计既要有整体构想，又要着力学生的实际获得，具体需要注意如下几点：

一是建立文本与生活间的联系，促使语文回归生活。本单元的两篇精读文章均在课后题中引导学生结合自身的读书经历去体会文章的内容。教师应渗透语文生活化的意

16

识，在利用教材提供的语言材料的同时，着力加强语文与生活的联系，提升语文运用能力，使语文回归生活，并在社会生活中运用。

二是落实三位一体阅读教学，有效提升阅读能力。教师应注意在精读教学中帮助学生习得阅读策略并内化策略，引导学生在略读课文时进行阅读实践。在此基础上，可基于同一作者的作品、课文原本所属的完整作品、课文中被提及或引用的作品等内容建立课内外阅读内容的关联，在充分利用教材内容的同时增加阅读量，丰富学生对文本及作者的认知，感受文体的特色，提升阅读能力。

三是把握三个内容之间的关系，梯度发展表达能力。在教学中，教师应把握文本、口语交际、单元习作三者之间的关系，明确目标要求，体现发展梯度，加强过程指导。

三、抓住突破点——如何创设真实任务情境

（一）关于"真实"学习任务与情境的思考

学习任务是否"真实"，主要取决于解决的问题是否"真实"。如果我们深入思考，可以发现，当学习情境是教师"创设"出来的，而不是客观存在的时，所谓的"真实"问题，便被限定于特定的学习语境之中。但在现实生活中，真实任务并不是被"创设"出来的，而是客观存在的。人们完成这些任务时，并未被赋予任务之外的目的。例如，作家创作绘本，显然有别于课堂教学中教师让学生通过缩写故事创作一本简单的绘本。再如，某小区在大门口张贴的社区安全倡议书，这份倡议书的撰写完全基于真实的需要，与学生在课堂上写下的倡议书也不同。主题单元下的学习任务要解决的问题，绝大多数是"创设"的，而不是客观存在的。

2022 年版课标强调："语文学习情境源于生活中语言文字运用的真实需求，服务于解决现实生活的真实问题。"而在实际教学中，这里的"真实问题"往往并非名副其实的现实生活中的"真实问题"，而是创设出来的"真实问题"。如果教学中的学习任务正好与实际生活需要一致，那么一个真正意义上的"真实"情境便能被创设出来。

教师创设的学习情境和设计的学习任务，要解决的是学生在语文学习时遇到的"现实"问题，这些学习任务也应被称为"现实"的学习任务。现实的学习任务越能与客观生活中需要解决的真实任务联系起来，越能想象和预料其迁移运用到现实生活中的价值，就越趋于"真实"。从这个角度说，学习情境的创设在学习任务设计中具有举足轻重的价值。基于单元学习情境的学习任务产出的学习成果是否得到重视，是否形成了可视化的成果，以及可视化的成果是否被"肯定"，关键在于是否将学生真正带入语言文字的学习与运用之中。

基于语文核心素养的大单元教学

（二）大单元教学的学习任务要从情境中来

学习任务群倡导的情境和任务之间是一体两面的关系。教师在教学中要增强学生发现问题的意识，提高他们解决问题的能力。此处说的解决问题的能力不是解题能力，而是基于现实生活、解决实际问题的能力。然而，真实世界是非常复杂而且多变的：因为复杂，所以不可控的因素更多，学生完成任务的概率就很小；因为多变，所以从某一现象中发现问题的难度更大，学生甚至不知从何做起。因此，学习任务群教学中的学习情境和任务，必然要经过教师精心设计，适当改造，以适应学生的学习需要。

相较于情境，教师可能更重视任务，毕竟任务跟教学的联系更密切。然而，情境和任务密不可分。在教学中，很多教师往往先设计好任务，再思考如何创设情境，或者忽略情境的创设。可是，教师一定要明白，学习任务只是知识学习和能力养成的载体，而具有高度整合性的真实学习情境才是"学生语文核心素养形成、发展和表现的载体"，它能使知识和能力产生意义和价值。可以这样说，学习任务解决的问题是"做什么"和"怎么做"，而学习情境要回答的问题则是"为何要这样做"。学习任务的目的是提高学生在真实世界中解决问题的能力，学习情境的目的是增强学生面对真实世界时发现问题的意识。从这个意义来说，学习情境规定了学习任务的目的性，学习任务的完成则回应了学习情境的具体要求。

（三）大单元学习任务情境创设策略

1. 任务情境与学习任务逻辑相承

具有整合性的真实情境之所以能培养学生的语文核心素养，就在于它们需要学生运用整合性、结构化、抽象化的知识去发现问题、解决问题。语言文字的学习实践活动要融于情境中，在任务解决的过程中习得和建构语言。和以往从情境中抽象出来的线性知识系统的学习不同，学习任务群中的知识和语言文字运用是在实际运用中自动整合的。学生在完成学习任务的过程中，通过自主探究、同伴协作，自主建构起学习需要的知识的"秩序"，探寻语言的规律。学习任务群中的情境和任务要时刻维系以下关系：一是情境给出需要解决的具体问题，任务要围绕这个问题提出解决方案和具体措施；二是任务群的设计，即如何通过情境创设，设计出一个能够激发学生学习兴趣、能够承载学生的问题、引导学生进行语言文字运用的任务，这是关键；三是情境虽是真实的、复杂的，但也要照顾任务的可完成性，防止创设任务时将不良结构问题简化成良性结构问题。

比如对五年级上册"四时景物"单元的设计。本单元是"热爱自然"人文主题精神内涵的发展和延伸，包括三篇精读课文《古诗词三首》《四季之美》《鸟的天堂》和一篇略读课文《月迹》，以及习作《即景》和语文园地。

第二章　大单元教学的实施路径

本单元教学以"心中最美的风景征集"活动为任务情境，向学生明确征集活动的要求：一是提交自己创作的一篇作品，展现动静结合的手法；二是表达自己的真情实感；三是体现对生活的热爱。在任务群设计的过程中，教师通过创造性地使用教材，将单元教材中的习作《即景》前置，引导学生整体感知单元教学内容后尝试运用语言，激发学生情趣，发现习作中的问题，然后根据学生的认知基础，进行下一个任务的学习。学生虽然是初步尝试，但已积累了一定的语言经验，教师也借此了解了学生的认知起点，为学生后面的学习奠定基础。整个单元通过任务驱动，最终达成任务。

2. 以贴近学生生活的方式将教学内容巧妙地隐含在任务之中

生活中处处有语文，任务群的实施就是要让学生用语文来做事。学生学习运用语言文字时常脱离生活实际，这是长期以来语文教学的大问题。真实的生活情境能增强学生语言文字运用的目的性、规范性、实用性，促使他们进行知识的建构，从而提高语言文字运用的综合能力。但是，并不是所有生活涵盖的场景都具有任务情境的合理性，因为现实生活中，不同地域、不同家庭背景、不同经历的学生的生活各不相同，他们关注的生活便会存在层次和角度上的差别。因此，创设基于学习任务群教学的任务情境，一定要贴近学生的生活体验，将教学内容通过情境的创设融入任务。

3. 激发学生的学习积极性，吸引学生的注意力，让语文学习真正发生

教师在创设任务情境时，要充分考虑学生对怎样的情境感兴趣，可以从他们的兴趣点入手，从而令其主动投入对问题的探究。学生愿意去听、去读、去说、去写、去探究，才有学习的驱动力。

怎样创设情境才能激发学生的兴趣点和注意力呢？我们在阅读时，有时会产生朦胧的、一闪而过的想法，虽有探究的冲动，但源于客观的条件，想法忽起忽灭；或者在某一个情境中，想做一件事，却由于个人力量的薄弱而一直没有做成。情理相通，学生也会有这样的体验。往往，这样的体验更能激发学生的探究欲望。

真实情境的"真实"在于它是经历、感受和体验过的生活，而不是因为课后题中有要求，教师就把课后题呈现出来，进而编制出的虚拟或虚假的情境。教学中，教师要把课后题变成学生能力达成的路径，创设真实的情境，带着学生通过路径达成目标。具体可以从如下几个方面入手：

第一，确保情境创设的真实性，即情境应源于现实生活中的真实的事件或者问题。

第二，学习过程情境化，即将抽象的教学内容尽量转化为学生愿意探究的生活情境内容。学生对于语言文字的理解、掌握和运用需要有情境的支撑，同时又受到情境的影响与制约；合适的情境创设可以为学生学习语言文字提供背景，为语言的习得与运用提供活动场景与资源条件。

第三，达成的过程要体现学生的自主性。基于建构主义理论，学生能力的形成是在

19

基于语文核心素养的大单元教学

特定情境下学生通过必要的学习条件和基础来完成自学的过程。

第四，解决过程要有语言实践性。情境应是学生通过语言与外部世界相互作用。应注重实践性，让学生在实践中掌握知识和技能。

第五，实施过程具有社会性。人是社会的人，社会是人的社会。学习的目的是适应社会，创设的情境要蕴含人的社会化过程的实践情境。

四、围绕核心点——如何进行大单元教学设计

统编版小学语文教材的编排方式是"双线组元"，即采用"人文主题"和"语文要素"两条线索相结合的方式来编排单元教学内容。采用双线组织单元结构是统编教材在单元教学体例上的重大突破，这种结构主要关注的是课文语言形式和思想内容的关系问题，即要处理好语言文字训练目标与思想教育目标的关系，体现二者的统一。统编教材强调单元、年级、年段以及全套教材的整体性，教材的一个主题单元中通常会有不同题材和类型的文章。在教学过程中，要注重应用这些题材和类型，引导学生学会从不同角度思考问题、解决问题。所以，大单元教学设计应注重整体构建。

（一）以终为始的目标前置

1. 单元整体教学的目标设定

大单元整体教学的目标设定不同于传统教学的三维教学目标。有学者认为，"每一个单元目标代表在课程结束后，学习者可以掌握且能在现实世界中直接运用的知识技能"。即单元目标要基于学科大概念，是可迁移、可应用、可以与生活实际相联系的。所以，在小学阶段，单元整体设计目标中包含一个真实可测的明确的输出结果（如设计、鉴赏、探究、决策）作为目标达成的验证项目。

以统编版小学语文四年级下学期第五单元为例，本单元是习作单元，学科大概念是"游记题材的文章要按照一定顺序写，往往要描写景物的独特之处和自己的感受"。基于这样的学科概念，我们把单元学习目标定为：①能理清几篇课文作者的游览顺序，画出游览路线图，并按游览顺序写一篇介绍自己游览过的一个地方的作文，可以用上过渡句，使景物的转换更自然；②能抓住课文的重点段，学习作者如何通过细致的观察和细腻的表达，把景物的奇特之处和自己的独特感受写清楚；③结合生活实际，运用学过的方法，写一写自己游览过的印象最深的一个地方，参加"评选最佳游记"比赛。"评选最佳游记"即最终输出结果。

2. 提取单元学科大概念的路径

第一，从课程标准中提取。课程标准是语文教学的总纲。2022年版课标明确提出了语文四大核心素养：文化自信、语言运用、思维能力、审美创造。浙江大学教育学院

刘徽教授认为，"素养指向真实性，所谓真实性就是在具体的情境中主动调动相关的知识、技能去创造性地解决问题……只有理解大概念才能形成素养"①。六个任务群分年段阐述的学习任务，为我们明确了不同年段所对应的学科大概念。

第二，从教材信息中提取。统编版语文教材以双主体单元方式呈现。三年级开始，每个单元都设有单元导读，常常可以直接作为单元的学科大概念，或者稍加提炼即可。此外，课后习题、语文园地中的交流平台，甚至单元的口语交际、习作等内容，都能帮助我们找到单元的学科大概念，从而准确定位单元目标。

第三，从评价标准中提取。这个方法特别适用于统编教材中的习作单元。还是以统编版小学语文四年级下学期第五单元这一习作单元为例，教师评改游记时的标准为：有没有用表示方位的词理清游览顺序，有没有重点描述有特点的景，有没有用上修辞手法写出自己的独特感受。经过加工提炼，本单元的重点就是写游记时要有顺序、有特色、有感受，这也正是本单元的学科大概念。

（二）以评促学的评价标准前置

1. 单元整体教学的评价特征

逆向设计的单元整体教学，评价标准前置是其另一大特点。传统考试通常被称为"终结性评价"，优势在于能够检测学生掌握学科知识与技能的情况，但存在整体性不足的问题。杨向东教授评价说："它过于关注学生在知识点上的认知，缺乏对事物或现象的整体认知和思考，缺少知识整合和综合运用。"②而逆向设计的单元整体教学评价是基于前置目标中的大概念，以输出的结果为依托，指向学生的学科素养提升，是一种"整体性评价"。这种评价方式通过考量学生在真实情境中应用知识、技能，以及表现的情感价值，来判断学生的学科素养。

2. 单元整体教学评价量表的制定

单元整体教学评价量表清楚地描述了学生怎样的表现才算达标。这样的评价本身就能够帮助学生努力达标，甚至超出标准，达到以评促学的目的，实现教学评一体。

评价量表都会由"要素、等级和评价标准"三个部分组成。其中，要素是学生的学习表现或者是输出结果分解成若干个具体的部分，构成评价表的框架结构；等级是学生表现的分级；评价标准是具体明确的表述，用于确定成功实现目标或学习目标的程度。如下表所示：

---

① 刘徽，蔡潇，李燕，等. 素养导向：大概念与大概念教学[J]. 上海课程教学研究，2022（1）：3-8.

② 杨向东. 华东师大课程所杨向东教授关于核心素养的报告[R]. 西安：西安市第八十九中学，2018-01-09.

基于语文核心素养的大单元教学

四年级下册第五单元评选最佳游记的评价量表

要素 等级	一星(不合格)	两星(合格)	三星(优秀)	自我评价
恰当的 题目	题目不符合习作要求	题目居中,符合游记类文章的要求	题目居中,符合游记类文章题目要求,题目有吸引力	★ ★ ★
按游览顺序写	不能恰当使用方位词、过渡句等写清游览的顺序	能用表示方位的词和过渡句写出游览的顺序	能用恰当、丰富的方位词、过渡句写出游览顺序	★ ★ ★
写出景物特点	没有重点描写景物的特点,没有表现景物特点的关键词句	有描写景物特点的关键词句,并围绕关键词句写了自己的观察	能用优美的语言、多种修辞手法,描写出景物的特点	★ ★ ★
有自己独特的感受	没有写自己的感受,或者感受空泛,缺少真情实感	表达了自己在游览中的真情实感	语言优美,情感真挚,有多处表达真情实感的好句子	★ ★ ★

(三)教学评一致的教学设计

1. 核心统领下的单元设计

逆向设计的单元整体教学活动紧紧围绕单元目标和评价标准展开,做到了教学评的一致性。

以统编版小学语文四年级下学期第五单元为例,该单元是习作单元,单元目标为让学生参加"评选最佳游记"活动。这意味着,整个单元都围绕着"当优秀的小导游"这个真实的任务而展开。同时,将大概念"游记题材的文章要按照一定顺序写,往往要描写景物的独特之处和自己的感受"在每课进行分解完成。设计如下:

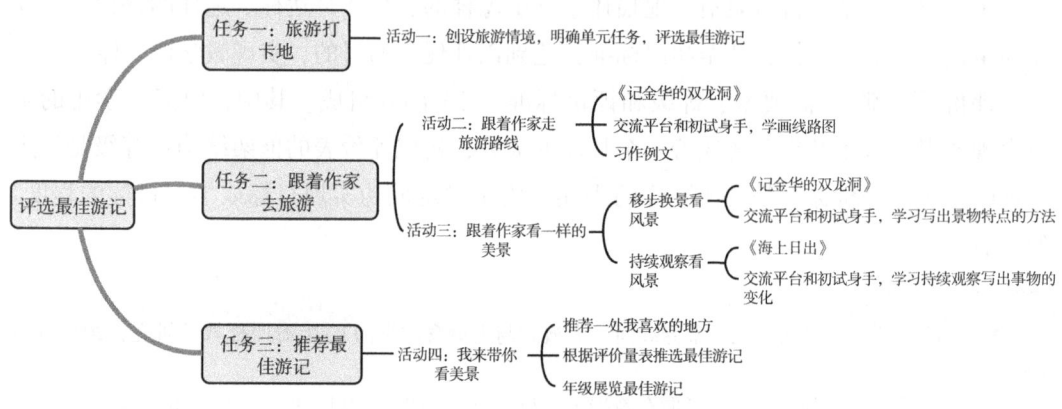

"评选最佳游记"单元设计图

22

2. 讲究关联的整体设计

单元核心大概念的统领与传统教学方式的局部学习、循环累积不同，它不仅注重单元内部的整体设计，还讲究与外界的关联。

(1)同一单元内部的关联

同一单元各板块之间是相互联系的有机整体，且各有侧重：单元导语明确语文要素；三篇精读课文重在落实语文要素，贯穿学习方法的指导；"交流平台"旨在总结本单元的语文要素，让学生体会资料对理解课文内容和情感的重要作用，为有针对性地借助资料进行学习打好基础；"词句段运用""口语交际"和"习作"侧重实践运用。我们要对每个单元内容进行梳理，找出文章之间的内在联系，详讲略讲有机结合，以学生自主完成任务、解决问题为主。

(2)单元与单元之间的关联

小学阶段的六个任务群在六年小学生涯中反复出现，螺旋上升。例如，爱国、革命题材的学习任务贯穿整个小学，五年级上册和下册的爱国主义单元都有表达爱国情怀的古诗。这两册单元的古诗安排非常巧妙，上册有《题临安邸》和《示儿》，下册有《秋夜将晓出篱门迎凉有感》。在品读《秋夜将晓出篱门迎凉有感》中"南望王师又一年"中的"望"字时，可以体会到其中既有"希望"又有"失望"但不"绝望"的复杂情感，这对于五年级学生是有难度的，尤其难以理解"失望"又不"绝望"。此时，我们可以回扣上学期《题临安邸》中的"山外青山楼外楼，西湖歌舞几时休"，体会"失望"；再回扣《示儿》中的"家祭无忘告乃翁"，体会陆游并不绝望。品析爱国情怀的古诗，可以从时代背景和人物生平入手，隐含的上位大概念是古诗中有时代，时代中有诗人。

(3)单元与学科之间的关联

单元与学科之间的关联既指与本学科的关联，也指跨学科的关联。当我们以真实的任务来驱动单元教学，必然涉及跨学科内容。根据2022年版课标要求，每门学科应该至少有10%的课时用于跨学科主题学习，且语文学科中明确提出了"跨学科学习"任务群。

(4)单元与生活之间的关联

将单元整体教学与现实生活关联起来是单元整体教学的一个重要表现。这不是一个简单的语文活动，而是要求每一位教师认真思考学科于生活的价值在哪里。例如，学习口语交际"打电话"时，教师要思考如何帮助学生把课堂所学迁移到实际生活，而不仅仅是让学生在课堂上学会有礼貌，说清楚。

正如怀特海在《教育的目的》一书中所说："教育只有一个主题，那就是五彩缤纷的生活。"[1]

———————————

[1] [英]怀特海 A N. 教育的目的[M]. 徐汝舟，译. 北京：生活·读书·新知三联书店，2022.

第三章
基于语文学习任务群的大单元教学设计与实施

《义务教育语文课程标准（2022年版）》中明确指出："义务教育语文课程内容主要以学习任务群组织与呈现。设计语文学习任务，要围绕特定的学习主题，确定具有内在逻辑关联的语文实践活动。语文学习任务群由相互关联的系列学习任务组成，共同指向学生的核心素养发展，具有情境性、实践性、综合性。"语文学习任务群致力于结合学生生活，努力联结生活与语文学习的联系，创设真实的语文学习情境，结合教材资源确定一个重要的学习主题，统整教学资源，设计出若干具有内在逻辑关联的语文学习任务，以任务驱动的方式引导学生开展系列语文实践活动。

语文学习任务群的落地需要以大单元教学进行整体构建。大单元教学是直指培养核心素养的语文课程的基本实施单位，它绝不是简单的学习顺序安排和学习内容叠加，而是一种语文学习方式的变革。只有真正理解了大单元教学的本质，抓住核心问题，才能扫清大单元教学设计和实施上的障碍，整体理解与把握学习目标，注重知识学习与价值教育的有机融合，发挥每一个教学活动多方面的育人价值，从而真正促进学生举一反三，融会贯通，关注知识间的内在关联，促进知识结构化。大单元教学设计采用素养导向和任务驱动的双重设计理念，将教材单元进行情景化的资源重组和任务改造，围绕特定的单元学习主题，设计具有内在逻辑关联的系列学习任务。

一、单元教学设计的理论基础

（一）确立单元学习主题

2022年版课标提出的语文学习任务群思想以语文课程的育人功能为终极目标，努力实现知识本位向素养本位的转变。单元学习主题其实就是学生在单元学习中、真实情境下需要完成的大任务。这个任务是人文性和工具性的有机融合，是这个单元学习中兼具复杂性和统整性的核心任务。确立单元学习主题要遵循两个原则：一是人文性与工具性统一的原则；二是必要性和适切性结合的原则。

以统编版小学语文教科书三年级上册第六单元为例，教材编排了《古诗三首》《富饶的西沙群岛》《海滨小城》《美丽的小兴安岭》四篇课文，语文园地中的"日积月累"安排

了古诗《早发白帝城》，习作安排了《这儿真美》。单元提示中呈现了"热爱祖国山河"的人文主题，语文要素要求学生学习总分的构段方式。按照上文所说的两个原则，我们确立了本单元的学习主题——探寻·咏赞：祖国的壮美山河。教材只是个例子，关键在于教者如何用好它。这个单元学习主题的确立，明确了我们在整个单元的学习中不仅要让学生感受祖国山河的壮美，产生强烈的自豪感以及对大好河山的热爱之情；同时还要学习作者们是用怎样的方式表现出自己的所见所闻所感的，并尝试用本单元学到的方法创造性地表达自己的见闻，抒发自己的情感。另外，这一主题的确立也明确了本单元的学习内容主要是围绕感受祖国壮美山河展开，其中通过探究、吟诵、抒写表达对祖国山河的热爱是主要的学习方式。

（二）整合单元学习目标

基于单元学习主题，结合教材内容和教学提示整合出单元学习目标，这是大单元教学设计的起点，它决定了这个单元能让学生学到什么内容，学到什么程度。通常可以从以下两个方面作为切入点进行整合。如图1所示。

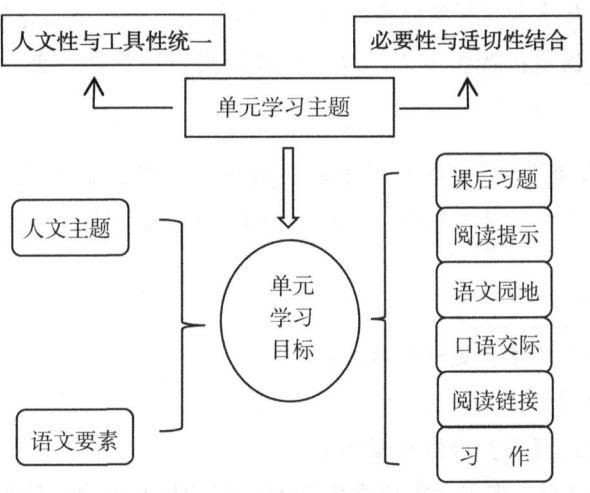

图 1　确立单元学习主题与目标

1. 人文主题和语文要素

统编版教材一直采用人文主题和语文要素双线组元的方式来编排，但每个单元的语文要素通常有2~3个。为了使单元学习目标更具统领性，我们采用以语文要素表现人文主题的方式整合出单元学习目标。

如统编版小学语文教科书五年级上册第三单元的人文主题是"老百姓智慧的结晶——民间故事"，语文要素是"了解课文内容，创造性地复述故事"和"提取主要信息，缩写故事"，学习目标为"通过提取主要信息，创造性地复述民间故事，缩写民间故事，

基于语文核心素养的大单元教学

感受老百姓的智慧"。如此整合，就把本单元要求理解和表达的内容融合在一起，使目标能统领整个单元的学习。

2. 课后练习、阅读提示、口语交际、语文园地和习作

课后练习、阅读提示、口语交际、语文园地和习作都是落实语文要素的重要载体，我们整体阅读分析之后不难找出其共同点，从而梳理整合单元学习目标。

如统编版小学语文教科书四年级下册第六单元，将其中的一篇课文的课后习题、两篇略读课文的阅读提示、语文园地的"交流平台"和习作进行横向比较，会发现其明显的共同点。

《小英雄雨来（节选）》课后题2：给其他五个部分列出小标题，再说说课文的主要内容。

一、游泳本领高　　　　四、＿＿＿＿＿＿
二、＿＿＿＿＿＿　　　　五、＿＿＿＿＿＿
三、＿＿＿＿＿＿　　　　六、＿＿＿＿＿＿

《我们家的男子汉》阅读提示：结合课文中的小标题说说作者为什么称这个孩子为"男子汉"，作者对他有着怎样的感情。还可以给每个部分换个小标题。

《芦花鞋》阅读提示：默读课文，为每个部分列出小标题，再和同学交流印象最深的内容。

语文园地的"交流平台"：我发现本单元的课文很长，而且是分成几个部分写的。《小英雄雨来》用序号标示每个部分，《我们家的男子汉》用小标题，《芦花鞋》用空行的方式。

习作《我学会了＿＿＿＿》

● 你是怎样一步步学会做这件事的？

● 学习过程中遇到了哪些困难？是怎么克服的？

● 有哪些有趣的经历？心情有哪些变化？

通过整体阅读分析，本单元需要学生学习掌握的核心内容是用列小标题、联结小标题的方式把握课文的主要内容。从习作和课文内容不难发现，"成长"是本单元关注的人文主题，并且在习作指导中提示学生将文章写清楚的方法是梳理出相应的小标题：学习步骤、遇到的困难、解决方法、心情变化等。据此，我们将本单元的学习目标确定为"用列小标题的方式把握文章主要内容，并尝试用相同方式写自己的成长故事，感受成长的快乐"。

二、创设真实情境任务

基于语文学习任务群的大单元教学设计需要在单元教学主题的统领和单元学习目标

第三章　基于语文学习任务群的大单元教学设计与实施

的引领下，设计真实情境中的学习任务，依托教材，重组结构化的单元教学内容，再造学习流程，引导学生通过具体的语言实践活动解决现实生活中的问题，使学生感受到语文学习的现实意义。

大单元教学设计中的情境任务紧密围绕单元学习主题和目标进行创设，具有三个显著的特征：

一是真实性，即在课堂中创设社会生活中真实的语言运用情境，如旅游攻略制作、参与植树活动、药品说明书的阅读等现实生活中会用到语文的情境。

二是贯通性，即整个单元的学习活动都发生在一个大的情境之中。

三是实用性，即学生在这个情境中进行语言实践活动，能感受到语文很有用，从而激发学生对语文学习的更大热情，同时在情境下运用语言文字完成任务的过程中提高思维水平、审美能力等核心素养。如图 2 所示。

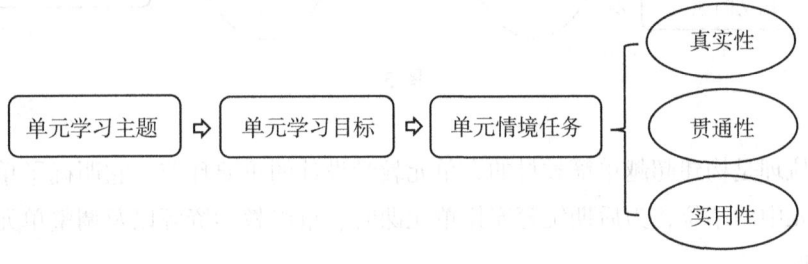

图 2　创设真实情境任务

以统编版小学语文教科书三年级上册第六单元为例，该单元围绕祖国的壮美山河编排了系列内容，我们确立了"探寻·咏赞：祖国的壮美山河"的单元学习主题和"借助关键语句理解一段话的意思，用总分的方式写祖国的一处景物，表达对祖国山河的热爱之情"的单元学习目标。围绕上述主题和目标，依据情境创设的三个特征，我们设计了以下单元情境任务——为外国朋友制定中国旅游攻略。这个情境贯穿于整个单元学习之中，将不同的学习内容连成一个整体。这个情境是可以在现实生活中真实发生的，具有一定的现实意义。同时此情境把外在于学生的学习要求变成学生内在的交际需要，有助于激发学生阅读与表达的积极性，唤醒学生的学习主体意识。

三、设计系列学习任务

系列学习任务中具有内在关联的语言文字实践活动是连贯的、结构化的，旨在让学生在活动中经历整体把握——具体感知——抽象认知——具体运用——整理提升的过程，从而形成语文学科核心素养。

（一）梳理教材单元内资源

以统编版小学语文教科书四年级下册第六单元为例。我们通过前期整体分析，确定

27

基于语文核心素养的大单元教学

了本单元的学习目标为"用列小标题的方式把握文章主要内容，并尝试用相同方式写自己的成长故事，感受成长的快乐"。依据此目标，我们对本单元的教学资源做了重新梳理。如图3所示。

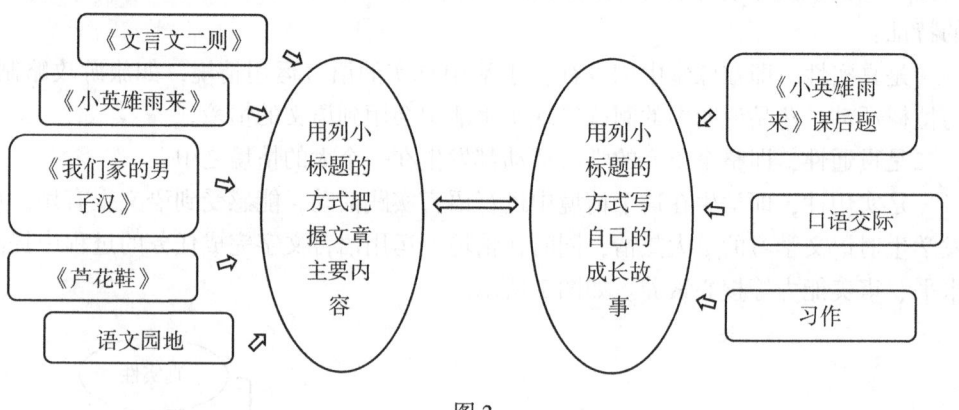

图3

这种梳理是构建超越单篇教材的大单元教学设计的重要环节，它明确了单元内资源在整个单元中的站位，为后期统筹安排单元课时、重组教学资源以及调整单元教学框架提供了依据。

（二）调整单元教学方案，设计系列学习任务

统编版小学语文四年级下册第六单元教学方案

单元学习主题	单元学习目标	单元情境任务	子任务	学习活动	对应的语文学习任务群	具体教学内容	课时
探寻·展示：成长的快乐	用列小标题的方式把握文章主要内容，并尝试用相同方式写自己的成长故事，感受成长的快乐	谁是故事大王——成长篇	1.（整体把握）制作成长故事主人公名片	1. 单元导读课。整体感知单元全貌，梳理出单元故事主人公。	语言文字积累与梳理	单元导读，《文言文二则》《小英雄雨来》《我们家的男子汉》《芦花鞋》《独坐敬亭山》	1
			2.（具体感知）和成长故事主人公交朋友	2. 探究文言故事中主人公的特点。	实用性阅读与交流	《文言文二则》，"词句段运用"第一题，《独坐敬亭山》	2
				3. 通过列小标题的方式探索雨来的故事，寻找雨来身上的闪光点。	文学阅读与创意表达	《小英雄雨来》，结合"交流平台"关联"词句段运用"第二题	1

28

续表

单元学习主题	单元学习目标	单元情境任务	子任务	学习活动	对应的语文学习任务群	具体教学内容	课时
单元学习主题：探寻·展示：成长的快乐	单元学习目标：用列小标题的方式把握文章主要内容，并尝试用相同方式写自己的成长故事，感受成长的快乐	单元情境任务：谁是故事大王——成长篇		4. 结合小标题探寻小伲子被称为男子汉的原因。	文学阅读与创意表达	《我们家的男子汉》，结合"交流平台"	
			2.（具体感知）和成长故事主人公交朋友	5. 用列小标题的方式寻找青铜身上最珍贵的品质。	文学阅读与创意表达	《芦花鞋》，结合"交流平台"	1
				6. 用列举重要信息的方式有条理地记录并介绍朋友相处的秘诀。	实用性阅读与表达	口语交际	1
			3.（抽象认知）成长故事主人公推介会	7. 比较阅读：《小英雄雨来》《我们家的男子汉》《芦花鞋》的相同点和不同点。	思辨性阅读与表达	《小英雄雨来》《我们家的男子汉》《芦花鞋》	2
				8. 整本书导读课。结合课文《小英雄雨来》《芦花鞋》引导学生读整本书。	整本书阅读	整本书：《小英雄雨来》《青铜葵花》	1
			4.（具体运用）故事大王比赛：我自己的成长故事	9. 梳理写作思路，结合单元所学列小标题的方法，写自己的成长故事。	文学阅读与创意表达	习作：我学会了____	1
				10. 写完后与他人分享交流并修改习作。	文学阅读与创意表达	交流展示习作	1
			5.（整理提升）故事大王获奖感言	11. 单元总结课。梳理本单元学习收获。	思辨性阅读与表达	全单元所有内容	1

　　在单元任务："谁是故事大王——成长篇"的统领下，我们设计了 5 个逻辑上相关联的子任务，接着在子任务下设计了 11 个结构化的语言实践活动。通过这些活动，我们

基于语文核心素养的大单元教学

用语文的方式学语文，旨在培养学生的语文学科核心素养。

大单元教学设计不能简单地单篇课文叠加教学，而要依托单元资源间的内在逻辑关系，对教学的内容、结构、重点、课时等进行合理的调整。如前表所示，将语文园地中的教学资源打散，分别安排到有内在逻辑联系的相关课文中去，既节省授课时间，又引导学生用关联的眼光去看待学习资源，提高学生的整体把握能力；加入单元导读课和单元总结课，提升学生概括、总结等抽象思维能力。将有相同特点的课文放在一起，引导学生比较阅读，梳理出它们的相同点和不同点，以提升学生的思辨性阅读与表达能力。同时，本单元中有节选于整本书的教学内容，借此契机开展整本书阅读指导，培养学生整本书的阅读经验，从而提高学生整体认知能力，丰富其精神世界。

四、任务群分类及实例研究

（一）基础型学习任务群

悟汉字文化之道　奠语文学习之基
——"语言文字积累与梳理"学习任务群理念解读与实施建议

《义务教育语文课程标准(2022 年版)》中，将义务教育语文课程从 3 个层面设置了 6 个学习任务群。其中，语言文字积累与梳理是第一层面的基础型学习任务群中唯一的任务群。它是开展其他任务群的基础和桥梁，是对语文课程核心素养中"语言运用"方面的直接落实，是我们学习语文的奠基石。同时，这一任务群促进着学生思维能力的发展、审美品位的提升和文化积淀的丰厚，也有利于学生语文学科核心素养的整体发展。

1. 发展与创新——守正出新　务本筑基

注重积累是我国语文教学的优秀传统之一。"不积跬步无以至千里"这句古语，不仅被用来引导人们通过"日积月累"来达成社会性或者知识性目标，在语文教学中也有着广泛而悠久的运用历史，传统蒙学的《三字经》《百家姓》《千字文》就是比较典型的语言积累性教学材料。近代以来，语文教学纲领性文件也对此予以了确认。如 1902 年颁行的《钦定蒙学堂章程》就设计了这样的"学科阶级"：第一年，字课(实字，凡天地人物诸类实字皆绘图加注之始之)，习字(即用所授字课教以写法)；第二年，字课(静字，兼教以动静字加于实字之上之方法)，习字(同上教法)；第三年，字课(虚字)，习字(同上教法)；第四年，字课(集字成句法)，习字(同上教法)。从 1954 的《改进小学语文教学的初步意见》起，有关语言文字积累的课程内容大体以"识字""写字"独立板块和融入阅读部分两种办法进行处理。

《义务教育语文课程标准(2022 年版)》继承并发扬了这一传统，立足语文课程核心

素养落实及其相互之间的关系，指出"在语文课程中，学生的思维能力、审美创造、文化自信都以语言运用为基础，并在个体语言经验发展过程中得以实现"。语言积累为语言的建构与运用提供了现实的物质支撑，其本身就是语文课程核心素养重要的一方面，同时也为核心素养其他三方面的发展提供着物质和心理条件。

2. 内涵与价值——夯实基础 培根铸魂

《义务教育语文课程标准(2022年版)》指出："语言文字积累与梳理"学习任务群"旨在引导学生在语文实践活动中，积累语言材料和语言经验，形成良好语感；通过观察、分析、整理，发现汉字的构字组词特点，掌握语言文字运用规范，感受汉字的文化内涵，奠定语文基础"。分析这段简要的文字不难发现，该学习任务群的意义与价值主要指向以下三个方面。

(1)发挥语言文字在传承与发展中华文化中的重要作用

与《义务教育语文课程标准(2011年版)》相比，《义务教育语文课程标准(2022年版)》独立设置了课程内容，明确将中华优秀传统文化、革命文化、社会主义先进文化作为重要的内容主题，并详细列举了每个主题的载体形式。这一要求进一步凸显了语文学科以文化人的育人功能。而要做到这一点，首先必须关注语言文字在中华文化传承和发展中的重要作用。葛兆光先生认为，"典型的"中华文化主要体现在五个方面，其中居于首位的就是"汉字的阅读书写和用汉字思维"。[1] 从先生的观点不难看出，汉语言文字不仅是中华文化最为重要的载体，而且其本身就是最具特色的中华文化标志。

(2)凸显语言运用在语文核心素养中的基础地位

《义务教育语文课程标准(2022年版)》在其"课程目标"部分，首先明确了语文核心素养的四个方面，即文化自信、语言运用、思维能力、审美创造。其中，语言运用为语文学科的专责，思维能力、审美创造、文化自信则是其他各学科都需要关注的素养。而就这四个方面的内在关系来说，语言运用又是其他三个方面的前提和基础。离开了对语言文字的揣摩和体悟，思维、审美和文化要么会落入空谈，要么会离题万里。张志公先生极力倡导语文教学必须"带领着学生从文章里走个来回"，"首先把语言文字弄清楚，从而进入文章的思想内容，再从思想内容走出来，进一步理解语言文字是怎样组织运用的"，而不能离开课文去肆意发挥，大讲政治道理、语法知识、逻辑知识、文学常识等，否则就会背离语文教学的规律，将语文教学带入高耗低效的泥沼。可见，将"语言文字积累与梳理"确定为基础型学习任务群，正是为了凸显语言运用在语文核心素养中的重要地位。

(3)发扬我国语文教育注重积累和梳理的优良传统

注重语言文字的积累是我国语文教育的传统经验。早在战国时代，荀子就曾用流水比喻积累的重要性。《荀子》的首篇《劝学》中有言："不积小流，无以成江海。"到了南朝时期，刘勰在其著名的文论《文心雕龙》中则有"积学以储宝，酌理以富才"的论断。意

---

① 葛兆光. 古代中国文化讲义[M]. 上海：复旦大学出版社，2006.

思是对于文学创作者来说，积累就如同储存珍宝；在积累的基础上梳理则是丰富才华的主要手段。进入 21 世纪，积累和梳理的语文教育传统受到了格外关注。2001 年颁布的《全日制义务教育语文课程标准(实验稿)》明确要求学生"有较丰富的积累，形成良好的语感"。《义务教育语文课程标准(2011 年版)》则对"积累"给予了更多的关注，在课程理念、设计思路、学段目标和内容、教学实施建议等部分均有涉及。《义务教育语文课程标准(2022 年版)》专设"语言文字积累与梳理"学习任务群。本次课标修订如此强调积累和梳理，其目的正在于继承和发扬我国语文教育的优秀传统，引导学生在积累中养成良好的语感，在梳理中晓悟语理。

综上所述，《义务教育语文课程标准(2022 年版)》将"语言文字积累与梳理"确定为基础型学习任务群，其目的绝不仅仅在于让学生获得语言文字的知识和技能，更在于培养学生喜欢汉字的情感与态度，让学生逐步感受到汉字在中华民族文化中的独特地位和作用，认识到识字写字与继承中华民族优秀传统文化的关系，增强学生对祖国语言文字的热爱和对中华民族文化的理解。

3. 策略与路径——聚集素养 任务驱动

"语言文字积累与梳理"学习任务群以"语言文字"为载体，以"识字与写字"和"梳理与探究"为主要实践方式，引导学生形成良好语感，掌握语言文字运用的规范，感受汉字的文化内涵。在语言文字积累的过程中，不同学段各有其相应的目标、内容与实施重点。

我们试着梳理基础型学习任务群第一、二、三学段的"学习内容"(见下表)。

基础型学习任务群第一、二、三学段"学习内容"

学段	语言文字积累		语言文字梳理	
第一学段	认识有关人的身体与行为、天地四方、自然万物等方面的常用字；认识家庭生活、学校生活、社会生活中的常用字；在生活中主动识字；认读拼音字母，拼读音节，认识声调；诵读、记录课内外学到的成语、谚语、格言警句、儿歌、短小的古诗等。	学习书写笔画简单的字；学习部首检字法、音序检字法。	初步体会结构汉字的主要特点；尝试发现汉字的一些规律。	初步学习分类整理课内外认识的字。
第二学段	在真实的情境中独立识字；关注校园内外汉字和标点符号的正确使用情况；诵读、积累成语故事、中华文化名言、短小的古诗词和新鲜的词语、精彩句段等。	在真实的情境中独立写字；同学之间互相正音、正字。	体会同义词、反义词等词语的作用。	初步梳理常用汉字音、形、义之间的联系；整理自己发现的校内外汉字和标点符号的正确使用情况；分类整理、交流积累的成语典故、名言、短小古诗词、新鲜词语、精彩句段等。

32

第三章　基于语文学习任务群的大单元教学设计与实施

续表

学段	语言文字积累		语言文字梳理	
第三学段	通过多种方式独立识字；诵读优秀诗文。	开展校内外讲普通话、写规范字、正确使用标点符号情况的调查。	注意词语的感情色彩。	整理分享自己对校内外讲普通话、写规范字、正确使用标点符号情况的调查；分主题梳理自己积累的成语典故、格言警句、对联等，并运用到日常读写中。

横向看：语言文字积累和语言文字梳理并非割裂开来，积累和梳理都是围绕着"语言文字"进行的。我们在进行这个任务群的教学实施过程中要注意将语言文字的积累与梳理融合起来。

纵向看：①各年段的学习内容具有层层递进、螺旋上升的特点。如第一学段要求诵读成语、儿歌、短小古诗，第二学段要求诵读成语故事、名言、短小的古诗词，第三学段要求诵读优秀诗文。②随着学生思维能力的增长，学习难度逐步加大。如第一学段要求分类整理认识的字，第二学段要求整理成语典故、名言、短小古诗词，第三学段要求分主题整理成语典故、格言警句、对联等。③本任务群内容大致包含"拼音系列""集中识字""成语格言""短小诗文"四大领域。

《义务教育语文课程标准(2022年版)》中"语言文字积累与梳理"任务群的"教学提示"提出了五条建议。这五条建议强调：①关注兴趣与情感的激发；②教给积累与梳理的方法；③根据语言实例进行指导。

第一，关注兴趣与情感的激发。

《义务教育语文课程标准(2022年版)》在该任务群的教学提示中指出："根据学生的年龄特点和认知规律，紧密联系学生的生活实际，结合识字内容，选择适宜的学习主题，创设学习情境；激发学生识字、写字、诵读、积累、探究的兴趣……引导学生在识字、写字、语言积累中感受中华文化的魅力，激发热爱中华文化的情感。"语言文字是人类认识世界、与世界交流的重要工具和载体。对于儿童而言，学习语言文字运用是儿童生活、成长和交际的内在需求。遵循儿童的成长规律，捕捉儿童的兴趣来源，在基于真实生活创设出的语言运用情境中识字、写字、日积月累，激发儿童学习与生活紧密相关的汉字的兴趣，可以更好地唤醒儿童自主学习积累的主体意识，赋予语言文字积累以现实的意义。

以"'诗苑幽情'主题学习方案"为例：

33

基于语文核心素养的大单元教学

设 计 概 述

设计背景	1. 课标中的学段要求：诵读、记录课内外学到的成语、谚语、格言警句、儿歌、短小的古诗等，感受中华优秀传统文化，养成自主积累的习惯。
	2. 选择这一主题的原因：一是源于学生文化自信培养的需要。古诗是中华优秀传统文化的主要载体之一，源远流长的古诗词传承着中华的血脉，延续着文化的记忆，是培养学生文化认同感，帮助其感受中华优秀传统文化生命力的最佳途径；二是培养低年级学生养成自主积累的好习惯。选择这一主题就是以小学低年段学习者为中心来进行考量，引导学生增强语言积累和梳理的意识，教给学生语言积累和梳理的方法，让学生真真正正地实现一次沉浸式体验，在感受古诗的语言、韵律、节奏、意境之美的同时，调动学生的求知欲和学习兴趣，从而促进学生养成自主积累的好习惯。
设计说明	1. "诗苑幽情"学习主题适用于一年级下学期。
	2. 与现行统编教材关系：一般学习主题有遵循、调适、创生三种构建方式，本主题采用的是遵循和创生的构建方式。遵循"构建语文学习任务群，注重课程的阶段性与发展性"的课程理念，创生出具有内在逻辑进阶关联的4项任务和11个学习活动。
主题说明	该学习任务群设计的原点就是基于小学低年段视角，以小学低年段学习者为中心来考量。我们把本册书中的古诗集于一体，绘制成一幅浓墨重彩的中国画，让学生真真正正地实现了一次沉浸式体验。教师运用教育智慧，通过一些情景的设置、语境的渲染、活动的设计来调动学生学习的积极性。小学课本上的每首古诗都配有精美的插图，在教学中从画意入手初步感知诗的内容，缩短古诗诗境与自身生活经验的距离；学生年纪小，活泼好动，表现欲强，在教学中设计丰富多彩的活动，充分调动学生的求知欲和学习兴趣，为今后的古诗学习打下一定的基础，令其充分地遨游在古诗的文化海洋之中。

设 计 框 架

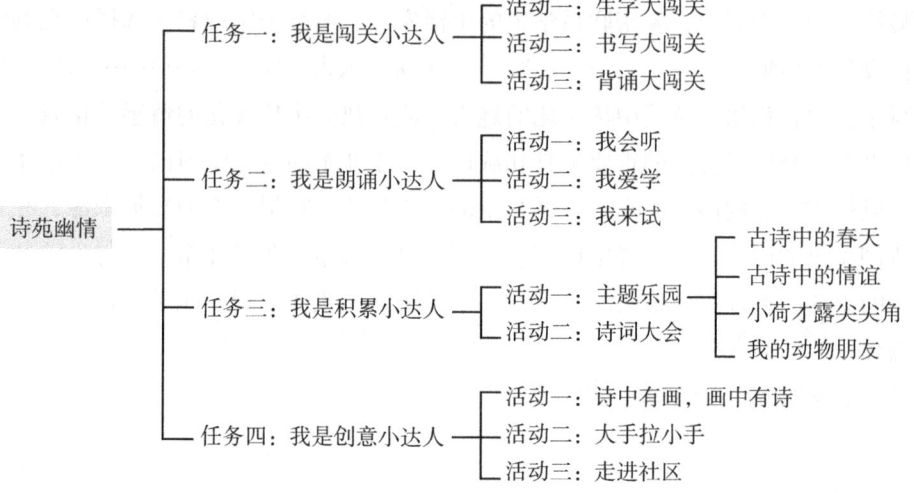

34

语言文字积累与梳理学习任务群设计

学习主题	学习准备	学习目标	学习任务	学习活动	学习策略	课时
诗苑幽情	1. 已有经验学生已经学过或者积累过的古诗；基本朗读技巧；初步的情感体验。2. 学习资源（教材内容、拓展资源）：(1) 统编版教科书小学语文一年级下册所有古诗；（2）课外读物《唐诗三百首》；(3)绘本《趣读古诗文》；(4) 视频集《观动画学诗词》；(5) 小视频：古诗词歌曲集。3. 学习工具：多媒体、相关书籍、绘本读物。	1. 领略中华文化，激发学生对祖国语言文字的热爱之情。2. 培养良好语感，在言语实践中提升学生的言语品质。3. 拓展古诗教学中语言文字的理解维度，在诗情中呈现汉字背后的文化氤氲。4. 诵读课外学到的古诗，养成自主积累的习惯。5. 从古诗文中吸取千百年来劳动人民的智慧结晶，在潜移默化中促进学生语文和品德素养的提高。	1. 我是闯关小达人	1. 生字大闯关：(1)玩一玩"打地鼠"游戏，认读生字。(2)开火车赛读。(3)展示活动："我是小老师"。运用学到的识字方法和已学的拼音、生字、偏旁开展自主识字，并且小组交流，分享识字经验。 2. 书写大闯关：(1)指导规范书写一类字，注意间架结构。(2)自己纠正、同桌互相纠正、展台共同纠正。(3)闯关活动。 3. 背诵大闯关：(1)正确读出古诗节奏，反复朗读。(2)观看古诗词歌曲集，试加肢体动作帮助记忆，当堂尝试背诵。(3)背诵打卡。(4)评选"背诵小明星"。	1. 激活经验自主识字书写策略。采用熟字+偏旁、加一加、熟字比较、字义识字、生活识字、熟字组新词等方法识记生字，在反复认读中学会生字词语。2. 创设情境激发背诵策略。3. 采用比赛打卡、活动助推策略。借助各种活动让学生展示学习古诗的成果，更能有效提升学生的学习积极性。	3
			2. 我是朗诵小达人	1. 我会听：(1)教师范读。①教师配乐示范朗诵；②说一说你听后的感受。(2)观看《观动画学诗词》。①播放相应古诗视频；②交流感受。 2. 我爱学：(1)跟随《观动画学诗词》学朗诵。(2)个人展示，教师指导。(3)小组展示、互评。 3. 我来试：(1)选择适合自己的作品进行练习。(2)以小组为单位，对要表演的作品进行完善。(可以表演个人作品，鼓励集体表演)(3)小试牛刀：配乐诗朗诵。	1. 示范引领策略。在教学过程中可以范读、播放美文诵读录音，在充分挖掘想象力的情况下，让学生根据简单而生动的画面，配上音乐，感受来自古诗的语言、韵律、节奏、意境之美，从中受到美的熏陶。	3

基于语文核心素养的大单元教学

学习主题	学习准备	学习目标	学习任务	学习活动	学习策略	课时
诗苑幽情	1. 已有经验 学生已经学过或者积累过的古诗; 基本朗读技巧; 初步的情感体验。 2. 学习资源 (教材内容、拓展资源): (1)统编版教科书小学语文一年级下册所有古诗(2)课外读物《唐诗三百首》(3)绘本《趣读古诗文》(4)视频集《观动画学诗词》(5)小视频: 古诗词歌曲集 3. 学习工具: 多媒体、相关书籍、绘本读物。	1. 领略中华文化, 激发学生对祖国语言文字的热爱之情。 2. 培养良好语感, 在言语实践中提升学生的言语品质。 3. 拓展古诗教学中语言文字的理解维度, 在诗情中呈现汉字背后的文化氤氲。 4. 诵读课外学到的古诗, 养成自主积累的习惯。 5. 从古诗文中吸取千百年来劳动人民的智慧结晶, 在潜移默化中促进学生语文和品德素养的提高。	3. 我是积累小达人	1. 主题乐园: (1)把本册书中的七首古诗进行分类。 古诗中的春天:《春晓》; 古诗中的情谊:《赠汪伦》《静夜思》《寻隐者不遇》; 小荷才露尖尖角(状物):《池上》《小池》; 我的动物朋友:《画鸡》。 (2)将学生分组, 根据相应主题收集古诗。 2. 诗词大会:(1)前期准备:选材、分组、排练等。 (2)举办班级诗词大会, 表现形式不限。	1. 资料筛选与匹配策略。学生既可以使用教师提供的相关资料《唐诗三百首》《趣读古诗文》, 也可以学习上网查找资料, 采用合作分工的方式, 还可以邀请家长来帮忙。 2. 语言运用策略。开展班级诗词大会, 学生运用收集到的古诗进行诵读表演, 表现形式不限, 朗诵、演唱、歌舞均可。 3. 环境布置策略。师生一起在班级里布置诗词大会的环境。	4
			4. 我是创意小达人	1. 诗中有画, 画中有诗:选择自己最喜欢的一首古诗进行诗配画创作。 2. 小手拉大手:带动家庭成员欣赏古诗词、朗读古诗词、感受古诗词、爱上古诗词。 3. 走进社区:鼓励学生自行组织身边的同学, 利用周末、节假日走进社区活动中心或者小广场, 举办一个小型的诗词诵读会。	1. 资源整合策略。制作诗配画 A4 小报, 是对已有学习资源进行的整合。 2. 多元形式策略。本任务突出多元化形式的丰富性和辐射性, 学生积极带动其家庭成员走近古诗, 是形成良好家庭氛围、建设"书香家庭"的重要途径。	4

36

第三章 基于语文学习任务群的大单元教学设计与实施

第二，教给学生语言积累与梳理的方法。

《义务教育语文课程标准(2022年版)》在该任务群的教学提示中指出："引导学生增强语言积累和梳理的意识，教给学生语言积累和梳理的方法，注重积累、梳理与运用相结合。"对起步阶段的学生而言，积累和梳理是需要方法的。教师要在方法上做好引导，让学生能有效积累与梳理语言材料，逐步建立积累与梳理意识，养成习惯。

2022年版课标要求学生在一至六年级累计认识3000个字左右，其中2500字左右应会写。认识数量如此众多的汉字必然要经历一个梳理的过程。梳理是儿童"积少成多"过程中言语发展的必然要求。梳理可以帮助学生在已积累的语言材料间建立联系，将其结构化，帮助学生初步发现语言文字运用的规律，从而更好地实现积累与运用。

如果说梳理的基础是字词的积累，那么梳理的动机是运用，梳理的目的则指向语言文字运用规律的把握，更好地实现语言积累与文化积累。因此，要提供真实且足够容纳儿童创造力的情境和任务，在激发儿童兴趣的同时，确保他们有充分的发展空间。如教学五年级案例《认识草木之名》时，基于单元大任务，我们设计了三个学习活动(见下表)。

"认识草木之名"单元任务与学习活动

单元任务	学习活动	学 习 内 容
认识草木之名	活动一：做一份"我的草木清单"(1~2课时)	1. 草木之名大搜索 (1)依次开展"校园里""课本里"的草木大搜索活动，识认、梳理相关汉字，形成草木之名"初记录"； (2)整理"初记录"，统计构字最多的偏旁，并运用折线图、柱状图等方式展示发现； (3)走进公园、植物园等场地，带着梳理的结果，观察、认识更多植物，丰富、验证自己的发现。 2. 做一份草木汉字清单 在实地考察的基础上，再次整理已有的草木名单，根据"草字头、木字旁、禾木旁、竹字头"等不同偏旁，对自己的草木清单进行重新梳理，同学之间互相交流。
	活动二：发现草木名字里藏着的字词秘密(2~3课时)	1. 寻找汉字中的草木模样 (1)自主阅读《草字头的故事》《竹》等文章，思考、发现汉字的构形规律； (2)合作探究"草字头、木字旁"等偏旁的由来和构形规律。 2. 解说名字中的草木形象 (1)自主阅读《迎春花》《月见草》等文章，了解植物名称里蕴含的奥秘； (2)结合阅读收获，给自己的草木清单归类； (3)小组、全班交流，分享自己的发现。

37

基于语文核心素养的大单元教学

续表

单元任务	学习活动	学习内容
认识草木之名	活动三：为喜爱的草木写"汉字小传"（2课时）	1. 为草木做汉字挂牌 (1)在草木清单中，选择至少包含三种以上偏旁的植物名称； (2)梳理以前学过的描写植物的词语、诗句，为喜爱的植物"画像"，做草木汉字挂牌。 2. 撰写草木"汉字小传" 选择自己感兴趣的一种或一类植物，撰写"汉字小传"。可以从草木名称的构字、构词特点，同一偏旁的植物名字的联系与不同，表示草木外形、习性特点的词句，草木所代表的意象以及相关古诗词等方面入手写作。

从上表可知，学生在"认识草木之名"的任务情境中进行了基于积累、指向运用的进阶式梳理与探究活动。活动一中，学生要经历三个层次的梳理活动：首先依据生活和学习经验，梳理出与草木有关的字词；接着梳理"草字头、木字旁"等与草木有关的部件的构字能力，选出"最牛"偏旁，并走进现实场景验证发现；最后对自己的草木清单重新归类，做成分类明确的草木汉字清单。活动二中，学生的梳理活动分两个方面：一是寻找汉字中的草木模样，了解"草字头、木字旁、禾木旁、竹字头"等偏旁的表意功能，感受汉字的特征，推断植物的特点，了解植物命名的规律和汉字构形规律；二是解说名字中的草木形象，结合阅读经验，从词语构成的角度为草木清单梳理归类，明白草木之名可能与草木的外形、气味、生长的地方、习性、作用等有关的命名规律，体会草木名字里蕴含的文化魅力。活动三则进一步指向整合运用。教师引导学生再次整理自己搜集到的草木资料，将植物的名称和描写植物的词语、诗词名句等记录下来，先做成汉字植物卡片，再撰写"汉字小传"。将从真实情境中学得的与具体植物相关的汉字、词语及相关知识进行整合，再反哺到真实情境中，以为植物挂牌和写汉字小传的形式丰富日常环境，为学习赋予现实的生活意义。在学习活动中，学生既不是被动地接受汉字知识，也没有脱离汉字词语贴标签，而是在真实的场景和积极的语文实践活动中，将积累的语言材料和学习的语文知识结构化，初步把握与草木相关汉字的构字组词规律，学会积累与梳理的方法，并在语言实践中自觉地运用。

第三，根据语言实例进行指导。

《义务教育语文课程标准（2022年版）》在该任务群的教学提示中指出："语音、文字、词汇、语法、修辞等方面的知识，要避免围绕相关知识的概念、脱离实际运用进行机械训练。在教学中应根据语言文字运用的实际需要，从遇到的具体语言实例出发进行指导。"

"语言文字积累与梳理"学习任务群有着螺旋上升的特点，越往后要求逐渐提高，

38

第三章　基于语文学习任务群的大单元教学设计与实施

致力达到"在学习中，能发现富有表现力的词句和段落，自觉记录、整理，乐于与他人分享积累的经验，并尝试在自己的表达交流中运用"。如此，"积累与梳理"由关注汉字构字组词特点，到丰富自己的语汇并能"发现、感受语言的表现力和创造力"，到分主题梳理语言材料(词句和段落)且"尝试用到日常读写活动中，增强表达效果"。例如，五年级下册第一单元，从课文内容看同样可以对应"文学阅读与创意表达"学习任务群，同样隐藏着"语言文字积累与梳理"的重要学习内容，并与"分主题梳理语言材料"相匹配。具体而言，萧红的《祖父的园子》，将"祖父的园子"里的热闹与自由表现得淋漓尽致，把在"祖父的园子"时的童趣与亲情抒写得心动神移。季羡林的《月是故乡明》捕捉了中华优秀传统文化中的典型意象——月，表达出"月是故乡明，人是故乡亲"的精髓。陈慧瑛的《梅花魂》同样聚焦中华民族的文化意象——梅花，表现出中华民族的气节和"身在异国的华侨老人一颗眷恋祖国的赤子之心"！不管是"祖父的园子""故乡明月"，还是"梅花之魂"，这些主题都是"语言文字积累与梳理"学习任务群在第三学段必须积累与梳理的"主题语言材料"。学生需要推测和体会作者是如何借助这些典型的语言材料来表达思想感情的，并且有意识地将这些材料运用到日常读写活动中，增强表达效果。

一位老师教学《祖父的园子》时，设计了两个学习任务：一是关注园子里"我"与祖父的互动，如反复运用"祖父……我……"的句式，"我"跟着祖父的"瞎闹""乱闹"以及"我"独自地"跑""追""捉"等，直接表现"我"的天真烂漫和祖父的深深疼爱；二是关注对"我"眼中的植物和动物的令人眼花缭乱的描写，写花、写鸟、写虫，写倭瓜、写黄瓜、写玉米，写"蝴蝶随意地飞……"，有排比、有拟人、有设问，有长句、有短句，将作者的语言天赋表现得淋漓尽致，给人以无限遐想，带来美好的审美体验。这位老师通过引导学生梳理事件、话题讨论、想象联想、联结创作背景、朗读感受等语文实践活动，体会"我"的内心感受，实现"感受语言文字的美，感悟作品的思想内涵和艺术价值"以及"丰富自己的情感体验和精神世界"的目标；准确地把握住了本单元的编排意图和育人价值，突出"在梳理中运用，在感悟中升华"的特点，重点关注课文中丰富的句式和新鲜的修辞，并"从遇到的具体语言实例出发"指导学生梳理、分析，调动想象和联想，朗读并体会字里行间蕴含的丰富情感和审美体验，进而升华到珍爱童年、珍惜亲情、追求自由、向上向善的人文精神境界。

"语言文字积累与梳理"进一步彰显了语文的基础性作用。设计典型的语言文字积累与梳理任务单元时，以学生生活为基础，以识字与写字、梳理与探究为主要学习方式。同时，以丰富的学习主题为引领，以具体的语言文字积累与梳理任务为载体，从而引导学生不断提升语言积累和梳理的能力，逐步深入地感受积累与梳理的意义、智慧和乐趣，获得文化滋养。

(武汉市武昌区回民小学　鲍菁)

基于语文核心素养的大单元教学

 实例研究

有趣的游戏　美好的童心
——一年级上册第三单元"语言文字积累与梳理"学习任务群教学设计

一、课标解读

《义务教育语文课程标准(2022年版)》中指出："语言文字积累与梳理"学习任务群"旨在引导学生在语文实践活动中，积累语言材料和语言经验，形成良好语感；通过观察、分析、整理，发现汉字的构字组词特点，掌握语言文字运用规范，感受汉字的文化内涵，奠定语文基础。"

"语言文字积累和梳理"作为基础型学习任务群排在首位，可见其地位之重。语言文字积累和梳理明确要求：第一学段"认读拼音字线，拼读音节，认识声调，借助汉语拼音读汉字；在日常交际情境中学习汉语拼音和普通话""诵读、记录课内外学到的成语、谚语、格言警句、儿歌、短小的古诗等，感受中华优秀传统文化，养成自主积累的习惯""激发学生识字、写字、诵读、积累、探究的兴趣""结合学生的生活经验，创设丰富多彩的学习情境，综合运用随文识字、集中识字、注音识字、字理识字等多种识字方法，逐步发展学生的识字、写字能力"。汉语拼音是小学语文教学的重要内容，是帮助学生识字正音和学习普通话的有效工具，也是将来学习音序查字法和多媒体文字输入的工具。学会汉语拼音，还可以增加识字量，丰富词汇量，帮助学生尽早进入自主阅读、培养阅读能力，有利于学生发展语言、发展思维。

根据上述要求，依托统编教材小学语文一上第三单元的学习内容，笔者设计了"畅游拼音乐园"主题学习活动，希望在以下几个方面有所突破：①掌握复韵母发音的基本方法；②学习复韵母标调规则；③激发课外借助拼音和其他方法自主识字的兴趣。

二、教材分析

1. 建立学习与生活的联系

汉语拼音的教学在整个小学语文教学中，处于重要的基础地位。统编版教材在汉语拼音单元将拼音的学习与识字学词整合设计、同步进行，拼音的学习识字相辅相成，相互促进。

在教学内容的选择上，每课提供练读的音节都是高频常用音节，并强调带调拼读，注意拼读结果。所选的音节词紧密联系学生的口语实际，学生能很快从实际经验中找到音节，在说词说句中运用巩固，增强拼音学习的成就感，从而提高学习效率。每课设计的儿歌，也有利于学生在语境中复习本课音节，并认识一些常用字。

2. 构建生活化的故事情境

本单元继续以汉语拼音为主题编排教学内容单元，共有5课拼音和1个语文园地，

40

主要学习 18 个复韵母和 6 个整体认读音节。其中第 9—11 课学习"复韵母和特殊韵母"，第 12 课学习"前鼻韵母"，第 13 课学习"后鼻韵母"。

每课都配有整合的情境图，提示拼音字母的读音或字形，借助图中的具体事物帮助学生建立字母的音与形之间的联系。本单元的五个故事情境分别是：听奶奶讲故事、大海、海岛月夜、家庭生活、妈妈和宝宝。从人文主题来看，意境优美的情境图，蕴含着浓厚的生活气息和丰富的人文内涵，把学习内容有效地整合在一起，能更好地激发学生学习拼音的兴趣，潜移默化地影响学生的观念和行为。

"用拼音"板块引导学生区分读音或字形相近的音节，能正确拼读常用物品的音节词，熟记字母表、韵母表和整体认读音节表。拼音与识字双线并行的学习模式，将拼音与识字有机地融为一体，相得益彰、协同发展，拼音的学习直接指向运用，学生学以致用，感受到学习成功的愉悦。

三、学情分析

有了第二单元汉语拼音学习的基础，学生已经掌握了一定的发音、拼读音节的方法。本单元的学习可以更多地发挥学生的主动性，让每一位学生都能有成功的体验，参与学习的全过程。教学中，要充分利用插图、教学多媒体，在语境中学习，培养观察想象能力，丰富学生的语言。尽量在创设的情境中学习，尝试让学生看图创编儿歌，体验韵母发音的方法。讲究方法，拼读中养成读轻、读短的好习惯。重视引导学生观察字母的位置、笔顺，培养其良好的书写习惯。

本单元的情境图中，不再有拼音的示形功能，而是充分利用学生的口语基础和生活经验，在发展学生观察能力和口语表达能力的同时，学习相关的韵母。此外，本单元开始要求学生书写音节词，初步掌握拼音标调的规则，这是教学的重点。在书写时合理安排字母之间、音节之间的距离，正确标调，这是教学的难点。

四、大单元学习任务群框架

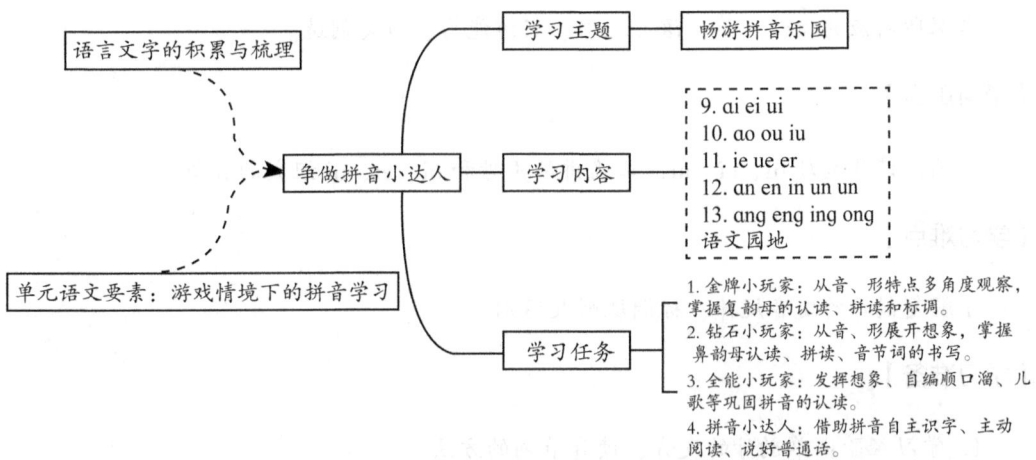

基于语文核心素养的大单元教学

"ai ei ui"学习任务群教学设计案例

【学习任务群框架】

【学习目标】

1. 正确认读复韵母 ai、ei、ui 和它们的四声，读准音，认清形。

2. 掌握不同声母与这三个复韵母组成的两拼音节和三拼音节的拼读方法，正确拼读声母和复韵母组成的音节。

3. 了解复韵线标调规则，能在四线格中正确书写音节词"pái duì"。

4. 借助拼音，正确认读"妹妹、奶奶"两个词语。认识"妹、奶"两个生字。

5. 正确朗读儿歌《洗手歌》。

本课所对应的核心素养：语言运用、思维能力、审美创造。

【学习重点】

正确认读复韵母 ai、ei、ui，正确拼读声母和 ai、ei、ui 组成的音节。

【学习难点】

了解复韵母的发音规律、标调规则及运用。

【学习准备】

1. 学习经验：单韵母的发音、读音节词的方法。

42

第三章 基于语文学习任务群的大单元教学设计与实施

2. 学习资源：统编教材小学语文一年级上册第三单元课文、多媒体课件。

3. 学习工具：学习任务单、拼音卡。

【学习时间】

2 课时

【学习过程】

第 一 课 时

预热活动：游戏导入，复习旧知

1. 游戏导入：苹果树上结满了红红的大苹果，请你摘下一个苹果，读出苹果上的拼音(部分声母和 6 个单韵母)，送拼音宝宝回家：声母、韵母分类。

2. 了解任务：观看小朋友们在儿童乐园里游玩的视频。

3. 明确任务：在拼音乐园中与拼音宝宝玩有趣的游戏，争当金牌小玩家。

任务一 找朋友， 初识复韵母

(一)学习活动一：观察情境图，找到新朋友

1. 出示课文插图，引导观察。

图上有哪些人？他们在干什么？试着和同桌说一说。

2. 交流自己的发现，创编故事。

指名交流，引导学生把图上的人物和事件串连成一个小故事：放学了，几个小弟弟和小妹妹围坐在一起，听老奶奶讲故事。在刚才我们讲的这个故事里，藏着我们今天要认识的新朋友——ai, ei, ui。

(二)学习活动二：朋友手拉手，学习复韵母

1. 认识新朋友，打开乐园大门。

根据故事中出现的关键词语，出示对应的复韵母。这些新朋友和我们之前学习的单韵母不一样，它们都是由两个单韵母手拉手组成的，它们叫作——复韵母。读准这些新朋友的名字，我们就能得到打开拼音乐园大门的钥匙！

2. 观察老师嘴型变化，学习复韵母的发音。

"挨在一起，ai ai ai，a 和 i 组成 ai。"注意观察老师的嘴型变化，看看老师是怎么发音的。

师生一起归纳 ai 的发音方法：先张大嘴巴发 a 的音，然后快速滑向发 i 的口型，口型由大变小，中间不能停顿，要读得连贯。

43

基于语文核心素养的大单元教学

3. 尝试自己创编口令，识记 ei 和 ui。

引导学生发现桌上放着水杯、奶奶围着围巾等，利用这些词语发准复韵母的读音。

任务二　戴花帽，学习标调

（一）学习活动一：巧戴小花帽，学会标声调

1. 给复韵母戴上声调帽。

我们要和复韵母朋友一起去拼音乐园游玩啦，可天气有些凉了，它们需要戴上声调小花帽。可是复韵母是由两个字母组成的，声调帽子应该给谁戴呢？

2. 教师示范 ai 的标调：a 和 i 懂礼貌，最后决定谁的嘴型大，就把声调小花帽给谁戴，还可以记住口令："有 a 在，给 a 戴。"

3. 指名上讲台给 ai 分别戴上四顶声调帽，并尝试读一读。

鼓励学生像学习单韵母时一样，用常见的词语来帮助自己读准四声，能够创编儿歌或口令，四声读准的获得游戏币。

4. 迁移方法，给 ei 和 ui 戴上声调帽并读准四声。

注意给"ui"标声调时，声调要标在"i"上面，口令："i、u 并列标后面。"

（二）学习活动二：幸运大转盘，四声读得准

乐园项目："幸运大转盘"。转盘的内圈是新学的三个复韵母，外圈是三组声调，同学们来喊"开始"和"结束"。转盘停止时，大声读出最后出现的带调复韵母的读音，读准即可获得游戏币。

【设计者手记】

"ai ei ui"是统编版语文一年级上册第三单元的第一个学习内容。单元任务转化为学生要完成的任务，让学生通过任务的完成，学会韵母的认读、拼读、标调和书写音节词等技能，获得汉语拼音学习能力的提升。在进行教学设计时，老师充分考虑一年级学生年龄小、注意力难以持久等特点，将畅游乐园、赢取金币的情境贯穿学习活动的全过程。让孩子们在游戏活动中享受到学习的乐趣，从而提高学习的效率，同时将所学知识进行有效巩固。

在本单元的学习中，力争将学习、梳理、评价一体化，学习的过程就是梳理、积累的过程。在本课时的教学中，尝试从两个方面进行梳理引导：①拼读方法的梳理。教学中，先通过复习单韵母 a、o、e，后通过单韵母与复韵母的比较，让学生先记住形。记住形的过程又和读准音相结合，在读复韵母时，从前一字母的口型快速滑向后一个字母的口型，在观察与发音之间自由切换，就完成了读准音这一学习任务。接下来，我们把这种方法迁移运用到其他复韵母的学习中，明确复韵母的读音是一个动态变化的过程，

44

这是对拼读复韵母的方法的梳理。②汉语拼音知识的梳理。复韵母的标调规律是学习汉语拼时的一个难点。在教学中，我们可以先让学生观察、比较，再引导他们逐步发现规律。比如 ai 和 ei，分别是给 a 和 e 戴声调帽，因为 a 和 i 相比，读 a 时口型更大，而 e 和 i 相比，读 e 时口型更大。但是，ui 是一个特例，声调要标在 i 上面。包括我们接下来将要学习的 iu 和 ui 的标调，同样是复韵母拼音教学的重难点，学生往往容易出错。为了巩固强化这一知识点，可以用戴声调帽的游戏和顺口溜"i u 并列找尾巴，谁在后面给谁戴"的顺口溜来帮助学生梳理标调规则。

第 二 课 时

任务三 丢手绢，正确拼读

(一)学习活动一：丢呀丢手绢，拼读我最行

1. "丢手绢"游戏 1.0：学生身上贴有带有不同声调的韵母卡，而不同颜色的"手绢"上标有不同的声母。孩子们分组在游戏中练习声母与复韵母组成的二拼音节，拼读正确可获得游戏币。

2. "丢手绢"游戏 2.0：老师参与游戏，带上介母"i"和"u"，学生在游戏中继续尝试与三个复韵母有关的三拼音节，依据难度获得不同数量的游戏币。

(二)学习活动二：五彩泡泡机，书写音节词

1. 五彩泡泡机吹出五颜六色的泡泡，欢迎同学们到五彩泡泡池来游玩。泡泡机吹出一个泡泡，同学们就大声读出上面出现的音节。

2. 试着把泡泡上出现的音节组成一个词语，比如：hǎi shuǐ、pái duì、hēi huī。

3. 小泡泡合成大泡泡，音节词读得准，还要学会写。引导学生观察音节词 pái duì 在四线三格中的占格情况。提示：书写音节词时，两个音节间要留出大约一个字母的空隙。

4. 学生在任务单上进行描红练写，师生互评，赢取游戏币。

任务四 捉迷藏，朗读儿歌

(一)学习活动一：勇闯小迷宫，认读新词语

1. 下一个游乐项目：拼音迷宫。请同学们按照声母的顺序，在学习任务单上画出走出迷宫的路线图。

2. 走出迷宫的同学可以选择从奶奶或妹妹的宝箱里获得游戏币。认读宝箱上的音节词 mèi mei、nǎi nai。读准这两个轻声音节词时，音节词下面显示相应的词语，宝箱打开。

基于语文核心素养的大单元教学

（二）学习活动二：挑战圈圈乐，朗诵《洗手歌》

1. 出示儿歌《洗手歌》，拿起笔圈出其中带有今天认识的复韵母朋友 ai ei ui 的音节，自己试着拼一拼，读一读。

2. 和小伙伴们一起借助拼音读一读整首儿歌，注意读准字音，不丢字、不添字。

3. 小组内互读儿歌，互相纠正读音。

4. 上台展示，可以配上动作，也可以和朋友一起读一读或背一背儿歌。师生、生生互评、自评，获得相应的游戏币。

（三）学习活动三：晒一晒游戏币，我是金牌小玩家

在小组内晒一晒自己在拼音乐园里收获的游戏币，评选"金牌小玩家"，为获奖的同学颁发奖品。

【板书设计】

复韵母 ai ei ui

mèi mei
妹 妹

nǎi nai
奶 奶

【设计者手记】

在本课时的教学中，除了在上一课时带领学生梳理认读复韵母的方法以及声母与复韵母拼读的方法外，还要做到心中对复韵母、鼻韵母的相关规律有所把握，并在规律的指导下，基于教材，把教材作为示例和学生学习的材料，以帮助学生掌握拼读规律为目标。在现有材料的基础上，进行学习内容的重组、补充、拓展，然后灵活处理，从而帮助学生完成新知识的积累与梳理。

本课时还要完成复韵母和音节词书写时的规律的教学。复韵母是由两个单韵母组成的，两个字母在书写时要靠近一些，写得尽量紧凑、匀称，形成一个整体。写音节词时，要按顺序先写完一个音节后再标声调，每个音节也应形成一个整体，音节与音节之间适当留空，养成良好的书写习惯。

知识的梳理必须由学生主动参与，方能获得较为理想的效果。教学中，教师应努力引导学生在品读中自主探究、发现规律。引导学生发现复韵母的读音规律、口型的变化；发现声调标注，特别是复韵母标调规律。这不仅是发现规律的过程，更是巩固和优化拼音知识梳理的过程，同时与评价相结合，使课堂教学更加生动。拼音教学是起始阶

46

段语文学习的重要内容之一，关乎学生语文学习的基础，直接影响学生对语文学习的态度和兴趣。教学时，把拼音放到"语言文字积累与梳理"任务群下面，提炼主题、创设大单元游戏情境来进行学习，创造指向学科核心素养培养的设计活动，追求拼音与生活的联系以及与学生熟悉的游戏活动的联系，让学生在真实的语言实践情境中、在游戏活动中学好拼音，打好语文学习的基础。

（武汉市新洲区邾城街第二小学　王芬）

汉字游戏变变变　传统文化植心间
——一年级下册第一单元"语言文字积累与梳理"学习任务群教学设计

一、课标解读

2022年版课标提出："语文课程对继承和弘扬中华民族优秀文化传统和革命文化，增强民族文化认同感，增强民族凝聚力和创造力，具有不可替代的优势。"由此可见，语文教材与语文教学在传承和发扬中华传统文化方面具有极其重要的作用。统编低年级语文教材对于传统文化的安排，遵循了儿童的年龄特征和认知规律，体裁多种多样，内容丰富多彩。集中识字单元属于基础型学习任务群"语言文字积累与梳理"，蕴含着深厚的中华传统文化。例如，一年级上册中的《天地人》渗透了古代哲学与世界观，《金木水火土》体现了中国古代的道家文化，一年级下册中的《姓氏歌》则蕴含着中国传统的姓氏文化。

低年级正是渗透传统文化教育的关键时期。依据2022年版课标要求，进行集中识字单元的教学时，不能只局限于教认几个生字，而应深入挖掘其中蕴含的传统文化，有意识地引导学生加深对中国传统文化的理解与体验，从而增强他们的文化自信，培养其传承优秀传统文化的使命感。

二、教材分析

第一，统整单元教学，创生有意趣的语言学习情境。

"识字写字"这一语文要素，统编版教材在一、二年级的上、下册中均有体现，其中一年级上、下册中各安排了两个识字写字单元，二年级上、下册中各安排了一个识字写字单元。见下表。

基于语文核心素养的大单元教学

册序	单元	识字写字训练要素
一上	第一单元	在有趣的情境中认识象形字，感受汉语的音韵特点；了解汉字笔顺规则。
一上	第五单元	初步认识会意字，进一步了解汉字偏旁表义的构字规律；了解汉字笔顺规则，正确书写。
一下	第一单元	借助汉语拼音自主识字，主动识字；了解全包围结构的字的笔顺规则；先看后写再对照，练习书写。
一下	第五单元	学习运用形声字的构字规律识字，感受识字的乐趣；辨析形近字和同音字，查字典有一定速度。
二上	第二单元	发现汉字规律，运用形声字形旁表义、声旁表音的特点归类识字；学习"部首查字法"。
二下	第三单元	利用韵语、形旁与字义的联系、借助图片识字，初步感受汉字的魅力。

从上表中不难看出学生在一、二年级识字写字方面的变化：从入学伊始的"感受汉语的音韵特点，了解汉字笔顺规则"到二年级下学期"发现汉字规律，感受汉字的魅力"。这些变化体现了识字写字在不同阶段对学生要求的逐步提升，呈现出由浅入深、由表及里、由被动到主动的螺旋上升式推进的过程。

第二，抓点激发内需，设计有意趣的游戏进行语文学习活动。

我们的识字单元一般每一课的生字都会归类来进行呈现，或许是在字形上进行归类，或许是在字义上进行归类。所以，我们老师就要用好语言材料的这个特点，把合为一类的生字整合起来进行教学，然后设计很有意趣的语文学习活动。这个"意趣"指的是既有意思，又有趣味，让学生在这样有意思、有趣味的语言学习活动当中，提升识字的能力，获得美好的学习体验。

第三，聚焦生字识记，呈现有意境的汉字学习过程。

"语言学习任务群应设计富有趣味性的学习任务，激发学生的好奇心、想象力、求知欲，促进学生的一种自主、合作、探究学习。"既是识字单元，我们就要更关注到这个单元每一课当中重点字和难点字的教学，打造一种识字的意境来突破难点字的学习，来提升学习的效度。这里有一个关键词叫"呈现有意境的汉字学习过程"。什么是意境？这里意境的"境"，我们借鉴了王国维在《人间词话》当中提到过的一个词，叫"造境"。所谓造境，就是一种象的连续体，就是很多象的叠加。通过很多象的连续和叠加，打造一种场，形成一种氛围，当人置身其中的时候，我们就能感受到共鸣、共振之后的一种美好的情绪和情感。《春夏秋冬》是看图识字；《姓氏歌》是根据《百家姓》改编的韵语识

48

字，将识字与生活紧密结合起来；《小青蛙》是字族文识字，集中体现了形声字识字的特点；《猜字谜》的内容和前一课《小青蛙》有密切联系，在教学过程中需要教师联系前面的内容才能做到事半功倍。

三、学情分析

在学习本册的识字单元之前，学生们已经接触并学习过上册的识字单元，但是一年级下册第一单元又对学生的学习提出了不一样的要求，即语文要素的差异。教师用书对下册的识字教学作出了明确说明：鼓励学生运用学到的识字方法和已学的生字、偏旁开展自主识字，不断提高自主识字的能力，培养主动识字的习惯。第一单元分别涵盖了看图识字、联系生活识字、字族文识字和字谜识字共四种不同的识字方法。在识字教学的过程中，要引导学生自主借助汉语拼音读准生字，读准字音是识字的关键。然而，在不同的文本中，可以使用不同但有趣的方法。例如，在《春夏秋冬》中，除了引导学生借助汉语拼音之外，还要关注课本插图对于识字的重要作用。可以借鉴来源于楚汉战争时期的"叶子戏"衍生出的各种类型的纸牌游戏，设计学习任务，巧妙地将知识点融入其中，让游戏、识字、学韵文有效结合，提高识字效率。

四、大单元学习任务群框架

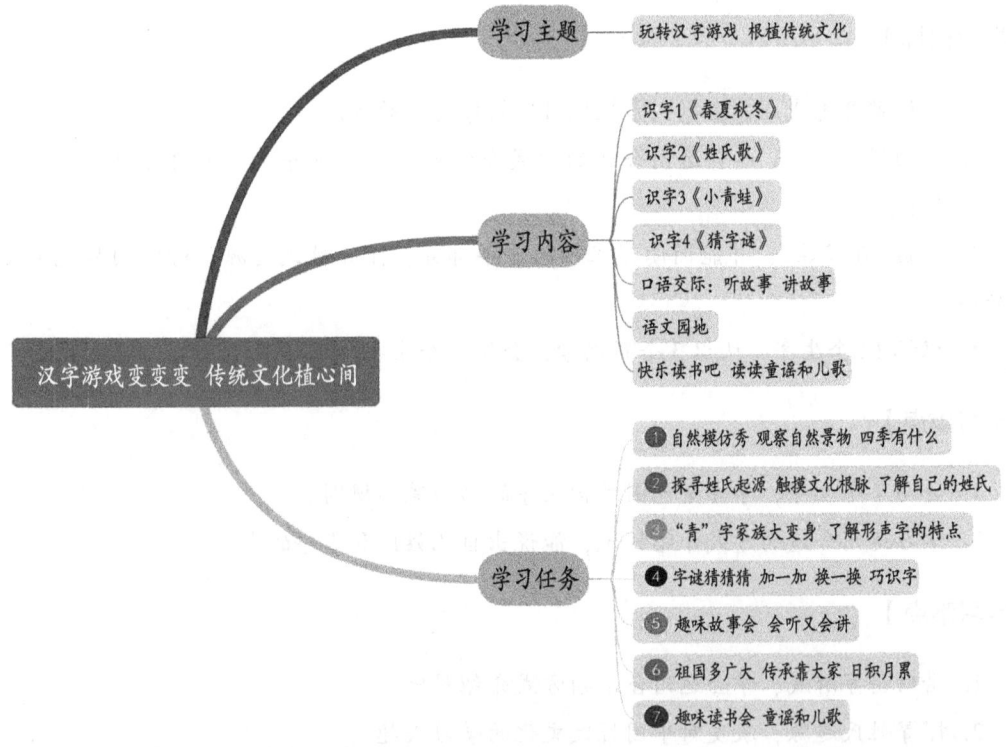

基于语文核心素养的大单元教学

《姓氏歌》学习任务群教学设计案例

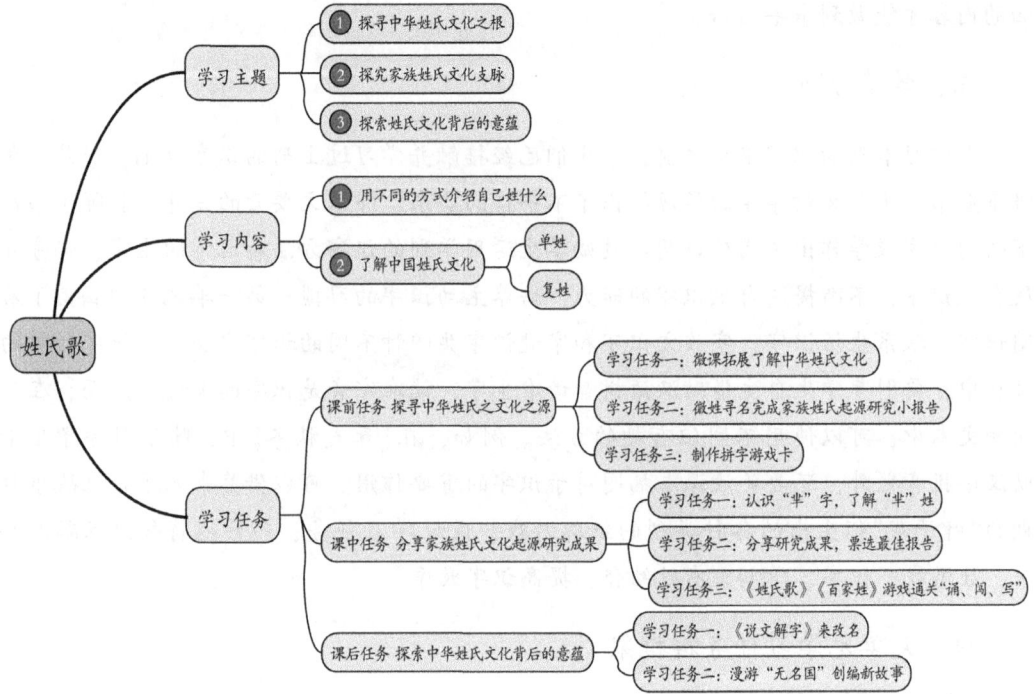

【学习目标】

1. 通过解开游戏闯关密码,掌握玩姓氏拼字游戏的方法。

2. 借助拼字游戏,学会运用合适的方式介绍姓氏,了解并能说出自己姓氏和名字的来历故事。

3. 了解《百家姓》,并能诵读百家姓的前半部分;探寻姓氏起源,对中国姓氏文化有兴趣。

4. 识记12个生字,认识3个新偏旁,会写7个生字。正确朗读课文,背诵课文。

【学习重点】

1. 会写7个生字,学会全包围结构汉字的书写笔顺规则。

2. 学习运用合适的方式介绍姓氏,能说出自己姓氏和名字的来历。

【学习难点】

1. 借助拼字游戏,学会运用合适的方式介绍姓氏。

2. 探寻姓氏起源,激发对中国姓氏文化的学习兴趣。

50

【学习准备】

1. 学习经验：学生的识字经验；游戏闯关经验；分享经验。
2. 学习资源：游戏闯关密码；中华姓氏资源包。

【学习过程】

课前学习任务　探寻中华姓氏文化之源

（一）学习活动一：微课拓展了解中华姓氏文化

中华姓氏文化是中华传统宗教观念的主要外在表现形式，它以一种血缘文化的特殊形式记录着中华民族的形成。每个姓氏都包含着非常独特和丰富的文化内涵。

（二）学习活动二：探姓寻名完成家族姓氏起源研究小报告

师：每个人都有自己的姓氏，但你真正了解自己的姓氏吗？请挑选一个主题，尝试邀请家人或小伙伴一起写一份研究小报告吧。

主题1：研究家族姓氏，介绍姓氏来源、始祖、分布。

主题2：研究自己家族姓氏，介绍家谱。

主题3：搜集家族的名人故事。

活动锦囊：利用网络搜集资料并进行整理，完成一份研究小报告，可以尝试制作成电子作品。将自己的研究成果上传至班级QQ群空间。

（三）学习活动三：制作《姓氏歌》拼字游戏字卡

课中学习任务　分享家族姓氏文化起源研究成果

（一）学习活动一：认识、了解"芈"姓

播放微视频，认识、了解"芈"姓。这个生僻字随着一部电视剧一夜之间被大家熟悉，从旧籍纸堆里被解冻：从史学界到观众，都开始关注这个古老姓氏的读音、释义以及诸多传说。

（二）学习活动二：分享研究成果，票选最佳报告

1. 以学习小组为单位，推选一位成员分享课前研究家族姓氏的成果，进行全班交流。
2. 师生、生生进行互动点评，投票选出最佳"家族姓氏研究小报告"，班级展示。

（三）学习活动三：《姓氏歌》《百家姓》游戏通关"诵 闯 写"

1. 朗读PK——诵

（1）诵读《姓氏歌》，谁是诵读星。

（2）师生同探《姓氏歌》，选感兴趣的姓氏分享积累所得。

2. 竞读达人——闯

(1)汉字闯关游戏：从小组同学制作的字卡里找一找，拼成两个学过的汉字。

(2)阅读资源包：《百家姓》是中国独有的文化现象，流传至今，影响极深。它所辑录的姓氏，体现了中国人对宗脉强烈的认同感。姓氏文化是中国文化的重要组成部分。学生学习微课《百家姓》。

(3)学生和教师共同决定需要讨论的问题，如《百家姓》为何把"赵"放在第一位，"秦始皇"的姓是什么。

3. 习字能手——写

(1)观察字的结构以及难点笔画，重点指导国字框的笔顺规则：先外后内再封口。

(2)教师范写，提醒重点笔画书写要领。

(3)学生习字练习，注意双姿训练。

(4)结合要领师生、生生互评、修改。

课后拓展任务　探索中华姓氏文化背后的意蕴

(一)学习活动一：《说文解字》来改名

《说文解字》解释说："名，自命也，从口、夕。"姓氏是属于家族的，名字是后天的。名字要伴随人的一生，对每个人都有着非同寻常的意义，它一般会融入父母对儿女的深厚感情和殷切期望。如果现在给你一个机会，你想给自己换个什么名字，并说说理由。写出自己的创意姓名，将其拍照上传，并交流理由。

(二)学习活动二：漫游"无名国"创编新故事

师：一天，小龙人乘飞机去"无名国"旅游。一上飞机，小龙人就向空姐打听："我们去的地方为什么叫'无名国'呢?"空姐笑着说："说来有趣，这个国家的人全都叫一个名字——无名氏，所以这个国家就叫'无名国'了。"请以"小龙人漫游'无名国'"为题，大胆想象，创编一个故事。先在小组内分享，每个学习活动小组推荐一个最有趣的故事，在班级故事大会上分享。

【板书设计】

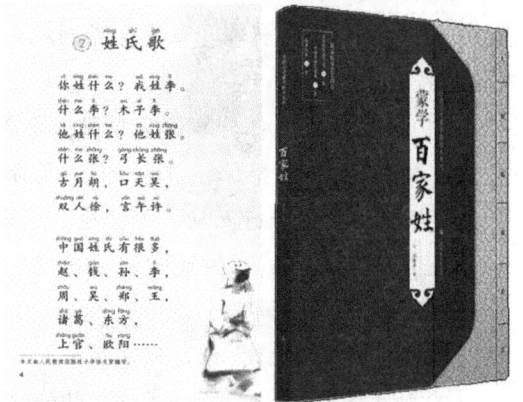

姓 氏 歌

单 姓　　　　复 姓

赵、钱、孙、李　诸葛、东方

周、吴、郑、王　上官、欧阳

芈 mǐ

第三章　基于语文学习任务群的大单元教学设计与实施

【设计者手记】

本设计以孩子们的名字为切入点，借助情境营造和活动设计，帮助一年级的孩子们了解姓氏的由来。通过诵读《姓氏歌》，将常用姓氏融入朗朗上口的儿歌之中。在学习活动中，学生诵读了解《百家姓》，尝试完成调查研究小报告，从而渗透中国传统姓氏文化，激发孩子们对民族文化的热爱和探究。这样，既借助介绍姓氏达到识字的目的，同时鼓励学生在交流合作中识字，在生活中自主识字。在真实的语境中，识字不再枯燥，反而因为孩子们主动参与学习和探究变得生动起来。

（武汉市武昌区珞珈山小学　贺志岚）

品美食文化　形声字识字
——二年级下册识字单元"语言文字积累与梳理"学习任务群教学设计

一、课标解读

2022年版新课标按照内容整合程度，分三个层面设置学习任务群，其中第一层设"语言文字积累与梳理"1个基础型学习任务群，"旨在引导学生在语文实践活动中，积累语言材料和语言经验，形成良好语感；通过观察、分析、整理，发现汉字的构字组词特点，掌握语言文字运用规范，感受汉字的文化内涵，奠定语文基础"。

第一学段要求"认识家庭生活、学校生活、社会生活中的常用字""学习书写笔画简单的字，初步体会汉字结构的主要特点""尝试发现汉字的一些规律，初步学习分类整理课内外认识的字"。

从教学的年段目标着眼，第一学段的教学重点是识字与写字，这是阅读与写作的基础，也是贯穿整个义务教育阶段的重要教学内容。

根据上述要求，我依托统编教材小学语文二年级下册第三单元"传统文化"这一识字主题单元，设计了"了解传统文化，学习识字方法"主题学习活动，希望在以下几个方面有所突破：①引导学生运用形声字的构字规律识字，帮助学生建立生字音、形、义之间的联系，引导学生不断发现汉字的奥秘，感受识字的乐趣；②引导学生在识字、写字、语言积累中感受中华文化的魅力，激发热爱中华文化的情感。

二、教材分析

(一)大单元语文要素年段间纵向关联

本单元是识字单元，识字、写字教学是本单元的重点教学内容。本单元出现的生

53

基于语文核心素养的大单元教学

字，大部分是形声字。通过前面三册的学习，学生对形声字的构字规律有了一定的了解，如下表所示。

册序	单元	课文	形声字训练要素
一上	语文园地五	我的发现	初步感知偏旁表义的构字规律
一上	语文园地七	我的发现	建立字形和字义的之间联系
一下	第一单元	《小青蛙》	字族文识字，集中体现形声字识字特点
一下	第一单元	《猜字谜》	猜谜识字，进一步帮助学生理解形声字特点
一下	第五单元	《动物儿歌》	虫字旁的左形右声的形声字集中呈现
一下	第五单元	《古对今》	对韵歌识字，"晨"上形下声的形声字
一下	第五单元	《操场上》	儿歌识字，与体育名称有关的形声字
二上	第二单元	《场景歌》	初步建立形声字形旁表义的认识
二上	第二单元	《树之歌》	木字旁的左形右声的形声字集中呈现
二上	第二单元	《拍手歌》	与动物名称有关的形声字集中呈现
二上	第二单元	《田家四季歌》	儿歌识字，与农事活动有关的形声字
二下	第三单元	《传统节日》	借助形声字形旁表义规律识记字形
二下	第三单元	《"贝"的故事》	贝字旁的左形右声的形声字集中呈现
二下	第三单元	《中国美食》	以形声字为主体的归类识字

一年级上册的语文园地中，学生已经初步感知了偏旁表义的构字规律，初步接触了形声字，建立了字形和字义的联系。

一年级下册第一单元是一个识字单元，集中体现了形声字识字的特点。其中，《小青蛙》课文中的"清、情、请、晴、睛"都是由共同的母体字"青"作声旁的形声字，充分展现了形声字声旁表音、形旁表意的构字规律。《猜字谜》谜面呈现了"青"字族的形旁和字义之间的联系，实际上揭示了形声字的构字规律，可以进一步加深学生对形声字结构特点的认识和感受。

一年级下册第五单元是一个识字单元，本单元出现的生字大部分是形声字。教学时引导学生温故知新，通过观察、比较，逐步了解其特点，学习运用形声字的构字规律进行识字。其中，《动物儿歌》集中呈现了六个虫字旁的左形右声的形声字"蜻蜓、蚂蚁、蜘蛛"。《古对今》的形声字是上形下声的"晨"。《操场上》是体育活动有关的形声字"拍、跑、踢、铃、锻、炼、热"，这一课学生已经初步接触"火字旁"和"四点底"的生字和"火"有关，为二年级下册《中国美食》的形声字学习奠定学情基础。

二年级上册第二单元是一个识字单元，重在引导学生发现汉字规律，运用形声字形旁表义、声旁表音的特点归类识字。其中，《树之歌》集中呈现了八个木字旁的左形右声的

54

形声字"梧、桐、枫、松、柏、桦、杉、桂"。《拍手歌》集中呈现了与动物名称有关的形声字"猛、翔、锦"。《田家四季歌》呈现了与农事活动有关的形声字"蝴、蝶、粒、苦"。

二下第三单元是一个识字单元，本单元出现的生字大部分是形声字。其中，《传统节日》可以利用形声字特点集中识记生字"传、宵、饼、菊"。《"贝"的故事》呈现用"贝"做偏旁的一系列汉字，大多与钱财有关。

《中国美食》是以形声字为主体的归类识字，形声字分布在美食名中，主要包括"草字头""火字旁""四点底"三个偏旁。有表示蔬菜的形声字"菠、茄、蘑、菇"，有表示烹饪方法的形声字"煎、蒸、煮、炸、烤、爆、炖"。

从纵向看这四个识字单元，体现了语文要素安排的系统性和发展性，更体现了教材内容的序列化、结构化。通过前面三册的学习，学生对形声字的构字规律有了一定的了解，认识了一些常见的偏旁，知道了声旁表音、形旁表义的基本规律。在学生对于形声字的特点已有学习基础的前提下，本课可以充分利用不同册次识字教学的衔接和发展，调动学生已有对形声字特点的识字经验帮助识记。

(二)大单元语文要素单元内横向关联

本单元是识字单元，围绕"传统文化"主题编排了《神州谣》《传统节日》《"贝"的故事》《中国美食》四篇课文。本单元出现的生字，大部分是形声字。围绕形声字形旁表义的特点，在课文和语文园地里设计了多个维度的训练。

《"贝"的故事》看图猜加点字的偏旁和什么有关，集中呈现了贝字旁的左形右声的形声字。

语文园地的"字词句运用"板块，运用形声字构字特点猜字的意思，再查字典验证，巩固形声字形旁表义的特点，建立字义与字形间的联系。"我的发现"栏目，发现带"竖心旁"和"心字底"的字多与"心理、情感"有关，带"立刀旁"和"刀字底"的字多与"刀或切割"有关，从而发现偏旁之间的关联。

从了解形声字形旁表义、声旁表音的特点，到运用形声字特点自主识字，再到发现偏旁之间的关联，建立在语言文字基础上的思维训练。这就是从"教策略"到"迁移练习"，再到自主实践的过程，体现了教材编排的统整性、序列性、迁移性和实用性。

三、学情分析

语文课程标准提到，"识字与写字是第一学段的教学重点，要运用随文识字、集中识字、注音识字、字理识字等多种识字方法，逐步发展学生的识字写字能力"。利用形声字特点识字正是指向集中识字的有效策略。学生在一年级下册和二年级上册已经接触了形声字，对于形声字形旁表义声旁表音的特点已经有了丰富的学习经验，这是本单元学习任务群活动开展的基础。但要考虑到这是学生首次接触到不同偏旁之间的关联，需要在学习新知的基础上，综合调动之前学习的偏旁表意的知识储备，这对学生而言具有一定难度。要为学生提供策略支架，运用多种方式创设学习情境，降低学习难度，总结

55

基于语文核心素养的大单元教学

学习规律，激发学生的识字兴趣。

四、大单元学习任务群框架

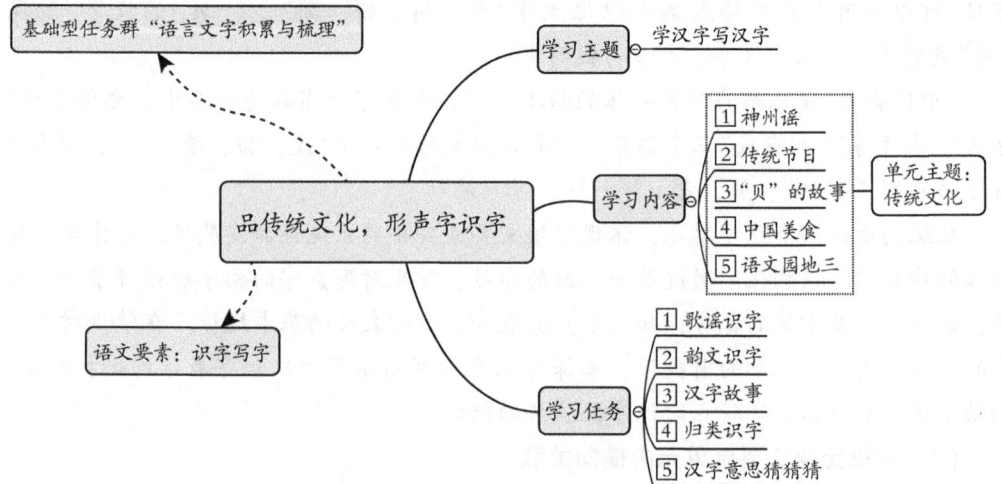

《中国美食》学习任务群教学设计案例

【学习任务群框架】

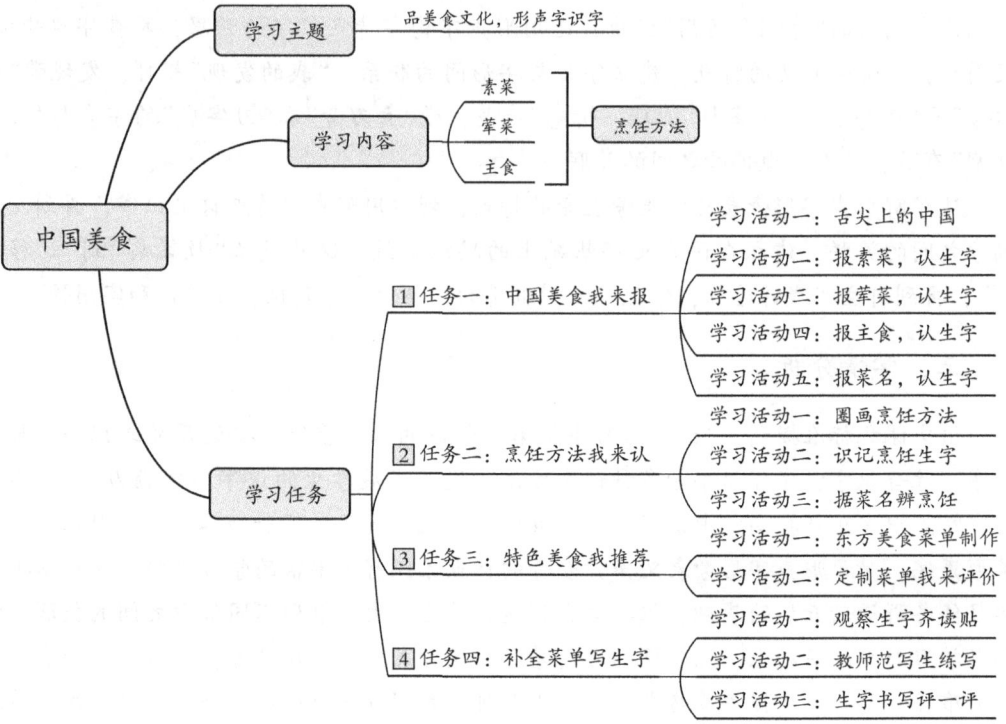

56

第三章 基于语文学习任务群的大单元教学设计与实施

【学习目标】

1. 能运用形声字的方法识记"菠、煎"等16个生字，读准多音字"炸"，会写"烧、烤"等9个字，会写"美食、红烧"等6个词语。

2. 能用部首查字法查找"灶、烫、烈"等字，发现偏旁"火字旁"和"四点底"的联系。

3. 能说出用"炒、烤、爆"等方法制作的美食，自主定制菜单。

4. 能说说自己家乡的美食，增进对中华美食文化的了解。

【学习重点】

能发现偏旁"火字旁"和"四点底"的联系。

【学习难点】

能说出用"炒、烤、爆"等方法制作的美食。

【学习准备】

1. 学习经验：学生形声字特点认知的经验，偏旁表义的汉字规律学习经验。

2. 学习资源：统编教材小学语文二年级下册第三单元课文，"火"字微课教学视频，美食制作视频。

3. 学习工具：生字卡片，菜单制作学习单，练写生字学习单。

【学习时间】

2课时

【学习过程】

第 一 课 时

【学习目标】

1. 认识"菠、煎"等16个生字，读准多音字"炸"，会写"烧、烤"等3个字。

2. 能运用形声字的方法识记生字，发现偏旁"火字旁"和"四点底"的联系。

3. 能说出用"炒、烤、爆"等方法制作的美食，自主定制菜单。

57

基于语文核心素养的大单元教学

【学习过程】

🌱 **任务一** 中国美食我来报

（一）学习活动一：图片导入，激发兴趣

同学们，欢迎来到中华美食城，今天老师给大家带来了很多中华美食，一起看看有哪些？中国饮食文化历史悠久。从南到北，中国美食真是多到数也数不清。今天我们就来学习——中国美食(板书课题)。

（二）学习活动二：报素菜，认生字

1. 小老师带读：凉拌菠菜，香煎豆腐，红烧茄子。

2. 提醒"腐"字原本三声，在词语"豆腐"中变轻声。

3. 形声字识记"菠""茄""蘑菇"。

总结：它们都是形声字，上形下声，上面的草字头表示和植物有关，所以这些菜都是素菜，下面的部分代表了这个字的发音。

4. 齐报素菜菜名。

bàn bō　　　　　　　jiān fǔ　　　　　　　qié
凉拌菠菜　　　　　　香煎豆腐　　　　　　红烧茄子

58

第三章　基于语文学习任务群的大单元教学设计与实施

(三)学习活动三：报荤菜，认生字

1. 小老师带读：烤鸭，水煮鱼，葱爆羊肉，小鸡炖蘑菇。

2. 提醒"菇"字原本一声，在词语"蘑菇"中变轻声。

3. 齐报荤菜菜名。

(四)学习活动四：报主食，认生字

1. 小老师带读：蒸饺，炸酱面，小米粥，蛋炒饭。

2. 生活中识字"酱"：芝麻酱，番茄酱，辣椒酱。

3. 多音字识字方法："炸"据义定音，二声后面跟食物，四声回顾已学的《植物妈妈有办法》。

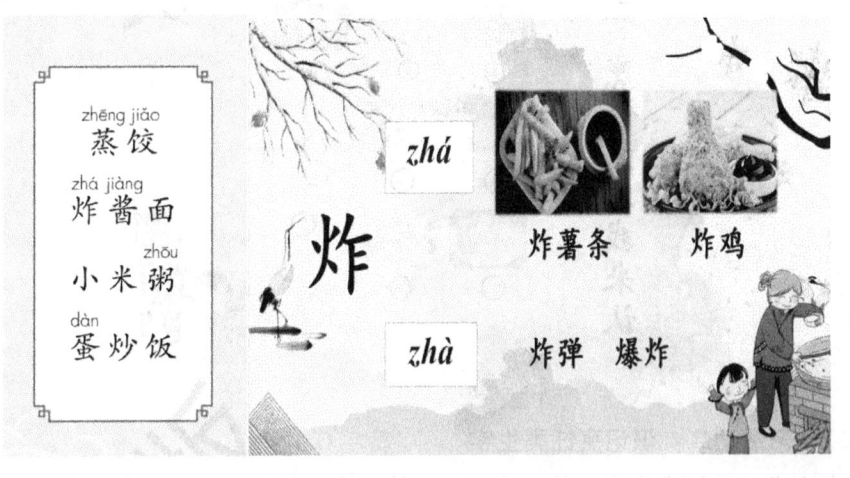

59

基于语文核心素养的大单元教学

(五)学习活动五：整体认读菜名

1. 带拼音齐读。

2. 去拼音小组互读，去拼音开火车读。

3. 发现课文规律：菜肴+主食。

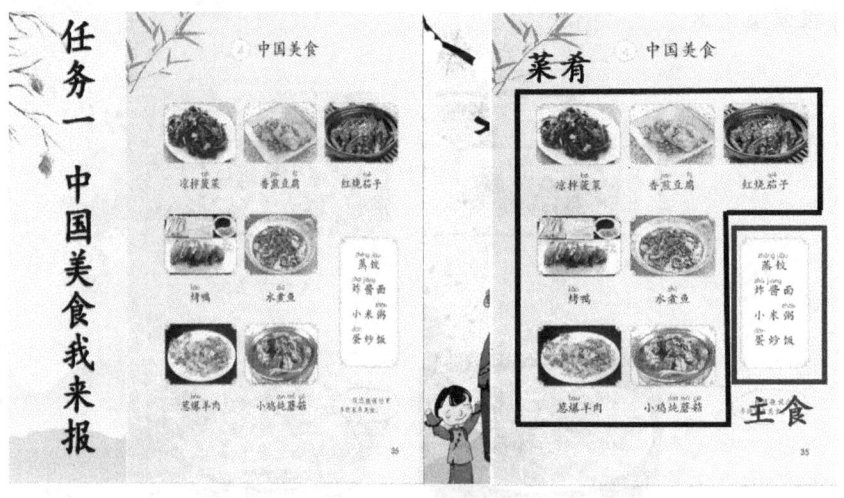

任务二　烹饪方法我来认

(一)学习活动一：圈画烹饪方法

1. 这些美食是怎么做出来的呢？教师示范圈画"蒸饺""小米粥"的烹饪方法。

2. 学生自主圈画烹饪方法，全班核对。

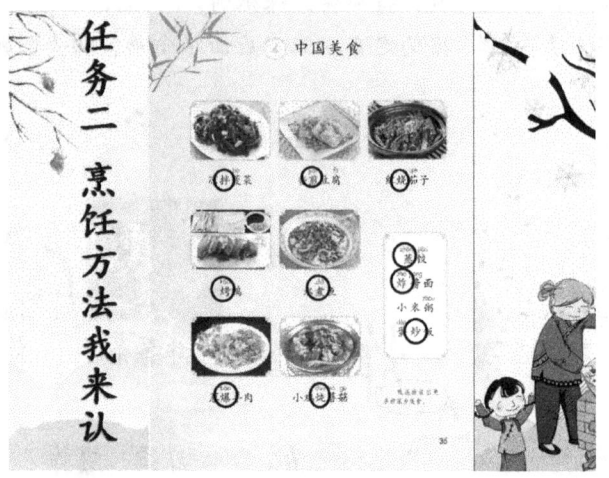

(二)学习活动二：识记烹饪类生字

1. 全班齐读烹饪类生字：拌，煎，烧，烤，煮，爆，炖，蒸，炸，炒。

60

2. 形声字识字，发现部首规律：偏旁是提手旁，火字旁，四点底。

3. 观看微课，了解火字旁和四点底的联系：都和火有关。

(三)学习活动三：据菜名辨烹饪

1. 播放扬州炒饭和北京烤鸭的烹制视频，学生说烹饪方法。

2. 小组合作报菜名辨烹饪，快速找到相应的烹饪方法的生字卡片。

3. 全班展示，说出用"烧、烤、爆"等烹饪方法制作的美食。

🌱 **任务三** 特色美食我推荐

1. 播放微课，示范东方美食的菜单制作。

2. 小组合作，拿出学习单，制作菜单。

创设情境：我们学校会迎来一些外国小朋友前来做客，请同学们用上今天学习的烹饪方法，为这些外国小客人定制一份菜单，要求荤素搭配，体现东方美食特色。

3. 全班展示，点评菜单

评价要点：①烹饪方法使用正确；②荤素搭配，营养均衡；③体现东方美食特色。

基于语文核心素养的大单元教学

 任务四 补全菜单练生字

1. 讲解"烧、烤、炒"的写法。

一看结构：左右结构。

二看比例：左窄右宽，左短右长。

三看关键笔画："火字旁"的"捺"变点。

2. 教师范写。

3. 学生练写，教师巡视指导，关注坐姿。

4. 讲评生字，评价标准：正确、规范、整洁。

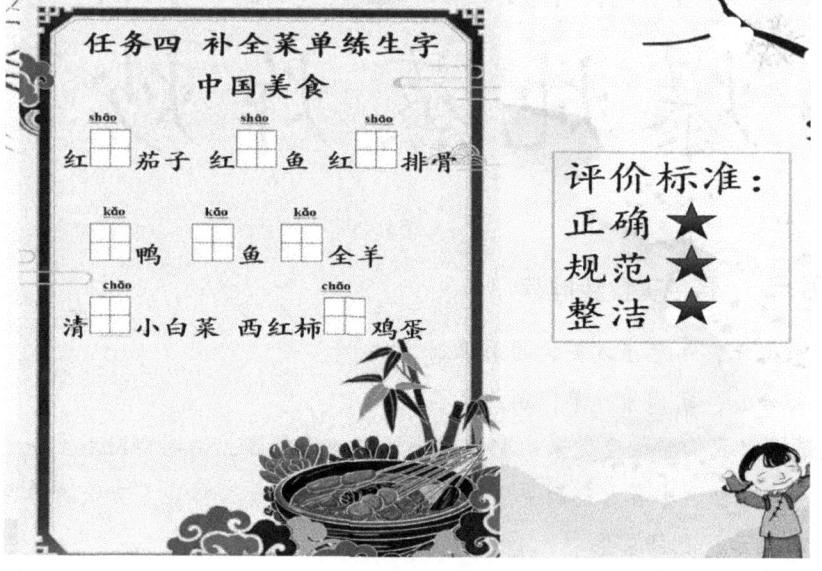

62

第三章 基于语文学习任务群的大单元教学设计与实施

【设计者手记】

语文课程标准指出，语文教学要培养学生的核心素养——文化自信，语言运用，思维能力，审美创造。这篇课文《中国美食》围绕着传统文化，介绍了学生们喜闻乐见的美食，本身内容就较能激发学生的学习兴趣，也是培养学生文化自信的很好素材。那么如何在活动实践中，厚植民族自豪感，而不仅仅是泛泛而谈？我们设计了一个学习任务——"特色美食我推荐"，创设了一个学习情境——跟来访的外国小朋友设计菜单，让学生们在具体的语言实践中将刚才所学的表示烹饪方法的词汇进行运用，巧妙地落实了语文书课后习题第一题的要求——"读一读，说说制作哪些美食需要用到这些方法"。与此同时，四个学习任务——中国美食我来报、烹饪方法我来认、特色美食我推荐、补全菜单认生字具有前后关联性，环环相扣，体现了学生从认生字、学方法，到用生字、写生字的过程，体现了语文学习任务群的情境性、实践性、综合性。

第 二 课 时

【学习目标】

1. 能用部首查字法查找"灶、烫、烈"等字，发现偏旁之间的联系。
2. 会写"鸭、鸡、蛋"等6个生字。
3. 能说说自己家乡的美食。

【学习过程】

任务一 有趣的汉字我介绍

（一）学习活动一：查字典，认汉字

1. 看一看：看看三组生字，找找共同点。
2. 猜一猜：猜猜偏旁含义，推测汉字意思。
3. 查一查：查查新华字典，印证猜测。

汉字	部首	剩余笔画	音节	组词	页码
灶					
焰					
烫					
煲					
熏					
煎					

63

基于语文核心素养的大单元教学

(二)学习活动二：小组交流，谈发现

合作要求：①核对学习单，读生字；②结合字义，认生字；③观察生字，谈发现。

(三)学习活动三：全班展示，说规律

观察三组生字，说说你的发现。

总结：带有火字底和四点底的字，多与"火"有关。

(四)学习活动四：举一反三，用规律

1. 读一读：三组生字读一读，读准字音。

2. 找一找：找找每组生字共同点，发现汉字小秘密。

3. 说一说：说说你的发现。

总结：偏旁为"心字底"和"竖心旁"的字多与"心理、情感"有关。偏旁为"刀字底"和"立刀旁"的字多与"刀或切割"有关。

4. 用一用：玩游戏，我来问，你来答。

切切切，切萝卜，什么切？菜刀切。

剪剪剪，剪窗花，什么剪？剪刀剪。

刮刮刮，刮胡须，什么刮？剃刀刮。

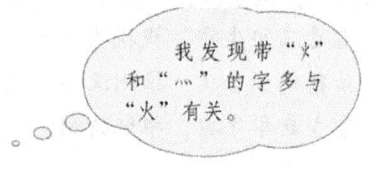

炒　烤　烧
煎　蒸　煮

怒　恋　感
慌　惊　怕

刺　刮　剑（jiàn）
分　剪　切

64

第三章　基于语文学习任务群的大单元教学设计与实施

任务二 美味的食物我推荐

(一)学习活动一：美食的千滋百味

1. 读一读：读一读下面的词语，读准字音，词语连读。
2. 找一找：找一找这些词语的共同点，看看你发现了什么。
3. 说一说：用上这些形容食物味道的词语，说说你最喜爱的美食。

jīn
甜津津　　　liū
酸溜溜　　　là hū
辣乎乎　　　pēn
香喷喷

nì
油腻腻　　　mián
软绵绵　　　cuì
脆生生　　　bāng
硬邦邦

> 我吃过酸溜溜的话梅……

(二)学习活动二：家乡的美食

舌尖上的家乡 正式上线

请介绍几种你家乡的美食，画一画或贴一贴美食的图片，并写上美食的名字，和大家分享吧！

　　我的家乡_____（填地名）有很多美食，最有名的是_____、_____、_____……我最喜欢吃的是_____，因为_____。

65

基于语文核心素养的大单元教学

任务三　漂亮的汉字我会写

(一)学习活动一：师生读帖，观察汉字

讲解"茄、鸭、鸡、肉、蛋、饭"的写法。

一看结构：左右结构"鸭、鸡、饭"，上下结构"茄、蛋"，独体字"肉"。

二看比例：左右结构的"鸭、鸡、饭"左窄右宽，左短右长。

上下结构的"茄"上短下长，"蛋"上宽下窄。

三看关键笔画：独体字"肉"里，"人"的"捺"变点。

(二)学习活动二：教师范写，学生练写

教师范写，学生练写，教师巡视指导，关注坐姿。

(三)学习活动三：汉字书写，评一评

讲评生字，评价标准：正确、规范、整洁。

【板书设计】

【设计者手记】

　　学习任务群的设计应该着眼于大单元语文的教学，打破课文之间的壁垒，实现单元的重组。所以我们从语文要素的角度着手，发现单元的内在联系，将其进行整合。二年级下册的第三单元是一个识字单元，语文要素就是识字、写字。课文《中国美食》的教学重点又是运用形声字的方法识字，难点是发现偏旁火字旁和四点底之间的联系，发现偏旁之间的关联这个语言文字的训练点在本单元的语文园地里同样出现了，要发现偏旁"心字底"和"竖心旁"的联系，"立刀旁"和"刀字底"的联系，于是我们将《中国美食》和语文园地实现了重组，构建了学习任务"有趣的汉字我介绍"，从而通过集中识字的方式实现高效课堂。

(武汉市江汉区红领巾实验学校　曾一)

（二）发展型学习任务群

1. 实用性阅读与交流

紧密联系生活　提升语文素养
——"实用性阅读与交流"学习任务群理念解读与实施建议

义务教育课程方案和课程标准（2022 年版）（以下简称"义教新课程方案"）有三个修订原则：目标导向、问题导向和创新导向。义教新课程方案提出要科学规划课程实施，深化教学改革。具体而言，即坚持素养导向，强化科学实践，推进综合学习和落实因材施教。强化科学实践是要加强知识学习与学生经验、现实生活、社会实践之间的联系，注重在真实情境中展开学习，增强学生解决真实问题的能力。推进综合学习则要求在课程实施过程中整体把握学习目标，注重知识学习与价值教育的有机结合，充分发挥学习活动的育人价值，探索大单元教学，积极开展主题化、项目式学习等综合性学习活动，以加强知识间的内在联系。

育人为本的语文课程理念：以"三个导向"为原则，强调立足学生核心素养，构建语文学习任务群，加强课程内容整合，增强课程实施的情境性和实践性，关注课程评价的过程性和整体性。从课程目标到课程结构、课程内容、课程实施及课程评价回应义教新课程方案中推进深化教学改革的要求。

语文学习任务群：任务群在我国义务段课程标准中首次提出，是一种结构化组织课程内容和呈现方式，并与普通高中语文相衔接。"语文学习任务群"由相互关联的系列学习任务组成，共同指向学生的核心素养发展，具有情境性、实践性和综合性。分三个层面设置六大任务群：基础型学习任务群强调"基础性"，设有"语言文字积累与梳理"；发展型学习任务群设有"实用性阅读与交流""文学阅读与创意表达"和"思辨性阅读与表达"；拓展型学习任务群设有"整本书阅读"和"跨学科学习"。学习任务群的安排既注重了整体规划，又具有学段特征，具有整体性、阶段性、连贯性、适应性的特点，针对了不同学段学生的素养发展。

本次课标修订中的三大重难点分别是素养型目标研制、结构化内容和学业质量。学习任务群是本次修订课程内容的一个重要变革，也成了一线教育工作者积极探索的课题。

（1）实用性任务群的内涵与特点——素养导向，联结生活

根据义教新课程方案，实用性任务群旨在引导学生在语文实践活动，通过倾听、阅读、观察，获取、整合有价值的信息，根据具体交际情境和交流对象，清楚得体地表达，有效传递信息，满足家庭生活、学校生活、社会生活交流沟通的需要。它既指向语文学科素养，还特别强调了语文课程的生活性——"满足家庭生活、学校生活、社会生

基于语文核心素养的大单元教学

活交流沟通的需要"。下面是一、二、三学段的学习内容。

学段	实用性阅读		实用性交流	
第一学段	阅读有关个人生活、家庭生活、学校生活的短文；学习有关中华优秀传统文化的短文。	认识个人生活、家庭生活、学校生活的短文中相关的汉字；在革命遗址、博物馆、公园、剧场、车站、书店、超市、银行等社会场所中，学习认识有关标牌、图示、说明书等。	学习运用文明礼貌语言，与家庭成员、亲朋好友、同学、老师文明沟通交流；乐于分享学校生活中的见闻和感受；将读到、听到、看到的故事讲给他人听。	
第二学段	阅读有关家庭生活、学校生活、社会生活的短文；学习阅读说明、叙写大自然的短文。		学习用口头的方式，客观地表述生活中的见闻片段；学习具体、清楚、生动地讲述有关老一辈无产阶级革命家和革命英雄、劳动模范、科学家的事迹，以及反映中华传统美德的故事。	学习写留言条、请假条、短信息、简单书信等日常应用文；学习用日记、观察手记等展示自己观察自然、探索科学的收获。
第三学段	阅读记人叙事的优秀文本；阅读参观访问记、考察报告、科技说明文、科学家小传等文本；学习革命英雄和劳动模范的事迹。		通过口头表达与他人交流身边令人感动、难忘的人和事，分享观察自然、探索科学的所见所闻、所思所感。	通过书面叙写与他人交流身边令人感动、难忘的人和事，分享观察自然、探索科学的所见所闻、所思所感；学习记笔记、列大纲、写脚本、画思维导图等整理和呈现信息的方法；能写日记、关注家庭、学校、社区生活中发生的新鲜事；尝试用多种媒介方式记录、展示、讲述革命影像和劳动模范的事迹。

68

实用性阅读与交流学习任务群不同于实用文。两者有着共同的作用——"实用"，但实用文是一种文体，以实际应用为目的，有比较固定的格式，语言平实、规范、典雅，直接用于处理公私事务。"实用文"主要是相对于文学文体而言的，有相对固定的格式。而实用性阅读与交流学习任务群是由相互关联的学习任务组成的课程内容，全学段统一规划，阶段推进。一个任务群常常以单元形式呈现，不同年段反复出现，螺旋进阶。实用文最大的特点是广泛性、实用性和程式性；任务群则具有情境性、实践性和综合性。实用文是一种静态的文本，而实用性阅读与交流学习任务群则是不分文体将文本置于动态学习中。所以，实用性阅读与交流学习任务群不一定是以实用文为课程内容，实用文也不一定是实用性任务群中的文本内容。例如六年级上学期第三单元《竹节人》。从单篇文本上来看，这是一篇回忆性散文，讲述了童年趣事；但从整个课程内容安排上看，这个单元是策略单元"学习有目的地阅读"，这篇文章和另外两篇实用文《宇宙生命之源》和《故宫博物院》组成了一个实用性阅读与交流学习任务群。再如五年级下学期第七单元《金字塔》，由一篇散文和一篇非连续性文本组成，虽然有实用文，但是本单元是以"体会静态描写和动态描写的表达效果"为语言训练点，三篇文章组成文学阅读与创意表达的学习任务群。

因此，实用性阅读与交流学习任务群关注学生阅读文本是基于怎样的学习情景，获得了哪些学习资源，开展什么实践活动，如何评价学生语文学科素养，而不是文本。

（2）溯源与发展——育人为本，守正变革

由上可见，实用性阅读与交流学习任务群较原有的实用文有一定联系，更多的是从目标、内容、实施上有突破创新——素养导向，任务驱动，情境实践。

①从我国课程标准修订看

其实，早在 2001 年版《义务教育课程标准》中就提到了将提升学生语文素养作为课程目标之一，强调语文学习应具有实践性和综合性，应该更加开放地走近生活。至今，这些理念仍然是我们在积极倡导的。

"以文化人，文以载道。"为了更好地实现语文学科的育人价值，二十年来，教育部从出台第一部课程标准，到两次修订，一直在对课程内容进行探索并力图突破。2001 年版课标中只呈现了总目标和阶段目标，并没有提到课程内容。2012 年版课标则将学段目标与内容作为一个板块呈现。2022 年版课标不仅单设了课程内容，还首次提出了语文学习任务群——构建学习情境、学习内容、学习方法、学习评价、学习资源融合呈现的系统内容。例如，实用性阅读与交流学习任务群对每个年段，对与个人生活、家庭生活、学校生活和社会生活实际联系的阅读与表达的课程内容，进行了具体情境、内容、方法的阐述。这标志着从以静态文本教学转向为学生生活服务的理念转变。

②从 PISA 评估看

PISA 项目是目前全世界规模最大的国际性学生成就评估项目。经济合作与发展组织（OECD）"素养评估"，即"有关学生在主要学科领域应用所学知识和技能的能力，在不同情境中识别、解释和解决问题时表现出的有效分析、推理和交流能力"。可见，PISA 并非评估知识和技能的掌握情况，而是评估学生在具体的情境下运用知识和技能解决问题的能力。在阅读领域测评中，PISA 设置了"个人、公共、教育、职业"四个情境，这与实用性阅读与交流任务群中提到的"学校生活、家庭生活、社会生活"三类真实情境有着相通之处。

③从创新发展看

实用性阅读与交流学习任务群有利于解决语文教学中存在的问题，从以文本为纲、知识为纲和行为训练为纲转向关注提升学生素养。一是避免学习内容碎片化，单篇文本教学转向整体化、阶段化的系统学习，有利于帮助学生构建知识结构，提升学习能力，并在语文实践中提升素养。二是避免学习过程同质化。过去，文学性的文章学习主要内容，了解中心思想；实用性的文章按照规定的格式和固有的特点去阅读和习作，这是一种以文本为中心来设计的教学内容。现在，有了实用性阅读与交流学习任务群，置于真实情境中，联系丰富的生活场景，任何文体的文章都可以帮助学生在学校、家庭、社会生活中、在特定的情境中恰当地交流表达，这是一种以学生发展需求为导向来设计的课程内容。三是避免思维培养浅表化。实用性阅读与交流学习任务群强调"实用"，学生要将学习的知识和技能运用于实际生活，做到可运用、可迁移、可创造，而不是停留在静态文本学习。总之，实用性阅读与交流学习任务群作为新的课程内容更加关注学生：生活在什么样的情境——学校、家庭还是生活？（真实情境）在这样的情境下学生应该知道什么？（学科知识基础）可以怎么做？（解决真实问题的能力）通过学习他获得了哪些成长？（提升学科素养）这也是语文课程育人价值的追问。

（3）策略与路径——真实情境，实践探究

实用性阅读与交流学习任务群与其他五个任务群有着内在的逻辑联系，这不仅是语文课程内容结构化的创新呈现形式，还带动了教与学的变革。

①素养导向

以核心素养为纲，核心素养是文化自信、语言运用、思维能力和审美创造的综合表现。我们可以直接从 2022 年版课标中的找到本学段实用性阅读和交流学习任务群的课程学习内容，找到对应的年段素养目标作为设计的目标，也可以作为检测评价的依据。与"文化自信"有关的内容如下表所示。

第三章 基于语文学习任务群的大单元教学设计与实施

学段	学 习 内 容
第一学段	在革命遗址、博物馆、公园、剧场、车站、书店、超市、银行等社会场所中，学习认识有关标牌、图示、说明书等，了解公共生活规则，学会有礼貌地交流。学习有关中华优秀传统文化的短文，将读到、听到、看到的故事讲给他人听。
第二学段	学习具体、清楚、生动地讲述有关老一辈无产阶级革命家和革命英雄、劳动模范、科学家的事迹，以及反映中华传统美德的故事。
第三学段	学习革命英雄和劳动模范的事迹，尝试用多种媒介方式记录、展示、讲述他们的故事，表达自己的崇敬之情。 阅读科技作品，欣赏人类的科学创造，关注祖国的科技创新和社会主义建设成就，交流自己的发现与体会；学习为创造人类美好生活作出重要贡献。

②真实性情境

实用性阅读和交流学习任务群的学习情境是来源于学生生活中的真实需求，服务于沟通交流需要，以及生活中的真实问题。它关注学生在日常三种生活场景(家庭生活、学校生活、社会生活)中的语言实践，凸显在特定情境下，针对特定对象的表达方式，更加强调"实用"。这和文学性阅读与创意表达以及思辨性阅读与表达学习任务群既有联系也有区别。实用性任务群侧重于生活中的"交流"沟通需要，而另外两个任务群侧重于"表达"。在不同的真实情境下，不同的需求，即使阅读同样的文体，甚至和旧教材中同样的文章，都应该有不同的阅读方法。

例如，统编版小学语文四年级下学期第五单元是习作单元，创设一个真实的学习情境构建学习任务——"评选最佳游记"作为驱动性任务(具体学习安排见下图)。需要注意的是，真实学习情境下的学习任务是一定要在生活中真实实践的，而不是简单地在上课时有一个创设情境的教学流程。需要说明的是，真实的情境不仅限于我们生活的物理空间，随着时代的发展，虚拟空间、网上资源、学习评价都是我们真实生活的一部分。

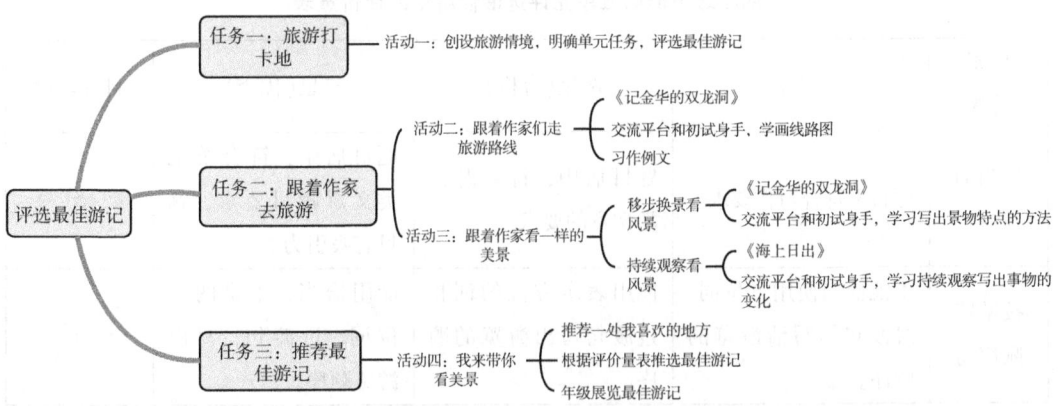

71

基于语文核心素养的大单元教学

③主题化实践

以生活为基础，以语文实践活动为主线，以学习主题为引领，以实用性阅读与交流学习任务群为载体，引导学生关注家庭生活、校园生活和社会生活中的相关经验，整合听说读写。鼓励学生综合运用语文知识开展有趣的语文主题实践活动。在主题选择上，应充分结合本地区本校的当下时段、社会热点、学校活动以及本班学生实际需求，从三个方面考虑：一是本任务群与实际生活之间的关联，突出"真实"，如第一学段的第一个学习任务"我爱上学"正是小学生入学的真实生活；二是本任务群不同阶段的连续性和差异性，突出"进阶"，如从第一学段的"文明公共生活"到第三学段的"创造美好生活"；三是本任务群与其他任务群之间的内在逻辑关系，突出"综合"，如"数字时代的生活""家乡文化探究"等主题任务与跨学科任务群、整本书阅读任务群都有着密不可分的联系。将朗读、复述、讲故事、演讲、课本剧、职业扮演等有趣的形式与识字与写字、阅读与鉴赏、表达与交流、梳理与研究的学段目标融为一体。

④教学评一体

任务群为载体的教学，应关注教学评一致性，如新课标所说，"过程性评价贯穿语文学习全过程"。我们将传统考试称为"终结性评价"，其优势在于检测学生掌握学科知识与技能的情况，而整体性不足。

关注过程性评价、制作评价量表、评价方案前置，这些都是很好的评价方法。评价量表一般由"要素、等级和评价标准"三个部分组成。要素指的是将学生的学习表现或者输出结果分解成若干个具体的部分，这些部分构成评价表的框架结构；等级是对学生表现的分级；评价标准则是根据年段特点制定的具体明确的表述，用于确定成功实现目标或学习目标的程度。

四年级下册第五单元评选最佳游记的评价量表

要素 等级	一星(不合格)	两星(合格)	三星(优秀)	自我评价
恰当的题目	题目不符合习作要求。	题目居中，符合游记类文章的要求。	题目居中，符合游记类文章题目要求，题目有吸引力。	★ ★ ★
按游览顺序写	不能恰当使用方位词、过渡句等写清游览的顺序。	能用表示方位的词和过渡句写出游览的顺序。	能用恰当、丰富的方位词、过渡句，写出游览顺序。	★ ★ ★

第三章　基于语文学习任务群的大单元教学设计与实施

续表

要素 等级	一星(不合格)	两星(合格)	三星(优秀)	自我评价
写出景物特点	没有重点描写景物的特点，没有表现景物特点的关键词句。	有描写景物特点的关键词句，并围绕关键词句写了自己的观察。	能用优美的语言和多种修辞手法，描写出景物的特点。	★ ★ ★
有自己独特的感受	没有写自己的感受，或者感受空泛，缺少真情实感。	表达了自己在游览中的真情实感。	语言优美，情感真挚，有多处表达真情实感的好句子。	★ ★ ★

义务教育课程方案和课程标准的再次修订，为教育绘就了新蓝图，首次以任务群的形式结构化课程内容。在编排上，实用性阅读与交流任务群被置于发展型任务群的首位，突出了语文服务于生活、学以致用的重要特点。我们应不断探索：坚持素养导向，追求课程内容、学生生活、语文实践之间的融通；围绕统整的学习主题，创设真实的学习情境，设计语文实践活动。这有助于改变传统知识点、能力点的线性排列方式，避免逐点解析和逐项训练，进而注重培养学生的实践创新能力。

(武汉经济技术开发区实验小学　卢欣玲)

基于语文核心素养的大单元教学

 实例研究

解密国宝　做优秀文化研究员

——三年级下册第三单元"实用性阅读与交流"学习任务群教学设计

一、课标解读

2022 年版课标"实用性阅读与交流"要求在语文实践活动中，通过倾听、阅读、观察，获取、整合有价值的信息，根据具体交际情境和交流对象，清楚得体表达，有效传递信息，满足家庭生活、学校生活、社会生活交流沟通的需要。

第二学段要求紧扣"实用性"特点，围绕家庭生活、学校生活、社会生活中阅读与交流的实际任务，采用口头和书面的方式，客观地表述生活中的见闻片段，能具体、清楚、生动地讲述有关中华传统美德的故事，学习阅读说明、叙写大自然的短文，感受、欣赏大自然的奇妙与美好，用日记、观察手记等，展示自己观察自然、探索科学世界的收获。充分利用数字资源和信息化平台，引导学生提高语言理解与运用能力，逐步增强语言表达的准确性、规范性。相比第一学段，第二学段的要求在学习内容和能力要求上有所提高，呈现出学段的连续性和发展性。

根据上述要求，笔者依托统编教材小学语文三年级下册第三单元"了解课文是怎样围绕一个意思把一段话写清楚的"这一阅读要求，设计了"最美优秀传统文化代言人"主题学习活动。

二、教材分析

(一)大单元语文要素年段间纵向联系

从语文要素来看，这是对三年级上学期第六单元"借助关键语句理解一段话意思""写作的时候试着围绕一个意思写"这一要素的承接和延伸。在三年级上学期时，这一要素主要从理解内容的角度提出，让学生借助关键语句理解一段话的意思，其实就是在引导学生明白这段话的中心意思。

在此基础上，本单元则是从学习表达的角度提出语文阅读要素"了解课文是怎么围绕一个意思把一段话写清楚的"。知道围绕一个意思写清楚一段话的具体方法，不仅能促进学生深入理解课文内容，而且也为学生"围绕一个意思把一段话清楚"的习作实践提供方法的引导。本单元中《赵州桥》凸显了本单元的语文要素，设置课后题："抄写第三自然段，体会这段话是怎样把赵州桥的美观写清楚的"，目的就是引导学生体会并且理解本单元的语文要素。

74

第三章　基于语文学习任务群的大单元教学设计与实施

年级之间的纵向联系如下表所示。

册序	单元	单元要素
三年级上册	第六单元	借助关键语句理解一段话的意思。 习作的时候，试着围绕一个意思写。
三年级下册	第三单元	了解课文是怎样围绕一个意思把一段话写清楚的。 收集传统节日的资料，交流节日的风俗习惯，写一写过节的过程。

从单元主题来看，二年级下册第三单元为中华传统文化，三年级下册第三单元为中华优秀传统文化，本单元的综合性学习"中华传统节日"也是回归到了这一主题，这是从单元主题上的延续与承接。

年级	单元	主题升华
二年级上册	第三单元	中国传统文化
三年级下册	第三单元	中国优秀传统文化

(二)大单元语文要素单元内横向联系

本单元的横向联系建立在学习语文要素的基础上，每篇精读课文的要求是不一样的。"交流平台"对如何围绕一个意思把这段话写清楚也进行了梳理和总结。例如，《赵州桥》第3自然段，为了写清楚"赵州桥非常美观"，详细介绍了桥面石栏上精美的图案，把各种姿态的龙写得活灵活现。又如《一幅名扬中外的画》第3自然段，写了挂着各种招牌的店铺，还写了来来往往、形态各异的人。建议将"交流平台"和"语句段运用"整合到课文学习中去。

单元语文要素在课时中的梯度序列

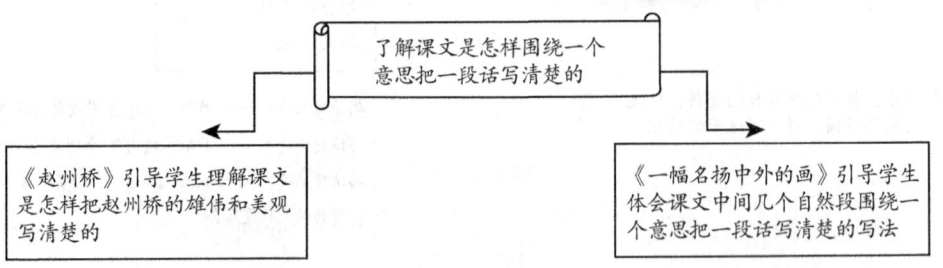

基于语文核心素养的大单元教学

	课　文	训练重点
第三单元	《纸的发明》	提取关键信息列图表，说说造纸术传承下来的原因。
	《赵州桥》	理解第3自然段是通过列举桥栏杆上雕刻着的图案把桥的美观写清楚的。
	《一幅名扬中外的画》	能从第2~4自然段中选择一个自然段，说出课文是怎样围绕一个意思把一段话写清楚的。

三、学情分析

这个单元主要是从学习表达的角度提出语文要素"围绕一个意思把一段话写清楚"，在精读课《赵州桥》、略读课文《一幅名扬中外的画》中都凸显了对这一语文要素的学习。如《赵州桥》设置课后题引导学习体会第3自然段是怎样把赵州桥的"美观"写清楚的。《一幅名扬中外的画》第3自然段整段都是围绕"画上的街市可热闹了"这句话来写的。语文园地的"交流平台"通过例子帮助学生体会单元语文要素。

教学时，可以先引导学生找出这样能概括段意的关键语句，再引导学生理解课文是怎样围绕一个意思把一段话写清楚。知道围绕一个意思写清楚一段话的具体方法，不仅能促进学生深入理解课文内容，而且也为学生进行"围绕一个意思把一段话写清楚"的习作实践提供方法上的引导。

四、大单元学习任务群框架

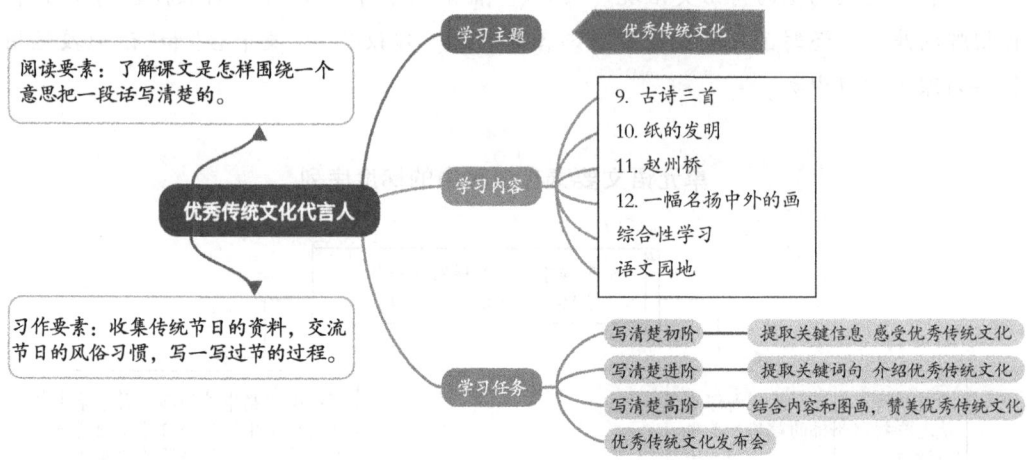

76

《赵州桥》学习任务群教学设计案例

【学习任务群框架】

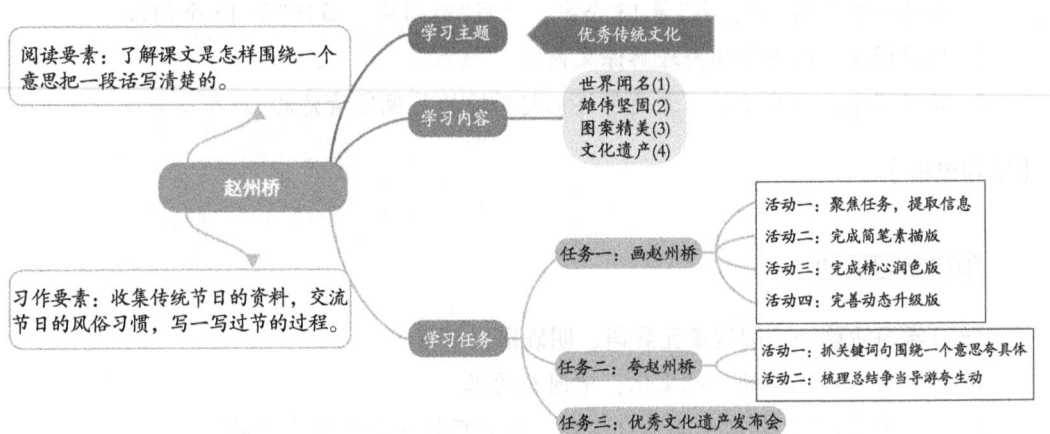

【学习目标】

1. 会写"县、匠"等13个字，会写"赵州桥、石匠"等15个词语。

2. 根据阅读要素，朗读课文，找到相关内容，再仔细阅读，完成课文提示中的三个阅读任务：①画赵州桥；②夸赵州桥；③优秀文化遗产交流会。

【学习重点】

1. 体会第3自然段是如何通过列举桥栏杆上雕刻的精美图案把桥的美观写清楚的。

2. 能用给定词语向别人介绍赵州桥。

【学习难点】

学习课文的表达方法，感受古代劳动人民的智慧。

【学习准备】

1. 学习经验：分享抓关键句阅读理解段意的经验。

2. 学习资源：统编教材小学语文三年级下册第三单元课文、赵州桥视频解说。

3. 学习工具：互联网、思维导图。

【学习时间】

2课时

基于语文核心素养的大单元教学

第 一 课 时

【学习目标】

1. 在语境中会写"赵、省"等 13 个字,会写"赵州桥、石匠"等 15 个词语。
2. 朗读课文,抓关键词句理解课文内容。
3. 默读课文,初步了解课文是怎样把赵州桥的美观写清楚的。

【学习过程】

预热学习活动

(一)学习活动一:阅读单元导语、明确语文要素

1. 话题引入:深厚的传统文化,中国人的根。
2. 阅读要素:"了解课文是怎么围绕一个意思把一段话写清楚的"。
3. 习作要素:"收集传统节日的资料,交流节日的风俗习惯,写一写过节的过程"。

(二)学习活动二:明确学习任务,梳理课文内容

1. 对照单元导语,发现阅读任务。
2. 通过分析、比较,明确完成三个任务的基本思路。
①朗读课文,抓关键词句理解课文内容。
②默读课文,初步了解课文是怎样把赵州桥的美观写清楚的。
③根据获得的信息为画一画赵州桥做准备。

任务一 画赵州桥

(一)学习活动一:聚焦任务、提取信息

1. 分解任务:为什么说赵州桥世界闻名?从哪几方面介绍它?
朗读课文,抓关键词句理解课文内容,知道从哪几个方面来介绍赵州桥的。
2. 理清思路:浏览全文——选择相关内容——细读分析。
默读课文,初步了解课文是怎样把赵州桥的美观写清楚的。
3. 聚焦材料:勾画出关键语句,了解课文介绍了赵州桥的几个方面。
学习提示:找准、找全,提取关键信息为画赵州桥做准备。
同桌伙伴提醒:我们读文章时可以先找出每一段的关键语句,再品一品怎样围绕这个关键句写清楚,感受关键词句表情达意的作用。
4. 交流、讨论。
第一段:介绍赵州桥的地名、桥名、设计者和建造年代。

第二段：介绍赵州桥的雄伟坚固。

第三段：介绍赵州桥的图案美观。

第四段：介绍赵州桥是我国宝贵的历史文化遗产。

总结：借助关键语句理解段意，学生已经很熟练了。找出每一段的关键语句，品一品怎样围绕一个关键句写清楚，为画一画赵州桥的全貌做铺垫。

(二)学习活动二：完成简笔素描版的赵州桥

1. 聚焦文本，细读分析，提取信息。

呈现内容——世界闻名、雄伟、创举、美观……

呈现方式——文字、素描简笔画

学习提示：细读相关段落，提取关键信息，图画出从哪几个方面介绍赵州桥。

2. 交流、讨论。

策略一：细读文章时，信息提取要全面准确。

(出示学生作品1)

关键点：找出课文从几方面介绍赵州桥的，图画标示关键信息。

策略二：抓关键点思考，赵州桥设计有什么特点？这样设计的好处？

(出示学生作品2)

关键点：赵州桥是一篇说明文，通过列数字，排比等方法具体说明，感受赵州桥的雄伟、坚固、美观。

(三)学习活动三：完成精心润色版的赵州桥

1. 聚焦文本，再次细读分析文本。

学习思考：第3自然段是怎样把赵州桥的美观写清楚的？

①总写美观的特点。

②具体写栏板上的精美图案，用"有的……有的……还有的……"排比句式，把各种姿态的龙描绘得栩栩如生。

2. 鼓励创意玩法。

①添加二维码，进行视频、音频讲解；

②留下创作空间：栏板上还有哪些精美的图案？请展开你丰富的想象。

学习提示：当讲解赵州桥的图案美观时，除了文本中详细描写的三种图案以外，还可以通过观看视频，展开丰富的想象，说一说还有哪些精美图案。

3. 回顾阅读方法。

先大概了解课文是从几方面介绍赵州桥的，再仔细阅读课文是怎样围绕一个意思把赵州桥的某个特点写清楚的，最后用图画的形式呈现赵州桥的每个细节，这样就完成了阅读任务。

基于语文核心素养的大单元教学

(四)学习活动四：完善动态升级版的赵州桥

1. 观看赵州桥的视频。

2. 拍摄《赵州桥》讲解视频。

3. 拍摄过程中进一步完善赵州桥图画。

简笔素描版赵州桥　　　　　精心润色版赵州桥　　　　　动态升级版赵州桥

画一画《赵州桥》

【设计者手记】

学以致用，在"实用性阅读与交流"学习任务群中尤其重要。从简笔素描到精心润色再到动态升级版的图画制作，通过提取关键信息，把文字转化成图片，图文结合，有静态有动态，让学生在阅读中动手，在动手中思考，在思考中继承和发扬中华优秀传统文化，建立文化自信，这正是致力于学生核心素养的形成与发展。

在这节课我运用这样的方法，完成了第一个阅读任务，第二课时将带着剩下的两个阅读任务，继续学习《赵州桥》一文。

第 二 课 时

【学习目标】

1. 理解第 3 自然段是通过列举桥栏杆上雕刻的精美图案把桥的美观写清楚的。

2. 学习课文的表达方法，用给定词语介绍赵州桥，感受古代劳动人民的智慧。

3. 优秀文化遗产交流会。

【学习过程】

任务二　夸赵州桥

(一)学习活动一：抓关键句，围绕一个意思夸具体

1. 以第 2 自然段为例，学习怎么夸。

学习思考：写赵州桥的雄伟坚固。先写了赵州桥的雄伟，从桥长、桥宽以及桥身设计三个方面来介绍。在写桥身设计时，先写介绍桥身设计，再介绍这样设计的优点，点明"创举"一词。

2. 以第3自然段为例，学习具体夸。

学习策略：围绕"美观"介绍赵州桥。先总写"美观"的特点，再具体写栏板上的精美图案，用"有的……有的……还有的……"排比句式，把各种姿态的龙描绘得栩栩如生，同时感受到语言的优美。

(二)学习活动二：梳理总结，争当导游夸生动

1. 梳理提炼方法，明确表达的中心意思，确定这段话的中心句。

	基本步骤	关键策略
围绕一个意思	第一步	写人：围绕人物某一方面的品质或特点。 记事：围绕事情某个情节或场面。 状物：围绕它的某个特征。
	第二步	多角度、多方面、有条理说明这个中心意思。
	第三步	结合想象、恰当运用比喻、拟人、排比等手法，使文章更生动具体。

2. 建议画思维导图。

学习课文的表达方法，用给定词语介绍赵州桥。

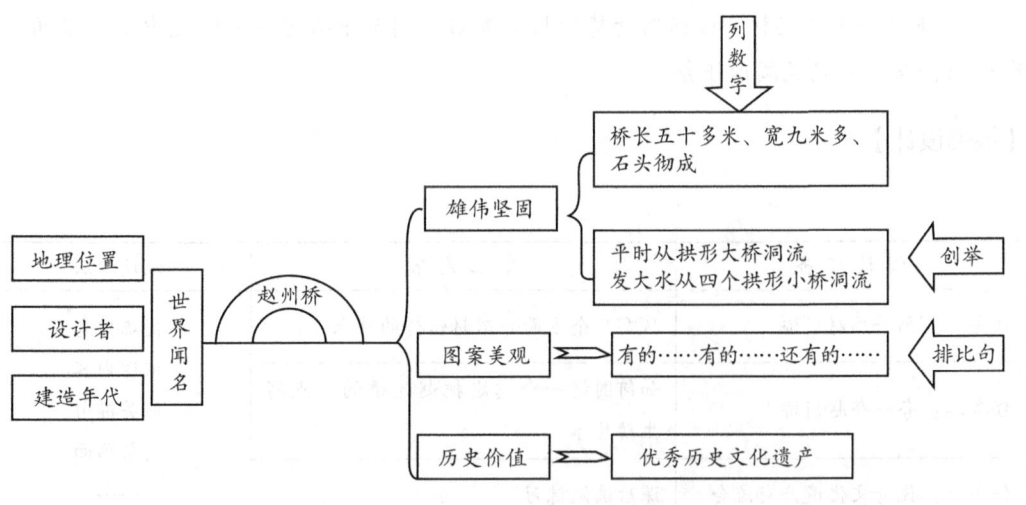

基于语文核心素养的大单元教学

3. 争当小导游为赵州桥代言。

①利用思维导图，围绕关键句把一个意思说清楚。

②加入合理想象，把一个意思说生动，感受古代劳动人民的智慧。

学习提示：导游词由开场白、概括介绍、重点讲解三个部分构成，具有口语化、知识性、文学性、礼节性等特点。把赵州桥介绍给同学或父母听一听。

介绍《赵州桥》评价表

评价维度	★★★	★★	★
内容明确	中心明确；内容完整；思路清晰	内容完整；思路清晰	内容缺失；思路混乱
表达清楚	通顺连贯；突出重点；语言简洁	叙述有序；语句通顺	复杂啰嗦；条理不清
讲述生动	声情并茂；自信大方；语言规范	平铺直叙；自信大方；	过于简单；缺少交流

 任务三　历史文化遗产交流会

(一)学习活动一：小组交流还知道哪些我国宝贵的历史文化遗产

(二)学习活动二：全班开展优秀历史文化遗产交流发布会

学习思考：课后选做题引导学生查阅相关资料，就"我国宝贵的历史文化遗产"进行交流，这还是回归到单元主题的目标上。可以说本篇课文，紧扣单元要素和单元主题，每一个问题的设定都有着其不同的内涵，目标都指向"了解课文是怎么围绕一个意思把一段话写清楚的"和感受古代劳动人民的智慧，增强学生民族自信心。

(三)学习活动总结

1. 围绕一个意思把一段话写清楚的基本段式：总分段式——先概括再具体。

2. 围绕一个意思把一段话写清楚的基本策略：明确中心句——围绕中心句多角度、有条理去写——完成阅读任务。

【板书设计】

阅读任务	关注内容	阅读方法
任务一：画一画赵州桥	从哪几个方面介绍赵州桥的特点	提炼信息
任务二：夸一夸赵州桥	如何围绕一个意思把赵州桥的特点写生动具体	梳理内容 抓关键句 想象画面
任务三：优秀文化遗产交流会	课后选做练习	……

82

第三章 基于语文学习任务群的大单元教学设计与实施

【设计者手记】

深厚的传统文化是中国人的根，是中国人的骄傲和自豪。生活中的传统文化无处不在，我们作为中国公民，应该如何当一个好导游向别人介绍中国优秀的传统文化呢？介绍时应该如何围绕一个意思把内容讲得清楚、生动、有条理呢？

关注表达，从说做起。说，是学生阅读感受、阅读思考的有效输出途径之一。通过倾听、阅读、获取、整合有价值的信息，根据交流情景和交流对象，清楚得体表达，有效传递信息，满足社会生活交流沟通需要，这也正是发展性学习任务群中实用性阅读与交流的核心。

因而在教学中，我在完成任务一的基础上，引导学生感知作者是如何既有条理又生动地把图案的精美写清楚的，最后让学生扮演导游的角色，借助关键词把赵州桥的特点说清楚。目的就是培养学生的信息重组能力，同时锻炼学生的口语表达能力，进一步感受中国古代劳动人民的智慧和才干，增强文化的自信心，这一点回归到了单元主题，也顺利完成任务二和任务三。

(武汉市经开区子林小学　王艳霞)

穿梭古今探奥秘　奇思妙想解难题
——四年级下册第二单元"实用性阅读与交流"学习任务群教学设计

一、课标解读

《义务教育语文课程标准(2022年版)》中"实用性阅读与交流"要求通过倾听、阅读、观察，获取、整合有价值的信息，根据具体交际情境和交流对象，清楚得体表达，有效传递信息，满足家庭生活、学校生活、社会生活交流沟通需要。

第二学段要求"能提出学习和生活中的问题，有目的地搜集资料，共同讨论，尝试运用语文并结合其他学科知识解决问题""阅读有关家庭生活、学校生活、社会生活的短文，学习用口头和书面的方式，客观地表述生活中的见闻片段""能尝试根据语文学习经验和生活经验解决日常生活中的问题""能选择自己感兴趣的角度主动搜集信息，尝试用流程图和文字记录学习活动的主要过程，并向他人展示学习成果""根据自己的阅读理解提出问题并与他人交流"。

相比第一学段，第二学段的要求在学习和运用场域上有所拓展，在学习内容和能力

83

基于语文核心素养的大单元教学

要求上有所提高，呈现出学习的实用性和课内外延伸性。

根据上述要求，我依托统编教材小学语文四下第二单元"自然与科技"这一人文主题，设计了"穿梭古今探奥秘，奇思妙想解难题"主题学习活动，动员学生探索科技世界奥秘，畅想未来展才思。

二、教材分析

(一)大单元语文要素年段间纵向关联

本单元的语文要素是"阅读时能提出不懂的问题，并试着解决"，旨在增强学生主动提问的意识，养成阅读时积极思考、主动解决问题的良好习惯。小学阶段统编版教材共安排了两个提问策略单元，如下表所示。

册序	单元	提问策略单元阅读训练要素
四上	第二单元	阅读时尝试从不同角度去思考，提出自己的问题。
四下	第二单元	阅读时能提出不懂的问题，并试着解决。

从表格来看，本单元的语文要素是在四年级上册第二单元"阅读时尝试从不同角度去思考，提出自己的问题"这一阅读策略的基础上进行了延伸。四年级上册第二单元的语文要素要求学生把思考和提问相结合，学会从不同的角度提问；而本单元的语文要素要求在提问的基础上，试着解决问题，从而掌握和运用解决问题的方法。这在四年级上册第二单元的基础上更进一步，将提问、解决问题和信息整合等阅读策略在学生的头脑中构建起联系，进而从本质上提高学生的自主学习能力和解决问题的能力，增强学生主动提问的意识，让学生养成阅读时积极思考、主动解决问题的良好习惯。

(二) 大单元语文要素单元内横向关联

本单元以"自然与科技"为人文主题，以"阅读时能提出不懂的问题，并试着解决"为语文要素，串联整个单元的读写内容。《琥珀》《飞向蓝天的恐龙》和《纳米技术就在我们身边》是精读课文，《千年梦圆在今朝》是略读课文，都为科普作品，帮助学生认识自然、科学，体会科技的奥妙。

围绕语文要素，本单元课文的课后都有"提问题并解决"的要求。课文主题虽然一致，但每一课所承担的教学任务都有所区别：《琥珀》的课后给出了"提出不懂的问题"的示范举例，紧承四年级上册"提出问题"的语文要素，进一步引导学生提出不懂的问题并试着解决；《飞向蓝天的恐龙》课后要求写下"不懂的问题"，继续引导学生记录、梳理问题，并尝试解决；《纳米技术就在我们身边》课后要求学生"提出问题和同学交流"，给出了解决问题的一种方式；《千年梦圆在今朝》要求学生查阅资料解决问题。语

84

第三章　基于语文学习任务群的大单元教学设计与实施

文园地中的"交流平台"栏目，还总结了解决问题的三种方法。

　　教师要培养学生解决问题的意识，鼓励学生积极思考，养成主动解决问题的良好习惯。此外，提出问题、解决问题的学习，可以贯穿到学生语文学习的整个过程中，可以出现在任何合适的地方。

三、学情分析

　　2022年版课标要求学生"能提出学习和生活中的问题，有目的地搜集资料，共同讨论，尝试运用语文并结合其他学科知识解决问题"。阅读时思考提出不懂的问题并尝试解决，这主要是为了增强学生主动提问的意识，帮助他们养成阅读时积极思考、主动解决问题的良好习惯。在阅读方法方面，学生从三年级的"预测"到四年级上册的"提出问题"，已经具备了一定的阅读思考和提问的能力，这是本单元学习任务群学习活动开展的基础。教学时要激活学生已有的语文经验，引导学生熟练运用提问策略进行提问，还要引导学生尝试解决问题。"试着解决问题"的最终目的不是解决提出的所有问题，而是侧重培养学生解决问题的意识。教学时，既要联结四年级上册第二单元提问单元的旧知，还要立足每一篇课文的特殊性，通过图表、问题清单等任务方式，融合科学、美术、音乐、信息技术等学科，借助各种学习资源，让学生在学习过程中提出问题、思考问题、解决问题，并在合作探究、跨学科学习中感受探究学习的乐趣，增强团队意识和合作精神，助力核心素养的提升。

四、大单元学习任务群框架

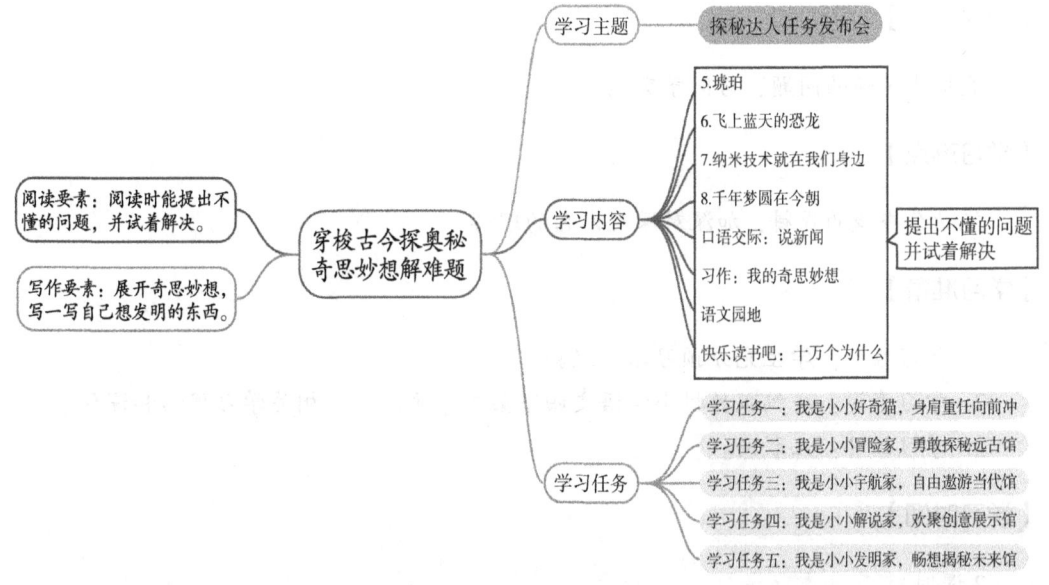

85

基于语文核心素养的大单元教学

《纳米技术就在我们身边》学习任务群教学设计案例

【学习任务群框架】

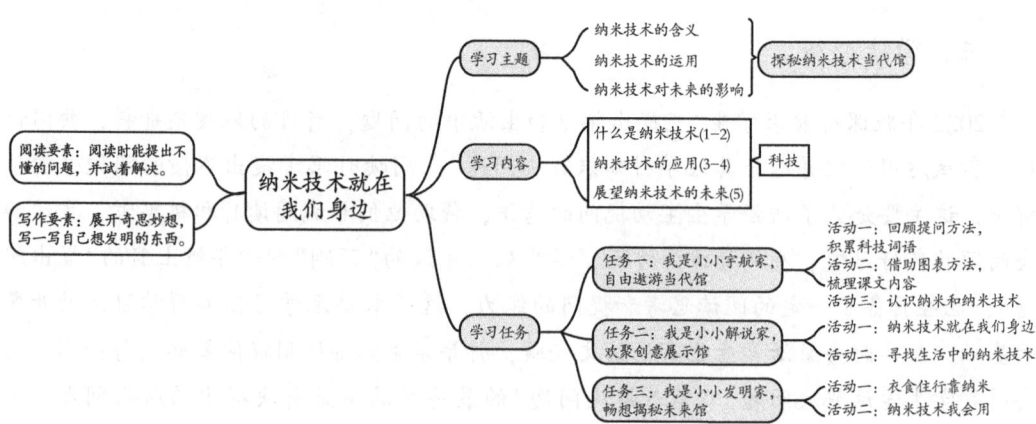

【学习目标】

1. 认识"乒、乓"等 11 个生字，读准多音字"率"，会写"纳、拥"等 15 个字，会写"纳米、无能为力"等 16 个词语。

2. 朗读课文，能把科技术语读正确。

3. 能提出不懂的问题，与同学交流。

4. 能结合查找的资料，加深对课文内容的理解。

【学习重点】

能提出不懂的问题，与同学交流。

【学习难点】

能结合查找的资料，加深对课文内容的理解。

【学习准备】

1. 学习经验：学生充分预习课文经验。

2. 学习资源：统编版教材小学语文四下第二单元课文、相关学习视频和课件。

3. 学习工具：互联网。

【学习时间】

2 课时

第三章 基于语文学习任务群的大单元教学设计与实施

第 一 课 时

【学习目标】

1. 认识 11 个生字，读准多音字"率"，会写"纳、拥"等 15 个字，会写"纳米、无能为力"等 16 个词语。

2. 朗读课文，能把科技术语读正确。

3. 能提出不懂的问题，与同学交流。

【学习过程】

预热学习活动

学习活动：生活实例导入，明确单元任务

1. 生活引入：利用生活中的使用纳米海绵清洁的实验导入。

2. 任务导入：查找关于纳米技术的相关资料。

3. 明确任务：阅读时提出不懂的问题并试着解决，通过这个单元的学习，掌握解决问题的方法。

任务一 我是小小宇航家， 自由遨游当代馆

(一)学习活动一：回顾提问方法，积累科技词语

1. 质疑课题，提出问题。

2. 自由阅读课文，读准科技术语，了解科学概念，积累科技词语，选择一个科技术语制作资料卡，交流生字词的预习成果，了解更多知识。

资 料 卡		
科技术语	我的了解	资料来源(打"√")
		A. 询问家长　B. 联系上下文　C. 上网查询　D. 咨询专业人员　E. 查阅专业书籍　F. 和同学交流　G. 其他＿＿＿＿

(二)学习活动二：借助图表方法，梳理课文内容

1. 初读课文，提出不懂的问题，记录问题。

预设：①"纳米涂层"科技术语不理解。

②为什么说"21 世纪必将是纳米的世纪"？

87

基于语文核心素养的大单元教学

③纳米技术是一种怎样的技术？

2. 自主阅读，将问题分为依托文本能够理解的问题和依托文本不能理解的问题。

3. 回顾已知的解决问题的方法，再通过各种渠道收集信息，与同学交流解决问题。

4. 再读课文，借助图表，梳理文章的主要内容，明确本课主题"探秘纳米技术当代馆"，感受科技的精彩。

(三)学习活动三：认识纳米和纳米技术

我的问题	这个问题在哪些自然段？	我找到的关键句
什么是纳米技术？	1、2自然段	纳米技术是……高新技术。
为什么说纳米技术就在我们身边？	3、4、5自然段	纳米技术就在我们身边。 纳米技术可以让人们更加健康。 纳米技术将给人类的生活带来深刻的变化。

1. 你了解了哪些有关纳米技术的知识？阅读课文1~2自然段。

2. 聚焦"纳米技术"，交流分享所查到的资料。

3. 理解"纳米"的"小"。

明确：在"知道了1纳米等于十亿分之一米"时，将"如果把直径为1纳米的小球放到乒乓球上，就好像把乒乓球放在地球上，可见纳米有多么小"删掉，与原文进行对比阅读，体会说明文语言特点。这里运用了作比较的说明方法，将我们熟悉的事物与陌生事物进行对比，更能让人理解"纳米有多么小"。

【设计者手记】

《纳米技术就在我们身边》是一篇科普文，介绍的纳米技术离学生有一定的距离，并且文中出现较多难懂的术语，这就导致学生读起来有一定的困难。可以在预热活动时请学生先将不懂的术语圈画出来，罗列一份问题清单，再通过前两篇课文所学到的联系上下文和查资料等方法解决自己能解决的问题。利用罗列清单和图表的方式，能在一定程度上减轻学生的畏难心理。对于学生甚少接触的事物，从质疑提问开始，学生会对本课产生兴趣。再带着自己不能解决的问题进入课堂，通过与同学交流解决清单中剩下的问题，进而提升学生提出问题并解决问题的能力。

在平时生活中，我们看似与纳米接触甚少，但是查找资料会发现，纳米物质真的就在我们身边，如纳米海绵擦、纳米双面胶、纳米喷雾补水仪等。所以，在预热学生活动时，让学生提前查找资料，了解什么是纳米技术。这样，学生不仅能积累一些纳米技术

就在我们身边的实例，而且对于会思考的孩子来说，还会产生"为什么这些事物会用到纳米技术"这样的问题。这与纳米级物质的新奇特性有关，能够激起学生学文和交流的兴趣。

第 二 课 时

【学习目标】

1. 能结合查找的资料，加深对课文内容的理解。

2. 抓住关键语句，了解纳米技术的相关知识，以及纳米技术在人们生活中的应用。

3. 通过对课文内容的理解，了解什么是纳米技术，大胆想象纳米技术还可以运用到生活中哪些地方。

【学习过程】

任务二 我是小小解说家， 欢聚创意展示馆

(一)学习活动一：纳米技术就在我们身边

1. 聚焦"为什么说纳米技术就在我们身边"。读第 3~4 自然段。

2. 了解纳米技术的广泛应用。

在生活中和在健康问题上，分别列举了哪些例子？

(二)学习活动二：寻找生活中的纳米技术

1. 借助课前搜集到的资料，分享交流自己身边的纳米技术。

2. 其他同学边听边记录不懂的问题，与同学讨论交流。

3. 根据同学们分享的例子，选出自己感兴趣的几个例子，模仿课文第 3~4 自然段的写法，试着说明纳米技术就在我们身边。

任务三 我是小小发明家， 畅想揭秘未来馆

(一)学习活动一：衣食住行靠纳米

细读相关段落，查找课外资料，了解纳米级物质还有哪些新奇特性，展开想象，纳米技术还可以怎样改变我们的衣食住行。

(二)学习活动二：纳米技术我会用

如果让你利用纳米技术，你会把它运用到生活中的哪些地方，帮你解决什么样的难题呢？发挥想象说一说。请同学们根据评价表打分评价。

基于语文核心素养的大单元教学

畅想纳米技术的未来评价表

评价维度	★★★	★★	★
表达清楚	叙述有序；突出重点；语言规范	叙述有序；语言规范	过于简单；条理不清；复杂啰嗦
样子清晰	要素齐备；样子清楚；特征完整；	样子清楚；特征清楚	样子模糊不清；特征描述不清
功能具体	大胆合理；操作可行；解决难题	适用生活；解决难题	脱离现实；没有解决难题

总结学习活动

(一)提问阅读的基本思路

质疑课题——边读课文边思考提出不懂的问题——将问题分类(依托文本可以解决和依托文本不能解决)——依托文本不能解决的问题运用其他方法解决

(二)尝试解决问题的方法

联系上下文、查找资料、请教别人。

【板书设计】

纳米技术就在我们身边

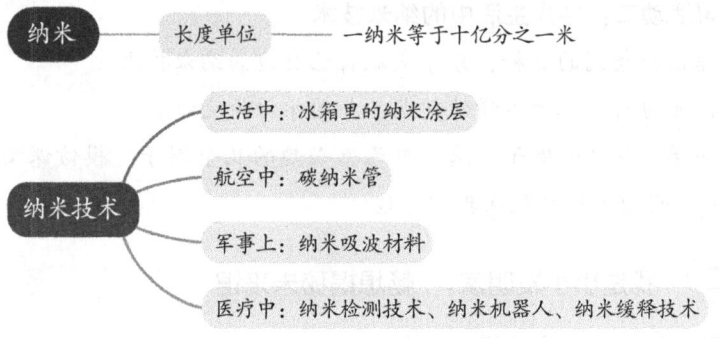

【设计者手记】

任务一着重培养学生提出问题和解决问题的能力，而任务二和任务三则是在任务一熟悉课文并整体感知课文内容的基础上培养学生在语文实践活动中，通过倾听、阅读、交流、获取、整合有价值的信息的能力。

根据学习任务，搜集资料解决不懂的问题，筛选材料提取并整合有价值的信息，是"穿梭古今探奥秘，奇思妙想解难题"这一学习主题贯穿始终的策略。学生在理解学习

第三章 基于语文学习任务群的大单元教学设计与实施

文本的基础上，随着不同的阅读任务，通过查找资料、阅读信息、借助图表、罗列清单等方法记录问题，提升学生思维品质，不断倾听、阅读、观察，获取并整合有价值的信息，根据具体交际情境和交流对象，进行清楚得体的表达，有效传递信息，满足家庭生活、学校生活、社会生活交流沟通需要。

（武汉市经开区子林小学　文雅）

做一个智慧的快速阅读者
——六年级上册第三单元"实用性阅读与交流"学习任务群教学设计

一、课标解读

2022年版课标"实用性阅读与交流"要求通过倾听、阅读、观察，获取、整合有价值的信息，根据具体交际情境和交流对象，清楚得体表达，有效传递信息，满足家庭生活、学校生活、社会生活交流沟通需要。

第三学段要求"围绕个人生活、学校生活、社会生活中阅读与交流的实际任务"，"采用朗读、复述、游戏、表演、讲故事、情景对话、现场报道等学生喜闻乐见的形式"，"学习记笔记、列大纲、写脚本、画思维导图等整理和呈现信息的方法"，"加强对跨媒介阅读与交流的指导，充分利用数字资源和信息化平台，引导学生提高语言理解与运用能力，逐步增强语言表达的准确性、规范性"。

相比第一、第二学段，第三学段的要求在学习场域上有所拓展，在学习内容和能力要求上有所提高，呈现出学段的连续性和发展性。

根据上述要求，我依托统编教材小学语文六年级上册第三单元"有目的地阅读"这一阅读策略主题单元，设计了"做一个有智慧的快速阅读者"主题学习活动，希望在以下几个方面有所突破：第一，凸显"用为始终"的实用性特点；第二，指向"真实情境"的素养性旨归；第三，提升"思维品质"的规范性表达。

二、教材分析

(一)大单元语文要素年段间纵向关联

本单元的语文要素是"有目的地阅读"。"有目的地阅读"首先要根据自己的阅读目的，选择恰当的阅读材料，减少无关材料和不重要的材料对阅读的干扰。确定阅读内容后，还要选用恰当的阅读方法展开阅读活动，达到自己的阅读目的。学会"有目的地阅

91

基于语文核心素养的大单元教学

读"，能提高阅读效率，有助于尽快完成相关任务，是阅读高效的一种表现。小学阶段部编版教材共安排了四个阅读策略单元，如下表所示。

册序	单元	阅读策略单元阅读训练要素
三上	第四单元	围绕"预测"这一阅读策略展开。唤醒学生边阅读边预测的意识。实践并总结预测的基本方法和途径。通过讨论、比较和交流等，引导学生掌握预测这一策略。
四上	第二单元	阅读时尝试从不同角度去思考，提出自己的问题。
五上	第二单元	学习提高阅读速度的方法。
六上	第三单元	根据阅读目的，选用恰当的阅读方法。

从纵向看这四个阅读策略单元，对阅读能力的训练是呈梯度提升的。"根据阅读目的，选用恰当的阅读方法"这一阅读策略，是在前面阅读理解策略熟练运用的基础上，多种"学习策略"（如复述策略、精加工策略、重新组织策略）的协作与综合运用，最终指向——"做一个有智慧的快速阅读者"这一个大概念，体现了语文要素安排的系统性和发展性，更体现了教材内容的序列化、结构化。

（二）大单元语文要素单元内横向关联

本单元是阅读策略单元，主要围绕"有目的地阅读"这一策略进行编排。其中，《竹节人》和《宇宙生命之谜》是精读课文，《故宫博物院》是一组非连续性文本。

《竹节人》通过学习提示，安排了三个不同的阅读任务，引导学生体会阅读同一篇文章，目的不同，关注的内容、采用的阅读方法也会不同。

《宇宙生命之谜》通过旁批呈现了一位同学根据自己的阅读目的阅读这篇文章的思维过程，课后练习进一步引导学生交流如何根据阅读的目的开展阅读，在阅读中运用了哪些具体的方法；还提出两个新的问题，引导学生针对不同的阅读目的开展新的阅读活动，进一步体会什么是"有目的地阅读"。

《故宫博物院》是一组非连续性文本，引导学生将在精读课文里学到的方法进行迁移运用，逐步实现自主"有目的地阅读"。

"交流平台"对如何根据阅读的目的，选择合适的阅读材料、运用恰当的阅读方法进行了梳理和总结，提示学生由课内延伸到课外，要在今后的阅读中自觉养成"有目的地阅读"的习惯。"交流平台"和"语句段运用"可以整合到课文学习中去。

文本内容编排由单文本向多文本过渡，训练步骤尊崇了"由扶到放"的原则——从"教策略"到"迁移练习"再到"自主实践"，体现了教材编排的统整性、序列性、迁移性和实用性。在教学时要集中体现"有目的地阅读"这一主题，形成一条贯穿全单元的、显性的线索。

三、学情分析

语文课程标准中提到"默读有一定速度，默读一般读物每分钟不少于300字"，有目

第三章　基于语文学习任务群的大单元教学设计与实施

的地阅读正是指向提高学生阅读速度的有效策略。在阅读方法方面，学生从中年段的"预测""提出问题"到高年段的"快速浏览""标注小标题""圈画关键词句"等方法中，已经积累了丰富的阅读经验，这是本单元学习任务群学习活动开展的基础。又要充分考虑到这是学生第一次进行有目的地阅读，需要综合调动之前的各种学习策略，完成阅读任务，对于学生而言，具有一定的难度。老师设计情境性、结构化的学习活动框架，要为学生提供策略支架，充分打开学生的语言实践活动过程，通过学科实践的"行"来获得规律性的"知"，再以规律性的"知"来提升学科实践的"行"。

四、大单元学习任务群框架

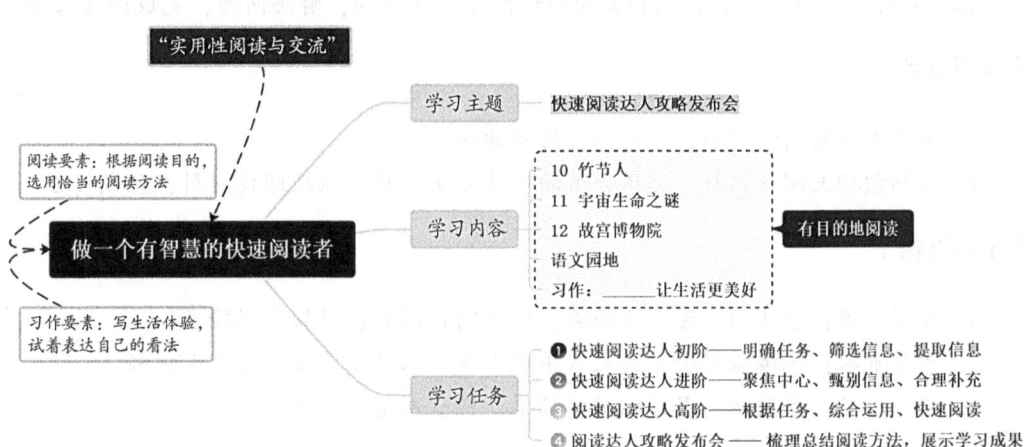

《竹节人》学习任务群教学设计案例

【学习任务群框架】

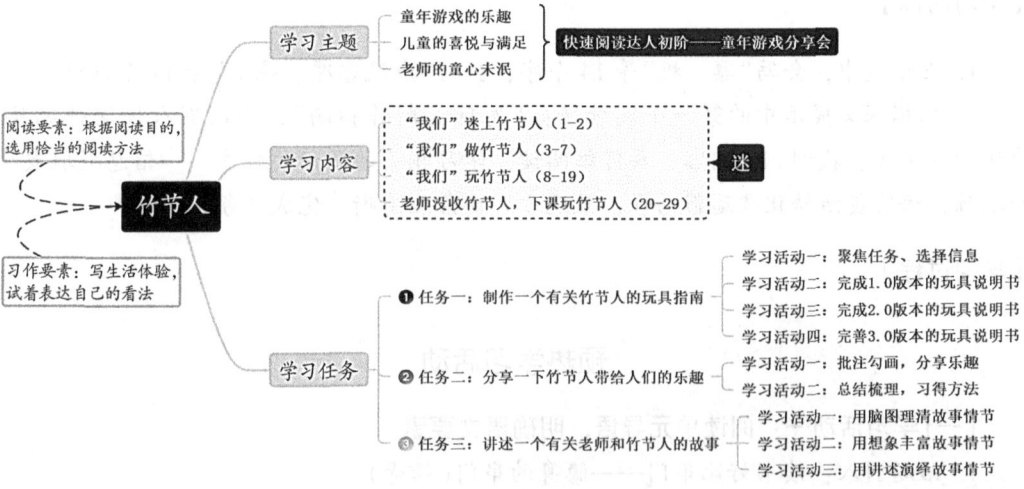

93

基于语文核心素养的大单元教学

【学习目标】

1. 会写"凛、棍"等 14 个字，会写"威风凛凛、疙瘩"等 17 个词语。

2. 根据不同的阅读任务，快速浏览课文，找到相关内容，再仔细阅读，完成课文提示中的三个阅读任务——①写玩具制作指南，并教别人玩这种玩具；②体会传统玩具给人们带来的乐趣；③讲一个有关老师的故事。

【学习重点】

根据本课的阅读任务，找到相关的阅读内容，仔细读，解决问题，完成阅读任务。

【学习难点】

1. 根据本课的阅读任务，筛选相关的阅读内容。

2. 仔细读相关阅读材料，选择合适的阅读方法，整合梳理阅读材料，完成任务。

【学习准备】

1. 学习经验：学生的快速阅读经验；玩具制作经验；讲故事经验。

2. 学习资源：统编教材小学语文六年级上册第三单元课文、竹节人视频。

3. 学习工具：互联网、思维脑图学习单、竹节人制作工具。

【学习时间】

2 课时

第 一 课 时

【学习目标】

1. 在语境中，会写"凛、棍"等 14 个字，会写"威风凛凛、疙瘩"等 17 个词语。

2. 根据课文提示中的第一个阅读任务"写玩具制作指南"，并教别人玩这种玩具，快速浏览课文，找到相关内容，再仔细阅读，学习相关的阅读的方法——信息提取要全面准确，语言灵活转化要通俗易懂，呈现方式要条理清晰，完成任务。

【学习过程】

预热学习活动

(一)学习活动一：阅读单元导语、明确语文要素

1. 话题引入：读书好比串门——隐身的串门(杨绛)。

94

2. 阅读要素："根据阅读目的，选用恰当的阅读方法。"

3. 习作要素："写生活体验，试着表达自己的看法"是这个单元的习作要素。

(二)学习活动二：明确学习任务，梳理课文内容

1. 比较不同，发现阅读任务。

2. 阅读课后"小伙伴的话"，通过分析、比较，明确完成三个任务的基本思路。

根据阅读目的(任务)——关注不同的阅读内容——采用适合的阅读方法

3. 快速浏览，梳理文章的主要内容。

任务一 制作一个有关竹节人的玩具指南

(一)学习活动一：聚焦任务、选择信息

1. 分解任务条件：①怎么做？ ②怎么玩？

2. 理清任务思路：浏览全文——选择相关内容——细读分析。

3. 聚焦材料，勾画文中"怎样做"和"怎样玩"的段落。

学习提示：我们在读文章时，与阅读目的关联性不强的内容不需要逐字逐句地读，这样可以提高阅读的速度。

4. 交流、讨论。

怎么做？（3、11 自然段至 15 自然段）

怎么玩？（8 自然段至 18、26 自然段）

总结：带着目的去阅读，阅读的目的性更强了，阅读速度更快了！在阅读过程中根据阅读目的灵活地调整阅读方法，这样做不仅提高了阅读的速度，更确保了阅读的质量。

(二)学习活动二：完成 1.0 版本的玩具说明书

1. 聚焦材料，细读分析，提取信息。

呈现内容——材料、工具、做法、玩法……

呈现方式——文字、图片、表格……（可视化的思维）

学习提示：细读相关段落，圈画重点，借助文中信息，编写"玩具说明书"。

2. 交流、讨论。

策略一：细读文章时，信息提取要全面准确。

（出示学生作品 1）

关键点：带着任务一这个阅读目的去阅读时，除了关注直接写做法的段落，还要关注创意玩法中也涉及了制作方法，可以对制作方法的材料进行补充完善。

策略二：提取的信息要灵活转换，语言做到通俗易懂。

(出示学生作品2)

关键点：竹节人是一篇叙事性的文章，语言生动传神，而玩具说明书，实用性强，语言简洁明了，"寸把长""纳鞋底的线"这些提取出来的信息也不能照搬，需要根据阅读目的(说明文)进行灵活的转换，语言也要尽可能做到通俗易懂。

策略三：呈现方式要条理清晰，一目了然。

(出示学生作品3)

关键点：说明书的特点是为了易于操作，实用性强，那么我们思考具体的呈现方式时，要努力做到条理清晰，图文结合，分条陈述，分点说明，一目了然。

(三)学习活动三：完成2.0版本的玩具说明书

1. 聚焦材料，再次细读分析文本。

思考：有几种玩法？如何呈现？

2. 鼓励创意玩法：①添加二维码，进行视频、音频讲解说明；②留下创作空间：竹节人创意造型，个性取名。

3. 回顾阅读方法。

首先我们先明确阅读任务，然后带着目的去阅读了这篇课文，接着筛选出相关的段落，细读分析，并转化成说明书的语言，完成了阅读任务。

(四)学习活动四：完善3.0版本的玩具说明书

1. 观看斗竹节人的视频。

2. 根据自己制作的玩具说明书，制作竹节人。

3. 拍摄《斗竹节人》创意视频。

4. 制作竹节人玩具的过程中进一步完善修改说明书。

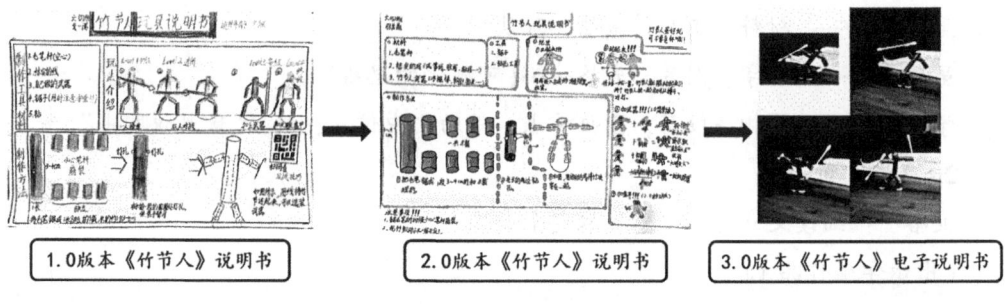

| 1.0版本《竹节人》说明书 | 2.0版本《竹节人》说明书 | 3.0版本《竹节人》电子说明书 |

《竹节人》玩具指南进阶

【设计者手记】

生活中我们遇到各种产品说明书，如何读懂？如果自己要进行设计发明，做产品说明介绍的时候，如何清晰表达？书面、口语如何转化？还要考虑客户的体验感……

"用为始终"，在"实用性阅读与交流"学习任务群中尤其重要，在任务一中具体体现在"提取关键信息，前后关联，分类整合"的阅读方法的习得，可以提高阅读速度。从1.0版本到3.0版本的玩具说明书的制作，逐渐实现了由学科学习走向生活的迁移运用，学生需要运用多种学科的知识工具来解决问题——劳动、美术、数学、科学等，这里就集中体现了课标中语文核心素养目标，即面对复杂且真实的生活情境，学生能运用语文学科的知识能力去解决不确定的复杂问题。

在这节课我们运用这样的方法，完成了第一个阅读任务，体验了有目的地阅读这种高效的阅读策略，第二课时教师将带着剩下的两个阅读任务，继续运用这节课的方法再去拜访《竹节人》一文。

第 二 课 时

【学习目标】

1. 回顾总结"根据阅读目的，选用恰当的阅读方法"的阅读策略。

2. 根据课文提示中的第二个、第三个阅读任务，快速浏览课文，找到相关内容，再仔细阅读，学习相关的阅读的方法。

3. 带着自己的阅读目的再读《竹节人》。

4. 和同学或者家人分享阅读中的收获。

【学习过程】

🌱 任务二　分享一下竹节人带给人们的乐趣

（一）学习活动一：批注勾画，分享乐趣

学习思路：细读相关段落，批画品味乐趣，交流分享体会。

（二）学习活动二：总结梳理，习得方法

学习策略：想象画面、归类梳理、品读细节、巧妙关联……

基于语文核心素养的大单元教学

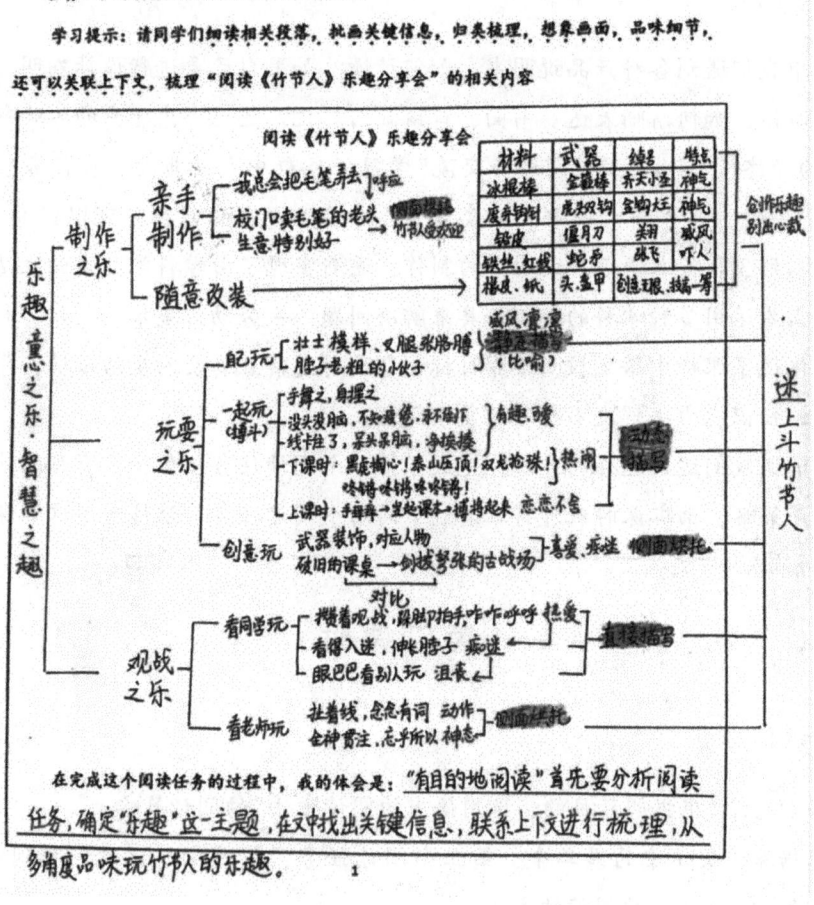

分享《竹节人》的童年乐趣

🌱 **任务三** 讲述一个有关老师和竹节人的故事

(一)学习活动一：用脑图理清故事情节

细读相关段落，理清故事情节，把故事讲出来。

(二)学习活动二：用想象丰富故事情节

①明线：理清故事的起因、经过、结果，提取关键信息。

②暗线：梳理"我们"玩竹节人的心情、老师玩竹节人的心情。

③合理想象，加入细节(关联"我们"玩竹节人的情节)。

(三)学习活动三：用讲述演绎故事情节

将故事讲给同学听，讲给父母听，请他们评一评。

98

第三章　基于语文学习任务群的大单元教学设计与实施

任务三：讲一个有关老师的故事。

学习提示：请同学们细读相关段落，理清故事情节，按照起因、经过、结果的顺序，把握老师和"我"的心情变化过程，合理想象，加入上下文的细节，梳理好之后，讲给父母听，把故事讲得生动精彩。

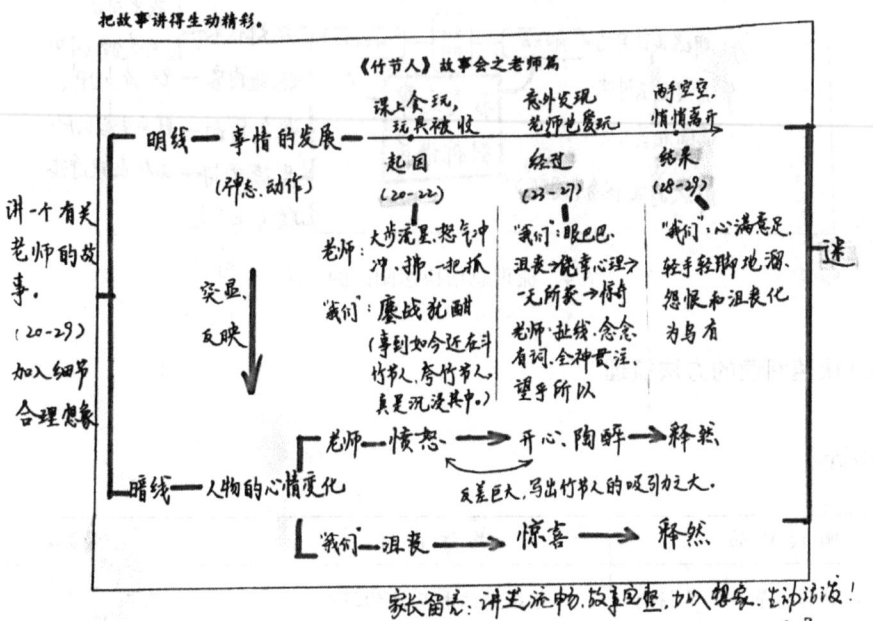

讲述《竹节人》有关故事

讲述《竹节人》有关故事评价表

评价维度	★★★	★★	★
信息完整	要素齐备；线索清晰；情节完整	线索清晰；情节完整	情节缺失；线索混乱
表达清楚	叙述有序；突出重点；语言规范	叙述有序；语言规范	过于简单；条理不清；复杂啰嗦
讲述生动	声情并茂；自信自然；互动交流	平铺直叙；自信自然；	缺少交流

总结学习活动

(一)快速阅读的基本思路

明确阅读目的——带着目的去阅读——筛选相关信息——完成阅读任务。

99

基于语文核心素养的大单元教学

(二)快速阅读的阅读形式

浏览、跳读、细读。

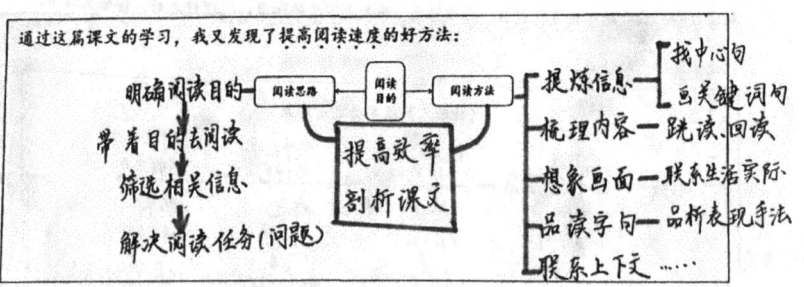

图4　梳理总结快速阅读的方法

(三)快速阅读的方法梳理

【板书设计】

阅读目的	关注内容	阅读方法
任务一：制作竹节人玩具指南	介绍做法和玩法的段落	提炼信息 梳理内容 想象画面 品读词句 关联上下文 ……
任务二：分享竹节人游戏乐趣	描写乐趣所在的段落	
任务三：讲述竹节人有趣故事	刻画老师的段落	

【设计者手记】

　　任务二、任务三是在任务一的基础上进一步引导学生体会由于阅读目的不同，在阅读时，我们重点关注的内容就不同，用到的阅读方法也不同。带着目的去阅读可以根据需要，灵活地调整阅读速度，选用恰当的阅读方法，以确保阅读的质量。

　　根据阅读任务，筛选材料、提取信息，这是"快速阅读达人初阶"这一学习主题贯穿始终的策略。学生在理解学习文本的基础上，根居不同的阅读任务，筛选阅读信息。借助思维支架——脑图，学生能提升思维品质，通过分析、理解、归纳、判断等思维活动，运用信息进行清楚得体表达，有效传递信息，满足家庭生活、学校生活和社会生活交流沟通的需要。

(湖北省武昌实验小学　宋晨芳)

100

2. 文学阅读与创意表达

以文化人　提升审美力

——"文学阅读与创意表达"学习任务群理念解读与实施建议

"文学阅读与创意表达"学习任务群是《义务教育语文课程标准（2022年版）》（以下简称"2022年版课标"）创设的发展型学习任务群之一，这是《义务教育语文课程标准》自诞生以来首次以单列形式明确了文学活动在语文课程中的地位与要求。"文学阅读"与"实用性阅读""思辨性阅读"共同担负着培养学生阅读各类文本的能力，以及复合交流与表达的能力的责任。本文将对"文学阅读与创意表达"学习任务群的价值定位作出解读，为教学实施提供行动方向和路径。

一、内涵发展与育人价值

（一）"文学阅读与创意表达"的内涵要义——文化育人

中国作为传统文化大国，自古"文以载道"。章太炎《文学总略》中将文学定义为"文学者，以有文字著于竹帛，故谓之文。论其法式，谓之文学"[1]。上海师范大学中文系教授郑桂华认为，"文学阅读是一种很古老的精神活动，有文字书写历史的民族，都有自己的文学传统，都创造过自己的文学经典"[2]。文学阅读，是各国母语学习的基本范式，不受国家、民族、时代和文化特质的限制。如此来看，文学就是人类对自然与社会的观察的独特表达，而且因为有了人的意志参与、意见的表达以及情感的生发而动人心魄。巴金曾深有感触地指出，"人为什么需要文学？需要它来扫除我们心灵中的垃圾，需要它给我们带来希望，带来勇气，带来力量，让我们看见更多的光明"[3]。文学作为一种精神形式，之所以被人类选中，就是因为它有利于人性的净化与升华。

再从我国语文学科发展的历史来看，从古代"经史子集"到现当代国文教材，文学阅读一直是重要的学习内容。小学语文教材中汇集了大量经典优秀的文学作品，这种编排旨在通过阅读来提高学生的语文素养，最终唤醒学生对人性"向真、向善、向美"的审美追求。伴随语文课程"核心素养"的落地，语文学习中的文学教育重新回归育人功能。

（二）"文学阅读与创意表达"的价值追求——审美素养

学习任务群的课程目标是从核心素养里"孕育"而出的。"文学阅读与创意表达"学

---

[1]　章太炎. 文学总略[M]//国故论衡. 上海：上海古籍出版社，2003.

[2]　郑桂华. 文学阅读的精神价值与教学策略[J]. 语文学习，2015(1).

[3]　巴金. 巴金论创作[M]. 上海：上海文艺出版社，1983.

基于语文核心素养的大单元教学

习任务群全面综合地体现了核心素养的育人价值。从"文化自信"的角度看，文学作品是由一个民族的母语体系构建的，文学阅读就是破译文化密码、传承文化基因的过程，是对中国或世界优秀文化的理解与热爱。从"语言运用"的角度看，文学作品充满了作家独特的语言艺术和个人风格，是学生习得语言能力的最佳范本。从"思维能力"的角度看，文学阅读虽然以形象思维为切入点，但是在这个感性认知的过程中，学生的逻辑思维、辩证思维、批判性思维以及创造性思维也会纷纷介入。只有思辨力的不断提升，才能促成学生对文学作品读写的深度个性化学习。

"审美创造"可以说是"文学阅读与创意表达"学习任务群最关键的课程价值了。2022 年版课标指出，"审美创造是指学生通过感受、理解、欣赏、评价语言文字及作品，获得较为丰富的审美经验，具有初步的感受美、发现美和运用语言文字表现美、创造美的能力；涵养高雅情趣，具有健康的审美意识和正确的审美观念"。"文学阅读与创意表达"学习任务群一一对标，发现此任务群注重文学的审美体验、文学的审美品位、文学的审美创作，其底层逻辑最终指向"审美创造"。我们可以结合课程总目标中的第 5 条、第 6 条、第 8 条、第 9 条，将此任务群的课程价值定位为：围绕不同的文学主题，阅读多样的文学作品，从语言、形象、思想、情感等视角感受、理解、欣赏、初步评价文本，创造性地开展文学作品的交流、创作、研讨等语文学科实践活动，持续积累审美经验，提升审美能力，提高审美品位。

二、目标定位与内容组织

(一) 目标设计的衔接与递进

"文学阅读与创意表达"学习任务群旨在"引导学生在语文实践活动中，通过整体感知、联想想象，感受文学语言和形象的独特魅力，获得个性化的审美体验；了解文学作品的基本特点，欣赏和评价语言文字作品，提高审美品位；观察、感受自然与社会，表达自己独特的体验与思考，尝试创作文学作品"。从这一目标的阐释来看，这一学习任务群是从"感知、鉴赏、表达"三个维度，围绕着"审美体验、审美品位、审美表达"三个方面来整体设计学习过程的，呼应了课程总目标中关键能力和必备品格结合的审美力的培养。

1. 学习目标呈现年段螺旋式递进发展

从文学阅读与创意表达第一学段到第三学段的目标表述中，提炼关键行为动词，我们不难发现任务群学习目标依据学情，体现了阅读与表达的理解维度呈螺旋上升式发展。如文学阅读"人与自然"学习主题中，第一学段要求"感受"，第二学段发展为"体验"，到第三学段则为"体会"。在创意表达"革命文化"学习主题中，第一学段要求"学习讲述"，第二学段要求"讲述"，第三学段则要求"讲述、评析"。

第三章 基于语文学习任务群的大单元教学设计与实施

"文学阅读与创意表达"学习任务群学习建议关键行为

年段		革命文化	人与自然	儿童(少年)文学	人与社会
第一学段	文学阅读		感受	体会、感受、初步体验	
	创意表达	学习讲述、表达			
第二学段	文学阅读	感受	体验	感受、欣赏	
	创意表达	讲述、表达	尝试表达	口头或图文结合创编	
第三学段	文学阅读	欣赏、感受、认识	感受、体会		品味、欣赏、体验、联想、想象
	创意表达	讲述、评析、交流	口头或者书面的方式表达、抒发	交流、学习运用细节描写、描述	复述、尝试创意表达

2. 学习目标体现学生主体性探究实践

学习任务群以任务为导向,突出学生为学习的主体。因此,在课堂教学中,我们以学促教,以学定教,在学习目标表述中处处可见学生视角,鼓励学生自己去体验,自己去尝试,自己去感受,交流自己的个性感受,表达自己的独特体验,讲述自己的故事,充分体现创意表达中以学生为中心,实现从学生的角度去进行学科实践与探索。

(二)学习内容的选择与组织

各学段的"文学阅读与创意表达"学习任务群均包含"革命文化""人与自然""儿童文学"等主题,第三学段还拓展了"人与社会"主题。从学习内容来看,贴近儿童生活,具有层次性,尽管三个学段主题的维度相差不大,但是在阅读与表达的广度与深度上是有所差异的。第一学段读革命领袖、革命英雄、爱国志士的童年故事,偏重真人真事,属于再现客观现实的纪实类叙事作品;第二学段创编儿童诗和童话,需要学生有想象的主观创造;第三学段评析、复述、描写自己的成长故事,更加侧重于主观感受,更重视学生审美情感的自然流露和文学创作的表现。

必须明确每一个学段中学习任务群的学习内容以及相关的能力进阶要求,遵循学生学习语文的规律,结合教材,统整主题,为他们提供适切的、丰富的学习素材。

103

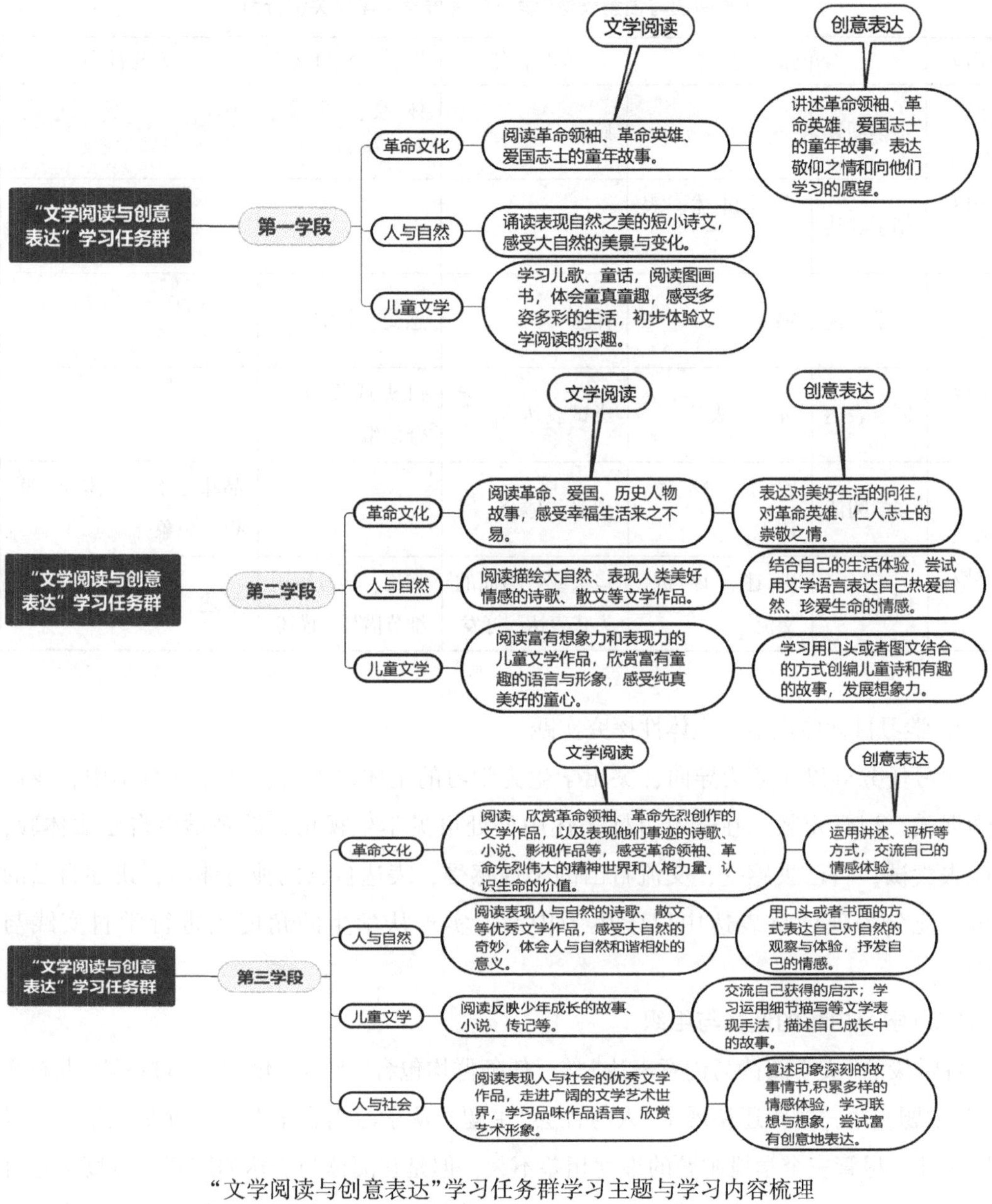

"文学阅读与创意表达"学习任务群学习主题与学习内容梳理

三、实施路径与教学策略

（一）任务结构化，把握阅读与表达的梯度发展

课程内容以学习任务群的方式组织与呈现，是"2022年版课标"的创新之一，是实现核心素养的重要载体。那么基于"文学阅读与创意表达"学习任务群的定位和功能，在准确理解此任务群的学习内容和教学提示基础上，综合考虑教材内容和学生情况，设

计不同类型的学习任务，整合学习情境、学习内容、学习方法和学习资源，安排连贯的语文实践活动，体现素养中心的"做事"原则。

1. 依标据本，设计单元主题。

根据课程总目标、学段目标、教材、学情等，统整学习主题，创设真实情境，统整学科观念。只有文化主题而无特定话题，往往会跑题；只有特定话题而无真实问题，常常变为无题；只有情境问题而无学科观念，核心素养无法提升。学习主题以学科观念做内核，将单元人文主题或语文要素与真实的情境问题加以统整，凝聚成了一个极具张力的学习生长点，解决了为何做与用什么做的问题。

2. 体现关联，设计学习任务。

围绕学习主题设计具有挑战性的情境任务，既要关注任务内在要素的关联性，又要关注系列任务之间的连续性和层次性，以此增强学生学习的主动性、积极性与创造性，让学生真正成为学习的主体。学习任务之间，如果缺少内在的逻辑关联，就变成了任务拼盘，而不是任务群。

3. 注重综合，设计学科实践。

综合语文学科的实践方式"听说读写思"，以观察、实验、设计、观赏、创作等为主要活动形式，真正体现"做中学"，这样学生获得的才是高通路迁移的专家思维，而不是停留在低阶思维的专家结论。同时，在学习任务中，将语文典型的学习方式"阅读与鉴赏、梳理与探究、表达与交流"综合运用，去解决复杂而又不确定的挑战性问题，用语文的方式学语文。

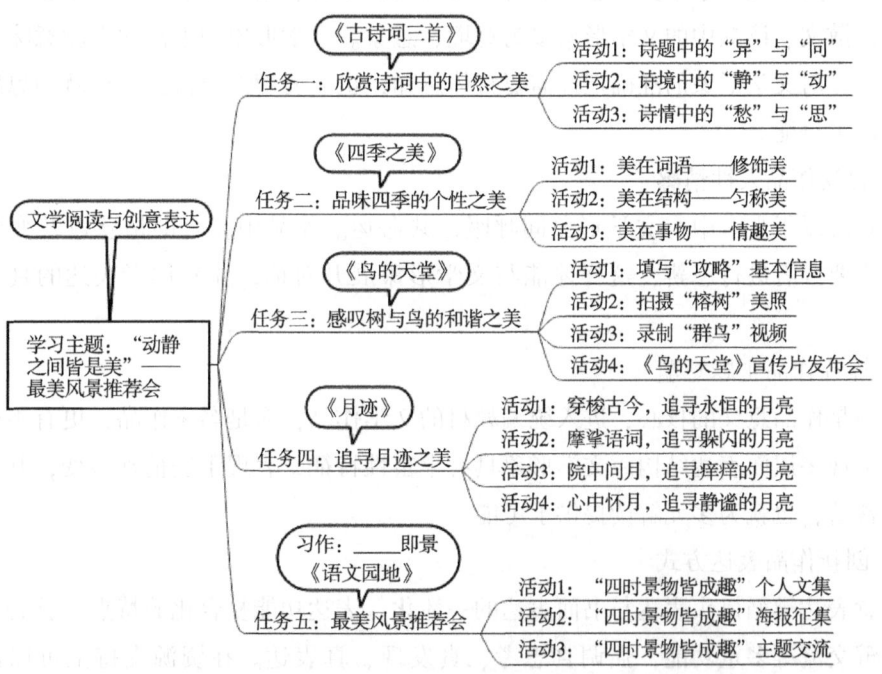

统编教材小学语文五年级上册第七单元学习任务群任务活动设计

基于语文核心素养的大单元教学

（二）发展思辨力，实现阅读与表达的全面提升

文学阅读是一种读者在场的阅读，它尊重学生独特的感受、体验和理解。在共性解读的基础上，学生可以逐步走向个性化解读。文学阅读注重学生探究性学习，在理解、体验的基础上发展鉴赏与评价能力。文学作品鼓励学生多元化地阅读，利用阅读期待、阅读反思和批判讨论等环节，拓展思维空间，提升审美品位。

尝试有创意地进行文学表达，需要读者以思想者和学习者的双重身份参与写作。写作素材的敏锐捕捉，作品立意的新颖独特，语言表达的生动鲜活，都需要学生具有思辨力与感受力。写作的创意源于作者的另辟蹊径，能够从熟悉的人和事中察觉生活的哲思，从日常的风景中体悟生命的奥秘。

因此，文学阅读与创意表达呼唤个性化，而具有思辨力的读者才具有个性化的审美体验，正是"观文者披文以入情，缀文者情动而辞发"。我们可以尝试从以下五点切入任务群的学习活动。

1. 品析作品语言风格

文学语言带有作家鲜明的个性印记，读者可以通过字、词、句、段、篇不同层级来理解和赏析语言，推敲遣词造句的准确性与生动性，领略不同文体语言的表述规范，体悟不同作家语言表达的艺术个性。

2. 赏析作品典型形象

文学形象体现作家审美理想，有着审美价值。小说、剧本中的文学形象多为典型人物形象，散文、诗歌中的文学形象多为意境、意象。文学形象的丰富性也就意味着解读的多向度，对文学形象的准确把握需要整体感知，也需要理性分析，这也就为思辨力的发展提供了可能。

3. 感受作品人性情感

读者沉浸于文本中与文学形象同呼吸，共命运。作品中复合的情感以及变化的情感，也需要读者进行思辨，这样才能与文学形象展开对话，体察作者表达的真实内心世界。

4. 探究作品主题意蕴

主题是作品意义的核心，进入统编教材的文学作品，多是名家作品，更有不少经典作品，呈现多层面表达结构。文学形象具有丰富性特征，表现手法精妙多变，其主题往往比较含蓄，也就为多元解读提供了可能。

5. 创新作品表达方式

创意表达遵循口头表达与书面表达的一体化、表达功能复合化的特点，整合讲述评析、论辩交流等多重功能，强调真思考、真发现、真表达。在资源支持上可以体现创意，如视频、音频、PPT 等；在呈现方式上也可以体现创意，如班级群、微博、朋

友圈。

(三)创设真情境,促进阅读与表达的迁移融通

"文学阅读"中学生凭借语言文字,通过整体感知,理解文学语言表达的"意思";通过联想想象、角色体验,领悟文学语言所传达的"意味";通过欣赏评价,感受作者用语言文字营造的独有的"意境",从而获得个性化的审美体验,积累审美经验。

"创意表达"包括口头与书面两种形式,核心词是"创意"。首先,创设真实的任务情境,激发学生有主观表达的"意愿";其次,为学生搭建脚手架,鼓励学生展示个体独有的思考,形成创意表达的"意识";最后,通过质性评价、成果展示等,让学生享受表达的"意趣",形成个性化的审美创造。

我们发现,文学阅读为后续创意表达提供了可能,而个性化的表达活动有助于学生成为主动的阅读者,创意表达的经验也提高了文学阅读的质量和审美鉴赏的层级。可以说,大量的"文学阅读"是"创意表达"的基础,"创意表达"的经验提升了"文学阅读"的水平,两者相辅相成,互融互通。从文学阅读走向创意表达,正是学生初步感受美、发现美,运用语文文字表现美、创造美的能力形成的过程,从"学会阅读"走向"从阅读中学习",实现了审美力的提升。

需要关注的是,高质量的文学阅读与创意表达的过程,需要具有统整性、真实性和发展性的学习主题情境。"统整性"指任务情境的主题可以从单元人文要素中提取关键词,要将单元中的阅读和表达资源有机整合后形成利于学生创意表达的支架。主题情境要将学生的生活实际、文学知识与类型、语文要素等整合在一起的,贯穿整个学习活动始终。"真实性"包含现实的真实和虚拟的真实。特别是大多文学作品要创设通过想象体验虚拟的、带给人真实感受的文学情境。"发展性"是指创设的情境最终指向学生的发展,教师要引导学生在情境中"学语言,用语言,欣赏美,表达美",实现学习的自主构建和意义生成。

学生在此任务群的学习活动中逐渐成长为主动的阅读者、积极的分享者和有创意的表达者,让核心素养落地。

四、学习表现及多元评价

"文学阅读与创意表达"学习任务群的"评价应围绕学生阅读文学作品的过程性表现进行",而过程性表现评价应伴随整个学习活动始终,随着结构化学习任务的进程展开,对学习活动起着目标定向推进、诊断反思的作用。

(一)准确把握学段标高

2022 年版课标中每个学段的评价和学习目标呼应,梯度发展。第一学段,侧重关注阅读兴趣,通过朗读和想象等,侧重考查学生对作品情境、节奏和韵味的大体感受;

基于语文核心素养的大单元教学

第二学段，侧重考查学生对重要段落和语句的理解，以及对作品的语言和形象的具体感受；第三学段，侧重考查学生对语言、形象、情感、主题的领悟程度和体验，评价学生文学作品的欣赏水平，关注研讨、交流以及创意表达能力。

(二) 尊重个体独特体验

学业质量标准里提到的关键词"自己"是一个高频词汇，它体现了 2022 年版课标中鲜明的学生主体。文学阅读与创意表达本身就是极具个性化审美体验的，因此创意、独特成为本任务群过程性表现评价的特质。我们应关注每一个学生在文本语境中的积极体验，关注每一个学生在文本"期待视野"中的个性建构，关注每一个学生在文本创作中的独特表达。

(三) 放大多元评价效度

评价是学业质量的抓手，更为科学有效的评价手段是可以通过制定学习评价量表来实现的。量规的制定要关注学生在学习活动中的情感态度，关注学生在真实的学习情境中任务解决的方法与过程，关注学生与学习活动中与同学互动、交流的反馈。这些都能帮助学生开展自我评价，促进学生进行自我反思以及元认知的形成。

（湖北省武昌实验小学　宋晨芳）

第三章 基于语文学习任务群的大单元教学设计与实施

 实例研究

做一个巧预测、会梳理的悦读人
——三年级上册第四单元"文学阅读与创意表达"学习任务群教学设计

一、课标分析

关于文学阅读与创意表达任务群，课标这样指出："本学习任务群旨在引导学生在语文实践活动中，通过整体感知、联想想象，感受文学语言和形象的独特魅力，获得个性化的审美体验；了解文学作品的基本特点，欣赏和评价语言文字作品，提高审美品位；观察、感受自然与社会，表达自己的体验与思考，尝试创作文学作品。"

第二学段"阅读富有想象力和表现力的儿童文学作品，欣赏富有童趣的语言与形象，感受纯真美好的童心，学习用口头或者图文结合的方式创编儿童诗和有趣的故事，发展想象力"。在阅读过程中，分享作者的认识与思考，学会从多个角度看待问题，借助生动的形象、真挚的情感以及优美、典范的语言，教育学生认识多样社会，理解不同人生，鼓励他们变得更美好、更纯洁、更善良。在文学作品构成的情景中超越时空限制，从而获得对世界的间接经验和认知。在创意表达上强调学生自己去体验，自己去尝试，交流自己的情感，表达自己的体验，描述自己的故事等，充分体现对个体生命的尊重。第二学段在学习内容和能力要求上有所提高，呈现出阶段性、连续性和螺旋上升的发展性。

根据上述要求，我依托统编教材小学语文三年级上册第四单元"预测"这一阅读策略主题单元，设计了"做一个巧预测、会梳理的悦读人"主题学习活动，希望在以下几个方面有所突破：第一，突出"积累与梳理"的基础性功用；第二，提高"审美与想象"等素养；第三，促进"预测与推理"的规范性表达。

二、教材分析

(一)大单元语文要素年段间纵向关联

本单元的语文要素是"一边读一边预测，顺着故事情节去猜想""学习预测的一些基本方法""尝试续编故事"。这些要素是呈阶梯上升的，既指向基础阅读，又指向高阶的表达。"一边读一边预测，顺着故事情节去猜想"，将学生无意识的阅读转变为一种有意识的阅读，在阅读中主动预测，在预测中激发阅读期待，以体验阅读的趣味和快乐。指导学生将课文的线索与生活经验相结合进行推想以学会预测，推想故事的发展，根据自己个性化的思考，尝试将故事按自己向往的结局说出来或写下来。小学阶段统编版教材共安排了四个阅读策略单元，如下图所示。

109

基于语文核心素养的大单元教学

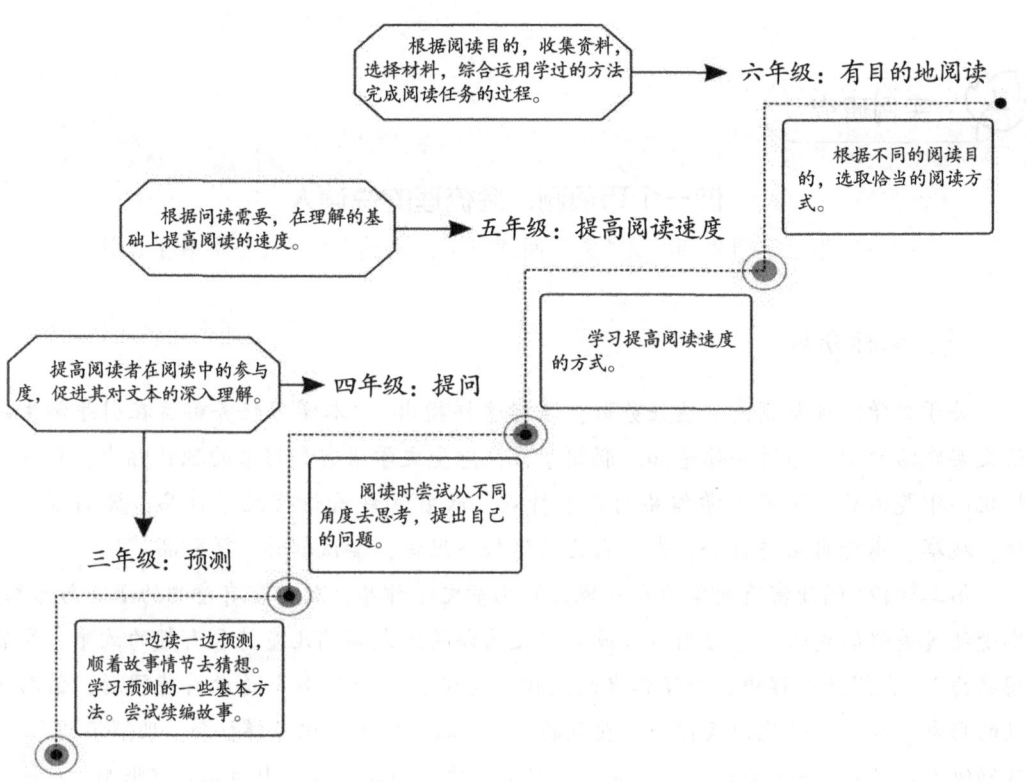

　　从纵向看这四个阅读策略单元，对阅读能力的训练是呈梯度提升的。"边读边预测"这一阅读策略，是后面阅读理解策略熟练运用的基础，通过批注、抓关键信息推想等方法的学习与运用，最终指向——"做一个巧预测、会梳理的阅读者"这一个大概念，体现了语文要素安排的系统性和发展性，更体现了教材内容的序列化、结构化。本单元就是在给学生搭建稳固的台阶。

（二）大单元语文要素单元内横向关联

　　本单元是以"预测"为主线编排的阅读策略单元，完全以阅读策略为主线进行编排。其中《总也倒不了的老屋》是精读课文，《胡萝卜先生的长胡须》和《小狗学叫》是阅读课文。结构、方法的掌握层层推进、螺旋上升。（见下图）

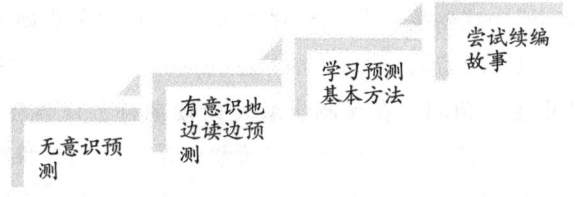

110

第三章　基于语文学习任务群的大单元教学设计与实施

本单元围绕"预测"这一策略进行编排。《总也倒不了的老屋》通过旁批呈现预测的方法和有依据预测的思维过程，课后练习进一步引导学生交流如何"有意识、有依据地预测"。

《胡萝卜先生的长胡须》和《小狗学叫》进一步引导学生将在精读课文里学到的方法进行迁移运用，逐步实现"一边读一边有依据地预测"。

"交流平台"对有意识地预测的方法进行了梳理和总结，提示学生由课内延伸到课外，要在今后的阅读中自觉养成"边读边有依据预测"的习惯。

训练步骤遵从"由扶到放"的原则——从"学预测策略"到"迁移练习预测"，到"学会实践预测"，再到"运用预测方法续编故事"，体现了教材编排的统整性、序列性、迁移性和实用性。各板块是相互联系的有机整体，且各有侧重。

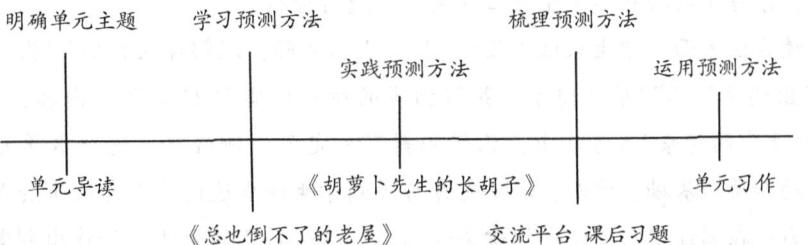

三、学情分析

第一，对应落实学段目标的要求，从语文核心素养培养的视角整体设计问卷，对学生的"预测"经验和预测水平进行分析和总结，如下表所示。

预测单元学情分析问卷

1	你是否懂得如何积累、梳理词句？ A. 可以独立完成 B. 在大家的提示下可以完成 C. 完全不会梳理
2	你在阅读时是否会边读边猜接下来会发生什么？ A. 会，我经常这样做 B. 我很少这样做 C. 我没有这样做过

111

续表

3	回顾你的生活，有没有过这样的情景？ A. 看天上的云猜第二天的天气 B. 测试完根据老师的表情猜同学们考得怎么样 C. 看电影提前猜到了结局
4	你以前有没有了解过预测的相关知识？ A. 了解一点 B. 完全不了解 C. 了解

第二，根据年段特点和学生身心发展规律进行分析。

在阅读方法方面，学生从低年段的"联系生活实际，理解课文内容""借助图画阅读课文""找出明显信息""展开想象，获得初步的情感体验""根据课文内容，展开想象""感受童话丰富的想象"等方法中，已经积累了一定的预测经验，这是本单元学习任务群学习活动开展的基础。然而，还要充分考虑到学生缺少边读边思考故事会如何发展的意识和能力；在阅读中需要学会搜索关键信息，结合自己的生活经验作出判断，推想可能发生的情节，从而从无意预测走向有意预测；缺少展开想象，结合自己的生活经验，推想后续情节的意识和方法；以及缺少从文章中找依据，并联系自己的生活实际谈自己预测的经验和方法。本单元从学习预测的基本方法到运用预测，都在帮助学生理清思路，有条理地表达自己的想法。

学生第一次进行有依据的预测，需要综合调动之前的各种学习策略来完成阅读任务，这对学生而言具有一定的难度。

四、学习任务群构建

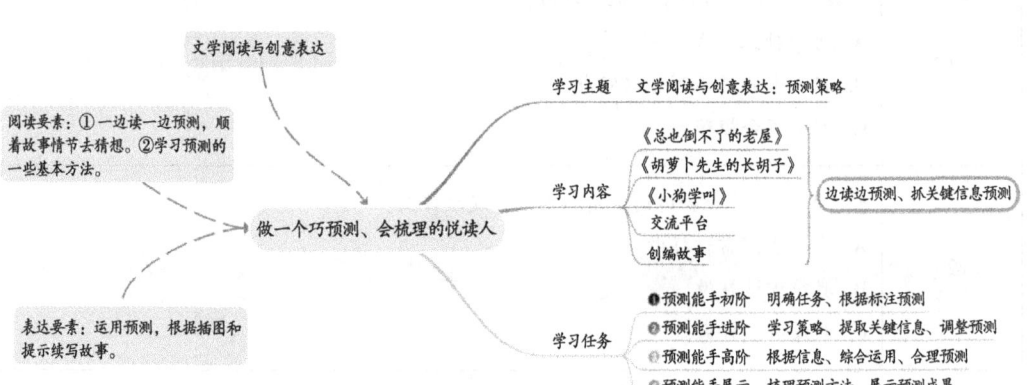

112

第三章　基于语文学习任务群的大单元教学设计与实施

五、大单元课时案例

以《总也倒不了的老屋》为例。学习任务群教学设计如下：

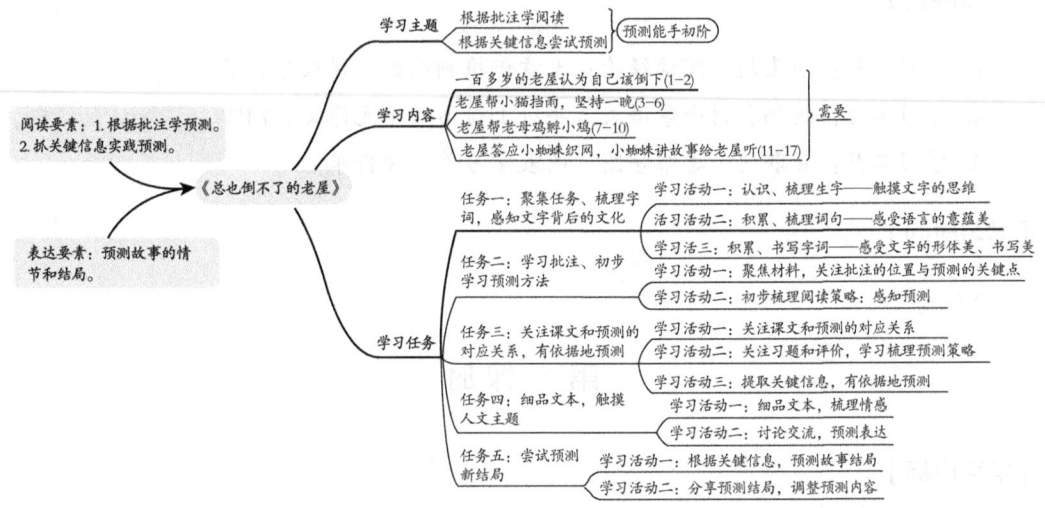

【学习目标】

1. 学会本单元的生字新词，运用多种方式理解重点词句。（语言建构与运用）

2. 学会预测：能一边阅读一边预测；知道预测有不同的角度；预测的内容跟实际内容可能一样，也可能不一样；初步感受预测的好处和乐趣；能将自己的预测与实际内容进行比较，修正自己的想法；能预测故事的发展和结局。（思维发展与提升、审美鉴赏与创造）

3. 运用预测，尝试表达：能根据插图和提示续写故事，把故事写完整。（思维发展与提升、文化传承与理解）

4. 将预测延续：能结合阅读体验，交流、总结运用预测策略的好处，知道在课外阅读中要自觉运用预测策略。（语言建构与运用、思维发展与提升）

【学习重点】

1. 学习从不同角度边读边预测，感受预测的好处和乐趣，逐步养成预测的意识和习惯。（思维发展与提升、审美鉴赏与创造、文化传承与理解）

2. 学习从插图和阅读提示中寻找线索，续写故事，把故事写完整。（思维发展与提升、文化传承与理解）

113

基于语文核心素养的大单元教学

【学习难点】

学习运用预测，养成预测的意识和习惯。(思维发展与提升、文化传承与理解)

【学习准备】

1. 学习经验：学生想象阅读经验；无意识推测经验；讲故事经验。
2. 学习资源：统编教材小学语文三年级上册第四单元课文、PPT。
3. 学习工具：互联网、思维导图、图表学习单、评价单。

【学习时间】

2 课时

第 一 课 时

【学习目标】

1. 学会积累与梳理本课的生字新词，运用多种方式理解重点词句。(语言建构与运用)
2. 阅读理解：读通课文、了解批注。(语言建构与提升)

找到相关内容，仔细阅读，学习根据批注和关键信息预测的方法——信息提取要准确，批注学习要简明扼要，呈现方式要简单易学。

【学习过程】

(一)学习活动一：阅读单元导语，明确语文要素

1. 话题引入：平时看电视会不会猜后面的故事情节？
2. 阅读要素："根据批注学习预测"。
3. 习作要素："推想故事结局"是这个单元的习作要素。

(二)学习活动二：明确学习任务，梳理课文内容

1. 阅读课文，明确完成预测任务的基本思路：根据阅读目的(任务)——关注不同的阅读内容——采用适合的阅读方法。
2. 自由朗读，梳理文章的主要内容。

任务一 聚焦任务， 梳理字词， 感知文字背后的文化

(一)学习活动一：认识、梳理生字——触摸文字的思维

1. 做一做(课前预习单题目)。

114

第三章　基于语文学习任务群的大单元教学设计与实施

2. 读一读本课的生字，按结构分类认识生字，识记本课的 6 个形声字。

3. 说一说字理、说说识记方法。如"饱"，左边的食字旁代表食物，右边的包字代表读音，是指食物已经包裹在肚子里了，人就饱了，不饿了。

(二)学生活动二：积累、梳理词句——感受语言的意蕴美

1. 读读课文，标画今天刚接触到的词，查字典、词典，了解新词意思。

2. 结合上下文思考：这些词在课文中可以怎么理解，鼓励学生用多种方式读，比比谁积累得多。

3. 梳理本课新接触到的特色句、难懂句、难读句，在教师指导下解决疑难问题。

4. 分享自己的理解、感悟、积累。

(三)学生活动三：积累、书写字词——感受文字的形体美、书写美

1. 读一读文中要求会写的生字，梳理字的占格、间架等特点，说一说准备怎么写，为什么。

2. 学生认真书写，梳理习惯：姿势、握笔、占格……

3. 晒一晒学生的写字作品，感受书写的魅力和快乐。

任务二　学习批注，初步学习预测方法

(一)学生活动一：聚焦材料，关注批注位置与预测的关键点

1. 观察教师呈现的内容(课文、批注、预测……)以及呈现方式(文字、PPT、表格……)，听一听老师讲情景、讲策略。

2. 细读文中批注，借助文中关键信息，了解根据批注预测故事情节的方法。

3. 阅读课文，关注批注内容，关注位置，感悟位置不同，预测的策略不一样。

(二)学生活动二：梳理阅读策略，感知预测

1. 梳理预测策略：说一说批注的内容与课文内容的关系，根据故事情节猜一猜接下来会发生什么。

2. 同伴互相分享猜想的内容。

3. 再读课文，感知预测。

【设计者手记】

1. 关注儿童身心发展的规律。三年级的孩子有一定的积累与梳理意识，但主动梳理字词的习惯并未养成，梳理文本的意识和方法并未掌握。本节课注重设计活动化、游戏化、生活化的语文实践活动来学习、巩固积累与梳理的方法。同时把课后习题变成了教学环节，落实单元目标。

2. 关注汉字文化的熏陶与传承。三年级的孩子已经具备运用识字方法独立识字的

115

基于语文核心素养的大单元教学

能力，但了解汉字文化、热爱汉字的情感还需进一步加强。本节课通过"触摸思维、感知意蕴、感受美"等环节，让学生在识字的同时，增强文化自信。

第二课时

【学习目标】

1. 了解课文旁批都是预测、梳理，根据题目、插图和故事内容里的一些线索，结合生活经验和生活常识进行预测。(思维发展与提升)

2. 运用预测，梳理课文主题，理解老人希望拥有被需要的幸福。(审美鉴赏与创造、文化传承与理解)

3. 梳理、总结预测策略，尝试运用预测续编课文。(思维发展与提升)

【学习评价】

先通过自读、范读、对读等多种阅读形式将旁批中的预测与课文一一对应，再多角度阐释预测的依据，最后预测作者续写的结局。

学 习 任 务	评 价 标 准	评价形式
将课文和预测对应起来读	是否能将旁批与课文题目、插图、内容对应起来读	课堂交流
阐释预测的依据	是否能为预测找到合理的依据	课堂交流
预测结局	是否能顺着故事情节，修正自己的想法，合理地预测结局，表达是否清楚	学习监测单

预测结局学习单：

评价标准	自评	他评
预测合理	★ ★ ★	★ ★ ★
表达清楚	★ ★ ★	★ ★ ★

116

【学习过程】

任务三　关注课文和预测的对应关系，有依据地预测

(一)学生活动一：关注课文和预测的对应关系

1. 读课文，找出本课和以前的课文的不同之处：有批注。

2. 初步梳理：思考第一个预测的依据从何而来。把课文和预测对应起来读：师读课文，生读预测。

3. 引导梳理：思考预测的依据，并把预测和依据结合起来说清楚：捋捋批注位置和文字的关系，感知批注、文字、预测的关系。

(二)学生活动二：关注习题和评价，学习梳理预测策略

1. 做一做课后习题，学习预测策略。

2. 完整说预测内容+预测依据，把意思表达清楚。

(三)学生活动三：提取关键信息，有依据地预测

1. 总结式梳理：学生练习体会有依据地预测：当我读……时想到……，因为……

2. 学生共同分享，互相评价，懂得预测没有对错，有依据就行。

3. 学生尝试根据关键信息，调整自己的预测。

任务四　细品文本，触摸人文主题

(一)学生活动一：细品文本，梳理情感

1. 感悟形象：读文中的关键语句，说一说你眼中的老屋形象。

2. 梳理情感：听老师讲生活故事，想一想：老人和老屋为什么会这么做？他们需要什么？

(二)学生活动二：讨论交流，预测表达

1. 议一议老屋三次不倒的结局有什么不同，说一说你眼中的蜘蛛形象：蜘蛛一直陪着老屋，给老屋讲故事……体会故事结局的魅力。

2. 预测表达：议一议我们应该怎么对待老人？预测同学们的反应并写下来：学了课文后大家会……，因为……

任务五　尝试预测新结局

(一)学生活动一：根据关键信息，预测故事结局

1. 学读故事的结尾，和同桌一起预测故事新的结尾。

2. 把续编故事结尾写下来。

117

基于语文核心素养的大单元教学

（二）学生活动二：分享预测结局，调整预测内容

1. 学生晒一晒自己创编的结局，根据评价表相互评一评。

2. 梳理预测策略：小结预测策略并给喜欢的结局投票，然后每位学生根据自己的感悟，调整自己的预测。

【板书设计】

12. 总也倒不了的老屋	
	题目
被需要的幸福	插图
预测	批注
感恩　陪伴	内容（关键信息）
	生活（经验、传统人文）

【设计者手记】

本课的学习任务设计体现以下几点思考：

第一，关注预习习惯的培养。三年级的孩子预习习惯并未养成，预习方法并未掌握。本节课通过学习任务单的设计来指导学生学会根据课时目标有效预习。

第二，关注语文核心素养的培养。学习本课时，可以在朗读、推想、想象、体会、交流、表达中，引导学生关注旁批方式，依据课题、插图、内容、结合生活经验来预测故事发展，鼓励学生加强课后题中的学习伙伴交流，分享预测结果。引导学生学会有意识地边读边预测，学会抓重点信息预测，帮助学生从学科学习向生活迁移，学会运用在课堂中学到的预测方法去解决阅读和生活中的问题，体会阅读乐趣，提升语文素养。

第三，塑造必备品格。从《总也倒不了的老屋》中，学生可以学会乐于帮助别人，体会助人为乐的美好。通过从关注自我到关注、理解他人，再到帮助他人，学生能学会博爱，学会选择，从而塑造必备品格。

（武汉市黄陂区长轩岭街道长岭小学　刘旭芳）

第三章 基于语文学习任务群的大单元教学设计与实施

阅读，感受少年儿童成长的纯真与美好

——四年级下册第六单元"文学阅读与创意表达"学习任务群教学设计

一、课标解读

2022 年版课标"文学阅读与创意表达"要求通过整体感知、联想想象，感受文学语言和形象的独特魅力，获得个性化的审美体验；了解文学作品的基本特点，欣赏和评价语言文字作品，提高审美品位；观察、感受自然与社会，表达自己独特的体验与思考，尝试创作文学作品。

第二学段要求"围绕学生阅读文学作品的过程性表现"，"整合听说读写，引导学生综合运用朗读、默读、诵读、复述、评价等方法学习作品，感受文学作品语言、形象、情感等方面的独特魅力和思想内涵"；"阅读并讲述革命故事、爱国故事、历史人物故事，感受幸福生活来之不易，表达自己对美好生活的向往，以及对革命英雄、仁人志士的崇敬之情"。

在学段目标上，第二学段主要对接"阅读与鉴赏"和"表达与交流"两类语文实践活动，侧重体现审美创造的育人旨趣。相比第一学段，第二学段"聚焦文学阅读的本体特性，体现思维表达的创意"，在学习场评价应围绕学生阅读文学作品的过程性进行表现。

根据以上要求，笔者依托统编教材小学语文四年级下册第六单元"①学习把握长文章的主要内容；②按一定的顺序把事情的过程写清楚"这两个单元语文要素，设计了"红领巾争章"主题学习活动，帮助学生在语文实践活动中发现和理解的大概念是：①成长是一个不断积累和蜕变的过程；②整体由部分组成，将部分联系起来能够帮助我们把握长文章内容。

二、教材分析

(一)大单元语文要素年段间纵向关联

本单元的语文要素是"学习把握长文章的主要内容"。下面这张表，可以帮助我们看清楚阅读学习要素"学习把握长文章的主要内容"理解和落实的起点与落脚点：

册序	单元	训 练 要 素
二上	第一单元	借助图片，了解课文内容。
二上	第六单元	借助词句，了解课文内容。

119

基于语文核心素养的大单元教学

续表

册序	单元	训 练 要 素
三上	第六单元	提取主要信息，了解课文内容。
四上	第四单元	了解故事的起因、经过、结果，学习把握文章的主要内容。
四上	第七单元	关注主要人物和事件，学习把握文章的主要内容。
四下	第六单元	学习怎样把握长文章的主要内容。
五上	第八单元	阅读时注意根据要求梳理信息，把握内容要点。
六下	第二单元	了解作品梗概，把握名著的主要内容。

这些指向文章内容了解和概括的阅读学习要素，从低年级到高年级，呈现出明显的"进阶"特点。首先是方法上的"进阶"：低年级借助形象和具体词句来理解文章；到了中年级，要学会区分和提取相应的信息；而高年级则需要根据阅读目的把握要点，尤其是阅读长篇时，要学会把握主要内容。其次是能力上的"进阶"；从"内容"到"主要内容"，从"了解"到"把握"，从"文章"到"长文章"，再到阅读整本书，能力要求一步步在提高。

把握文章主要内容，是小学第二学段阅读教学的重要任务。2022年版课标第二学段"阅读"第4条要求："能初步把握文章的主要内容，体会文章表达的思想感情。"依据这一要求，统编教材四年级上册第四单元提出"了解故事的起因、经过、结果，学习把握文章的主要内容"；第七单元提出"关注主要人物和事件，学习把握文章的主要内容"；本册第六单元提出的"学习把握长文章的主要内容"，是前面学习要求的进一步提升。应指导学生重点探究把握长文章主要内容的方法策略，进一步提升把握文章主要内容的能力。这体现了语文要素安排的系统性和发展性，更体现了教材内容的序列化、结构化。

（二）大单元语文要素单元内横向关联

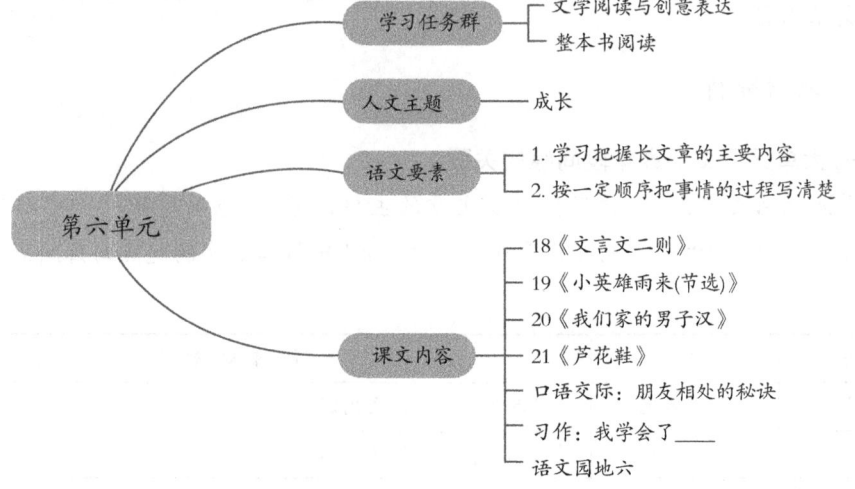

120

第三章 基于语文学习任务群的大单元教学设计与实施

本单元属于"文学阅读与创意表达"任务群，对应"文学阅读与创意表达"第二学段的任务："通过整体感知、联想想象，感受文学语言和人物形象的独特魅力，阅读富有想象力和表现力的儿童文学作品，欣赏富有童趣的语言与形象，感受纯真美好的童心。""学习把握长文章的主要内容"是基于四年级上册第四单元"了解故事的起因、经过、结果，学习把握文章的主要内容"以及"关注主要人物和事件，学习把握文章的主要内容"的基础上提出的要求。单元语文要素呈螺旋上升的趋势，在本单元的学习中，要指导学生在原有掌握知识的基础上学会用多种方法把握长文章的主要内容。

本单元课文的学习既要了解故事的起因、经过、结果，又要关注主要人物和事件。围绕"成长"这一人文主题，本单元塑造了五个不同时代的少年儿童形象：机智勇敢、热爱祖国的小英雄雨来；可爱率真、自主独立、沉着刚强的小男子汉；勤劳朴实、善良坚强的青铜；在艰苦的环境里刻苦求学的车胤；在看到"老媪方磨铁杵"之后，对待学业的态度发生了变化的李白。这几篇文章都紧扣人文主题，描写了少年儿童的成长之路，令人感动。

《文言文二则》要借助注释理解课文的意思，感受古人勤奋求学、持之以恒的精神品质。《小英雄雨来》用序号表示每个部分，学生通过关注主要人物和事件，用列小标题的方式来把握文章内容，学生就能了解雨来被称为"小英雄"的原因，并且可以快速把握文章内容。《我们家的男子汉》把三个小标题连起来，就可以大致了解课文写了一个四岁孩子的成长历程。字里行间蕴含着作者对小男孩的喜爱以及对小男孩逐渐成长的欣喜之情。《芦花鞋》要从多种角度列小标题，在列出小标题后，把各个部分之间加上过渡语句，就大致把握了文章的主要内容。

精读课《小英雄雨来（节选）》用序号的方式分为六个部分，课后第二题列举了第一部分的小标题，让学生照样子列出其余部分的小标题，再说说课文的主要内容。略读课《我们家的男子汉》用小标题的方式从不同角度写出了这个孩子是个"男子汉"，课前导读中要求给每个部分换个小标题。略读课《芦花鞋》用空行的方式分为四个部分，课前导读要求为每个部分列出小标题。"交流平台"紧扣语文要素，以学生相互交流的形式梳理了把握长文章主要内容的方法。

通过梳理三篇长文的练习系统、助读系统和语文园地的知识系统，其语文要素细化为人文目标和阅读学习要素（其中第一条对应的是人文目标，后面三条对应的是阅读学习要素）：

①阅读描写不同年代、不同地域童年生活的文章，了解童年生活的丰富多彩，对比、感受自己正在经历的童年生活与故事中主人公的童年生活有什么异同，珍惜童年时光。

②带着问题用较快的速度默读课文，在需要时停下来思考前面的内容主要讲了什

121

么，并运用取小标题等方式进行内容概括。

③根据长文中的小标题、序号、空行等提示，将文章划分为几个部分，给没有小标题的文章各部分加上小标题。

④利用小标题，概括每个部分的主要内容，然后把每个部分的主要意思连起来，把握文章的主要内容，体会作者的情感。

通过列小标题再连一连的方法把握长文章的主要内容。从《小英雄雨来（节选）》的照样子试着列小标题，到《我们家的男子汉》的换一换小标题，再到《芦花鞋》的自主列小标题，语文要素的学习环环相扣，层层推进，将列小标题方法的掌握、语文能力的发展逐步落到实处。

三、学情分析

第六单元是几篇"长课文"，为了引导学生学习"把每个部分的主要意思连起来，把握课文的主要内容"的方法，基本上是围绕"拟小标题"这个学习活动开展教学。四年级学生已有一定阅读能力，对同龄人的故事充满好奇，但是学生对阅读长文章仍然有一定的畏惧心理。引导学生阅读长文章，需要引导学生将以往的阅读方法迁移到教学中。学生已经具备了默读的能力，掌握了"注意力专注读""带着问题读"等默读的基本方法。《小英雄雨来（节选）》就是要再现学生快速默读课文的能力。随着年级的提升，学生阅读课文的篇幅越来越长，要求也越来越高。《小英雄雨来（节选）》的阅读教学就是要教会学生通过列大、中、小标题的方法快速掌握长篇文章的主要内容和条理结构。

针对文章的篇幅较长，我在开课之初使用"红领巾争章"引入课文学习争章环节，使课文教学变得十分有趣。同学们每发现一个知识点的重难点，就获得一个新章。以这个逐步通关的争章环节为驱动力，带动学生学习长文的积极兴趣。在学习的过程中先扶再放，先引导学生观察课本中起标题的方法，抓住主要人物和事件，然后引导学生逐步优化这样的标题，学会耐心读出长文中的重点内容。

四、大单元学习任务群框架

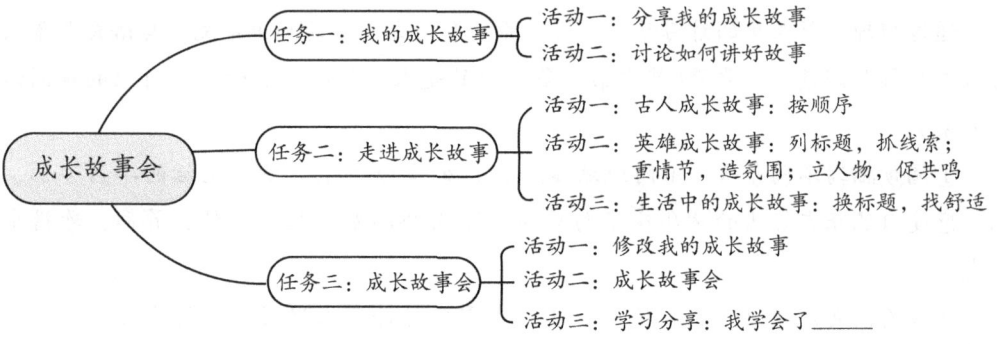

第三章 基于语文学习任务群的大单元教学设计与实施

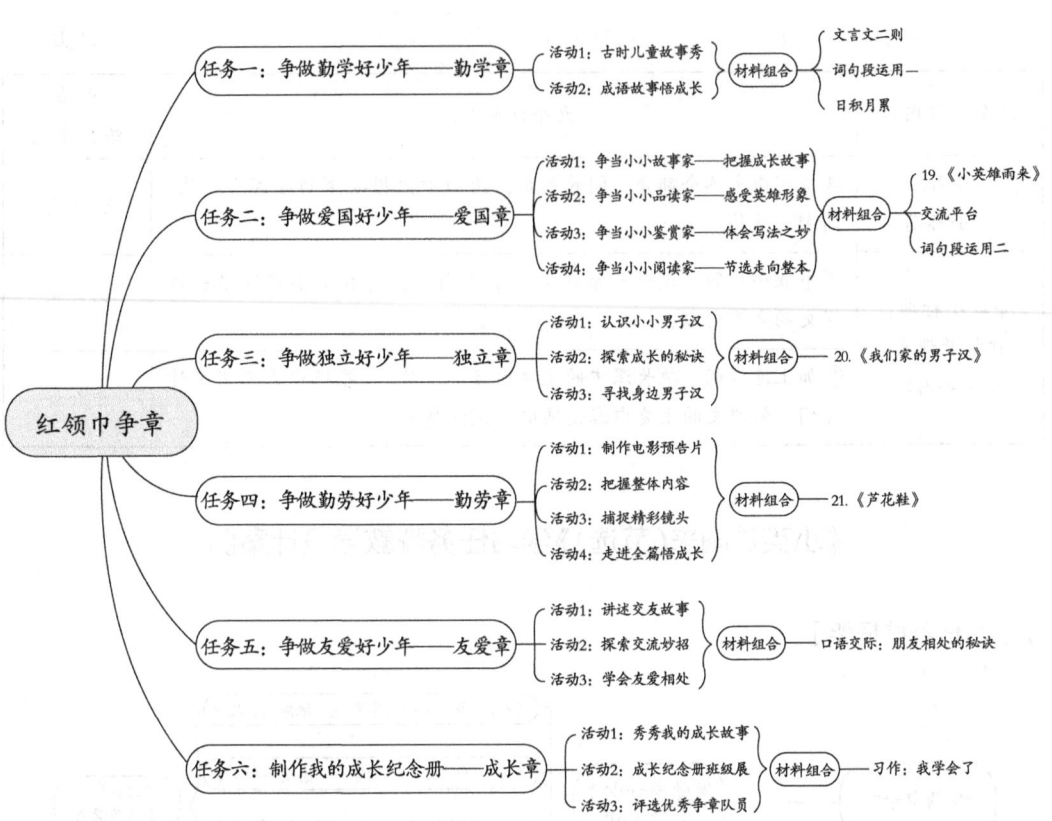

五、评价量表

三个评价内容	九个评价要点	成绩 给☆涂色
了解长课文 的阅读方法	①初步了解单元语文要素，能借助单元的三篇课文初步感知长课文的特点；	☆ ☆ ☆
	②了解本单元长课文分部分的方式，能借助单元课文初步建立长课文分部分阅读的意识；	☆ ☆ ☆
	③借助《小英雄雨来（节选）》第1部分旁边的泡泡语提示，了解读长课文的方法，分部分把握主要内容的方法。	☆ ☆ ☆
学习 列小标题	①学习第1部分内容，了解列小标题的方法，能形成提炼小标题的思维模型，自主、合作学习用其他的方法来列小标题；	☆ ☆ ☆
	②借助列小标题的方法学列第2—6部分小标题（能尝试运用方法列出小标题）；	☆ ☆ ☆
	③合作学习用其他的方法来列小标题；	☆ ☆ ☆

123

基于语文核心素养的大单元教学

续表

三个评价内容	九个评价要点	成绩 给☆涂色
学习 列小标题	④梳理课文各个部分之间的关系，能初步把握故事的起因、发展、高潮、结局。	☆☆☆
串联小标题， 把握长课文 的主要内容	①串联小标题，说说长篇课文的主要内容，将6个小标题串联成课文的主要内容；	☆☆☆
	②加上连接词，把长课文的主要内容说清楚。（能根据需要用上连接词，将课文的主要内容说通顺、说清楚）	☆☆☆

《小英雄雨来(节选)》学习任务群教学设计案例

【学习任务群框架】

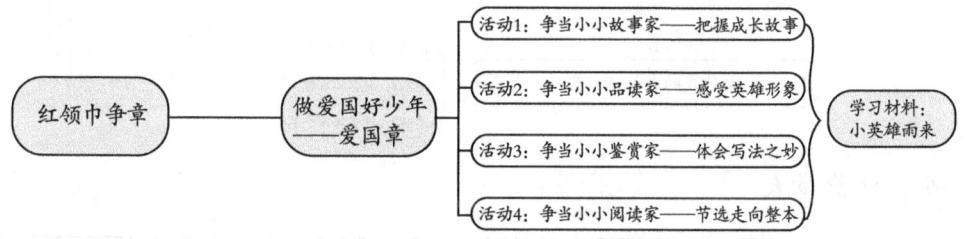

【学习目标】

1. 通过列小标题的方式了解各部分的内容，并能借助小标题把握课文的主要内容。
2. 聚焦重点段落、关键词句，感受小英雄雨来的人物形象。
3. 通过联系前文、朗读的方式理解雨来成长为英雄的原因。

【学习重点】

通过列小标题的方式了解各部分的内容，并能借助小标题把握课文的主要内容。

【学习难点】

1. 聚焦重点段落、关键词句，感受小英雄雨来的人物形象。
2. 通过联系前文、朗读的方式理解雨来成长为英雄的原因。

124

【学习准备】

完成预学案，了解文章创作背景。

【学习时间】

2 课时

【学习过程】

激趣导入，任务发布

教师寄语：亲爱的少先队员们，让红领巾争章活动记录你们成长的点点滴滴。衷心祝愿你们在星星火炬的指引下，阅读讲述成长故事的书籍，学习不同时代优秀少年的成长故事，争做优秀少先队员，成长为一名能够承担民族复兴大任的时代新人。

红领巾争章

争章任务	盖章处
争做勤学好少年——勤学章	
争做爱国好少年——爱国章	
争做独立好少年——独立章	
争做勤劳好少年——勤劳章	
争做友爱好少年——友爱章	
制作我的成长纪念册——成长章	

上节课，我们学习了古代两位优秀少年的故事，获取了勤学章。今天，就让我们一起走进小英雄雨来的故事，争做爱国好少年，赢得爱国章！这篇文章中出现了很多人物，请大家拿出预学单，完成人物关系图。

（💮 任务一） 预学——比较异同， 点明方法

1. 同学们，请大家拿出预学单，我们来挑战一下：这篇文章中出现了很多人物，你能完成人物关系图吗？（评价：人物是小说的灵魂）请完成下面人物关系图。

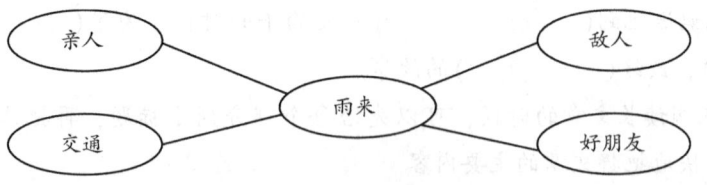

125

基于语文核心素养的大单元教学

2. 打开课本第 78 页，浏览这篇课文，它与我们以往学过的课文有什么不同？

（特别长；课文用序号的方式把文章分成六个部分，这样我们读起来就容易多了。泡泡语提示阅读长文章的方法——边读边想、前后联系）

3. 我们这个单元的语文要素是"学习把握长文章的主要内容"。上学期我们已经学过了两种把握文章主要内容的方法，今天我们发现文章更长了，而我们如何能在一节课时间内快速把握它的内容呢？你有什么好办法吗？（分部分去概括，通过列小标题的方式，课后的这些问题就是来帮助我们学习的）

🌱 任务二　共学 ——把握故事，感悟形象

(一)学习活动一：根据课后示例，抓主要事件进行概括

1. 课后习题中把第一部分概括为"游泳本领高"，请大家默读第一部分思考：这样概括的理由是什么？（抓主要事件：谁干什么）

2. 请大家快速默读课文第二部分，用抓主要事件的方法给这部分取个小标题。

3. 回读第一部分，思考是不是只有这一种方法概括。

4. 交流分享：

(1)语言类："往河沿跑"。相机随访：采访一下你，你为什么这样概括？（抓住事件中人物的语言，又能概括这件事情，我们就知道雨来在游泳，妈妈不让他耍水，去追他，他往河沿跑；还知道他游泳本领高。从这个小标题我们可以知道这么多信息，所以我们发现还有一个方法可以概括小标题，即抓住这个事件中关键人物的语言。）

(2)除了抓人物的语言，还有别的方法拟小标题吗？（抓人物动作）

(3)同桌合作，选取你们最感兴趣的一部分内容，采用抓人物语言或动作的方法合作列小标题。把讨论结果写在共学单上。（自由分享）

5. 小结：列小标题，既可以采用抓主要事件，也可以用主要人物的语言和动作。同一个意思，不同的小标题，这就是创造。

(二)学习活动二：借助小标题，说说课文的主要内容

1. 现在我们通过列小标题的方法，概括出每部分的内容。但是如果我想知道的是整篇文章的内容，应该怎么办呢？

2. 学生根据提示填空：

这篇课文讲的是抗日战争时期，晋察冀边区的少年雨来，（　　　　　　）。秋天的时候，爸爸妈妈送他到（　　　　　　）。有一天晌午的时候，为了（　　　　　　），雨来（　　　　　　），最终（　　　　　　）的故事。

3. 我们在阅读长文章的时候，可以先给每个部分列小标题，再把这些小标题串联起来，就能较快地把握文章的主要内容。

126

第三章 基于语文学习任务群的大单元教学设计与实施

4. 课题是小英雄雨来，但说来奇怪，全文 3200 多字，直到结尾处才说到我们的小英雄雨来。同学们，你们觉得从什么时候开始，雨来就是小英雄了呢？（请同学们打开课文，边读边批注）

感受人物形象
　　我觉得从_____开始，雨来就是小英雄了，因为_____。
---

5. 第 82 页第 24 自然段。学生读文后说明理由。

6. 将雨来的动作重点标示，你发现了什么？（雨来有个动作频率很高——跑）

(1)为什么要"跑"？（他是为了掩护交通员李大叔，所以他往后门跑。多么机智啊。）

(2)从"十几把雪亮的刺刀"我们可以体会到敌人至少来了多少人(10 个)，而雨来呢？（就一个）——"敌众我寡"。

(3)敌人可是拿着刀和枪啊！雨来不怕吗？（怕是人之常情；不怕是勇敢。）

(4)在那样万分紧急的情况下，雨来脚下踩着风，向后院跑，往树上爬，这是何等的机智，何等的勇敢，是不是小英雄？让我们怀着对英雄的敬意，好好来读读这段话。

(5)同学们，让我们注意自己的语速，带上自己的表情，用朗读还原当时的情景。让我们感受到虽然当时的形势紧急中略带混乱，但雨来的心没有乱。

(6)小结：我们在第三部分"掩护交通员李大叔"这个情节中，感受到了雨来的小英雄形象。

7. 前门有鬼子，后院没有门，那等待雨来的肯定是被鬼子抓住。在雨来智勇斗鬼子的过程中，你从哪里体会到雨来是个小英雄呢？（雨来说："捡来的。"）这是雨来在保护夜校的秘密，读出了他的机智。其实雨来在被抓之后，还说了几句话，大家把它画下来。

8. 品读三次"没看见"

(1)当一脸伪善的鬼子，打听李大叔在哪里时——

学生读：雨来用手背抹了一下鼻子，嘟嘟囔囔地说："我在屋里，什么也没看见。"

(2)当鬼子压住心中的火气，盘问雨来李大叔在哪里时——

学生读：雨来摇摇头，说："我在屋里，什么也没看见。"

(3)当鬼子撕掉伪善的面具，打得累了时——

学生读：雨来还是咬着牙说："没看见！"

话不多，但有一个词却出现了三次。（"没看见"）

(4)从这三个"没看见"，你们能感受到什么？

127

基于语文核心素养的大单元教学

预设1：雨来特别机智，而且特别勇敢。面对这么多的日本鬼子，大多数孩子看到肯定会暴露一些情报，但雨来没有，雨来是个小英雄。

预设2：雨来说了三遍"没看见"，感觉雨来特别坚强，而且最后一个"没看见"还是在他遭遇一顿毒打以后，咬着牙说出来的，可见他绝不向敌人屈服。

(5)小结：三次"没看见"，每一次出现的情况都不一样，无论是鬼子装作伪善的样子问他，还是诱惑他，还是凶恶地问他，他始终只有三个字来回答敌人。这短短的几句话，就让我们感受到了雨来的沉着冷静、坚强不屈、机智勇敢。

9. 品读两处"咬着牙"

(1)同学们，你们想一想，鬼子是成年人，打一个12岁的小孩却打得累了，他是怎么打的呢？请大家眼睛看屏幕，默读这几段话。

(2)师范读，学生交流感受。

①你发现了吗？鬼子和雨来出现了同样的动作？(咬着牙)

②同样的动作代表同样的意思吗？鬼子咬着牙你能感受到什么？(凶狠、可怕、残暴、心狠手辣、恼羞成怒……)雨来咬着牙你又能感受到什么？(绝不向敌人屈服、坚强勇敢)

③请带着你的理解再来读。(男同学读上一段，女同学读下一段)

(3)小结：鬼子的心狠手辣，更加能衬托出雨来的坚强不屈。

(三)学习活动三：前后联系 探究缘由

1. 他也只是一个仅仅12岁的小孩子，他为什么能够忍住各种诱惑痛苦，誓死不说出党的秘密呢？请大家再次走进课文去找找原因。

预设1：夜校的老师教他一句话："我们是中国人，我们爱自己的祖国。"

(夜校老师的教育，在雨来的心中埋下了爱国的种子。)

预设2：李大叔是交通员，掌握着许多党的秘密，他不能将秘密泄露给敌人。如果泄露呢？会给党带来很大损失。

预设3：雨来的爸爸是民兵，舅舅、妈妈也是。

2. (配乐朗读)父亲和李大叔的熏陶、榜样作用；夜校的学习以及对家乡的热爱，早已在雨来幼小的心灵里，播下了爱国的种子。

(1)所以面对敌人的追赶盘问，雨来勇敢机智不泄密，因为他知道——"我们是中国人，我们爱自己的祖国！"

(2)所以面对敌人的哄骗利诱，雨来沉着冷静不上当，因为他知道——"我们是中国人，我们爱自己的祖国！"

(3)师：所以面对敌人的威胁毒打，雨来咬紧牙关不投降，因为他知道——"我们是中国人，我们爱自己的祖国！"

128

3. 希望你们也像雨来一样深爱我们的祖国。同学们！此时此刻，雨来的小英雄形象早已深入我们的心里。但是老师发现，感受雨来英雄形象的部分，主要集中在第三、四部分，那么其他部分是否可以不要了呢？（不可以）下节课我们继续学习小英雄雨来的故事，感受伏笔和环境描写的妙处，也走进整本书阅读，去了解更多的成长故事。

4. 习近平爷爷说："崇尚英雄才会产生英雄，争做英雄才能英雄辈出。"生长于和平时代的我们，学习雨来的故事，不仅要学习他机智勇敢的英雄品质，更要像他一样深爱自己的祖国，成长为为国奋斗的爱国先锋！

任务三 延学——巩固提高 拓展阅读

（一）学习活动一：制作英雄名片卡

（二）学习活动二：《小英雄雨来》整本书阅读计划单

【板书设计】

小英雄雨来（节选）

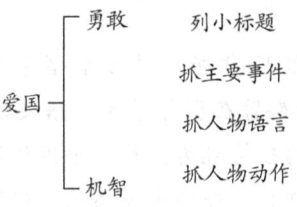

【设计者手记】

一、识别长文章

我尝试先从形态入手，与常态课文进行对比，将学生的关注力引向课文自带的序号，快速将课文分成六个部分。之后，在学生整体阅读课文之后，罗列出这篇课文所涉及的人物，组织学生对人物进行必要的分类。从提取人物到划分人物，背后所需要的认知支撑，也从"读过"课文，逐步升级为"理解"课文。在完成预学单任务时，学生就需要站立在整篇课文的视角下，通盘把握和考量，从而在无形之中，将"把握长课文主要内容"的语文要素悄然落实。

二、梳理长文章

一是提炼共同的中心：虽然六个部分有着不同的表达指向，却都在统一的中心规制下：这是作者创作必须谨遵的原则，更是学生阅读的抓手。由此一来，从板块标题，到

基于语文核心素养的大单元教学

标题内核，完成了从明线情节到暗线主题的深入，各个板块之间的联系逐渐在学生的内在意识深处清晰起来。

二是勾连内在的呼应：组织学生走出"板块"的局限，放眼于整篇文章，以关联的策略发现，后面雨来与鬼子周旋时，正是用游泳本领逃过一劫。如果这里没有交代，后面跳河逃生就显得过于突然了。紧扣一点，却关联全文，把握长课文的主要内容，绝不是简单地拼接板块内容，理清内容联系，梳理内在关联，让原本零散的板块有机交融，这也是"把握长课文"的应有之义。

（武汉市东西湖区将军路小学 孙玉丽）

读古典名著 品百味人生
——五年级下册第二单元"文学阅读与创意表达"学习任务群教学设计

一、课标分析

《义务教育语文课程标准(2022年版)》中发展型学习任务群——文学阅读与创意表达是这样阐述的："本学习任务群旨在引导学生在语文实践活动中，通过整体感知、联想想象，感受文学语言和形象的独特魅力，获得个性化的审美体验；了解文学作品的基本特点，欣赏和评介语言文字作品；提高审美品位；观察、感受自然与社会，表达自己独特体验与思考，尝试创作文学作品。"

本单元的人文主题是"观三国烽烟，识梁山好汉，叹取经艰难，惜红楼梦断"，由此可知本单元以"走进中国古典名著"为人文主题。本单元的文学阅读教学，根据选编课文的特点和学生的认知实际，体现阅读名著"由易到难，由改写故事到原著"的一个进阶过程，目的是以四篇课文为引子和例子，为学生打开学习古典名著的大门，激发学生学习兴趣，创造一个交流、学习、阅读古典名著的平台，让学生感受经典的魅力，学习阅读古典名著的方法，产生对古典名著的学习、阅读兴趣，从阅读中获得审美体验，并表达自己的读后感受。因此，本单元的阅读训练要素是"初步学习阅读古典名著的方法"，表达训练要素是"学习写读后感"。

二、教材分析

从统编五年级下册第二单元主题页的"观三国烽烟，识梁山好汉，叹取经艰难，惜红楼梦断"，可以读出本单元以"走进中国古典名著"为人文主题，本单元的文学阅读教学，根据选编课文的特点和学生的认知实际，体现阅读名著"由易到难，由改写故事到

第三章 基于语文学习任务群的大单元教学设计与实施

原著"的一个进阶过程，目的以四篇课文为引子和例子，为学生打开学习古典名著的大门，激发学生学习兴趣，创造一个交流、学习、阅读古典名著的平台。从而实现语文要素"初步学习阅读古典名著的方法"。让学生感受经典的魅力，学习阅读古典名著的方法，产生对古典名著的学习、阅读兴趣，从阅读中获得审美体验，并表达自己的读后感受。因此，本单元的阅读训练要素是"初步学习阅读古典名著的方法"，表达训练要素是"学习写读后感"。本单元的创意表达主要围绕阅读教学展开，让学生初步了解阅读古典名著的方法。在阅读中，学生要学会把握课文主要内容，走进不同人物，感受不同人物性格的特点和写作手法，并对人物进行评价，或说说给你留下最深印象的人或事，并表达自己的感受。"口语交际"安排的是走近历史人物，编排课本剧，目的是让学生自己整理记录作者如何描写漫长悠久的岁月、大千世界的风景、性格迥异的人物以及各具特色的故事，然后浓缩成课本剧。接着，学生选取课本中精彩情节，和同学讨论学过的课文，哪一篇适合演课本剧，不同身份、性格的角色适合分配给谁，以及如何演好故事中的每一个角色。大家轮流做主持人，交流发表自己的想法，最后在班上演一演。通过这种方式，学生可以更好了解人物性格特点，体会口语交际在人物评价中的作用。"习作"题目可以是"读《×××》有感"或者"《×××》读后感"，也可以将后者作为副标题，再自拟主标题。要求学生选择读过的一篇文章或一本书，先简单介绍一下文章或书的内容，重点介绍自己印象最深的部分，再选择一两处你感触最深的内容，写出自己的感想，感想要真实、具体。可以联系自己的阅读积累和生活经验，也可以引用原文中的个别语句。

本单元围绕"古典名著"这一主题，安排了《草船借箭》《景阳冈》《猴王出世》《红楼春趣》4篇课文。课文的故事情节曲折生动，人物形象栩栩如生。本组课文意在带领学生走进中国古典名著的世界，初步学习阅读古典名著的方法，激发学生产生阅读古典名著的兴趣。

其中，《草船借箭》一文是根据元末明初的长篇小说《三国演义》第四十六回的相关内容改写的。东汉末年，曹操统一北方后率军南下，在长江北岸集结兵力，准备统一全国。孙权手下大将周瑜驻守在长江南岸，刘备派诸葛亮前去联吴抗曹。"草船借箭"的故事就发生在此时。全文结构清晰，以"借"为主线，按事情发展顺序展开叙述。课文写周瑜妒忌诸葛亮的才干，要诸葛亮在短时间内造好十万支箭，以此陷害他；而诸葛亮巧施妙计向曹操"借箭"，让周瑜的算盘落了空，周瑜自叹不如。故事情节紧凑，充满悬念，扣人心弦。

三、学情分析

"古典名著"对于五年级学生来说还是比较难的。为了让学生更好地理解文章内容，感受人物形象，我们可以走进习题和交流平台，寻找古典名著学习的支架。再结合阅读链接、语文园地、快乐读书吧等内容，总结出阅读古典名著的基本方法：猜读、跳读、

131

基于语文核心素养的大单元教学

借助资料、借助电影和电视剧等。这些方法可以帮助学生初步感受人物形象，但这种了解不够深刻、全面。大多学生在阅读中，只关注故事情节，而忽略了作品的艺术性、思想性。因此，在教学中，我们应带领学生通过对重点段落章节的阅读、探究，把握主要人物的性格特点，深入地了解作品的表达方法。通过片段教学，引导学生初步学习阅读古典名著的方法，提高学生的阅读欣赏能力，从而激发学生阅读名著的兴趣。

四、学习任务群构建

			子任务	学习活动	对应的语文学习任务群	具体教学内容	课时
单元学习主题：古典名著之旅	单元学习目标：通过本组课文阅读，初步学习阅读古典名著的方法，并学习写读后感。	单元情境任务：做一个穿越时空的阅读古典名著小达人修炼记	1.（整体把握）修炼秘籍一：绘制古典名著思维导图。	1. 观看视频。交流对《三国演义》文中人物的看法，介绍故事的历史背景等。对本单元的文本有整体的感知和把握，解决生字词。	语言文字积累与梳理	了解四篇课文，从根据名著改写的现代文到原著节选，体现了由易到难的编排顺序；能按照起因、经过、结果的顺序概括故事的主要内容。《草船借箭》关联课后第一题①，《景阳冈》关联课后第二题②。	1
			2.（具体感知）修炼秘籍二：理解古典名著人物形象，走进古典名著人物内心。	2. 品读精彩故事情节，抓住人物的语言、神态、动作等语句，读相关语句，感受人物性格特点。	文学阅读与创意表达	语文园地关联日积月累《鸟鸣涧》。	2
				3. 抓住关键语句，品评人物特点。		《草船借箭》关联课后第二题②，《景阳冈》结合关联资料袋。	1
				4. 揣摩人物细节，感受人物特点，抓住诸葛亮、周瑜、鲁肃、曹操语言、动作、神态、心理的句子，不放过关键细节，了解古典名著中的人物，一步一步进行揣摩，去了解他们内心更独特的地方。		《草船借箭》，结合课后第三题关联"词句段运用"第一题②；《红楼春趣》阅读链接。	2

132

续表

单元学习主题	单元学习目标	单元情境任务	子任务	学习活动	对应的语文学习任务群	具体教学内容	课时
古典名著之旅	单元学习目标：通过本组课文阅读，初步学习阅读古典名著的方法，并学习写读后感。	单元情境任务：做一个穿越时空的阅读古典名著小达人修炼记	3.（抽象认知）修炼秘籍三：表演古典名著精彩情节。	5. 对比着读，联系上下文猜测着读就能读懂句子的大概意思了。	思辨性阅读与表达	对比读课文与原著在内容上有何不同之处。《草船借箭》关联语文乐园交流平台①，词句段运用②③。	1
			4.（具体运用）修炼秘籍四：撰写古典名著阅读感受。	6. 选择、改编、讨论剧中人物语言动作也可引发学生阅读名著的兴趣。	实用性阅读与表达	口语交际：怎么表演课本剧。	1
				7. 写完后与他人分享交流，并修改习作。	文学阅读与创意表达	习作：《写读后感》交流展示习作。	2
				8. 拓展交流名著，激发阅读兴趣。	文学阅读与创意表达	快乐读书吧，读古典名著，品百味人生。	1

五、大单元课时案例

《草船借箭》学习任务群教学设计案例

【学习任务群框架】

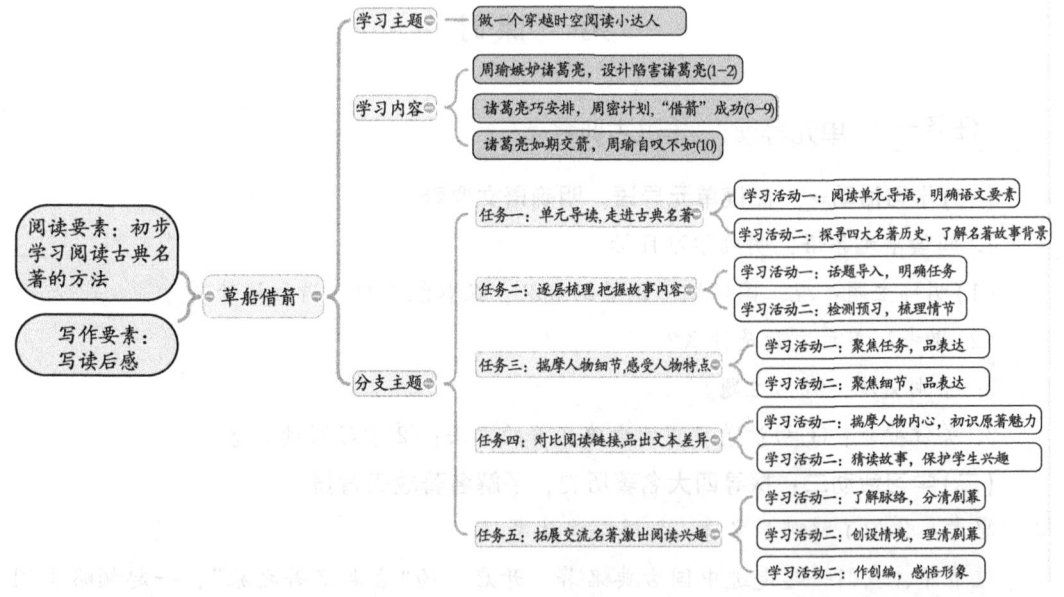

【学习目标】

1. 会认"瑜、忌、督"等 10 个生字，会写"妒、忌、曹"等 13 个字，正确读写"妒忌、委托"等 13 个词语。

2. 默读课文，学习借助相关资料理解课文内容，初步学习阅读古典名著的方法。

3. 感受故事中的人物形象，体会诸葛亮的神机妙算。

4. 感受语言的特点，激发学生阅读中国著名古典历史小说《三国演义》的兴趣。

【教学重点】

1. 感受人物形象，特别是诸葛亮、周瑜的形象。

2. 初步学习阅读古典名著的方法。

【学习准备】

1. 学习经验：学生充分预习课文经验。

2. 统编版语文五年级下册第二单元课文、相关学习课件。

【学习时间】

2 课时

《草船借箭》学习任务群教学设计案例

第 一 课 时

🌱 任务一　单元导读，　走进古典名著

（一）学习活动一：阅读单元导语，明确语文要素

1. 阅读单元导语，明确学习目标。

(1)明确主题：观三国烽烟，识梁山好汉，叹取经艰难，惜红楼梦断。

(2)思考：单元主题是什么？

2. 学生交流，概括主题。

3. 关注要素：①初步学习阅读古典名著的方法；②学习写读后感。

（二）学习活动二：探寻四大名著历史，了解名著故事背景

思考：你们了解哪些名著，知道哪些故事。

这节课，我们一起走进中国古典名著，开启一场"古典名著之旅"，一起领略中国

古典名著的风采和神韵。

🌱 任务二　逐层梳理，把握故事内容

(一)学习活动一：话题导入，明确任务

1. 播放"草船借箭"电影片段。

2. 交流对文中人物的看法、介绍片段的大致内容。

3. 了解《三国演义》认识作者、介绍故事的历史背景。

4. 板书课题，读题质疑。

(1)板书课题，读题质疑。

(2)教师筛选有价值的问题：为什么借箭？向谁借箭？怎么借箭？借到箭了吗？

小结：依照大家提出的问题，其实我们想弄明白的就是借箭的起因、经过和结果。我们在四年级上册已经有过相关阅读经验："了解故事起因、经过、结果，学习把握文章的主要内容"，结合已知，梳理课文主要内容。

(二)学习活动二：检测预习，梳理情节

1. 初读课文，用多种方法学习生字词。

(1)看图识字。

(2)随文识字。

(3)换词理解词语。

2. 再读课文，交流主要内容。

(1)默读课文，按照起因、经过、结果的顺序，说一说故事的主要内容。

(2)学生交流故事主要内容。

(3)梳理文章结构，划分段落。

🌱 任务三　抓住语句，品评人物特点

(一)学习活动一：聚焦细节，品人物形象

1. 默读课文，请把描写诸葛亮和周瑜言行的语句找出来，体会人物特点。

2. 分角色朗读对话。

(1)读一读，读准确，读出人物的语气。

(2)说一说，语句中表达的言外之意。

(3)概括每一句话中所表现的人物特点。

3. 说一说，这样的语言描写对刻画人物形象有什么好处？

4. 和同桌分角色读这一部分对话，把握人物的内心活动，体会人物形象。

5. 运用思维导图，选择"周瑜"或"诸葛亮"的典型特征作为中心主题，绘制一份关

基于语文核心素养的大单元教学

于人物形象的思维导图，体会人物形象。

(二)学习活动二：营造"对话"，塑造人格

1. 了解人物心理，分角色朗读课文。

(1)自由读课文，找出相关语句。

(2)小组合作交流。

(3)全班交流汇报，体会人物特点。

2. 选择故事最精彩的部分，再加上自己的想象，有声有色地说一说。

3. 邀请几个同学，分角色把这个故事演一演。

小结：我们通过课文中诸葛亮和周瑜的语言描写，了解了他们的人物特点。那么课文中的其他人物又有什么特点呢？我们下节课继续学习。

 任务四 分享收获，小结阅读方法

(一)学习活动一：分享乐趣，走进名著

1. 说一说，通过学习，自己有什么收获？

2. 说一说，阅读经典名篇，人物的语言描写对体会人物形象有什么帮助？

(二)学习活动二：总结梳理，总结方法

想一想阅读经典，还可以运用什么方法体会人物形象？

【设计者手记】

《草船借箭》是统编五年级下册第二单元主题页中的"观三国烽烟，识梁山好汉，叹取经艰难，惜红楼梦断"，由此可以读出本单元以"走进中国古典名著"为人文主题。

在课文学习前，先从整体把握单元特点，了解本单元要完成的学习任务，让学生做到心中有数，明确学习目标的导向，有利于提高学生的学习效率，突破传统教学的局限性，让学生在脑海中对知识有整体性的建构。然后激趣导入。播放大型连续剧《三国演义》主题歌导入课题，并引导学生交流与课文相关的资料。这样可以激发学生阅读课文的兴趣，调动了学生参与课堂活动的热情。接着让学生质疑，再聚焦问题，找到梳理主要内容的方法，激发其主动探究故事内容的愿望；然后，引导学生在默读课文、初步了解课文内容的基础上，鼓励学生运用学过的识字方法自主识字，恰当地加以点拨。通过让学生理清楚故事的起因、经过、结果，掌握概括文章主要内容的方法，实现了第一课时教学重点的突破，同时初步学习了阅读古典名著的方法，与单元目标相勾连。在聚焦人物时，让学生交流对人物的印象，重视学生的自读感受。学生的主动研究在阅读活动中得以体现，激发了学生为自己的看法去文中找到语言立足点的动力。通过情景朗读，根据语言揣摩人物内心，探究人物形象，这是初步阅读古典名著的方法之一。本环节引导学生结合语句走进故事，走进情景，感受人物特点，体会古典小说的魅力，激发阅读

136

古典名著的兴趣，从而使学生在对课文内容有深入理解的同时，积累阅读古典名著的方法，提高学生阅读古典名著的能力。

【板书设计】

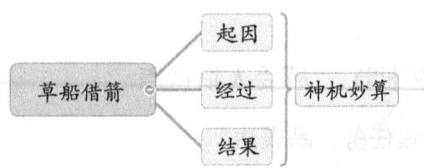

第 二 课 时

【学习目标】

1. 能通过关键语句初步了解故事中人物的特点。

2. 能大致读懂"阅读链接"中的原著片段，并能找到课文中对应的段落。

3. 初步产生读古典名著的兴趣。

任务一　梳理故事情节，赏出体会表达

（一）学习活动一：复习旧知，赏出趣味

激趣导入、温故知新。

（二）学习活动二：梳理故事情节，品味表达。

1. 梳理故事情节。

2. 完成思维导图。

3. 草船借箭人物谱和故事情节的思维导图，分享你的成果。

总结：名著的魅力在于，故事人物——相互关连，故事情节——一波三折。故事结果——出人意料。我们把故事当中的人物和情节理清楚，这种阅读方法就叫作"梳理"，这对于我们阅读古典名著是很有帮助的。（板书：梳理）

任务二　诵读精彩对白，读出人物意味

（一）学习活动一：聚焦语言，体会表达

1. 品读精彩故事情节，抓住人物的语言、神态、动作等语句，读相关语句，感受人物性格特点，再找一找其他语句和同学交流，谈感受，记录自己的想法。

2. 品读第二自然段精彩对白品出意味。

3. 画出描写周瑜、诸葛亮的关键语句，体会他的人物特点。

4. 揣摩周瑜、诸葛亮的想法。

(二)学习活动二：品味语言，抒发情意

1. 分角色演一演。

2. 师生合作读。

小结：刚才我们通过诵读更加体会了人物的特点，这也是阅读古典名著的一种好方法。(板书：诵读)

任务三 揣摩人物细节，感受人物特点

(一)学习活动一：聚焦任务，品表达

1. 你喜欢文章中哪个人物？文中哪一个词具体形容了诸葛亮？

2. 诸葛亮的神机妙算体现在哪里？请大家以小组为单位，深入文本进行探究，完成思维导图。

3. 通过人物对话的朗读揣摩体会人物的特征。

诸葛亮：胸有成竹、看破不说破、顾全大局、神机妙算、洞察人心、通晓天文地理

周瑜：明知故问、暗藏杀机、心胸狭窄

鲁肃：忠厚老实、讲信用

曹操：谨慎多疑

(二)学习活动二：聚焦细节，品表达

1. 抓住"算"，感受人物形象。

(1)诸葛亮神机妙算的确令人信服。在这个故事中，他先后算到了些什么呢？

(2)默读课文，反复研究。

(3)学生分组讨论。

　　算人　算天　算物

总结：抓住关键词语和句子，不放过关键细节，了解古典名著中的人物，一步一步地进行揣摩，去了解他内心更独特的地方。这种阅读方法我们在阅读名著的时候也经常用到。(板书：揣摩)

2. 你喜欢文章中哪个人物？文中哪一个词具体形容了诸葛亮？

3. 诸葛亮他的神机妙算体现在哪里？请大家以小组为单位，深入文本进行探究，完成思维导图。

4. 通过人物对话的朗读揣摩体会人物的特征。

诸葛亮：胸有成竹、看破不说破、顾全大局、神机妙算、洞察人心、通晓天文地理

周瑜：明知故问、暗藏杀机、心胸狭窄

鲁肃：忠厚老实、讲信用

曹操：谨慎多疑

总结：像这样，我们对故事当中的人物一步一步地进行揣摩，去了解他内心更独特的地方。这种阅读方法我们在阅读名著的时候也经常用到。(板书：揣摩)

第三章　基于语文学习任务群的大单元教学设计与实施

任务四　对比阅读链接，品出文本差异

(一)学习活动一：揣摩人物内心，初识原著魅力

1. 学生自主默读"阅读链接"，结合课文内容说说大概意思。

2. 学生交流原文片段中不理解的语句。

3. 读一读，找出课文中与之相应的段落。

(1)对照课文，找出相应段落。

(2)比较原著与课文，谈谈阅读后的发现或感受。

(3)对比课文与原著在内容上的不同之处，说一说你读懂了什么？你是用了什么方法读懂的？

(二)学习活动二：猜读故事，保护学生兴趣

1. 对比着读，联系上下文猜测着读就能读懂句子大概的意思了。

2. 挑战(阅读链接)再用刚才的方法，自己尝试着读一读这段话。

小结：《三国演义》中有不少家喻户晓的故事，如"三顾茅庐""空城计""火烧赤壁"等，同学们课后可以找到原著中的片段，试着读一读。读不懂的地方，可以结合影视作品来对比阅读理解。这也是一种好的阅读方法。(板书：比读)

任务五　拓展交流名著，激发阅读兴趣

(一)学习活动一：了解脉络，分清剧幕

1. 课后延伸，全面了解人物。

2. 课后再读《三国演义》中诸葛亮、周瑜、鲁肃等人物的相关故事，选择感兴趣的人物，和同学分享。

3. 《三国演义》。你喜欢《三国演义》中的哪个故事情节？按照故事的起因、经过、结果给同学们讲述一下吧。

(二)学习活动二：创设情境，理清剧幕

选择《草船借箭》，编写课本剧。

(1)聊《草船借箭》人物。

(2)编一编三国演义中有名的故事《草船借箭》的剧本。

(3)研究《草船借箭》要改变成剧本，理清时间、地点、人物。

(4)分成剧幕，说说理由。(交流：接收任务、借箭准备、草船借箭、如期交箭)

(三)学习活动三：合作创编，感悟形象

1. 编一编：我是小编剧

(1)小组合作学习(第二幕或第三幕)，讨论出最佳说明，由记录员记录在合作单上。

(2)交流、修改说明。你最得意的是哪一处说明？为什么？

2. 演一演：我是小演员

(1)小组修改自己的剧本。小组分角色演一演。演的过程中如发现说明不完善还可以修改再演。

139

基于语文核心素养的大单元教学

(2) 小组表演, 师评价。

3. 聊聊三国中的人物, 品味其人物形象, 谈谈他们对你学习和生活的启示。

小结:《三国演义》, 它是一部谋略之书, 更是一部智慧之书。说说看我们这节课用了哪些方式品读三国风云。希望大家将这样的阅读方法用到我们今后的学习当中去, 更多地品悟经典的魅力, 让书香浸润, 余味悠长。

【板书设计】

阅读古典名著

梳理情节

诵读品味

揣摩人物

比读阅读

【设计者手记】

《草船借箭》是统编版五年级下册第二单元第五课。本单元的人文主题是走进中国古典名著, 通过《草船借箭》《景阳冈》《猴王出世》《红楼春趣》这四篇课文来落实本单元的语文要素。

为了更好地达到教学目标, 突破重难点, 同时渗入阅读方法的教学, 让学生更好地去理解和体会经典名著的魅力, 我设计了以下五个任务:

任务一: 梳理故事情节, 体会表达。让学生出示上节课学习时制作的《草船借箭》人物谱和故事情节的思维导图, 通过这种方式让学生去体会小说的乐趣, 以此激发学生深入探究文本的兴趣。任务二: 诵读精彩对白, 读出人物意味。朱熹有言:"读书之法, 在于循序而渐进, 熟读而精思。"基于此, 我让学生抓住人物的语言进行分析, 加深对人物的理解。通过多种形式的朗读, 学生能够初步掌握"体会人物形象"这一阅读古典名著的方法。任务三: 揣摩人物细节, 感受人物特点。小说最特别的地方就是塑造了鲜明的人物形象。我让学生抓住"神机妙算"这个词语, 大胆地质疑, 深入文本进行探究。在同学们的相互交流和讨论中, 他们概括出诸葛亮"算人、算天、算物"的人物形象, 对他产生了敬佩之情。任务四: 对比阅读链接, 品出文本差异。通过对比课文与原文, 让学生表达自己的观点, 以幕剧本为学习支架, 进行入情入境的表演, 在角色代入中演绎人物, 使剧本有了生命活力。任务五: 拓展交流名著, 激发阅读兴趣。本单元的语文要素是"初步体会阅读古典名著的方法", 所以在这堂课的教学当中, 我通过带领学生梳理、诵读、揣摩、比读, 一步一步将学生引入文本的深层。通过本课的学习, 要让孩子们的兴趣能够继续延伸, 由课内拓展到课外, 以这样的方式去学习《三国演义》中更多的故事, 从而走近三国, 读懂名著。同时, 也将阅读方法渗透在教学当中, 为后面几篇课文的学习奠定了基础。

(武汉市东西湖区将军路第三小学　程福来)

140

第三章　基于语文学习任务群的大单元教学设计与实施

文学与阅读共舞　创意与表达同振

——五年级下册第七单元"文学阅读与创意表达"学习任务群教学设计

一、课标分析

《义务教育语文课程标准(2022年版)》中对发展型学习任务群——文学阅读与创意表达的阐述如下："本学习任务群旨在引导学生在语文实践活动中,通过整体感知、联想想象,感受文学语言和形象的独特魅力,获得个性化的审美体验;了解文学作品的基本特点,欣赏和评介语言文字作品;提高审美品位;观察、感受自然与社会,表达自己的独特体验与思考,尝试创作文学作品。"本单元的人文主题是"足下万里,移步换景,寰宇纷呈万花筒",语文要素为"体会静态描写和动态描写的表达效果、搜集资料,介绍一个地方"。可见,人文主题和语文要素与文学阅读与创意表达内涵一致。

"阅读表现人与社会的优秀文学作品,走进广阔的文学艺术世界,学习品味作品语言、欣赏艺术形象,复述印象深刻的故事情节,积累多样有情感体验,学习联想与想象,尝试富有创意地表达"是第三段(5—6年级)学习内容。本单元围绕主题"世界各地",展现了水城威尼斯独特的城市风光,描写了荷兰安闲的牧场,介绍了古老的埃及金字塔,呈现出一幅幅动人的画卷,体现了世界各地丰富多彩的自然和人文景观的魅力。本单元教学内容与文学阅读与创意表达的学习内容是相符的。

综上所述,我们把本单元的教学任务群主要归属于文学阅读与创意表达。

二、教材分析

统编版(语文)五年级下册第七单元围绕主题"世界各地",编排了《威尼斯的小艇》《牧场之国》《金字塔》三篇课文,展现了水城威尼斯独特的城市风光,描写了荷兰安闲的牧场,介绍了古老的埃及金字塔,呈现出一幅幅动人的画卷,体现了世界各地丰富多彩的自然和人文景观的魅力,能激发学生了解世界多元文化的兴趣。

本单元的语文要素是"体会静态描写和动态描写的表达效果"。五年级上册教材已经引导学生初步体会课文中的静态描写和动态描写,本单元在此基础上,进一步引导学生体会其表达效果。围绕这个语文要素,本单元精读课文的课后题和泡泡用不同的方式引导学生体会静态描写和动态描写的表达效果;"交流平台"对语文要素进行梳理总结,引导学生进一步感受静态描写和动态描写所体现出的景物的独特魅力;"词句段运用"引导学生运用静态描写和动态描写进行表达。

本单元的习作要求是"搜集资料,介绍一个地方",习作任务是写一处中国的世界文化遗产。从阅读、感受世界各地的文化遗产到介绍中国的世界文化遗产,教材引导学

141

基于语文核心素养的大单元教学

生关注中国傲人的文化成就，增强民族自豪感，并学习把一处文化遗产介绍清楚。本次习作着力培养学生根据目的搜集资料、整理资料并清楚地介绍事物的能力，逐步提高学生运用资料的能力。

三、学情分析

本单元的语文要素"体会静态描写和动态描写的表达效果"是从了解课文表达方法的角度提出的，是抽象的，是学生学习的难点，因此要根据学生的年段特点，注重引导学生学习、了解课文的写法，把握好适切度；关于静态描写和动态描写，在五年级上册第七单元学生已有所了解，这是在此基础上的一个螺旋上升。在本单元不要作过细的分析，也不要机械地让学生去判别，应结合课文中的具体语句，让学生在充分朗读中感受景物的静态美和动态美，品味优美生动的语句。要重点引导学生体会这些描写的表达效果。本单元首次出现了非连续性文本形式的课文《不可思议的金字塔》。教师要充分理解这样编排的意图，指导学生感受非连续性文本直观、简明的呈现形式，引导学生学习从文字、数字、图面等各种文本形式中获取所需的信息，指导学生对获取的信息进行有效整合和概括，加深对事物的认识与了解。

四、学习任务群构建

单元学习主题探寻·品味：世界各地丰富多彩的自然景观	单元学习目标：通过本组课文阅读，感受世界多元文化的魅力，体会景物动态描写和静态描写的表达效果。搜集、整理资料清楚地介绍一个地方。	单元情境任务：寻找不一样的城市味道	子任务	学习活动	对应的语文学习任务群	具体教学内容	课时
			1.（整体把握）走进篇章页，聊"城市的味道"。借助文字初识威尼斯、荷兰、埃及金字塔。	1. 观看篇页上的四幅插图。交流世界城市的"城市味道"。对本单元的文本有整体的感知和把握，解决生字词，了解景物特点。	语言文字积累与梳理	了解篇章页上中国的长城、悉尼的歌剧院、乞力马扎罗国家森林公园和荷兰的田园风光四处不同的风光。《威尼斯的小艇》《牧场之国》《金字塔》。	1
			2.（具体感知）品味语言、分享交流，体会静态描写和动态描写的表达效果，为城市找到独有的味道。	2. 了解威尼斯的概况及小艇的特点，把握课文围绕小艇是"主要的交通工具"写了哪几方面的内容，并体会其静态描写和动态描写的表达效果。	文学阅读与创意表达	《威尼斯的小艇》，结合"交流平台"关联"词句段运用"第一题①。	2

142

第三章 基于语文学习任务群的大单元教学设计与实施

续表

单元学习主题	单元学习目标	单元情境任务	子任务	学习活动	对应的语文学习任务群	具体教学内容	课时
探寻·品味：世界各地丰富多彩的自然景观	目标：通过本组课文阅读，感受世界多元文化的魅力，体会景物动态描写和静态描写的表达效果。搜集、整理资料清楚地介绍一个地方。	任务：寻找不一样的城市味道。	2.（具体感知）品味语言、分享交流，体会静态描写和动态描写的表达效果，为城市找到独有的味道。	3. 以作者眼中"真正的荷兰"是什么样的为主线细读课文，了解荷兰牧场的特点，体会其宁静之美；然后总结"这就是真正的荷兰"的含义，并体会其反复出现的表达效果。	文学阅读与创意表达	《牧场之国》，结合"交流平台"关联"词句段运用"第一题②。	1
				4. 学习两篇短文，说说对金字塔的了解，初步了解非连续文本的特点，并从中获得取所需的信息。	文学阅读与创意表达	《金字塔》，关联"词句段运用"第二题。	2
			3.（抽象认知）充分了解一处地方的特点，讲解其独有的味道。	5. 比较阅读：读"阅读链接"，想想在描写威尼斯时，三位作家的表达方法有什么相似之处。	思辨性阅读与表达	《威尼斯的小艇》，朱自清的《威尼斯》，乔治·桑的《威尼斯之夜》。	1
				6. 列出讲解的提纲，按照一定顺序讲述，并能根据听众的反应，对讲解的内容作调整。	实用性阅读与表达	口语交际：《我是小小讲解员》。	1
			4.（具体运用）选择一处感兴趣的中国世界文化遗产，抓住其独有的味道介绍给别人。	7. 搜集资料、整理资料，清楚地介绍一处中国的世界文化遗产。	文学阅读与创意表达	习作：《中国的世界文化遗产》。	1
				8. 写完后与他人分享交流并修改习作。	文学阅读与创意表达	交流展示习作。	1

143

基于语文核心素养的大单元教学

五、大单元课时案例

《牧场之国》学习任务群教学设计案例

【学习任务群框架】

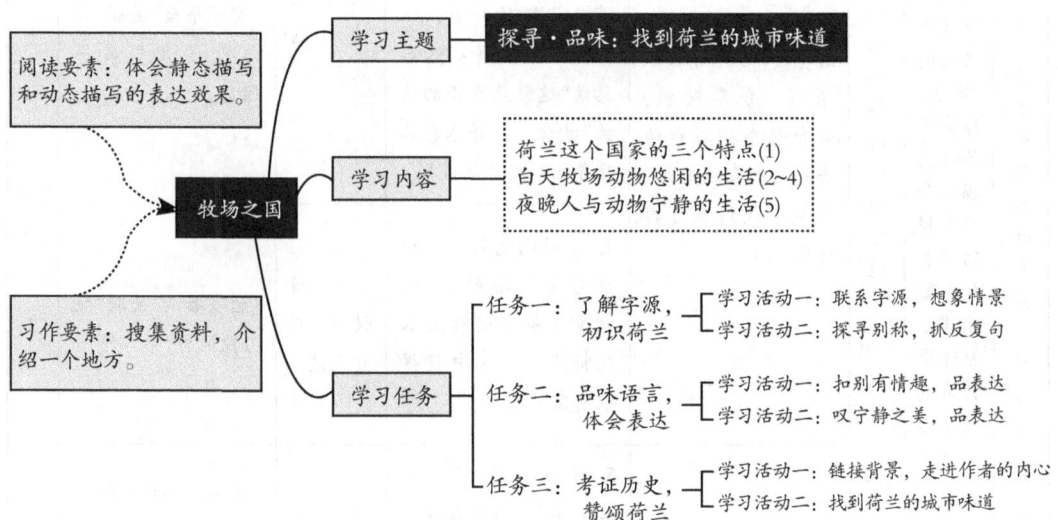

【学习目标】

1. 认识"毡、犊"等9个生字，会写"仪、眺"等14个字，会写"端庄、仪态"等16个词语。

2. 有感情地朗读课文，能体会文中描写牛、马、羊等动物的语句的情趣，并摘抄积累。

3. 能体会静态描写所表现的荷兰牧场的宁静之美，并能感受课文反复强调"这就是真正的荷兰"的表达效果。

【学习重难点】

1. 能体会静态描写所表现的荷兰牧场的宁静之美。

2. 能感受课文反复强调"这就是真正的荷兰"的表达效果。

【学习准备】

1. 学习经验：学生充分预习课文经验。

2. 学习资源：统编版语文五年级下册第七单元课文、相关学习课件。

144

【学习时间】

1 课时

【学习过程】

预热学习活动：话题导入，明确任务

1. 话题引入：聊国家的别称，维也纳又被称作——音乐之都。

2. 了解任务：观看联合国教科文组织工作人员布置任务视频。

3. 明确任务：通过这个单元的学习，帮助一个城市找到城市味道。

🌱 任务一　了解字源，初识荷兰

(一)学习活动一：联系字源，想象情景

1. 出示"牧"字，联系牧的字源展开联想，想象牧场上的情形。

2. 这节课，就让我们走进牧场之国，或许你会有不一样的发现。

(二)学习活动二：探寻别称，抓反复句

1. 找别称：牧场之国，也是一个国家的别称，赶快到书中去找找这个国家的其他别称。

2. 抓反复：有句话在文中反复出现，这句话是——这就是真正的荷兰。

🌱 任务二　品味语言，体会表达

(一)学习活动一：扣别有情趣，品表达

1. 以作者眼中"真正的荷兰"是什么样的为主线，读课文 2~4 自然段，感知牧场印象。

2. 理解别有一番情趣。

3. 勾画描写动物别有一番情趣的句子，并批注想法。

4. 分享、交流。

5. 比较阅读：

①牛群吃草时非常专注，有时站立不动，仿佛正在思考着什么。牛犊还未长大却有了端庄的仪态。老牛好似牛群家长，无比威严。

②老牛静静地吃草，牛犊一动不动地站着，老牛在安静地走动。

总结：像这样有着独特想象，让牛群们都别有一番情趣。

6. 分享、交流3~4自然段描写别有一番情趣的句子。

基于语文核心素养的大单元教学

7. 朗读别有一番情趣的句子，读出它们的状态，读出它们的情趣。

8. 开一组火车头脑风暴，说说荷兰的动物们是怎么样的。

9. 回到我们开头的这个"牧"字的字源上，你有什么新的发现？

10. 交流作者这样富有情趣地描写的原因。

总结： 也就是抓住了当时动物们的一种状态和特点来展开独特的想象，运用比喻、拟人的修辞手法，让荷兰的动物别有一番情趣。

11. 配乐朗读2~4自然段。

(二)学习活动二：叹宁静之美，品表达

1. 白天的场景就是这样，看起来安闲悠然，这些牲畜们都在幸福地生活，那傍晚和夜晚的荷兰又是什么样呢？

2. 读第5自然段小气泡。

3. 找体现宁静之美的句子。

4. 师引读。总结：在这里作者选择许多静的事物写出宁静之美，这就叫以静写静。

5. 出示"词句段运用"，仿照句子，运用以静写静的方法写一写放学后的校园。

6. 宁静之美是没有一点声音吗？用文中的句子说说你的理由。

7. 师引读。总结：发现没有，这里面其实有的事物是静的，有的事物是动的，但这动却显得很安静，这叫以动衬静。

8. 听两段音乐，选择一段给第5自然段配乐读。

9. 读"交流平台"的句子。

10. 无论是牛群吃草，骏马飞驰，还是猪群呼噜，作者写了那么多动态的、鲜活的动物，却给人同一种——(指板书)：宁静之美，悠闲、从容的感觉。交流平台也告诉我们——牧场之国运用静态描写和动态表现展示荷兰丰富多彩的美丽画卷。

总结： 是的，恰当运用静态描写和动态描写，就能够呈现景物独特的魅力。

 任务三 考证历史，赞颂荷兰

(一)学习活动一：链接背景，走进作者的内心

1. 体会这就是真正的荷兰表达效果。

2. 走进恰佩克生活的时代，感悟真正的荷兰。

(二)学习活动二：找到荷兰的城市味道

1. 用一个词来形容荷兰的城市味道。

2. 一起再来读课文的第1自然段。

146

五、板书设计

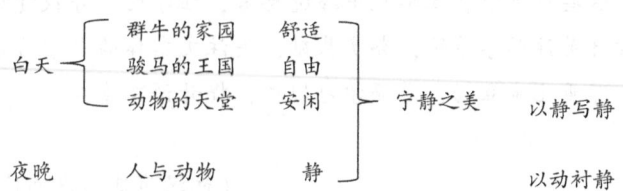

牧场之国

白天 ⎰ 群牛的家园　舒适
　　⎨ 骏马的王国　自由 ⎱ 宁静之美　以静写静
　　⎩ 动物的天堂　安闲 ⎰

夜晚　　人与动物　　静　　　　以动衬静

【设计者手记】

《牧场之国》是统编版语文五年级下册第七单元的课文，让学生体会静态描写和动态描写的表达效果，是本单元的语文要素。这个语文要素是在五年级上册第七单元的一个螺旋上升，目的是培养学生的文学品鉴能力。那么在学生已有的基础上，我们究竟应该教些什么？又该如何实施教学呢？我围绕着这个单元的语文要素和人文主题，细化了单元目标，以便更好地落实，最终目的是促进学生核心素养的发展。

笔者通过一个真实的任务来贯穿学习过程，让学生去寻找不一样的城市味道。今天我们寻找的就是荷兰之味。第一个任务，是任务驱动，出示"牧"的字源，主要是情境创设，让学生有兴趣学。第二个任务，是品味语言，体会表达。让学生梳理信息、分享交流、品味语言，感受情趣。第三个任务，是考证历史，赞颂荷兰，抓住线索，通过交流反复的作用，补充创作背景，走进作者的内心，找到属于荷兰的城市味道。

基于大单元背景下的教学，笔者注重助学系统，夯实基础，关注文本体验。以下是具体的教学设计思路：

第一，把课后习题变成教学环节，这样就可以落实单元目标。其中，第二题的第一问"作者眼中的真正荷兰是什么样的？"贯穿全课，成为学生思考的抓手。从荷兰牧场的环境和动物，到自由安闲的状态，再到作者内心的向往，随着师生在文本里反复探究，学生的发现就越来越丰厚和细腻了。第二，瞻前顾后，把"交流平台"和"词句段运用"融入教学环节。抓住它们与文本契合的语用表达以及情感体验点，适当跟教学环节相结合，最大化地实现其价值。第三，关注文本特征，学习表达。散文的美感源于思想情感和语言文字。散文阅读就是一个批文入情、因人求异的过程，散文教学就是教学生品味语言的过程。通过教学，让学生感受到散文作品的形式和内容是统一的。第四，通过言语实践来感受散文的节奏和韵味。例如，边读边想象画面，适当展开联想；让学生选择合适的配乐朗读，这些都是在感受散文的韵味。第五，关注散文的情感认知。散文是个人的言说对象，是一种独特的情感认知。恰佩克眼中的荷兰，是他心中向往的生活。虽

基于语文核心素养的大单元教学

然我们无法占有作者的人生经验，但可以通过作品和语言来体验那种独特的情感。为了让学生感受作者的情感，适当加入链接，引导学生走进作者的内心世界，感受作者的向往。第六，关注城市文化，提升思维。城市文化、风物、历史、地理之间是有关系的。例如，说起故宫，我们就会想起中国。那小艇和威尼斯之间有什么关系？牧场和荷兰之间又有什么关系？这些都可以在本单元中渗透思考，让学生去寻找资料，去发现其中的联系。整个教学设计关注助学系统，夯实基础，关注文本体验与学习表达，同时，提升学生的思维能力。尊重儿童立场，遵循学习规律，提升语文素养。

（武汉市武昌区回民小学　林刚）

3. 思辨性阅读与表达

理性思维　让阅读和表达走向清明
——"思辨性阅读与表达"学习任务群理念解读与实施建议

《义务教育语文课程标准(2022年版)》中设置了三个层面、六个不同类型的学习任务群，而发展型学习任务群之一的"思辨性阅读与表达"立足思辨的基本要求，对接"思维能力"这一语文核心素养内涵，指向"理性思维主导下的阅读与表达"，也是第一次在国家义务教育语文课程标准的框架之中出现的课程内容。

随着时代的发展，国家对高素质公民提出了新的发展目标——有条理、有逻辑地表达，运用逻辑规则进行探究，用批判性思维审视生活中的现象，指向理性的批判性思维已经成为国民核心素养模型中的重要组成部分。语言是思维的外壳，思维是语言的内核。在语文学习过程中，通过语言文字，探寻思维本质，提升学生的思辨能力，是提升语文课程核心素养的重要途径。为培养学生的批判精神和创新能力，重视思维能力的发展是大势所趋，具有极高的社会意义。

一、准确理解，精准定位——把握"思辨性阅读与表达"学习任务群的内涵

(一)"思辨"的内涵

"思辨"，就是在观察、感知中产生问题，在比较、分析、概括、推理中辩证思考，继而基于实证表达观点的过程。换而言之，就是层次分明、条理清楚的分析，清楚准确、明白有力的说理。

(二)"思辨"与"阅读""表达"的关系

阅读是运用语言文字来获取信息、认识世界、发展思维，并获得审美体验的重要且

第三章　基于语文学习任务群的大单元教学设计与实施

复杂的认知活动。表达是将思维所得的成果用语言、表情、动作等方式反映出来的一种行为。从概念上看，阅读和表达是言语由输入经过思维认知加工，继而输出的行为活动，两者都需要思维的参与。而"思辨"作为一种思维方式，与阅读、表达组合成"思辨性阅读""思辨性表达"，两者均强调在阅读与表达中运用和提升思辨能力。因此，"思辨性阅读与表达"是指围绕"思辨性阅读与表达"学习任务群要求，在语文阅读教学与表达教学中侧重训练学生理性思维和培养学生理性精神，提升学生思维品质的学习方式与学习内容。

"思辨性阅读与表达"任务群重点指向思维能力的发展，即联想想象、分析比较、归纳判断等认知表现；直觉思维、形象思维、逻辑思维、辩证思维和创造思维等思维方法；敏捷性、灵活性、深刻性、独创性、批判性等思维品质。

思维发展一般经历三个阶段：一是以"感知"为基础的直觉思维，二是以"表象"为中介的形象思维，三是以"概念"为核心的抽象思维，即逻辑思维。建立在直觉形象思维基础上的思维方式为感性思维，建立在抽象逻辑思维基础上的思维方式为理性思维。哲学家黎鸣先生曾说，"逻辑理性是中国传统文化琴声中最弱的一根弦"[①]。我们的传统语文教学偏重直觉思维与形象思维，缺乏抽象逻辑思维。"思辨性阅读与表达"课程内容直接指向思维本身，旨在培养有见识的阅读者与负责任的表达者，着重培养学生理性思维和批判精神，是本次课程标准修订的又一个创新点。

(三)"思辨性阅读与表达"学习任务群的目标定位

2022 年版课标对思辨性阅读与表达任务群提出了如下要求："本学习任务群旨在引导学生在语文实践活动中，通过阅读、比较、推断、质疑、讨论等方式，梳理观点、事实与材料及其关系；辨析态度与立场，辨别是非、善恶、美丑，保持好奇心和求知欲，养成勤学好问的习惯；负责任、有中心、有条理、重证据地表达，培养理性思维和理性精神。"

其中涉及的关键阅读行为有梳理、比较、推断、质疑、辨析、辨别等；理性表达的态度是"负责任"，理性表达的水平要求"有条理""重证据"。具体到小学语文教学，需要关注以下几个方面。

1. 重视证据和逻辑的判断

判断证据的客观化和明确化是儿童思维能力发展的重要标志。思辨要求儿童对正在经历的生活场景进行复杂的思维加工，逐步建立事物之间的因果、时空、条件等关系，逐步形成自觉的思考意识。阅读理解过程中，要求学生学会用文本信息支持自己的结

---

① 黎鸣. 中国人为什么这么"愚蠢"——21 世纪中国人理性启蒙的百年之思[M]. 北京：华龄出版社，2003.

论，正确理解文本的隐含信息，基于证据和逻辑作出判断。

2. 敢于质疑他人观点，反思自己的结论

质疑可以理解为"心有所疑，就正于人"，学习过程中的质疑能够体现学生独立思考的能力和探求真知的执着精神。质疑的前提必须是全面掌握、理解信息。善于质疑表现为不轻信、不盲从，立足证据和逻辑追问观点与结论是否合乎实际，是否真有道理；敢于质疑表现为面对权威和经典，能够提出言之有理的不同见解。质疑的对象不仅仅是他人的观点，还有自己的结论，如此，才能在探究与反思中实现思维的发展。

3. 培养兼容并蓄、勇于担当的精神

未来社会需要具有责任心和使命感的公民，他们应保持好奇心与求知欲，乐于了解并深入理解不同的观点，能够在吸纳他人合理表达的基础上就存在的疑点提出问题，"直面选择，果断决策，勇于为自己的选择承担后果和责任"。包容的态度和担当的精神是责任感和使命感的关键表现，即允许存在不同观点，有能力解决出现的问题，敢于承认自身存在的问题。

4. 保持内核稳定，理性思考与表达

受到情绪的影响，小学生常常"急于表达"或"羞于表达"。理性思维要求运用合理的思维方法，展开完整的思维过程以获得高质量的思维结果。在此基础上，基于理性思维的理性表达通常体现为中心明确，内容充分，材料与中心的关系清晰，条分缕析，有理有据。

二、梳理教材，整体规划——明确"思辨性阅读与表达"学习任务群的学习主题与学习任务

(一)"思辨性阅读与表达"学习任务群学段目标的衔接与递进

思辨性阅读的学习内容以故事类文本为主，重点在于思考其中的道理，学习其中的思维方法；思辨性表达的学习内容以生活和学习中的问题为主，重点在于学习分析现象、讨论问题，有理有据地口头或书面表达自己的观点。

思辨性阅读与思辨性表达二者围绕着"思辨"这一共同价值相互依存，强调在阅读、习作和口语交际实施过程中需要有侧重地提高学生的思辨能力。在思辨性阅读的过程中，思辨性表达伴随始终；在思辨性表达过程中，思辨性阅读亦不可或缺。

每个学段都高度重视学生自主提问、质疑能力的培养，促使学生问题意识和思考习惯的形成。如第一学期要求学生学习口头提问、质疑；第二学段同样是提问和质疑，提倡图文结合、口头书面并重的方式；第三学段进一步提高要求，鼓励学生体会猜想、推理等思维方法。

第三章　基于语文学习任务群的大单元教学设计与实施

　　关于思辨性阅读，围绕"事物、事实与观点"的辨别，第一学段重在"观察相似事物的异同点"，旨在多看多问中磨炼观察力和辨别力；第二学段重在"知道事实与观点的不同"，旨在通过多个例子积累理性思辨的经验与方法；第三学段重在"分析证据和观点之间的联系"，旨在辨别与把握总分、并列及因果等逻辑关系，发展逻辑思维。

　　关于思辨性表达，围绕"看法、观点"的表达，第一学段提出了"自由表达、充分表达"，旨在保护学生的好奇心、求知欲，鼓励学生敢说话、说真话；第二学段提出了"有证据地表达观点"，旨在学习积累有理有据、负责任地表达的方法与经验；第三学段提出了"有条理地表达观点、鼓励评价文本"，旨在锤炼学生的理性表达能力，发展批判性思维。

(二)"思辨性阅读与表达"学习任务群学习内容的选择与组织

　　围绕"思辨性阅读"和"思辨性表达"，本任务群的内容大致包含"科学世界""生活智慧""思维品质""理性精神"四大领域。学习内容层级递进，螺旋上升，探究范围不断延展。

　　思辨性阅读的学习内容主要包括三类文本：一是科普类文章，包括介绍日常事物、自然现象、语言现象等方面的文章，重在区分现象与真相；二是说理类故事，包括中华智慧故事、科学故事、哲人故事、寓言故事、成语故事等，重在学习道理与思维方法；三是评论类短文，包括关于社会公德、传统美德方面的短论、简评，也包括简单的论说文，重在梳理观点与事实，学习明辨是非与实事求是的评论方法。

　　"思辨性阅读与表达"任务群包含若干个学习主题，每个学习主题整合学习情境、学习内容、学习方法、学习资源等要素，形成一张结构化的"做事"清单，将文本阅读和自主探究结合起来，为学生提供广阔的思考、表达和交流空间。根据学生思维发展的年龄特点，"思辨性阅读与表达"任务群在不同学段设置了不同的学习主题。

　　第一学段包括"生活真奇妙""我的小问号"等学习主题。"真奇妙""小问号"体现了学习任务的真实性与趣味性，主要学习任务包括：阅读与发现身边常见事物的奇妙之处，提出并讨论学习与生活中的真实问题，分享自己的想法与解决办法等。第二学段包括"大自然的奥秘""生活中的智慧""我的奇思妙想"等学习主题。"奥秘""智慧""奇思妙想"体现了学习任务的探究性与创造性，主要学习任务包括：阅读与发现自然中的奥秘与故事中的智慧，思考并提出解决问题的奇思妙想，借助思维导图表达自己的观点和想法等。第三学段包括"社会公德大家谈""奇妙的祖国语言""科学之光""东方智慧"等学习主题。"大家谈""奇妙""智慧"等体现了学习任务的思辨性与挑战性，主要学习任务包括：阅读与思考汉语表达的特点与效果，阅读与思辨故事中的科学道理与人生哲理，阅读与辨析短论简评中的事实与观点，明辨生活中的是非现象并有理有据地表达自

151

基于语文核心素养的大单元教学

己的观点。

三个学段的学习任务在学习主题上具有关联性，呈现螺旋式上升的设计。比如，"生活真奇妙""大自然的奥秘"与"奇妙的祖国语言"等学习主题，思考的对象从日常事物到自然现象，进而到语言现象，任务范围逐步扩大。

三个学段的学习任务在主题设置上呈现开放性，具有多样化的可能。比如，第三学段的"社会公德大家谈"，可以选择"中华美德大家谈""节日风俗大家谈"等学习主题。

每个学习主题在不同的学段或在不同的情境中，可以选择更具针对性、更具操作性的学习主题，比如，"中华美德大家谈"这个主题比较宽泛，可以选择"诚信"这个美德设置学习主题，并设计为若干个具体的任务，每个具体任务下再设计若干个学习活动。如此，学习主题的学习会更聚焦、更深入。

经过这样的梳理和设计，打通年段，突破单元壁垒，整体规划"思辨性阅读与表达"的学习任务，按照整体教学方案实现不同学段学习内容的有序进阶。

"思辨性阅读与表达"学习任务群学习主题与学习内容梳理

学段	学习主题	学习内容		
		思辨性阅读		思辨性表达
第一学段	①生活真奇妙 ②我的小问号	阅读有趣的短文。	发现、思考身边的鸟兽虫鱼、花草树木、家用电器等日常事物的奇妙之处。	说出自己的想法，大胆提出生活和学习中遇到的问题。	通过阅读、观察、请教、讨论等方式，积极思考、探究，乐于分享自己解决问题的办法，说出一两个理由。
第二学段	①大自然的奥秘 ②生活中的智慧 ③我的奇思妙想	阅读有关科学的短文； 阅读解决生活问题的故事，尤其是中华智慧故事。	尝试发现日月星辰、风雨雷电、山川草木等大自然的奥秘。	依据事实和细节，运用口头和图文结合的方式，表达自己的观点和思考；结合自己在生活中遇到的问题学习思考方法，尝试运用列提纲、画思维导图等方式，表达故事中的道理。	在日常学习和生活中主动记录整理、交流自己发现的问题和思考，学习辨析、质疑、提问等方法。

152

第三章 基于语文学习任务群的大单元教学设计与实施

续表

学段	学习主题	学习内容		
		思辨性阅读		思辨性表达
第三学段	①社会公德大家谈 ②奇妙的祖国语言 ③科学之光 ④东方智慧	阅读关于中华传统美德、社会公德等方面的短论、简评； 阅读哲人故事、寓言故事、成语故事等，感受其中的智慧，学习其中的思维方法。	在日常生活和学习中，发现并思考成语、对联、谚语、绕口令等多种语言现象的特点，体会不同的表达效果。	结合校园或社会生活中的实际事例，学习有理有据地口头或书面表达自己的观点； 用画思维导图等方式辅助、简洁清楚表述科学家发现、发明的过程。	学习科学家的创造精神，体会猜想、验证、推理等思维方法。

三、任务导向，锚定要素——"思辨性阅读与表达"学习任务群实施路径与策略

（一）要素达标，从感性思考走向理性表达

"思辨性阅读与表达"任务群应设计阅读、讨论、探究、演讲、写作等多种学习活动，引导学生学习发现、思考、探究问题的思路和方法。可以归纳为三类学习活动：一是阅读活动；二是探究活动；三是表达活动，包括讨论、演讲、写作等。作为"思辨性阅读与表达"，三类活动的设计和组织应突出关键要素。

根据2022年版课标及相关研究，思辨性阅读与表达的关键要素如下：质疑批判、分析论证、综合生成、反思评价。

小学阶段并没有提出"批判性思维"这个概念，但是在思维品质培养的表述中提到了"思维的批判性"。2022年版课标在各学段反复强调的"自己的奇思妙想""自己的发现""自己的观点"，渗透了批判性思维培养的意蕴。激发学生的问题意识，培养质疑能力，引导学生辩证地多角度地思考问题，有理有据、负责任地表达自己的观点，发展评论能力。

学生要学会进行系统整合与重构，形成观点、策略、作品或其他新成果的过程。这是一种高阶能力，它建立在分析和论证的基础上，直接指向问题解决。

2022年版课标强调以任务情境推动项目化学习、跨学科学习，重视通过梳理和探究从语言现象中总结规律，并将其运用到学习和生活中，充分体现了综合生成的价值取向。

在学习过程中对学生思维过程、思维成果以及行动进行监控、反思、评估和改进，促进思考过程的自我导向、自我激励、自我监控和自我修正。反思评价是理性思维的必

153

基于语文核心素养的大单元教学

要环节，使学生更加主动地建构意义、解决问题、合理行动。

（二）支架支持，助力思维品质的提升

"思辨性阅读与表达"侧重于抽象思维，须借助学习工具呈现思维过程、展示学习结果，以便自我调整学习活动，提高学习的自我效能感。

常用的思辨性学习工具有三类。一是各类表格，将观点、事例、现象以及问题、推测、发现等分类填写，以梳理出其中的关系与变化；二是思维导图，将文本结构、事物异同、思考路径等，用不同形态的思维导图呈现出来；三是学习任务单，以图文结合的方式，呈现具体的学习任务，作为学习活动的凭借，也可以作为学习结果的记录单，呈现可以评价的书面作品。

（三）思维策略，实现高通路迁移

1. 培养逻辑思维是思辨性阅读与表达教学中发展学生理性思维的基本点

逻辑思维是人们借助概念、判断、推理等思维形式来反映客观现实的理性认识过程，抽象与概括、分析与综合、归纳与演绎、分类与比较等是逻辑思维的基本方法。逻辑思维能力是学生学习各门学科、处理生活问题的必备能力。

第一，有证据地表达观点。事实胜于雄辩，证据高于一切。有证据地表达是训练逻辑思维的重要方法。"新课标"在"思辨性阅读与表达"学习任务群的"教学提示"中指出，应"引导学生发表对文本的看法，尝试表达自己的观点，从文本中寻找证据支持自己的观点"。在思辨性阅读与表达教学中，教师要积极指导学生学会寻找真实可信的证据，用证据表达自己的观点。

第二，有条理地表达观点。逻辑思维是一种前后一致

有依据、有条理的思维活动，有条理地表达自己的观点是逻辑思维能力强的重要表现。"新课标"在"思辨性阅读与表达"学习任务群的"教学提示"中强调："应引导学生分析证据和观点之间的联系，辨别总分、并列、因果等关系，有条理地表达自己的观点。"在思辨性阅读与表达教学中，教师要善于诱导学生学会有条理地表达自己的观点，培养学生思维的逻辑性。

2. 培养辩证思维是思辨性阅读与表达教学中发展学生理性思维的着力点

辩证思维是人们从事物的内在矛盾的运动变化、各个方面的相互联系中进行全面考察，从而整体把握事物本质的思维过程。辩证思维的实质就是按照唯物辩证法的原则，在联系发展和对立统一中把握事物特点。辩证思维是理性思维的关键要素。

第一，用整体观思考问题。从整体出发思考问题是辩证思维的基本特点。唯物辩证法认为，世界是一个有机整体，一切事物都处于相互影响、相互作用、相互制约之中，反对以片面或孤立的观点看问题。在思辨性阅读与表达教学中，教师要启发学生用整体的眼光思考问题，强化学生整体意识。

第二，用发展观思考问题。用发展的观点看待事物是辩证思维的重要标志。唯物辩证法认为，事物总是处于变化与发展之中的，在认识事物和思考问题时不能把事物看成

静止不变的，要从发展的角度看待事物和问题。在思辨性阅读与表达教学中，教师要启迪学生用动态发展的眼光思考问题，从小树立科学发展观。

3. 培养创造思维是思辨性阅读与表达教学中发展学生理性思维的突破点

在培养创造思维中发展学生理性思维。创造思维是认识主体通过直觉思维、逻辑思维等思维方式，对头脑中的知识和信息进行新的加工组合，从而产生新思想、新观点、新方法的思维过程。创造思维是感性思维和理性思维的有机结合。

第一，在反思质疑中提出见解。

学贵有疑。爱因斯坦说过，提出一个问题往往比解决一个问题更重要。因为解决一个问题也许仅是一个数学或实验上的技能而已，而提出新的问题，从新的角度去看旧的问题，却需要有创造性的想象力。"新课标"在"思辨性阅读与表达"学习任务群的"学习内容"中指出："在日常学习和生活中，主动记录、整理、交流自己发现的问题和思考，学习辨析、质疑、提问等方法。"在思辨性阅读与表达教学中，教师要鼓励学生在学习中质疑，培养学生敢于质疑的勇气和善于质疑的能力。

第二，在求异质疑中提出见解。

求异思维是思维主体不受已有信息或以往思路的限制，从不同方向或角度去寻求解决问题方法的一种思维方式。求异是人的天性，求异思维是创造思维的核心成分。在思辨性阅读与表达教学中，教师要激励学生提出自己独特的见解，在求异中创新。

理性思维是人类思维的高级形式。在思辨性阅读与表达教学中培养学生的逻辑思维、辩证思维和创造思维，是发展学生理性思维、提升学生语文核心素养的有效对策。

掌握了科学的思维方法，就能实现思维的高通路迁移，才会让学生在面对复杂不确定的生活中，创造性地解决问题，促成学生核心素养的发展。

四、评价贴合——走向"教学评"的素养型课程体系

"思辨性阅读与表达"任务群的评价设计，应围绕"思维能力"内涵发展的目标要求，紧扣任务群的学习主题与内容要点，对照学业质量标准，聚焦"思维方法、思辨能力、思考习惯与理性精神"等学习目标，制定过程性评价和终结性评价的具体内容与实施要求。

过程性评价要关注学生在问题解决过程中的现场表现，诸如交流、研讨、分享、演讲、辩论等。也要关注现场活动中产生的文字、表格、札记、统计图、思维导图等物化成果，特别要关注学生物化成果形成过程中所表现出来的思维方法和思维品质，以及流露出来的思维倾向和理性精神。

终结性评价中应有体现理性思维的考试内容。考试命题应以思辨性情境为载体，重点关注学生在真实情境中发现问题、分析问题和解决问题的能力，指向学生思维的批判性和创造性。

（湖北省武昌实验小学　宋晨芳）

基于语文核心素养的大单元教学

 实例研究

做一个擅长思维的思辨者

——五年级上册第六单元"思辨性阅读与表达"学习任务群教学设计

一、课标分析

《义务教育语文课程标准(2022年版)》在培养学生的核心素养中对思维能力有着明确的界定：思维能力是指学生在语文学习过程中的联想想象、分析比较、归纳判断等认知表现，主要包括直觉思维、形象思维、逻辑思维、辩证思维和创造思维。在发展型学习任务群之"思辨性阅读与表达"中明确"阅读哲人故事、寓言故事、成语故事等，感受其中的智慧，学习其中的思维方法"。五年级第六单元"思维的火花跨越时空，照亮昨天、今天和明天"正是培养学生思维能力的重要单元。

本例的语文要素是"了解人物的思维过程，加深对课文内容的理解"，引导学生在把握课文的基础上，进一步了解文中人物解决问题的思维过程，从而培养学生对文章的整体把握能力和根据具体情况思考问题、解决问题的意识。因此我们认为，本单元的教学任务群主要归属于思辨性阅读与表达。

根据上述要求，笔者依托统编教材小学语文五年级下册第六单元，设计了"做一个擅长思维的思辨者"的主题学习活动，希望在以下几个方面有所突破：(1)强化"语言是思维外衣"的阅读理念，引导学生从课文语言中找出人物的思维路径；(2)指向"思维能力"的素养性旨归，帮助学生建构基于实地调研、理性分析的思维能力；(3)提升"智慧故事背后人文光辉"的主动性发现；(4)提升"根据思维路径编写故事"的流畅表达。

二、教材分析

(一)大单元思维能力年段间纵向关联

如前文所述，本单元要求培养学生根据实际情况选择恰当办法解决问题的能力，促进学校思维水平的发展。

统编版教材非常重视学生思维能力的培养，系统地安排了思维能力训练单元，如下表所示。

第三章　基于语文学习任务群的大单元教学设计与实施

册序	单元	单元主题	蕴含思维能力
三下	第一单元	试着一边读一边想象画面	直觉思维、形象思维
三下	第五单元	走进想象的世界，感受想象的神奇	
四上	第二单元	边读边想象画面，感受自然之美	
五上	第三单元	创造性复述与缩写故事	直接思维、抽象思维
五下	第六单元	了解人物的思维过程	抽象思维
六下	第五单元	体会文章怎样用具体事例说明观点	逻辑思维、创造思维

整个小学阶段，学生的思维发展训练主要表现为从直觉思维到形象思维，再由形象思维向抽象思维、逻辑思维、创新思维过渡。这也就意味着思维发展从"感知""表象"到"概念"。中段抓住关键词句、联系生活经验等就可以解决问题，或者再展开想象、体验与感受就能明白人物形象，直觉思维、形象思维的训练，直观、可见、可感。而高段的学习从内容进入思维，要在直观可感的基础上进一步展开有效分析、合理推测，最后要透过分析推测，对思维过程背后的"概念"有初步感知。五年级下册第六单元"了解人物思维过程，加深对课文内容的理解"，就不只是宽泛地感受人物，而是要从课文中找到描写人物言行、描述客观条件的关键语句，从中提取关键信息，然后加以整合、分析，推测人物的思维过程，初步感受解决问题的一般思维模式并运用到自身教学中。

（二）大单元语文要素单元内横向关联

语言是思维的载体，亦是思维的外衣。一个故事中的人物智慧，往往藏着严谨、深刻、缜密、敏捷、灵活与创新的思维品质。人物智慧是内容，思维火花是内在，只有"有机交融"地看待，才会发现学生触摸人物智慧的过程，就是思维进阶的过程。

这个单元的三个典型故事，贯通中西、连接古今，有以文言文呈现的中国古代寓言故事、选自司马迁《史记》的历史故事、俄国作家列夫·托尔斯泰小说中惊心动魄的故事。不同时空的人，都体现着他们的智慧。智慧在不同的人和不同的事上又有不同的表达，呈现出思维的不同点。

《自相矛盾》中的围观者带来的"弗能应也"，背后正是逻辑思维、批判思维。

《田忌赛马》中孙膑的"胸有成竹"、《跳水》中船长的"果断机智"，背后有逻辑思维，还有创新思维。

"交流平台"进一步强调了解人物思维过程对深入理解课文内容的重要性，梳理了课文中的人物分析问题、解决问题的思维过程。并引导学生懂得：遇到问题时，要先分析具体情况，再选择适合的办法解决问题。

本单元的习作要求是"根据情境编故事，把事情发展变化的过程写具体"，习作话

157

基于语文核心素养的大单元教学

题是"神奇的探险之旅"。在此前的学习中，学生已经有了"发挥想象写故事""按自己的想法新编故事"等经验，知道要根据所给的情境合理想象故事的起因、经过和结果。本次习作进一步要求学生根据情境编故事，把事情发展变化的过程写具体，引导学生根据探险的情境，围绕探险的目的，把遇到的困境和求生的方法写具体，丰富想象的内容，体会想象的乐趣。

三、学情分析

"了解人物思维过程"既是本单元的重点，又是本单元的难点。然而在一般性教学中，对于思维过程往往就是进行思维导图列表，忽略了对文本的深入研究。因此教学中在引导学生列出思维导图的同时，更加重视文本的分析。

如《田忌赛马》一文中应当引导学生思考：看到第一局轻松赢得比赛，齐王的心情是什么，是洋洋得意，还是疑惑不解？毕竟对田忌所有的赛马，齐王还是了解的。这样才是真正把文本读透。

又如《跳水》一课，要发现水手三次"笑"对情节的作用，首先要读透孩子心情的变化。孩子的心情是怎样的？引导学生找到"大喊大叫、气得脸都红了、一边追赶一边喊"并概括为"生气"。随后进入第二步骤，多个心情相关信息叠加、概括呈现的过程。当读到"水手一次又一次的笑，猴子一次比一次更放肆的逗弄，孩子一次比一次生气乃至到最后的愤怒"，便开始进入"读透"的第三步：五年级学生基于单一人物线提取整合相关信息容易达成，三者之间"如何相互作用推动故事情节发展，一步一步置孩子于危险境地"，需要经历多重信息链整合、分析、推测等复杂思维过程，学生独立完成有一定难度，需要教师详细引导。

四、大单元学习任务群框架

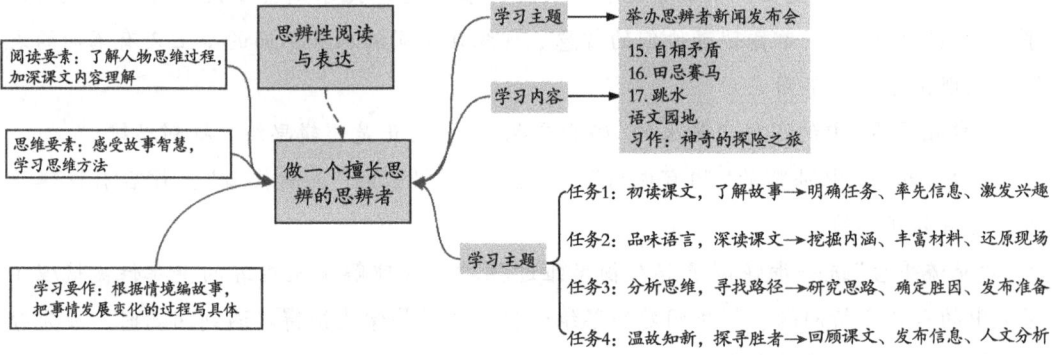

158

第三章 基于语文学习任务群的大单元教学设计与实施

五、大单元课时案例

《田忌赛马》学习任务群教学设计案例

【学习任务群框架】

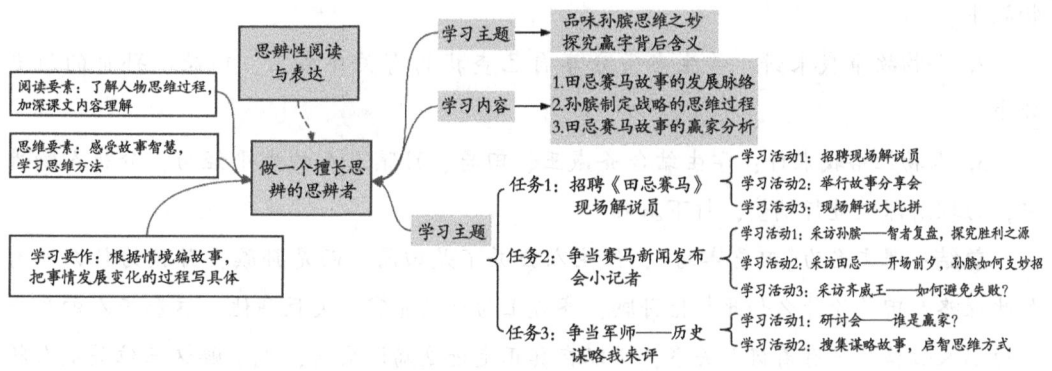

第 一 课 时

【学习目标】

1. 在语境中，会认"策、荐"2个生字，会写"赢、拳"等5个生字，会写"赏识、胸有成竹"等8个词语。

2. 默读课文，用自己的话讲讲田忌赛马的故事。

【学习时间】

2课时

【学习过程】

（一）学习活动一：谈话引入课题，明确学习要素

1. 话题引入：思维的火花跨越时空，照亮昨天、今天和明天。

2. 阅读要素：了解人物的思维过程，加深对课文内容的理解。

3. 习作要素：根据情境编故事，把事情发展变化的过程写具体。

（二）学习活动二：明确学习任务，梳理课文内容

1. 初读课文，明确思维任务。

159

基于语文核心素养的大单元教学

2. 默读课文，梳理文章的主要内容。

3. 拓展阅读，提前搜集资料，寻找历史上"靠谋略取得胜利的故事"。

任务一　招聘《田忌赛马》现场解说员

(一)学习活动一：人物介绍会——故事主角我来侃

1. 人物背景我来查：学生课前查资料，搜集齐威王、田忌、孙膑的历史资料和人物故事。

2. 人物故事我来讲：学生当堂分享自己查找的有关齐威王、田忌、孙膑的历史故事。

3. 人物性格我来评：学生结合齐威王、田忌、孙膑三人的生平经历，分析人物性格，为理解课文进行铺垫，打下基础。

总结：课文名为《田忌赛马》，但主人公并不是田忌，而是孙膑，孙膑为什么能有如此谋略？田忌为什么如此相信孙膑？齐威王为什么能容忍大臣赢他？这和三人的生平经历以及性格特征有着极大关系，所以在真正走进这篇课文前，先了解这三位关键人物的生平背景很重要。学生在课前，自主查找这三人的背景资料，课前自主交流，为后文学习打下了一个很好的基础，也进一步拓展了学生的知识面，丰富了历史见闻。

(二)学习活动二：故事分享会——借助关键字词复述故事

1. 梳理本课重点字词：门客、赏识、脚力、胸有成竹、信任、摩拳擦掌、不动声色、微微一笑、出谋划策、引荐、赢。

2. 学生借助重点字词复述故事，小组成员轮流展示。

3. 小组代表上台展示，评选绘声绘色"故事家"。

复述《田忌赛马》评价表

评价维度	★★★	★★	★
情节完整	人物关系清晰； 流程清楚；故事完整；	赛马流程清楚； 故事完整；	赛马流程混乱； 情节缺失；
表达流畅	叙述有序； 突出重点；语言规范	叙述有序； 语言规范	过于简单； 条理不清；复杂啰嗦
讲述生动	绘声绘色； 大方自信；互动交流	平铺直叙；大方自然	缺少交流

160

第三章 基于语文学习任务群的大单元教学设计与实施

（三）学习活动三：现场直播——《田忌赛马》现场解说大比拼

1. 播放视频：直观感受赛马全过程。

2. 个人练说：我为《田忌赛马》现场解说。

3. 全班展示交流：现场直播——《田忌赛马》现场解说大比拼，招聘班级最佳解说员。

《田忌赛马》现场直播解说评价表

评价维度	★★★	★★	★
达成解说	解说完好流利，应变自如，内容严格按照课文，准确清晰。	解说完好，基本流利，相较课文内容，解说内容稍有遗漏。	解说基本完好，内容与课文相比遗漏较多。
规范表达	吐字清楚，发音准确，语速自然流畅、语调抑扬顿挫，词语、语法正确，无拖沓口头语。	吐字清楚，发音基本准确，语速基本流畅、具有一定感情，词语、语法正确，有拖沓口头语。	吐字基本清楚，发音存在不准确，语速基本流畅，词语、语法存在错误，有拖沓口头语。
感情交流	感情饱满，与观众有神情交流。	感情饱满，与观众无神情交流。	解说无感情，与观众无神情交流。

总结： 整节课以任务驱动，以活动贯穿，将学习主动权还给学生，引导学生自主搜集历史资料，还原人物背景，结合关键字词，复述全文故事，创设直播情境，设置新颖舞台，让学生愿意开口说，复述有声有色有维度。

【设计者手记】

在第一课时，我们设置了层层递进的三个活动：人物介绍会——故事主角我来侃，故事分享会——借助关键字词复述故事，现场直播——《田忌赛马》现场解说大比拼，学生通过查找人物背景，借助字词熟悉课文内容，最终大方自如挑战现场解说员的任务，绘声绘色地介绍了整场赛马实况，其中不光还原了语文书中的故事情节，还合理想象，加上了对现场气氛、人物动作、人物语言等多方面的介绍，高标准地完成了课后习题一的要求"用自己的话讲讲田忌赛马的故事"。

161

基于语文核心素养的大单元教学

第 二 课 时

【学习目标】

1. 还原赛况，连线标画齐威王和田忌赛马的对阵图，厘清孙膑安排马的出场顺序的思维过程；

2. 抓住故事前提和人物的中场对话，课堂表演补白赛场上的人物对话，分析取胜原因；

3. 赛后复盘反思，感受孙膑的足智多谋，分享自己知道的智谋故事。

任务二　小小记者我来当——背后故事我还原

(一)学习活动一：采访孙膑——智者复盘，探究胜利之源

1. 依托课后习题第二题，明确孙膑安排的赛马顺序。

2. 采访孙膑，请孙膑说一说，"赛马前"关注到哪些细节，寻找到哪些"赢"的前提，挖掘字里行间的蛛丝马迹，体会孙膑取胜的前提是善于观察。

3. 引导学生自行列表，分析孙膑有无其他取胜之道。

4. 小组讨论，展示列表，给出结论。

	第一场	第二场	第三场	获胜方
齐威王	上等马	中等马	下等马	
田忌1	上等马	中等马	下等马	输
田忌2	上等马	下等马	中等马	输
田忌3	中等马	下等马	上等马	输
田忌4	中等马	上等马	下等马	输
田忌5	下等马	中等马	上等马	输
田忌6	下等马	上等马	中等马	赢

(二)学习活动二：采访田忌——开场前夕，孙膑如何支妙招

1. 采访田忌，请田忌回忆，开场前夕，孙膑是如何告诉他怎么排兵布阵的。

2. 请学生上台分角色表演田忌和孙膑的对手戏。要求：第一，演出孙膑的胸有成竹；第二，演出田忌对孙膑的无比信任。

162

（三）学习活动三：采访齐威王——如何避免失败？

1. 采访齐威王，赛前如何制定完善规则，才能确保取胜。

2. 采访孙膑和田忌：赢了一国之君，不怕触怒龙颜吗？请就此谈谈对齐威王的了解与评价。

总结： 在 3 次活动结束后，结合采访情景剧，引导学生认识到做好调查研究和统筹谋划、下先手棋、打主动仗的重要性，否则优势会变成劣势，甚至没有办法逆转。

任务三　争当军师——历史谋略我来评

（一）学习活动一：研讨会——谁是赢家？

1. 展开班级研讨，鼓励各抒己见：这场比赛，到底谁赢呢？

2. 交流、分析、讨论。

鼓励创意回答：①孙膑赢，谋得军师职位，成就围魏救赵；②齐威王赢，得到人才；③齐国的百姓赢，得智者军师；④我们赢了，学到了统筹思维之美。

总结： 胜在调研，赢于思考。

（二）学习活动二：搜集谋略故事，启智思维方式

1. 回顾课文，梳理语文书中出现的谋略故事和思维方式：《草船借箭》《司马光砸缸》《王戎不取道旁李》……

2. 故事分享会：搜集并分享课本外的谋略故事，如《围魏救赵》《退避三舍》《七擒七纵》，等等，并请学生结合故事内容，梳理主人公靠智谋取胜的思维方式。

3. 课堂实践，引导学生运用统筹思维解决实际问题。

①设置情境：在日常生活中，当我们需要做决策时，也要像孙膑一样，在对事实有全面考量、对彼此有充分了解之后再作出选择。下面，请大家一起来做一个游戏，在老师说规则时，任何人不能发表自己的想法。计时开始后，以小组为单位，来讨论你们小组的选择，其间不能和其他小组交流，也不能让别人看到你们的选择。计时结束后，请各组组长到台上来统一展示小组的选择。计时结束还没作出选择的小组，会直接被淘汰。

②出示游戏规则：

在一个风雨交加的晚上，你开着一辆车经过一个车站，有三个人正在焦急地等公共汽车。一个是临死的老人，他需要马上去医院；一个是医生，他曾经救过你的命，你一直想报答他；一个是你最要好的朋友。但你的车只能再坐下一个人，你会如何选择？

③学生独立思考，全班讨论交流。

④揭晓思维密码：这一题与孙膑权衡取舍如出一辙，只有舍弃才有收获。学生给出多种方案，各有各的理由，最终经过讨论辨析，学生们一致认为最妙的方案是：把车钥

163

基于语文核心素养的大单元教学

匙给医生，让医生送老人去医院，自己与朋友一起等公交车。这个方案报答了医生，救治了老人，又维持了友谊，真可谓一举多得。

总结：由课本迁移到课外，引导学生从历史故事中寻找不一样的思维方式，由此受到启发，尝试解决实际问题，在这一过程中，鼓励学生进行发散式思维。

【板书设计】

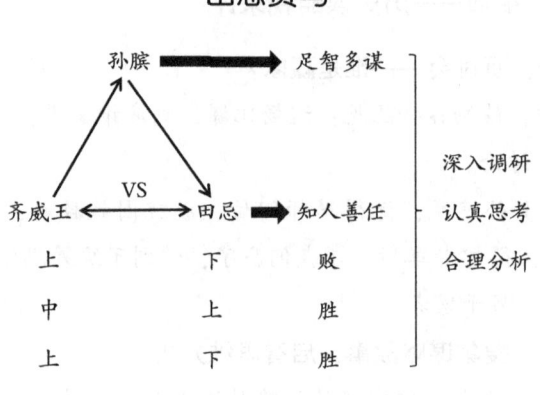

田忌赛马

【设计者手记】

《义务教育语文课程标准(2022年版)》课程实施中写明：教师要明确学习任务群的定位和功能，准确理解每个学习任务群的学习内容和教学提示。在此基础上，综合考虑教材内容和学生情况，设计不同类型的学习任务，依托学习任务整合学习情境、学习内容、学习方法和学习资源，安排连贯的语文实践活动。

任务二"小小记者我来当——背后故事我还原"，是在任务一高质量复述全文故事的基础上，进一步还原"赢"字背后的原因，引导学生注意字里行间的隐藏信息，这是第三学段对文本阅读的要求，也是分析课文思维路径的起点，更是对标完成课后第二道习题，这些隐藏信息学生往往忽略，因此更要提醒学生深挖课文内容，找出田忌能赢得胜利的全部原因。

随后设计任务三"争当军师——历史谋略我来评"，在进一步读懂课文后，分析一场比赛的最后赢家，让学生跳出比赛看比赛，提升人文素养。同时，引导学生进一步寻找"历史上其他运用谋略取得胜利的故事"，启发学生多读历史故事，发散思维，解决身边难题。

(武汉市江汉区红领巾实验学校　陶盼)

164

第三章　基于语文学习任务群的大单元教学设计与实施

不一样的思维火花
——五年级下册第六单元"思辨性阅读与表达"学习任务群教学设计

一、课标解读

2022年版新课标"思辨性阅读与表达"要求通过阅读、比较、推断、质疑、讨论等方式，梳理观点、事实与材料及其关系；辨析态度与立场，辨别是非、善恶、美丑，保持好奇心和求知欲，养成勤学好问的习惯；负责任、有中心、有条理、重证据地表达，培养理性思维和理性精神。

第三学段要求"结合校园或社会生活中的实际事例，学习有理有据地口头或书面表达自己的观点""在日常生活和学习中，发现并思考成语、对联、谚语、绕口令等多种语言现象的特点，体会不同的表达效果""用画思维导图等方式辅助，简洁清楚地表述科学家发现、发明的过程，学习科学家的创造精神，体会猜想、验证、推理等思维方法""阅读哲人故事、寓言故事、成语故事等，感受其中的智慧，学习其中的思维方法"。相比第一、第二学段，第三学段要求把阅读思辨性文本与自己探究发现的真实问题联系起来，学习有理有据地表达观点。

根据上述要求，我依托统编教材小学语文五下第六单元"思维的火花"这一主题单元，设计了"不一样的思维火花"主题学习活动，了解人物的思维过程，根据具体情境多角度地辩证思考，有理有据地表达。

二、教材分析

(一)大单元语文要素年段间纵向关联

本单元的语文要素是"了解人物的思维过程，加深对课文内容的理解"。从二年级下册开始就对学生的思维方法进行了简单的训练，三年级下册第一单元阅读训练要素是"试着一边读一边想象画面"，第五单元"走进想象的世界，感受想象的神奇"，到四年级上册第一单元"边读边想象画面，感受自然之美"，这些都是在提升学生的形象思维能力。五年级上学期，第三单元要求"创造性复述"与"缩写故事"，则体现了往抽象思维的转变。本单元的"了解人物的思维过程"，显然又提高了要求，课文的学习从内容层面进入思维层面，对人物的分析要从课文中找到描写人物言行、描述客观条件的关键语句，从中得出关键信息，从而推测人物的思维过程，培养学生的逻辑思维能力，提升思维品质。为六年级阅读时从所读内容展开联想，体会文章是如何运用具体事例说明观点的发散思维奠定基础。

165

基于语文核心素养的大单元教学

册序	单元	阅读策略单元阅读训练要素
二上	第五单元	初步体会课文讲述的道理，感受和体会课文语言表达的多样性
二下	第五单元	根据课文内容，谈谈简单的看法
三上	第四单元	一边读一边预测，顺着故事情节去猜想
三下	第一单元	试着一边读一边想象画面
三下	第五单元	走进想象的世界，感受想象的神奇
四上	第二单元	阅读时尝试从不同角度去思考，提出自己的问题
五上	第五单元	了解课文内容，创造性地复述故事
五下	第六单元	了解人物思维过程，加深对课文内容的理解
六上	第一单元	阅读是能从所读的内容想开去
六下	第五单元	体会文章是怎样用具体事例说明观点的

（二）大单元语文要素单元内横向关联

本单元以"思维火花"为主题，编排了《自相矛盾》《田忌赛马》《跳水》三篇课文，展示了思辨与智慧，意在培养学生对文章的整体把握能力与根据具体情况思考问题、解决问题的意识。

《自相矛盾》中的围观者听了卖者的话，发现其说法的相互矛盾之处，引导学生抓关键语句，推想出围观者质问卖者时的思维过程，提出"以子之矛陷子之盾"的假设，使卖者无言以对。

《田忌赛马》可以引导学生结合描述客观条件的语句，也就是孙膑观察到的情况，揣摩孙膑的思维过程，从而推演出改变马的出场方式就有可能获胜，并向田忌献策。

《跳水》通过引导学生抓住说明天气、人员等环境条件的语句，以及描写孩子当时处境的语句，从中推想船长的思维过程，判断出孩子只有跳到海里才有机会获救，于是选择果断举枪逼孩子跳水。

"交流平台"进一步强调了解人物思维过程对深入理解课文内容的重要性，梳理了课文中的人物分析问题、解决问题的思维过程，并引导学生懂得：遇到问题时要先分析具体情况，再选择适合的办法解决问题。"交流平台"和"词句段运用"的第一部分内容可以整合到课文学习中去。

本单元的习作要求是"根据情境编故事，把事情发展变化的过程写具体"，习作话题是"神奇的探险之旅"。在此前的学习中，学生已经有了"发挥想象写故事""按自己的想法新编故事"等经验，知道要根据所给的情境合理想象故事的起因、经过和结果。本次习作进一步要求学生根据情境编故事，把事情发展变化的过程写具体，引导学生根据探险的情境，围绕探险的目的，把遇到的困境和求生的方法写具体，丰富想象的内

166

第三章　基于语文学习任务群的大单元教学设计与实施

容，体会想象的乐趣。"词句段运用"的第三部分"修改文章"的内容可以整合到习作课的第二课时中去。

三、学情分析

这一阶段学生的思维逐渐由具体形象思维向抽象逻辑思维过渡。解决问题时，他们一般难以突破常规的定式思维，可能会采用不恰当的办法或借助以往经验来简单判断；也有一部分学生会习惯性地求助父母、老师或其他能力比自己强的人，依赖心理较重。这就需要鼓励学生尝试用课文中学到的思考问题的方法，解决现实生活中遇到的问题，也可以发动家长创设一些需要学生独立面对的问题情境，让学生在实践中获得真实的体验，以增强其根据实际情况分析问题和解决问题的能力。

阅读能力方面，通过之前的学习，学生基本具备了提取课文关键词的能力，基本能够运用联系上下文、结合生活实际、结合想象、结合资料等方法来理解课文内容。

四、大单元学习任务群框架

单元学习主题	单元学习目标	单元情境任务	子任务	学习活动	对应的语文学习任务群	具体教学内容	课时
不一样的思维火花	通过本组课文阅读，了解人物的思维过程，加深对课文内容的理解；根据情境编故事，把事情发展变化的过程写清楚	探寻故事背后不一样的思维火花	任务一：不一样的故事（整体思维：指导学生梳理本单元生字词，自学巩固；整体把握三篇故事主要内容，为后面的学习任务做好准备）	1. 掌握三篇课文生字新词，有机整合语文园地资源； 2. 借助注释等多种方法，读懂文言文《自相矛盾》； 3. 把握三个故事主要内容，绘制情节发展思维导图	语言文字积累与梳理	认识11个生字，读准1个多音字，会写23个字，会写20个词语；正确、流利地朗读课文，关联"词句段运用"第一题，理解、背诵《自相矛盾》；根据故事的起因、经过、结果，绘制情节发展思维导图	2
			任务二：不一样的思维（具体思维：学习3篇课文，引导学生在把握课文内容的基础上，进一步了解文中人	1. 用自己的话讲述"自相矛盾"的故事； 2. 引导学生说出"其人弗能应也"的原因，并联系生活实际深化理解； 3. 读好人物对话时的预期，熟读成诵	思辨性阅读与表达	学习《自相矛盾》，关联"日积月累"	1

167

基于语文核心素养的大单元教学

单元学习主题	单元学习目标	单元情境任务	子任务	学习活动	对应的语文学习任务群	具体教学内容	课时
不一样的思维火花	单元学习目标：通过本组课文阅读，了解人物的思维过程，加深对课文内容的理解；根据情境编故事，把事情发展变化的过程写清楚	单元情境任务：探寻故事背后不一样的思维火花	物解决问题的思维过程，从而培养学生对文章的整体把握能力和根据具体情况思考问题、解决问题的意识）	1. 默读课文，用自己的话讲述田忌赛马的故事； 2. 借助图示，推想孙膑制订计策的思维过程； 3. 拓展思维，感受思维的魅力	思辨性阅读与表达	学习《田忌赛马》，结合"交流平台"	1
				1. 梳理故事的起因、经过和结果，并以此为线索讲述故事内容； 2. 说出水手们的"笑"对推动故事情节发展的作用； 3. 说出船长所用办法的好处	思辨性阅读与表达	学习《跳水》，结合"交流平台"，关联"词句段运用"第二题	1
			任务三：不一样的碰撞（运用思维：写一篇有关探险过程的习作，展开合理、丰富而又奇特的想象，根据情境编故事，把事情发展变化的过程写清楚）	1. 借助图示，按事情发展的顺序写一个探险故事； 2. 展开丰富的想象，把遇到的困境、求生的方法写具体	文学阅读与创意表达	习作指导课：《神奇的探险之旅》	1
				写完与他人分享交流，试着用叶圣陶先生的方法修改自己的习作	文学阅读与创意表达	习作讲评课：《神奇的探险之旅》，关联"词句段运用"第三题	1
			任务四：不一样的你我（创造思维：创设情境活动，注重实践，从课内拓展到课外，在真实的生活情境中运用思维解决问题，实现思维的多元化发展）	1. 这样做，这样想：借助情景模拟，梳理思维过程； 2. 我参与，我提议：联系真实情境，延展思维空间	思辨性阅读与表达	1. 从小说、童话等故事出发，利用故事情节创设一些情境，说清楚现有的条件和情况，引导学生思考，并说说自己遇到这些问题时准备怎么解决，思考的过程是什么； 2. 设置"班级管理金点子征集"的情境活动，让学生根据实际情况分析问题，选择恰当的方法来解决问题，获得真实的思维体验	2

168

《跳水》学习任务群教学设计案例

【学习任务群框架】

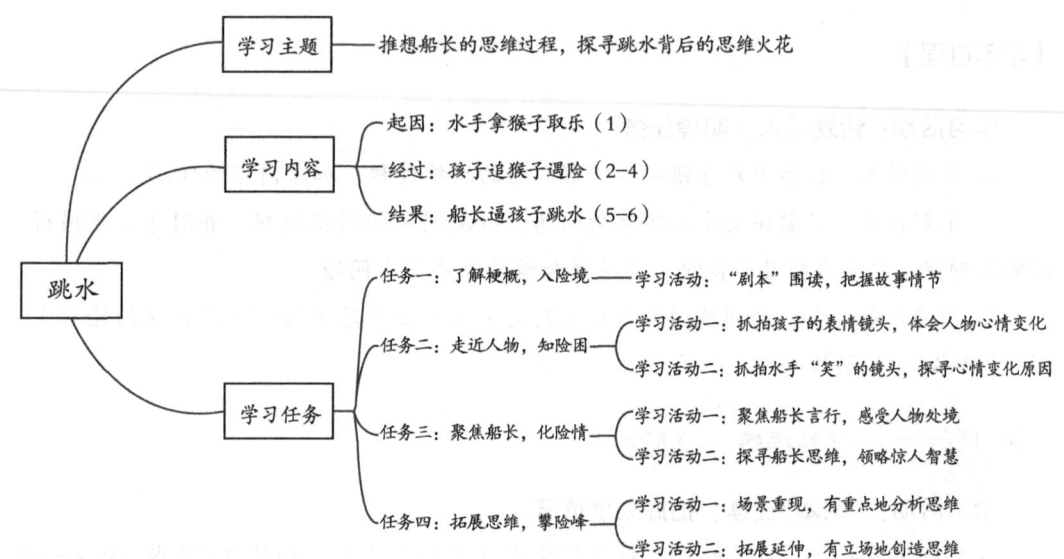

【学习目标】

1. 能梳理故事的起因、经过和结果，并以此为线索讲述故事内容。
2. 能说出水手们的"笑"对推动故事情节发展的作用。
3. 能说出船长所用办法的好处。

【学习重点】

1. 能说出水手们的"笑"对推动故事情节发展的作用。
2. 能说出船长所用办法的好处。

【学习难点】

能说出船长所用办法的好处。

【学习准备】

1. 学习经验：学生复述故事经验；从《田忌赛马》中学习揣摩人物思维过程的经验；学生课前预习经验。
2. 学习资源：统编教材小学语文五年级下册第六单元课文。

基于语文核心素养的大单元教学

3. 学习工具：互联网、思维导图学习单。

【学习时间】

1 课时

【学习过程】

学习活动：话题导入，明确任务

1. 话题引入：出示单元导语——了解人物的思维过程，加深内容的理解。

2. 了解任务：了解课文中人物分析问题、解决问题的思维过程，并引导学生懂得，遇到问题时，要先分析具体情况，再选择合适的办法解决问题。

3. 明确任务：我们来到俄国著名作家列夫·托尔斯泰笔下这艘环游世界的轮船上，探寻《跳水》中的思维火花。

任务一 了解梗概，入险境

学习活动："剧本"围读，把握故事情节

在之前的学习中，同学们已经对这篇课文有了初步感知。如果将《跳水》拍成一部电影，作为导演，你将如何策划拍摄的内容？

1. 介绍剧中角色：学生交流（水手、猴子、孩子、船长）。

2. 把握故事情节：他们之间发生了什么事？默读课文，想想故事的起因、经过和结果，把下面的内容填写完整，再讲讲这个故事。

水手拿猴子取乐→（　　　　　　　）→（　　　　　　　）

学生交流、补充。

明确：水手拿猴子取乐→（孩子追猴子遇险）→（船长逼孩子跳水）

3. 复述故事内容：一艘轮船上，水手们拿船上的猴子取乐，猴子越发放肆起来，抢走了孩子的帽子。孩子为了把帽子抢回来，一步一步追赶猴子爬上桅杆，走上最高的横木，陷入险境。船长见到后，马上用枪逼孩子跳水，孩子脱险。

任务二 走近人物，知险因

电影中，人物的表情能将他们的内心通过大荧幕传递给观众。在《跳水》这部影片中，你最想抓拍哪些人物的表情镜头？

(一)学习活动一：抓拍孩子的表情镜头，体会人物心情变化

1. 大家都将镜头聚焦到了孩子一开始"笑得很开心"，那是什么原因导致他最终爬到了桅杆的顶端，陷入险境呢？让我们去一探究竟。

170

2. 默读2~4自然段，勾画出体现孩子心情变化的词句，再用恰当的词语概括他当时的心情，并作批注。

3. 学生交流。

孩子的心情：开心→哭笑不得→生气→恼怒→怒不可遏

(二)学习活动二：抓拍水手"笑"的镜头，探寻心情变化原因

1. 孩子心情发生变化的原因是什么呢？默读1~4自然段，抓拍猴子的表现和水手的反应。

2. 学生交流。

猴子的表现：模仿人的动作→摘下孩子的帽子戴在头上→撕咬逗孩子生气

水手的反应：哈哈大笑→又大笑起来→笑得更欢了

3. 探寻孩子心情变化的原因。

猴子是惹孩子生气的直接原因，而水手的"笑"是促使猴子行动放肆的原因，更是让孩子不管不顾地走上桅杆顶端横木去追猴子的不可或缺的因素。

4. 小结：水手的"笑"着墨不多，却穿插其间，才有了后面一系列事情的发生，推动了故事情节的发展。

任务三 聚焦船长，化险情

同学们，一些不可控的意外的发生，反而能造就经典。这部电影的高潮就在于船长是如何将眼前的危难化险为夷，一起去看看吧。

(一)学习活动一：聚焦船长言行，感受人物处境

1. 默读课文5~6自然段，船长看到了什么？他是怎么说的，又是怎么做的？

2. 学生交流。

船长	
看到的	看见儿子在桅杆顶端的横木上 孩子心惊胆战，站在横木上摇摇晃晃的
所说的	"向海里跳！快！不跳我就开枪了！" "向海里跳！不然我就开枪了！一！二！"
所做的	手里拿着一支枪，立刻瞄准儿子

3. 你能感受到什么？

提示：情况危急，船长的沉着冷静和当机立断……

(二)学习活动二：探寻船长思维，领略惊人智慧

1. 在这千钧一发的危急时刻，船长是这样说的，这样做的，他又是怎样想的呢？

171

基于语文核心素养的大单元教学

请同学们默读全文，找找船长作出如此决定的思维依据，作上批注，在小组内交流自己的想法。

2. 小组代表汇报，全班讨论交流。

3. 大家找到了不少言之有理的思维依据，但未免有些杂乱无章，我们不妨按照一般人发现问题时的思维过程来帮船长梳理梳理。

发现问题→分析问题→解决问题

4. 引导学生再次整理找到的思维依据，还原船长的思维过程。

发现问题(船长看见儿子在桅杆顶端的横木上，孩子心惊胆战，站在横木上摇摇晃晃)→分析问题(桅杆太高，孩子失足摔到甲板上就会没命；海面风平浪静，水手们都在甲板上，跳到海里可能还有一线生机)→解决问题(拿枪逼孩子跳水)

5. 一同经历了船长的整个思维过程，你又看到了一个怎样的船长？

提示：极其丰富的航海经验、敏锐的观察力、非凡的勇气……

6. 孩子脱险了，他跳入水中虽只有"四十秒钟"，但"大家已经觉得时间太长了"，为什么这样说呢？(出示"语文园地"词句段运用第二题)请学生结合《跳水》和《琥珀》这两篇课文的具体内容，说说自己的体会。

读一读，说一说自己类似的体验，再选择一种体验写一写。

◇二十来个勇敢的水手已经跳进了大海：四十秒钟——大家已经觉得时间太长了。等孩子一浮上来，水手们就立刻抓住了他，把他救上了甲板。

◇几十年，几百年，几千年，时间一转眼就过去了。成千上万只绿翅膀的苍蝇和八只脚的蜘蛛来了又去了。

---

7. 引导学生说一说自己类似的体验，再选择一种体验写一写。

 任务四 拓展思维，攀险峰

(一)学习活动一：场景重现，有重点地分析思维

1. 船长在万不得已的情况下选择把枪对准了自己的孩子，大家冷静想一想，在当时你有没有更好的办法？

2. 学生交流。

3. 小结：船长的做法看似残酷，但联系当时孩子的状况和所处的环境，不难发现，这是当下最合适的办法。(出示"交流平台")

第三章　基于语文学习任务群的大单元教学设计与实施

> 我们在生活中遇到问题，也应该先分析当时的情况，再选择合适的办法去解决。

(二)学习活动二：拓展延伸，有立场地创造思维

电影最后的小彩蛋留给大家，如果在当时，船长喊出"三"之后，孩子没有跳水，该怎么办？你觉得船长又会怎么做？

【板书设计】

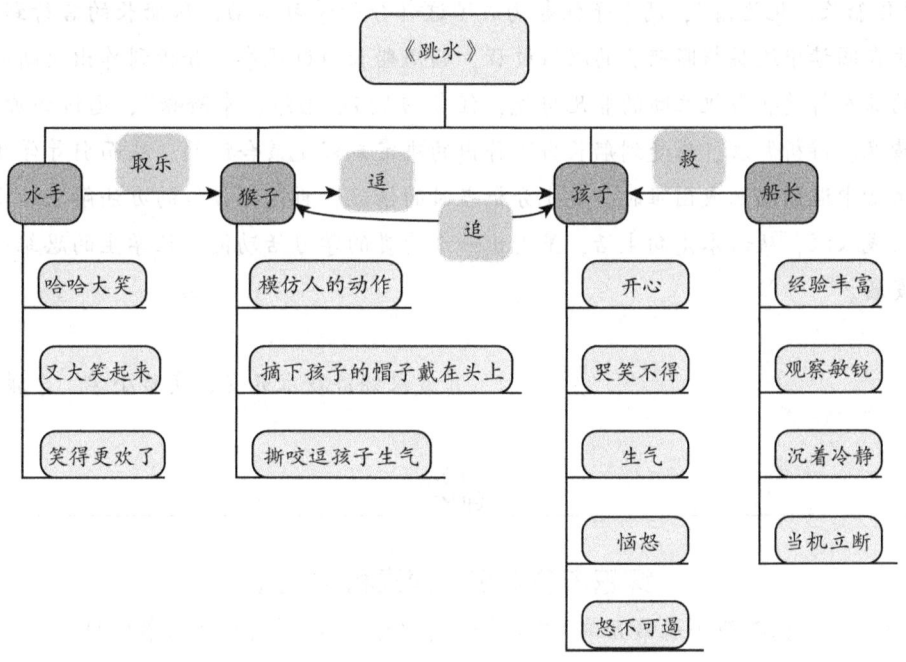

【设计者手记】

以单元整体教学的思路来统整单元内容，确立单元主题为："不一样的思维火花"。以纵向方式设计学习任务群，五个学习任务群之间既联系紧密，又呈螺旋上升趋势，从读懂故事、探究思维，到创编故事、碰撞思维，再到联系生活、拓展思维，在真实的情境中运用思维解决问题，形成一个完整的单元学习系统，是思维认知从识记、理解、应用到分析、评价、创造的转变，是关注学生思维能力由低阶到高阶的阶梯式发展。

《跳水》是统编版语文教材五年级下册第六单元的课文，人文主题是"思维的火花"，语文要素是"了解人物的思维过程，加深对课文内容的理解"。研读单元整组编排，从文本内容及课后习题可以感受到教材编排的层次性和策略指导。作为本单元的第三篇课

173

基于语文核心素养的大单元教学

文,《跳水》承载的任务是在说清楚人物思维过程的基础上,引导学生联系实际情形及故事的结局,找出能够合理阐释人物思维过程的依据,避免学生以偏概全或直奔结果,这是对学生思维能力培养的逐层推进。

根据文本的故事情节及发展特点,依据学生的认知规律和思维发展逻辑,我将本课的任务情境设定为"将《跳水》拍摄成一部电影",设计了四个学习任务群。任务一"了解梗概,入险境",创设"剧本围读"情境,帮助学生了解故事的主要人物,把握故事情节;任务二"走近人物,知险因"中,通过抓拍孩子和水手的表情镜头,引导学生抓关键词来体会孩子心情变化的原因,以及水手的"笑"与故事情节发展之间的联系;任务三"聚焦船长,化险情",两个子任务构成了这部分的学习活动,从船长的言行到思维,让学生在阅读中逐层推断船长的思维过程,领悟船长通过观察、分析到作出决断时沉着处事的惊人智慧和当机立断的非凡勇气;任务四"拓展思维,攀险峰",通过还原场景,分析情况、辨析做法,感受到船长当下作出的决定无疑是最合适的,从而引导学生认识到在生活中遇到问题或困难时,要先分析当时的情况,再选择合适的办法解决。由易到难,由浅入深,从课本走向生活,呈现出一个连贯的学习活动链,让学生的思维经历阶梯式发展。

(武汉经济技术开发区实验小学　李潇)

穿越古今未来　探索科学之光
——六年级下册第五单元"思辨性阅读与表达"学习任务群教学设计

一、课标分析

《义务教育语文课程标准(2022年版)》"思辨性阅读与表达"学习任务群提出:本任务群旨在引导学生在语文实践活动中,通过阅读、比较、推断、质疑、讨论等方式,梳理观点、事实与材料及其关系;辨析态度与立场,辨别是非、善恶、美丑,保护好奇心和求知欲,养成勤学好问的习惯;负责任、有中心、有条理、重证据地表达,培养理性思维和理性精神。

在该任务群中,对第三学段的学习内容、学习主题和学习情境、学习活动都作了要求:"阅读关于中华传统美德、社会公德等方面的短论、简评,结合校园或社会生活中的实际事例,学习有理有据地口头或书面表达自己的观点""阅读有关科学发现、技术发明的故事,用画思维导图等方式辅助,简洁清楚地表述科学家发现、发明的过程,学

习科学家的创造精神，体会猜想、验证、推理等思维方法""阅读哲人故事、寓言故事、成语故事等，感受其中的智慧，学习其中的思维方法""应根据学生思维发展的特点，在不同学段创设适宜的学习主题和学习情景。比如，第三学段'社会公德大家谈''奇妙的祖国语言''科学之光''东方智慧'""应设计阅读、讨论、探究、演讲、写作等多种学活动，引导学生学习发现、思考、探究问题的思路和方法""应引导学习分析证据和观点之间的联系，辨别总分、并列、因果等关系，有条理地表达自己的观点。应鼓励学生借助现代信息技术，自主搜集和利用学习资源，拓展思路，支持自己的思考和论说"。

以课标为基石，结合统编教材小学语文六年级下册第五单元的单元主题"科学精神"以及教材特点，我设计了"穿越古今未来，探索科学之光"主题活动，以任务情境贯穿始终，从阅读、探究、表达三个活动角度，以突出思辨性、连贯性、充分性，让学生掌握科学的思维方法，提升思辨性读写能力，养成勤学好问的习惯，培养实证的理性精神。

二、教材分析

（一）单元语文要素单元内横向关联

本单元的语文要素是"体会文章是如何运用具体事例说明观点的"，严格意义上说，这一单元是小学阶段最后一个自然单元。第六单元是综合性学习——难忘小学生活和古诗诵读。按照小学语文要素发展序列，本单元应是语言和思维训练最高的阶段。

本单元共有 4 篇课文，所涉及的内容，贯通中西、连接古今。

《文言文二则》讲述的是中国古代小儿的故事。《学弈》主要引导学生探究两人虽师从同一人，但学习结果不同的原因，从而明晰"学贵在专"之理；《两小儿辩日》主要引导学生体会人物的观点和论证方法。

《真理诞生于一百个问号之后》展示了三位外国科学家科学发现的事例，主要引导学生了解作者的观点，懂得作者是怎么有序组织事例证明观点的，课后"小练笔"引导学生从读到写，尝试运用具体事例来说明一个观点。

《表里的生物》是对当今中国小儿童年发现的回忆，主要引导学生在对人物进行评价时，找出依据来印证自己的观点。

《他们那时候多有趣啊》是一篇科幻小说，描绘了身处未来的孩子们的学习场景与感受，主要引导学生对教育、学习的思考，关注奇特的想象，为单元习作做好铺垫。

口语交际"辩论"主要引导学生选择有说服力的事例，抓住对方讲话中的漏洞，有理有节反驳，是对"用具体事例说明观点"这一方法的运用。

习作"展开想象，写科幻故事"，主要引导学生结合科幻故事的特点，借助相关的科学知识展开想象。

下面，我们再从思维与表达两个方面来分析这一单元所呈现的特点，如下表所示。

基于语文核心素养的大单元教学

学习内容	思维特点	表达特点
《文言文二则》之《学弈》	(由表象到本质,由事及理)抽象思维	寓理于事,对比呈现,证明观点
《文言文二则》之《两小儿辩日》	(推理判断)逻辑思维	提出观点,论证观点
《真理诞生于一百个问号之后》	抽象思维、逻辑思维、辩证思维	提出观点,用具体事例进行论证,总结观点
《表里的生物》	逻辑思维	内心独白,对话推动情节
《他们那时候多有趣啊》	求异思维、创新思维	角度独特,科学想象,对比生动、对话鲜明
口语交际"辩论"	逻辑思维、求异思维、批判性思维、创新思维	
习作"展开想象,写科幻故事"	求异思维、创新思维	

从以上分析不难看出,围绕单元语文要素,教材遵循了学习逻辑,体现了思维的进阶、阅读与表达的进阶。

(二)单元语文要素年段间纵向关联

"思辨性阅读与表达"任务群的关键词是"思辨",注重理性的逻辑思维与辩证思维,指向语文核心素养内涵中的"思维能力"。统编教材非常重视学生思维能力的培养,系统地安排了思维能力训练单元。如下表所示。

册次	单元	单元要素
三下	第一单元	试着一边读,一边想象画面
三下	第五单元	走进想象的世界,感受想象的神奇
四上	第一单元	边读边想象画面,感受自然之美
五上	第三单元	创造性复述与缩写故事
五下	第六单元	了解人物的思维过程
六上	第六单元	抓住关键句,把握文章的主要观点
六下	第五单元	体会文章是怎样用具体事例说明观点的

纵向看,思维能力训练单元要素的编排遵循了学生身心发展规律和核心素养形成的内在逻辑,呈螺旋上升态势,体现了语文要素的阶段性与发展性。整个小学阶段,学生的思维发展训练主要表现为直觉思维到形象思维,再由形象思维到逻辑思维、辩证思维、创造思维的过渡。虽然,在"思辨性阅读与表达"中,对人、事、景、物、理的感

176

悟与解读，更需要逻辑思维与批判思维的介入，但也离不开直觉体验与形象思维。因为只有这样，才能促进阅读与表达由浅入深、由表及里，实现思维能力、语感习得和语理掌握的协同发展。落实六年级下册第五单元"体会文章是怎样用具体事例说明观点的"这一单元要素，就得在抓关键词句、想象、体验这些直观可感的基础上，融入整合、分析、比较、推断、质疑、讨论等方式来梳理观点、表达观点、有理有据论证观点。

三、学情分析

学生已经在五年级下册第六单元"思维的火花"中，初步感受到了人物思维逻辑的缜密；在六年级上册第六单元"保护环境"中，学会了"抓住关键句，把握文章的主要观点"，也初步体会了"观点是如何一步步得出的论证方法"；尤其在六年级下册第12课《为人民服务》这篇议论式的演讲稿中，初步感受到了论点鲜明、论述缜密、层层深入的表述特点。前期的学习，为本单元"体会文章是怎样用具体事例说明观点的"奠定了一定基础。然而，本单元学习内容类型多样，有寓言故事、论说性散文、回忆性散文、科幻小说、辩论，呈现了不同的思考和探索，不仅要引导学生了解论说类文章常见的表达方法，更要引导学生有理有据论证观点。这对学生来说不是一件易事，需要老师采用适应性建构的教学方式，依据学习主题构联新旧知识，创造性重组和迁移运用，搭建具有情景性、实践性、综合性的学习活动框架，从而实现核心知识结构化。

四、单元学习任务群框架

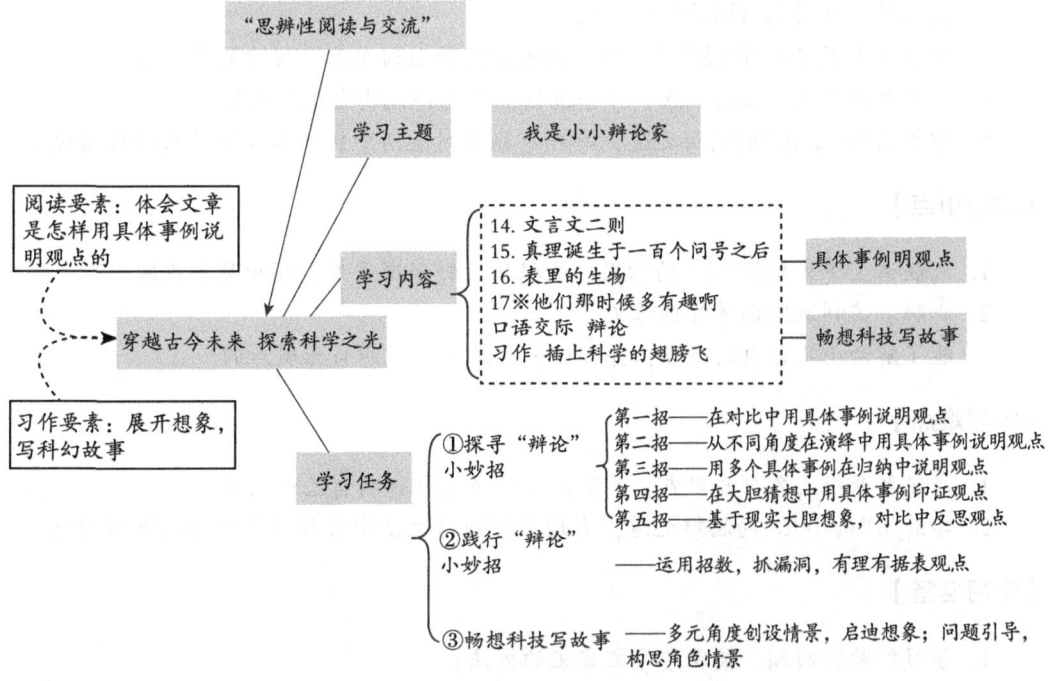

177

基于语文核心素养的大单元教学

以《两小儿辩日》为例设计学习任务群教学案例。

【学习任务群框架】

《两小儿辩日》

学习主题 —— 探寻"辩论"小妙招

阅读要素：体会文章是怎样用具体事例说明观点

两小儿辩日

学习内容 —— 孔子路遇两小儿辩斗(1) 两小儿辩斗的过程(2-5) 孔子不能决，遭两小儿讥笑。(6-7) —— 从不同角度在演绎中用具体事例说明

习作要素：展开想象，写科幻故事

学习任务 —— 任务一：古代"小儿"对对碰 —— 学习活动一：我为"小儿"来颁奖 学习活动二：我向"小儿"学辩斗

任务二：我与"小儿"对对碰 —— 学习活动一：我来演"小儿" 学习活动二：我来演"孔子"

任务三："能言善辩"我能行 —— 学习活动一：我会"思辩" 学习活动二：我会"辩驳"

【学习目标】

1. 会写"辩"字。
2. 能正确、流利地朗诵并背诵课文。
3. 能联系上下文理解"决"的意思，能根据注释疏通文意，说出故事内容。
4. 能了解两小儿各自的观点，并知道他们是怎样说明自己观点的。
5. 学着用"两小儿"的思辩之道，有理有据地对生活中言行不合理的人进行劝说。

【学习重点】

1. 能联系上下文理解"决"的意思，能根据注释疏通文意，说出故事内容。
2. 正确、流利地朗诵并背诵课文
3. 能了解两小儿各自的观点，并知道他们是怎样说明自己观点的。

【学习难点】

1. 能了解两小儿各自的观点，并知道他们是怎样说明自己观点的。
2. 学着用"两小儿"的思辩之道，有理有据地对生活中言行不合理的人进行劝说。

【学习准备】

1. 学习经验：回顾、梳理学习文言文的方法。

178

2. 学习资源：统编教材小学语文六年级下册第五单元《两小儿辩日》)、三年级上册第八单元《司马光》、四年级上册第八单元《王戎不取道旁李》、五年级下册第八单元《杨氏之子》、补充《庄子欲刺虎》、有关太阳远近的科学资料以及相关学习课件。

【学习评价】

学习任务	评价要求
1. 古代"小儿"对对碰	(1)通过回顾以前所学过的古代"小儿"形象，能梳理出他们的思维特点； (2)能简要概述古代"小儿"事迹，颁奖词能恰当概括小儿的特点； (3)能自主疏通故事大意，学习两小儿说明自己观点的论证方法； (4)能辨析两小儿产生不同认知的原因
2. 我与"小儿"对对碰	(1)能分角色演绎，切身体悟"两小儿"的思维过程以及品质； (2)能结合现代科学知识，编写《新两小儿辩日》，批判性地看待两小儿的思辩过程
3. "能言善辩"我能行	(1)能迁移运用所学的方法讲故事，悟思维的精妙； (2)能理性地分析言论，尝试有理有据地劝诫他人； (3)能根据演讲辩驳表现做出相应的评价

【学习时间】

1 课时

【学习过程】

预热学习活动

学习活动：回顾梳理，明晰任务

1. 回顾梳理：画出《学弈》的结构图。

179

基于语文核心素养的大单元教学

2. 交流妙招：结合结构图，交流"妙招一"：在对比中用具体事例说明观点。

3. 明晰任务：继续探寻"辩论"小妙招。

 任务一   "古代小儿"对对碰

(一)学习活动一：我为"小儿"来颁奖

1. 结合三年级上册第八单元《司马光》、四年级上册第八单元《王戎不取道旁李》、五年级下册第八单元《杨氏之子》，小组讨论，这3位"小儿"中，你最欣赏谁？为什么？

（司马光、王戎、杨氏子他们都先观察或关注到现象，再提出自己的观点。这些小儿身上都闪耀着思辨的光芒、理性的光辉。）

2. 为自己最欣赏的"小儿"颁奖。（见下图）

人物头像	姓名： _____ 年龄： _____ 事迹： _____ _____ _____ 颁奖词： _____ _____ _____

(二)学习活动二：我向"小儿"学辩斗

1. 熟读《两小儿辩日》，小组讨论交流：你会运用哪些方法疏通大意？完成学习单：

"疏通大意"我在行

1. 借助注释。   2. _____

3. _____   4. _____

2. 两小儿的观点分别什么？依据是什么？在文中圈画出来。

3. 他们是怎样说明自己观点的？完成下列表格。

180

人 物	观 点	现 象	依 据
小儿甲	日始出时去人近	日初出大如车盖	近者大

4. 说说两小儿分别是从哪个角度来表达自己观点的？完善下表。

人 物	观 点	现 象	依 据	角 度
小儿甲	日始出时去人近，而日中时远	日初出大如车盖，及日中则如盘盂	远者小而近者大	视觉（大小）
小儿乙	日初出远，而日中时近	日初出沧沧凉凉，及其日中如探汤	近者热而远者凉	触觉（温度）

5. 讨论：两小儿能够驳倒对方的观点吗？为什么？

（两小儿是从不同的角度思考同一个问题，他们的观点都有事实和常理作为支撑，所以他们各有各的道理，不能说服对方。）

任务二 我与"小儿"对对碰

（一）学习活动一：我来演"小儿"

1. 从两小儿辩斗中，你学到了什么妙招？完成学习单。

从"两小儿"身上，我知道了 _____

_____

2. 化身古"小儿"，分角色演一演《两小儿辩日》，悟子品质。

（二）学习活动二：我来演"孔子"

1. 观看介绍太阳远近的科学知识小视频。

基于语文核心素养的大单元教学

2. 假如你是"孔子"——当然你是掌握了现代科学知识的"孔子",你会对这两小儿说些什么呢?请大家发挥你们的聪明才智,编写《新两小儿辩日》,并且尝试表演。

(注:分旁白、孔子、一儿、另一儿,四人小组合作进行创造性表演。)

 任务三　"能言善辩"我能行

(一)学习活动一:我会"思辨"

1. 出示《庄子欲刺虎》①,用自己的话讲一讲这个故事。

庄子②欲刺虎,馆竖子③止之,曰:"两虎方且食牛,食甘必争,争则必斗,斗则大者伤,小者死。从伤而刺之,一举必有双虎之名。"卞庄子以为然,立须④之。有顷,两虎果斗,大者伤,小者死。庄子从伤而刺之,一举果有双虎之功。

注释:

①选自《史记·张仪列传》。②庄子:此指卞庄子,春秋时鲁国的勇士。③馆竖(shù)子:旅馆的童仆。④须:等待。

2. 谈一谈,从这个故事中得到了什么启示?

(善于观察,善于分析矛盾,利用矛盾,待机行事,往往能事半功倍。)

(二)学习活动二:我会"辩驳"

1. 结合生活中的现象,思考如何有理有据地反驳他们。

①四川去成都的一辆高铁上,一位熊孩子反复踢前面一位旅客的椅背,旅客提醒后反遭对方家长辱骂:"你一个大人,跟孩子计较什么?"

②小华做作业时,字写得歪歪扭扭,妈妈叫他把字练好,他振振有词地说:"都智能时代了,谁还练字,真老土!"

2. 小组合作,选择一个现象,试着从"观点""事例""依据"这三个方面,有理有据地反驳对方。

要求:陈述自己的观点;摆事例,有理有据反驳对方;用事实告诉对方这样做的后果。

3. 依评价标准,评出"最佳辩手"。

评价标准	评价结果	建议
观点鲜明	☆☆☆	
事例具体	☆☆☆	
依据恰当	☆☆☆	

第三章　基于语文学习任务群的大单元教学设计与实施

【板书设计】

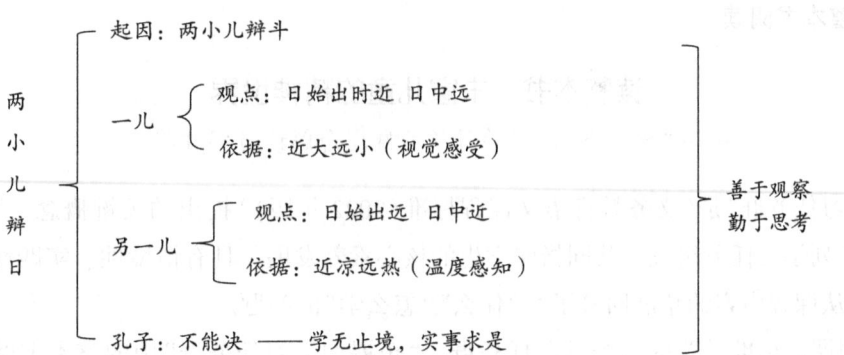

【设计者手记】

《两小儿辩日》这个故事采用"问答式"的对话，仅用一百多字构成了一个情节完整的故事。两小儿的争辩，论述过程简明、清楚，论据又巧用车盖、盘盂唤起视觉现象，以探汤唤起触觉，两个小儿的形象栩栩如生，跃然纸上。为遵循孩子的认知规律，实现知识整体建构，我打破年段间、单元间的壁垒，采用调适方式，设计了任务一"'古代小儿'对对碰"，创设情境，将司马光、王戎、杨氏之子、两小儿这些古代"小儿"聚集起来，在习得并运用方法知文言文大意的基础上，在学生元认知上找到增值点，找到这些小儿身上的智慧之光，思辨之光。

按照"联结整合——拓展迁移——实践转化"的策略，在任务一"联结整合"后，又设计任务二"我与'小儿'对对碰"和任务三"'能言善辩'我能行"，旨在实现阅读与表达的深度融合，体现由"悟"到"思"，由"思"到"用"，由"用"到"创"，从课堂走向生活的学习过程，以促进学生思维能力的发展和思维品质的提升。

为了体现"教——学——评"的一致性，契合课标思辨性阅读与表达学习任务群中提到的"评价要关注学生在问题研究过程中的交流、研讨、分享、演讲等现场表现，以及活动过程中产生的文字、表格、统计图、思维导图等学习成果，要特别关注学生思考的过程和思维的方法"，因而，我针对三个任务，相应提出了评价要求，在评出"最佳辩手"这一活动中设计了评价表。活动中用结构图、表格、思维导图等让学生思维可视化。

（武汉市新洲区邾城街中心小学　曾慧）

183

基于语文核心素养的大单元教学

（三）拓展型学习任务群

1. 整本书阅读

读整本书　丰富儿童的精神世界
——"整本书阅读"学习任务群理念解读与实施建议

"学习任务群"是《义务教育语文课程标准（2022年版）》提出的关键概念，"由相互关联的系列学习任务组成，共同指向学生的核心素养发展，具有情境性、实践性、综合性"。它从课程内容的角度回答了"学什么""怎么学"的问题。

纵观课程标准设置的六个学习任务群，"拓展型学习任务群"中的整本书阅读学习任务群为"实用性阅读与交流""文学阅读与创意表达""思辨性阅读与表达"学习任务群提供了广阔的实践天地，能够从不同层面培养学生的核心素养——文化自信、语言运用、思维能力和审美创造。

（1）溯源与发展——继承传统，回归正道

整本书阅读是我国语文教育的优良传统。中华人民共和国成立以来颁布的小学语文教学大纲，几乎都提到读书的重要性，只是那时叫"课外阅读"。

1978年2月教育部制定了《全日制十年制学校小学语文教学大纲（试行草案）》，其中"阅读教学"部分最后就有这样一段话："要加强课外阅读的指导。课外阅读对培养和提高学生的读写能力起着重要的作用。教师在指导课外阅读时，要选择适合学生阅读的有益读物，开拓学生的眼界，要提示阅读的方法，组织读书活动，检查阅读效果，培养学生阅读的兴趣和认真读书的习惯。"这段话把学生自读书报的重要意义，教师指导的要求、方法，已经说得相当全面。只是这些阅读活动是在课外，与课内学习似乎不在一个层级上。

《义务教育语文课程标准（2011年版）》有了更为明确而重要的表述。"课程目标与内容""总目标"第7条指出："具有独立阅读的能力，学会运用多种阅读方法。有较为丰富的积累和良好的语感，注重情感体验，发展感受和理解的能力。能阅读日常的书报杂志，能初步鉴赏文学作品，丰富自己的精神世界。能借助工具书阅读浅显文言文。背诵优秀诗文240篇（段）。九年课外阅读总量应在400万字以上。"

《义务教育语文课程标准（2022年版）》强调"课程内容主要以学习任务群组织与呈现"。由课外阅读到课内阅读，由单篇阅读到整本书阅读，由课外活动到课程内容，"整本书阅读"成为语文教师必教的内容，学生必学的内容。任务群的教学引领教学方式的变革，催生着问题导向、自主合作、个性化和创造性的学习体验，指向着语文核心素养的提升。

184

第三章　基于语文学习任务群的大单元教学设计与实施

自此，整本书阅读在语文课程的地位和作用的凸显，是素养时代的必然选择。重视整本书阅读正是为了继承语文教育的优良传统，回归语文阅读教学的正道。

（2）内涵与目标——提升素养，终身阅读

整本书阅读作为语文课程六个学习任务之一，是构成语文课程内容的重要组成部分，对发展学生的核心素养起到重要作用。

整本书阅读因为材料的不同，具有不同于课文教学的特殊性。一是因为整本书字数多，包含内容广，教学时间上存在困难；二是因为整本书包含的意蕴深厚，具有更开放的时空，教学重点上存在选择困难；三是整本书的语言具有鲜明的作者个性，教学实践上存在和学生语言理解水平的差距。为此，《义务教育语文课程标准（2022年版）》（以下简称"新课标"）针对"整本书阅读"任务群的内涵明确提示：本学习任务群旨在引导学生在语文实践活动中，根据阅读目的和兴趣选择合适的图书，制订阅读计划，综合运用多种方法阅读整本书；借助多种方式分享阅读心得，交流研讨阅读中的问题，积累整本书阅读经验，养成良好阅读习惯，提高整体认知能力，丰富精神世界。

可以看出，整本书阅读和其他学习任务群一样，要在语文实践活动中进行，以动态的方式来处理整本书的内容。

积累知识——整本书中的知识，包含革命文化、中华优秀传统文化、社会主义先进文化，小学阶段以叙事性作品为主，其中包含着丰富的人物形象和文化信息。学生要能在阅读的过程中积累一定相关知识。

提升素养——阅读素养是在阅读的过程中发展形成的。学生通过整本书阅读，应在提取信息、整合解释、反思评价等阅读素养方面都有所发展。

建构策略——整本书阅读需要阅读方法的支持，阅读方法的集合就会形成阅读策略，图像化等阅读策略正是学生在整本书阅读中建构的。

丰富精神——读别人的故事，想自己的人生。学生在整本书阅读过程中，往往受到书中人物的影响，有利于促进学生个人的精神成长。

整本书阅读学习任务群与核心素养具有多重关联，并且对核心素养的发展具有特定的作用。整本书能够提供整体的、系统的学习情境，能够很好地体现语文课程的"综合性""实践性"，对学生的全面发展具有独特作用。

整本书阅读的总目标是基于整本书阅读的综合发展。这个目标是指向学生的阅读素养的。阅读素养可以分为以下五个方面：能够理解并运用书写语言的能力；能够从各式各样的文章中建构出意义；能从阅读中学习；能参与学校及生活中阅读社群的活动；能够由阅读获得乐趣。有了目标，就能跳脱出书的内容，不局限于书中人物性格的讨论，不局限于主题的提炼与生发。学生也要有清晰的目标，要知道怎样阅读，怎样通过阅读进行思考和学习。学生有了目标，就会经常反思阅读过程，总结阅读经验。

185

基于语文核心素养的大单元教学

（3）策略与路径——统筹规划　任务驱动

"新课标"中的"整本书阅读"是按照"学习内容"和"教学提示"两部分来呈现的，其中"学习内容"部分主要提示了可供整本书阅读的图书类型和阅读要求。

学段	图 书 类 型	阅 读 要 求
第一学段 （1~2年级）	富有童趣的图画书等浅易的读物	体会读书的快乐
	优秀的儿歌集	感受儿歌的韵味和童趣
	自己喜欢的童话书	想象故事中的画面，学习讲述书中的故事
第二学段 （3~4年级）	表现英雄模范事迹的图书	讲述英雄模范的动人故事
	儿童文学名著	感受作品传达的真善美，用自己喜欢的方式讲述故事大意
	国古今寓言、中国神话传说等	学习其中蕴含的中华智慧，口头或书面分享自己获得的启示
第三学段 （5~6年级）	反映革命传统的作品	讲述自己感受到的家国情怀和爱国精神
	文学、科普、科幻等方面的优秀作品	学习梳理作品的基本内容，针对作品中感兴趣的话题展开交流
		梳理、反思小学阶段的阅读生活，运用口头或书面方式，与同学分享自己整本书阅读的经历、体会和阅读方法

第一学段的整本书包括"图画书""儿歌集""童话书"等，增加了"富有童趣""优秀的""喜欢的"等修饰语，希望学生能够阅读合适的优秀的作品。第二学段的整本书包括"英雄模范事迹的图书""儿童文学名著""中国古今寓言""中国神话传说"等。第三学段的整本书包括"反映革命传统的作品""文学、科普、科幻等方面的优秀作品"等。

2022年版课标中提到的整本书只是学习的材料，是学习的物质基础，还不是语文学习的内容。具体学习内容还应通过学习任务的设计来体现。第一学段以"阅读"为主要的学习任务，要求"体会""感受""想象""学习讲述"融进学习过程中。第二学段以"阅读"为基本的习任务，要求把"讲述""感受""分享"融进学习过程中。第三学段在"阅读"的基础上进行"梳理、反思"，并让学生与同学分享"整本书阅读的经历、体会和阅读方法"，从整本书阅读走向学生的反思。

第三章　基于语文学习任务群的大单元教学设计与实施

2022年版课标中的"整本书阅读""教学提示"提出了四条教学建议。这四条建议，强调了整体关照，统筹规划；任务驱动，互联其他；真实体验，全程评价。

①整体观照，统筹规划

"新课标"指出："应统筹安排课内与课外、个人与集体的阅读活动，宜集中使用每学期整本书阅读课时，兼顾教师指导和学生自主阅读，保证学生在课堂上有时间阅读整本书。"教师在实施"整本书阅读"学习任务群之前，需要根据课时量，结合自己所在教学计划，统筹规划一个整本书阅读学习方案，用来指导全程的阅读活动。这个方案应该包含整本书的特点分析、学情分析、学习目标、学习方法、学习课时、学习任务、学习评价等基本要素。同时，学习任务要特别注意体现学段差异，尤其是不同学段的读写能力进阶。学习任务之间应该环环相扣，形成结构化的任务链。教师要统筹安排课内与课外、集体与个人的阅读活动，指导学生在遵循全班整体阅读要求的基础上，根据自己的需求和实际制订整本书阅读计划，具体规划每周、每月的阅读进度、阅读内容，以及阅读过程中的小组合作、探究和反思等学习活动。在实施过程中，教师还需要根据学生的真实表现对阅读方案进行灵活调整。无论是具有完整故事情节的文学名著，具有完整结构的科普作品，还是故事集、儿歌集等文集式作品，教师都要从中梳理一条或者多条贯穿全书的主线，通过以点带面、点面结合的方式引导学生完成全书阅读，不要把整本书阅读教成单篇阅读的堆积和罗列。以四年级上册"《中国古代神话》整本书阅读学习方案"为例。

课名	中国神话传说
文本来源	统编教材四年级上册"快乐读书吧"
教学时长	6课时

文本分析及策略运用

	文本	主要角色	故事梗概
内容与结构	神话故事	盘古、女娲、后羿、精卫等。	神话是原始人类意识形态的集中体现，荡漾着人类祖先对自身的思考和对外界的理解。中国的神话有着鲜明的东方文化特色，反映出中华民族自强不息、坚韧不拔的特性。神话中，祖先们奋斗不息、顽强进取的精神对后代起着巨大的鼓舞作用。

187

基于语文核心素养的大单元教学

主要策略：本节课，教师主要运用确认重要信息（厘清结构）的策略进行教学

	项目/策略	教学要点	四年级	本课是否使用
四年级阅读策略和年级对照表	确认重要信息	提取要点		
		厘清结构	✔	✔
	预测	人物		
		内容		
		结局		
	建立联系	自我		
		文本	✔	
		世界		
	推论	线索		
		内容、主题		✔
		由文本找支持的理由	✔	
		找不同点	✔	
	自我提问	事实性提问	✔	
		推论性提问	✔	
		评价性提问		
		提高阅读速度		
	理解监控	有目的地阅读		
		策略运用		
		调整学习方法		
		形成观点		

学情分析

学生之前学过此策略	
学生初步学过此策略	✔
学生熟练掌握此策略	

整本书阅读学习任务群设计

课型	课时安排	学习任务	目标指向
导读激趣	1课时	看插图猜人物，读目录猜内容，初步感受神话的"神奇"； 选择阅读版本，自主制订阅读计划	激发阅读兴趣，制订阅读计划

188

第三章 基于语文学习任务群的大单元教学设计与实施

续表

课型	课时安排	学 习 任 务	目 标 指 向
读中指导	2课时	恰当使用阅读策略，自主批注阅读； 联系文本，发挥想象，发现人物千奇百怪的诞生方式	通过梳理整合信息，培养学生归纳判断能力和探索发现的阅读品质
		交流书中的奇人奇事，梳理故事主要情节； 探究中国神话故事的由来，感受人物鲜明的特点，画人物关系图	感受中国古代劳动人民的智慧和强大的想象力
读后交流	1课时	学习创造性讲述中国古代神话故事的方法； 学着自己创编神话故事	在语言实践中提升学生想象力和创造力，继承和弘扬中华民族自强不息、坚韧不拔的优秀品质
拓展延伸	1课时	探寻现代科技的"前世踪迹"； 通过中国神话和古希腊神话中"取火"等故事的对比阅读，尝试探寻不同民族神话故事间的异同及其中原因	尝试运用其他学科知识解决问题，激发学生的好奇心和求知欲，树立中华民族的文化自信
成果展示	1课时	举行"神话故事带我飞"阅读汇报活动："图说神话"展；"故事山"讲故事；创编神话故事	梳理学习成果，在展示活动中加强学生的自主、合作、探究意识和能力，感受阅读、分享的乐趣

教学目标

认知目标	了解古代神话的类型； 回顾故事情节，掌握描述故事情节的方法
技能目标	确定关键信息，厘清故事结构并制作人物关系图； 引导学生对比人物性格，发现不同和相同之处
情意目标	鼓励学生阅读神话故事，体会阅读神话故事的乐趣； 激发学生阅读神话故事的欲望，了解人类祖先的思考和精神

教学流程

暖身活动	发展活动	综合活动
了解中国神话故事	阅读故事，完成人物诞生方式 走进故事，梳理故事情节 复述故事，发现人物特点 聚焦故事，寻找奇特幻想	"故事山"讲故事 编写神话故事 推荐阅读故事

189

②任务驱动，互联其他

2022年版课标指出："应设计、组织多样的语文实践活动，如师生共读、同伴共读，朗诵会、故事会、戏剧节，建立读书共同体，交流读书心得，分享阅读经验。"指向拓展型学习任务群的"整本书阅读"，教师设计"学习任务"时应基于阅读规律、儿童心理发展规律、生活经验与需求，凸显情境性、实践性、综合性。教师要创设符合整本书特点的主题情境，以任务为载体，设计有逻辑关联的阅读与鉴赏、梳理与探究、表达与交流等语文实践活动，引导学生运用整本书阅读工具、策略等完成任务，发展个性理解，提升阅读品质，建构自我认知，实现自我成长。教师应提出真实的驱动性问题。统领整个阅读过程，让学生投身真实情境，营造阅读探究的积极氛围，诱发学生阅读的深层动机。

整本书阅读学习任务群为"实用性阅读与交流""文学阅读与创意表达""思辨性阅读与表达"学习任务群提供了广阔的实践天地，在推进过程中可以互联其他学习任务群，进一步提升语文核心素养。2022年版课标指出："整本书阅读教学，应以学生自主阅读活动为主。引导学生了解阅读的多种策略，运用浏览、略读、精读等不同阅读方法；通读整本书，了解主要内容，关注整体与局部、局部与局部之间的关系；重视序言、目录等在整本书阅读中的作用。"从序言目录概览、整书浏览、片段精读、语段赏读、重点回读、话题研读，到拓展创读……阅读方式需要不断变化。深度阅读包括以下七种形式：检索性阅读，通过目录定向、关键句段定位等方法整体感知内容，梳理主要事件、人物关系；理解性阅读，精读特写，切片联结，解析主旨；思辨性阅读，话题探讨，观点交锋，认知碰撞；鉴赏性阅读，品味语言特色，评价人物性格；演绎性阅读，朗读、讲述、配音、配画、编剧、表演；批判性阅读，联结生活，类比反思，理性辨析；创造性阅读，故事延展，创意设计，解决问题。深度阅读，需要经历"检索—理解—思辨—鉴赏—批判—创新"的过程，从观其大略到探其细节，从宏观把握到微观探究，不断丰富阅读成果。

③真实体验，全程评价

2022年版课标指出："注意考查阅读整本书的全过程，以学生的阅读态度、阅读方法和读书笔记等为依据进行评价。教师可以围绕读书的主要环节编制评价量表，制作阅读反思单，引导学生从阅读方法、阅读习惯等方面进行自我反思、自我改进。"整本书阅读学习活动的持续时间往往较长，教师需要全程追踪学生真实的阅读表现。教师在设计学习方案时还要考虑如何保持"教—学—评"一致性。可以运用任务单、阅读手册、读书笔记等"学历案"方式，将需要考查的知识、能力和思维等内容落到实处；同时运用现场观察的方法，用文字或者视频记录学生在阅读、分享、研讨等实践活动中的现场表现。教师在评价过程中要注意发现、保护和支持学生阅读中的独到见解，善于发现每个学

生独特的整本书阅读经验，及时组织学生交流与分享，进一步丰富整本书阅读评价的现实依据。另外，在整本书阅读教学中，教师要重视学生自我反思能力的培养，还要根据班级阅读整本书的评价取向和具体需求，编制评价量表、制作阅读反思单，引导学生从阅读态度、阅读方法、阅读习惯等方面进行自我反思和改进。通过前期追踪和后期反思，教师要善于发现学生在阅读整本书过程中存在的问题，从阅读思维、阅读方法等方面为学生提供个性化指导，促进学生提高整本书阅读的效率，真正建构阅读整本书的经验。

以《孤独的小螃蟹》整本书阅读"记录性评价"为例。

阅读时间	阅读内容	我喜欢的故事名字	我的疑问	星级评价
第一周 ___月___日 至 ___月___日	《企鹅寄冰》 《梨子提琴》 《珍珠和贝壳》 《桃树下的小白兔》			☆ ☆ ☆
第二周 ___月___日 至 ___月___日	《冬瓜吉他》 《阿笨猫开书店》 《彩虹风来》 《喷嚏龙》			☆ ☆ ☆
第三周 ___月___日 至 ___月___日	《冰淇淋太阳》 《螃蟹小裁缝》 《大象的耳朵》 《长寿雨》			☆ ☆ ☆
第四周 ___月___日 至 ___月___日	《三个笨学生》 《青蛙武士的影子》 《大苹果》 《孤独的小螃蟹》			☆ ☆ ☆

以《中国神话传说》整本书阅读"过程性及单元评价"为例。

评价类型	内容	基 本 标 准
过程性评价	我的阅读我做主	能制订一份完整的"阅读计划"，具有可行性和个性； 能按计划进行"阅读打卡"，并读完整本书； 能完成不同神话故事的"闯关阅读"，厘清每个故事的主要情节

基于语文核心素养的大单元教学

续表

评价类型	内容	基 本 标 准
过程性评价	我手画我心	能根据故事中人物千奇百怪的诞生方式制作"出生卡片"； 能画一画并展示介绍神话故事中人物的关系图，说说神话人物的相同和不同之处； 画一画让你印象最深刻的神话人物肖像图； 能对他人的作品进行恰当的评价
	神话故事我来说	能选择最喜欢的故事，个人或小组合作讲述故事； 能将故事的时间、地点、人物及故事的起因、经过、结果讲述完整，重点情节生动，仪态自然大方； 能制定评选标准，评选最佳故事大王及最佳探究者
	我是小小故事家	选择一位神话人物和他一起过一天，创编故事； 能写清楚起因、经过、结果，想象神奇，情节有趣，人物形象鲜活； 能制定评选标准，评选最佳创作者
单元测评	我与神话故事有个约会	回顾自己阅读《中国神话传说》的过程，能梳理总结好的阅读方法，自我反思需要改进的建议； 能在"读书交流会"上和小伙伴展示、分享自己的阅读计划，交流自己的读书心得； 能向身边人推荐这本书，吸引更多人阅读，从故事中汲取营养，收获成长

义务教育语文课程改革强调立足素养、加强整合、注重实践和情境任务驱动、教学评一致的理念，学习任务群担负着推动语文课程改革、促进学习方式变革的使命。目前，小学整本书阅读学习任务群在目标设定、活动设计、资源整合、策略运用、多元评价等方面还存在需要突破的难点。我们力求通过教学实践，探寻整本书学习任务群阅读活动的有效组织方式，让学生在阅读中积累必备知识，掌握关键能力，丰富精神世界，促进核心素养的形成。

(武汉市江汉区红领巾学校　黄文菊)

第三章　基于语文学习任务群的大单元教学设计与实施

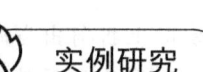 实例研究

徜徉寓言故事　感受智慧的力量
——《列那狐的故事》"整本书阅读"学习任务群教学设计

一、设计背景

《义务教育语文课程标准(2022年版)》(以下简称"2022年版课标")"整本书阅读"学习任务群"学习内容"部分,提出学生应阅读优秀文学作品,"学习梳理作品的基本内容,针对作品中感兴趣的话题展开交流",目标是让学生能够就作品中的话题进行交流,以作品的阅读促进自身发展。同时,要求学生阅读以后,能够"运用口头或书面方式,与同学分享自己整本书阅读的经历、体会和阅读方法",旨在通过阅读积累经验,掌握方法,为终身阅读奠定基础。

"整本书阅读"学习任务群"教学提示"部分指出,"整本书阅读教学,应以学生自主阅读活动为主",强调学生在整本书阅读中的主体地位。要求"引导学生了解阅读的多种策略,运用浏览、略读、精读等不同阅读方法",注重阅读策略的指导,让学生能够不断梳理与总结阅读方法,逐步掌握不同文类的阅读方式。

统编版小学语文五年级上册第三单元的人文主题为:民间故事,口耳相传的经典,老百姓智慧的结晶。语文要素有两条:第一,了解课文内容,创造性地复述故事;第二,提取主要信息,缩写故事。因此,在推进《列那狐的故事》整本书阅读时,可以将本单元学习到的提取故事主要信息的方法用于交流汇报环节:向别人推荐《列那狐的故事》这本书,创造性地复述自己喜欢的章节或绘声绘色讲故事。此外,结合人文主题中对于民间故事特点的介绍,在理解文本的过程中,教师要及时补充作品的时代背景,帮助学生突破表面文本的局限,从而对作品有更深刻的理解,领略民间智慧的魅力。

二、设计思路

《列那狐的故事》是一部动物寓言故事集,它汇集了法国中世纪民间文化的精华。作品以列那狐和伊桑格兰狼的斗争为主线,精彩演绎了24个故事。整本书向我们展示了一个类似于人类社会的动物王国:这里等级森严,有贵族,也有平民;这里上演着一幕幕令人啼笑皆非的故事,而故事的主角是一只披着红色毛皮、身材瘦小、奸诈狡猾却富有反抗精神的狐狸列那。列那总是惹是生非:他让狼伊桑格兰颜面尽失,让花猫断了尾巴,让狗熊毁了容貌……尽管他看似作恶多端,却凭借智慧和勇气一次次化险为夷。他以生存为根本,以狡黠为利器,勇敢地捍卫着生命的尊严,让人又爱又恨。从狐狸列那的故事中,每个人的收获都不尽相同:有人回忆起了童年,有人感受到了生存的压力,有人则看到了乐观、积极的生活态度……

在现实生活中,列那狐就是法国市民阶级的代表,为了生存,不得已要与社会不同

193

基于语文核心素养的大单元教学

阶层的人作斗争。所以，这本书表面上是写动物世界的弱肉强食，实际上折射出当时法国复杂多变的社会现实。它既揭露社会上层的贪无止境、残酷冷漠，也反映了下层人民的贫苦和无奈奴性。这部作品具有生动的故事情节、鲜明的人物形象、幽默的语言风格和发人深省的心灵触动，适合第三学段的学生阅读。

为了帮助学生阅读有目的，阅读有收获，我们为学生设计了有梯度的阅读任务。任务一：从阅读与鉴赏的角度帮助学生走进书籍。读前引导为学生打开阅读的大门，引领学生走进书本的世界，因为只有扎实的阅读才是深入走进文本的基础。此外，在阅读的基础上，帮助学生有意识地对人物进行赏析，分析具有鲜明特性的人物形象，为进一步品读打下基础。任务二：梳理与探究。面对整本书的阅读，梳理文章内容、厘清行文顺序是进一步深入阅读的基础。在学生对整本书的内容有清晰的把握后再进一步完成学习探究，展开深入理解。任务三：表达与交流。我们阅读和学习的目的之一是让学生能够清楚地完成个性化的表达。所以在前两项任务完成的基础上，学生可以根据自己的创意进行书本内容的续写，完成个性化表达。

学习任务框架如下图所示。

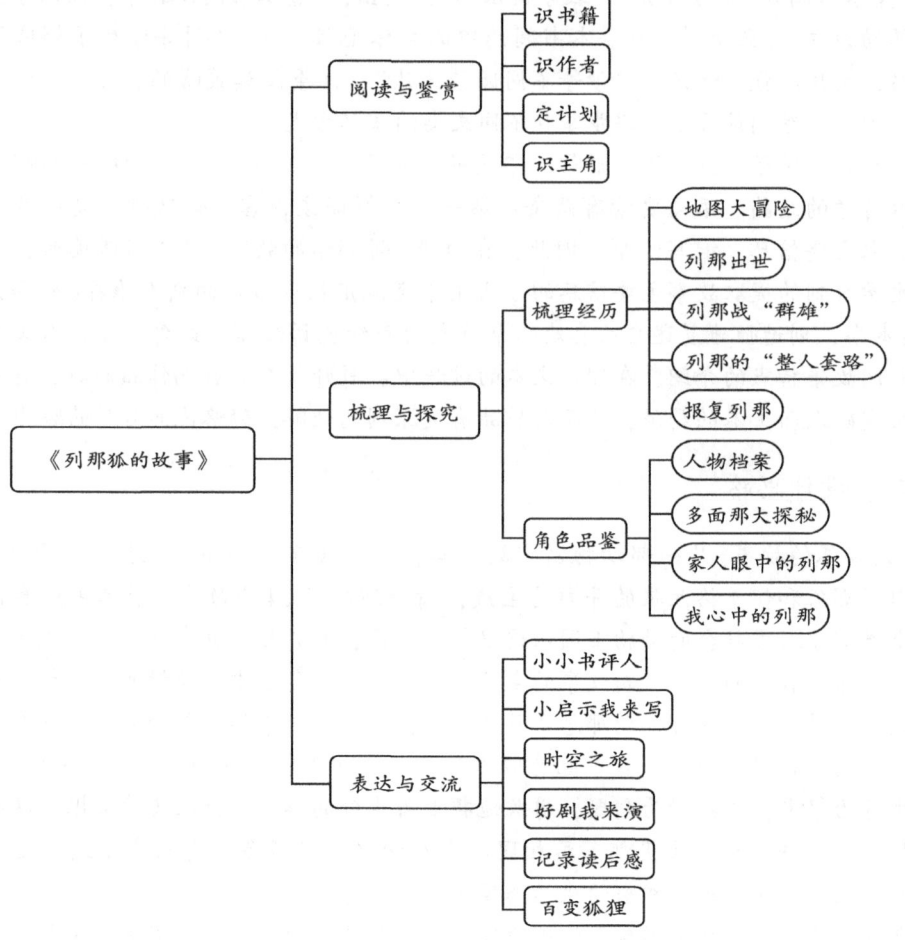

194

第三章　基于语文学习任务群的大单元教学设计与实施

任务一　梳理与探究

民间故事内容庞杂，简单梳理文章内容，可以帮助学生厘清书本的写作思路，有助于其接下来的阅读。学习活动安排梳理列那的出世，了解这只与众不同的狐狸；从列那战"群雄"体会人物身上体现的特点和品质；梳理列那的整人套路，从而归纳他对付敌人的共同点，总结出列那的性格特点，从不同方面了解人物形象。学生可以在梳理的基础上感悟人物特点，学习探究，最终形成自己的观点与表达。

任务二　表达与交流

明确故事结构时，可以通过设计多样、有梯度的活动，给学生搭建起一个个梯子，让学生在此基础上一步步达成目标。首先要了解故事的结构、脉络，通过发散、扩写、续写等方式尝试创作。其次是寻找语言支架，在创作的过程中，学习作者风趣精妙的语言表达。通过整体感知、联想想象，感受文学语言和形象的独特魅力，获得个性化的审美体验；了解文学作品的基本特点，欣赏和评价语言文字作品，提高审美品位；观察、感受自然与社会，表达自己独特的体验与思考，尝试创作文学作品。

本单元的学习旨在帮助学生从民间故事的作品语言、艺术形象，体会这种文学作品的特点。积极向他人推荐，并有条理地说明推荐理由，以体现民间故事"口耳相传"的特点；学会运用多种阅读策略方式梳理文本中的主要事件和人物，提出自己的观点和看法，监控自己的阅读过程。具体学习目标如下：

第一，能从民间故事的作品语言、艺术形象，借助教师提供的背景资料，体会这种文学作品的特点：多采用象征形式，故事里的动物常被拟人化。这类故事，借动物之间的纠葛表现某种社会现象、人与人的关系。

第二，能通过绘制"阅读计划""阅读单"等方式提高阅读质量，提出自己的观点和看法。

第三，根据不同的需要，简要复述、创造性复述、绘声绘色讲述印象深刻的故事情节，积极向他人推荐，并有条理地说明推荐理由，体现民间故事"口耳相传"的特点。

从学习结果的角度评价学习目标的达成情况，需要对三个学习任务的完成过程及最终结果提出具体的、可观测的、可评价的学习要求。如下表所示。

学习任务	学习要求
阅读与鉴赏	能根据关注的重点阅读作品； 能通过寻找特征发现整本书的特点，从而初步感知民间故事的特点； 能理解并赏析书中的特色语言表达

195

基于语文核心素养的大单元教学

续表

学习任务	学 习 要 求
梳理与探究	能通过梳理经历、人物特点等把握书中的情节； 能通过思维导图的形式，有层次地呈现人物形象； 能在辩论中表现对人物的理解
表达与交流	能应用故事原有结构进行创编； 能从书中语言理解如何表现故事中的情节

任务三 阅读与鉴赏

从学生熟悉的动物"狐狸"切入，开始走进整本书。通过已有阅读和生活经验，帮助学生建立起与书本的密切联系，进而激发阅读兴趣。列那狐的形象具有多面性，生动有趣的人物形象会激发学生对故事内容的喜爱之情，同时也可以帮助学生梳理故事情节，理解人物。书中还有很多特色鲜明的语言表达，可以丰富学生自身的语言系统。

(一)学习活动一：识书籍

1. 读一本书先要看封面，仔细观察一下，看看会有什么发现？

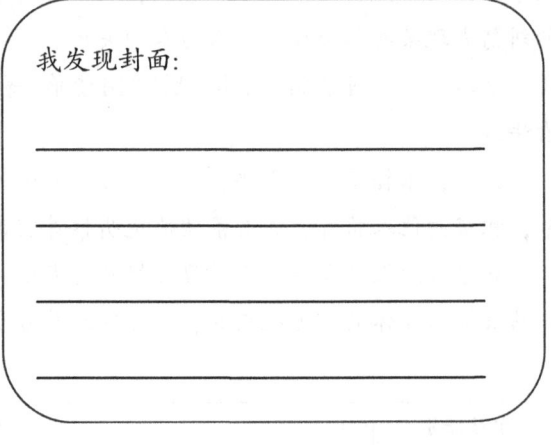

我发现封面：

_____

_____

_____

_____

196

第三章 基于语文学习任务群的大单元教学设计与实施

序

第一章 列那狐妙计偷鳗鱼

第二章 列那狐智戏狼舅舅

第三章 列那狐再戏狼舅舅

第四章 列那狐与花猫的"香肠大战"

第五章 列那狐让花猫断了尾巴

第六章 列那狐智捕鹭鸶

第七章 列那狐上公鸡的当

第八章 尚特克雷一家的悲剧

第九章 列那狐被动物们指控

第十章 列那狐两次被传讯

第十一章 列那狐被请到王宫

第十二章 列那狐为自己申辩

第十三章 列那狐献宝免绞刑

第十四章 列那狐给国王献礼

第十五章 国王率兵攻打马贝渡

第十六章 列那狐为国王治病

第十七章 列那狐去哪里了?

2. 三年级时我们学习过预测,请根据目录猜测一下故事内容。

根据第_____章标题,我猜测:

_____

_____

_____

_____

_____

(二)学习活动二:识作者

1. 作者简介

玛特·艾·季诺夫人,又译为吉罗夫人,法国女作家。她受《伊索寓言》的影响,根据当时流传于法国的民间寓言故事,编写了《列那狐的故事》,目的是影射当时的法国社会。

2. 内容简介

故事起源于法国民间。全部故事由保留下来的27组诗构成,共3万多行,是一部中世纪法国民间长篇叙事诗。故事主要讲述动物的生活,以狐狸列那和代表贵族的雄狼伊桑格兰的斗争为线索,揭露了重重的社会矛盾,辛辣地嘲讽了专制的国王、贪婪的贵族、愚蠢的教士等。吉罗夫人生活于12—13世纪的法国,当时欧洲社会矛盾尖锐,各国君王对贵族们的斗争无能为力。因此,吉罗夫人改编了叙事诗《列那狐的故事》,试图用寓言的形式来讽刺当时的贵族和官吏等。

(三)学习活动三:订计划

1. 阅读计划

☆我阅读的目的:(　　　)

197

A. 放松愉悦心情　　 B. 获取感兴趣的知识　　 C. 查找收集信息

☆我的阅读方式：（　　）

A. 快速浏览　　 B. 跳读　　 C. 精读

☆整体阅读计划：

《列那狐的故事》这本书共（　　）页，（　　）个章节，我计划用（　　）天看完。

☆家长评定：

我制订的计划是否合理？是 / 否

家长建议：_____

伙伴建议：_____

老师建议：_____

2. 阅读打卡单

阅读章节	阅读目标	阅读感受	读者签名	阅读日期

(四)学习活动四：识主角

亲爱的同学们，我们的阅读之旅即将开启，让我们走进《列那狐的故事》，去认识我们的主角——一只狐狸。想必你也读过许多与狐狸有关的书籍，或者观看过与狐狸有关的影视作品等，请把你对狐狸的了解写下来吧。

我看过的与狐狸有关的动画、电影：

我读过的与狐狸有关的绘本、书籍：

我了解的与狐狸有关的神话传说：

我搜集的与狐狸有关的百科知识：

【设计者手记】

1. 多元互动策略。学生对《列那狐的故事》中的内容已有了解，但是真正阅读整本书，对孩子们来说还是有一定的困难的。通过引导学生与动画片、电影、电视剧等多种媒介形式进行互动，可以激发学生的阅读兴趣，帮助学生克服阅读困难。

2. 分析策略。对高年级学生而言，在阅读之前只有经历丰富的思考过程，才能将自己的阅读引向深入。教师在指导学生读原著的过程中，可以引导学生运用自己的分析理解能力，做好计划，从而为理解整本书奠定基础。

基于语文核心素养的大单元教学

任务四　梳理与探究

（一）学习活动一：梳理经历

1. 地图大冒险

这本书里的许多故事发生在很多不同的地点，让我们先去书中展开一场地图大冒险。请你在书中找到这些地点，然后想想，在这些地点又发生了哪些精彩的故事？

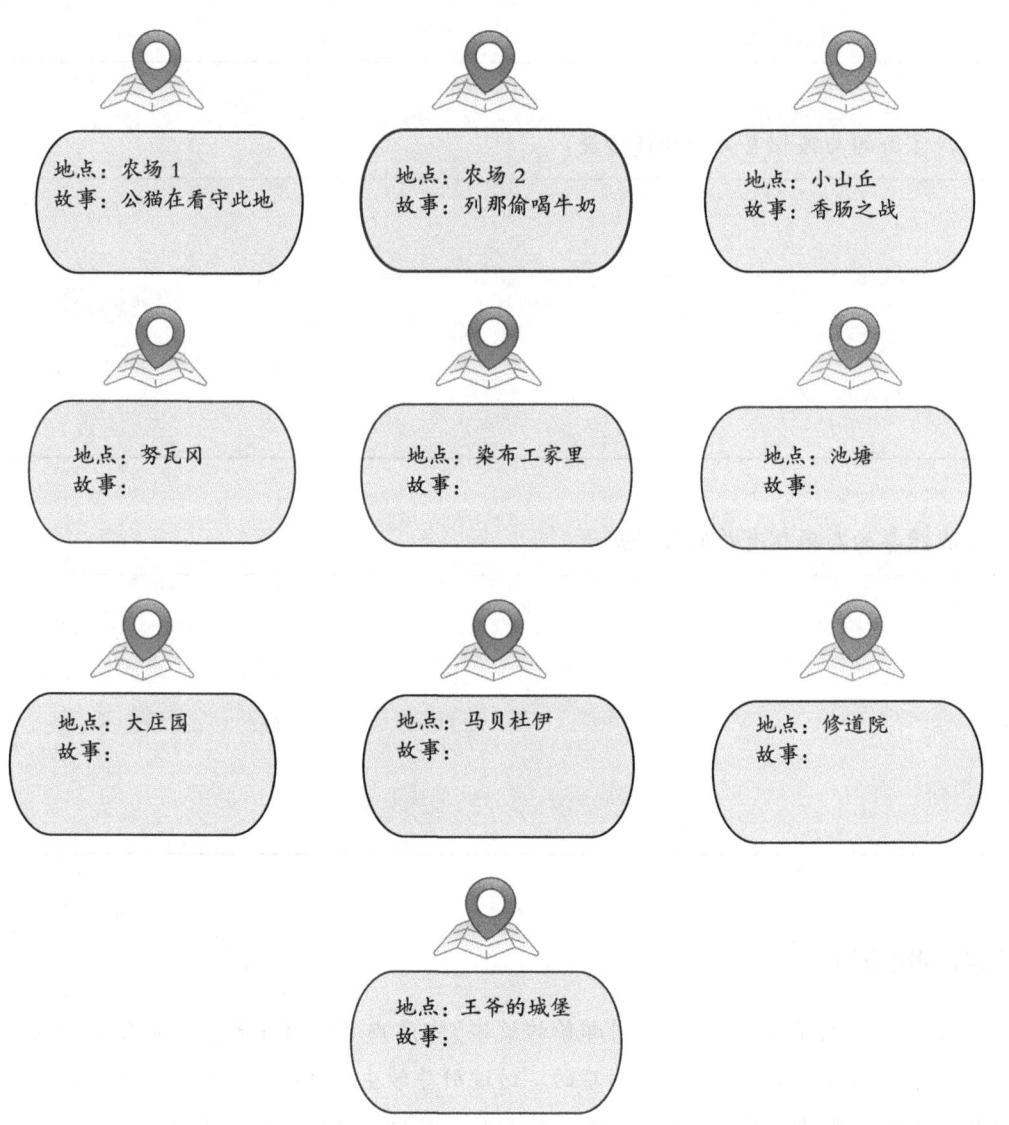

2. 列那出世

列那可不是一只普通的狐狸，他的出世竟然和亚当与夏娃有关。固执的夏娃折断了

200

上帝送他们的神棒，向海里扔去，这时候发生了什么事呢？请阅读《列那出世》，完成下面的任务。

这一章写的是：_____

_____

_____

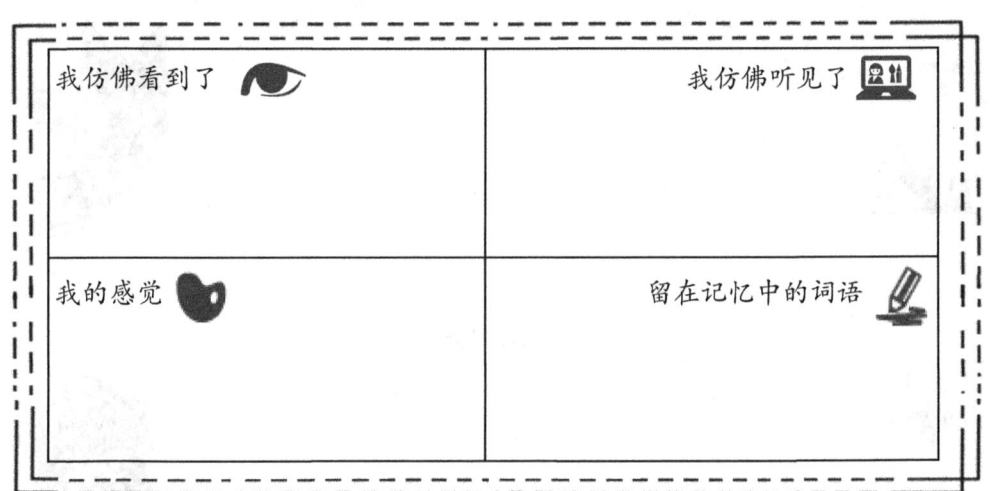

如果要为"列那的出世"拍一部电影，请你简单设计几个镜头，把这个场景记录下来。

201

基于语文核心素养的大单元教学

3. 列那战"群雄"

狡猾的列那，和他的"朋友"之间并不是友好相处。他们之间"斗智斗勇"，大战了好几个回合，最后列那取得了决定性胜利。请你记录下列那和雄狼伊桑格兰、花猫以及狮王之间的"战争"经过。

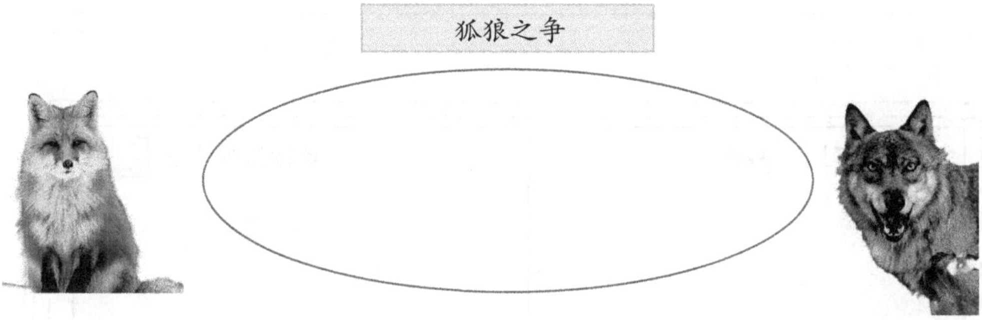

狐狼之争

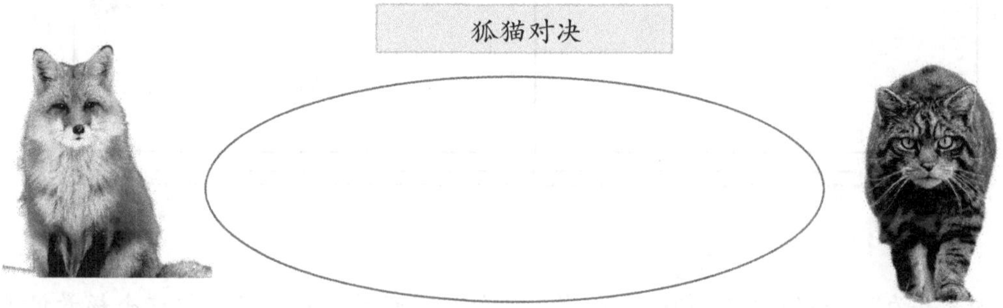

狐猫对决

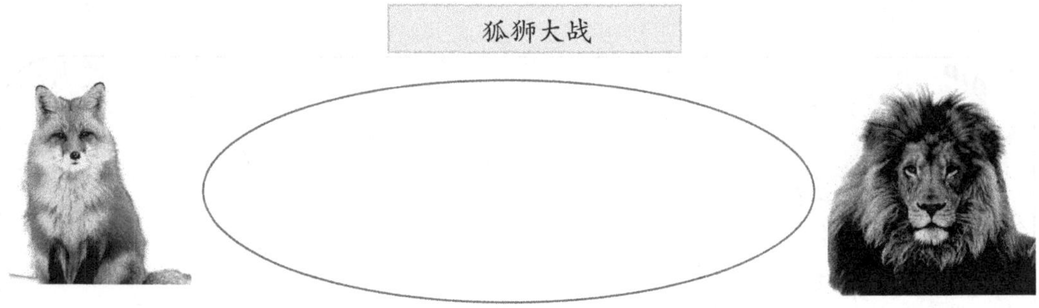

狐狮大战

4. 列那的"整人套路"

列那遭到很多动物的控诉，最后还要被狮王判处绞刑。狮王派遣许多使者前去捉拿

列那，但是他们都被狡猾的列那戏弄了。请你仔细阅读这一章，看看诡计多端的列那是怎么对付狮王使者的，并用简练的语言概括出列那的"整人套路"。

对付狗熊
_____
_____
_____

对付花猫
_____
_____
_____

对付猪獾
_____
_____
_____

我发现列那对付"敌人"有几个共同点：

....

....

....

....

....

....

....

列那真是一只_____的狐狸。

5. 报复列那

阅读《遭到报复的列那》，完成下面的任务。

麻雀轻信了列那的花言巧语，把自己的孩子们送到了列那的嘴里。他是又气又悔！他决心报仇，于是他四处寻求帮助。请你帮助特路恩写一封求助信。

基于语文核心素养的大单元教学

求助信

_____

_____

_____

_____

_____

_____

_____

哪些朋友给麻雀回信了？他们都是怎么说的？

_____ 回信说 _____

_____ 回信说 _____

_____ 回信说 _____

_____ 回信说 _____

（二）学习活动二：角色品鉴

1. 人物档案

故事中的人物都有着鲜明的个性，同时又是各个阶级的代表，有着一定隐喻。让我们根据他们的特点，给每个角色制作一份人物档案吧！

评价词：

狮王
隐喻：

评价词：

雄狼
隐喻：

204

狗熊
隐喻：

麻雀
隐喻：

野兔
隐喻：

花猫
隐喻：

评价词：

评价词：

评价词：

评价词：

2. 家人眼中的列那

列那虽然做尽坏事，戏弄了很多动物，但是他却有一个温馨的家，一个他深深爱着的妻子和两个备受疼爱的孩子。看，列那用诡计偷了商贩们的鳗鱼，带着鳗鱼"项链"回到家里，孩子们拥了上去，妻子海梅林夫人为他打来洗脚水。结合书中内容，猜猜他们都会说些什么？写下来，你就能感受到一个不一样的列那。

3. 多面列那大探秘

在书中，狐狸列那具有鲜明多样的性格特点。结合书中的内容，请你对列那的性格特点进行归纳，并列举出每个性格特点的典型事例。

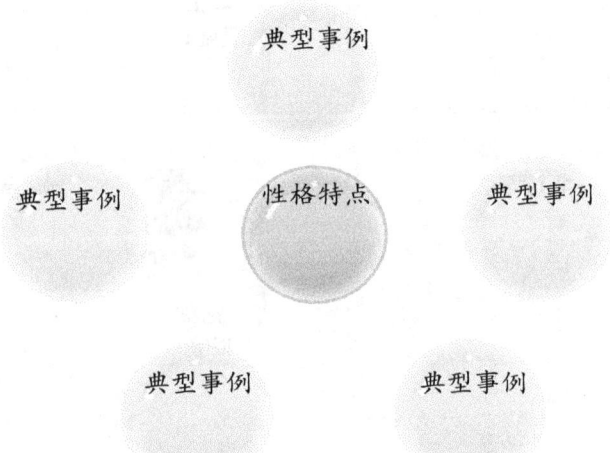

4. 我心中的列那

列那狐是一只怎样的狐狸？给你留下了什么印象？概括出他的特点，并在书中找出能体现的相关情节吧！你喜欢这只狐狸吗？为什么？

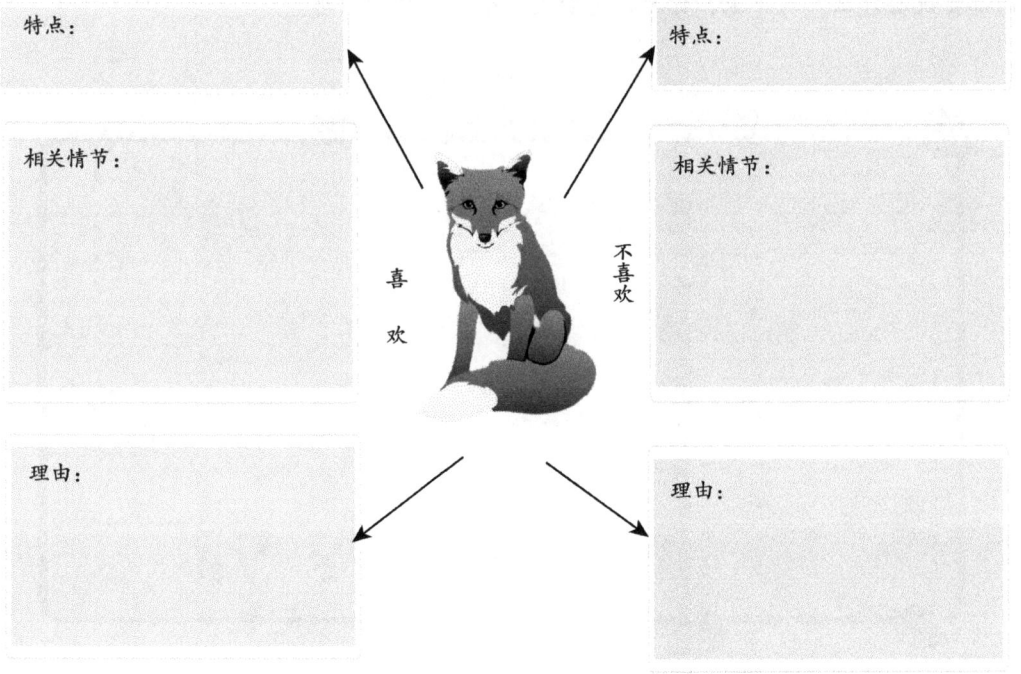

第三章　基于语文学习任务群的大单元教学设计与实施

【设计者手记】

1. 信息筛选与提取策略。《列那狐的故事》内容丰富，信息众多，通过对人物经历的梳理可以帮助学生学会运用筛选和提取信息的能力，使学生比较容易把握整本书的脉络，厘清故事内容。

2. 对比分析策略。《列那狐的故事》中的每一个故事内容是相对独立的，但与阅读单篇文不同，整本书的阅读更可以引导学生关注作为整体的一本书中故事内容的关联。通过对比列那在不同故事里的表现，增强分析能力，加强故事间的联系，形成整体阅读思考意识。

3. 思辨评价策略。高年级的学生更重视高阶思维的训练，通过辩论，学生可以对自己和对方观点进行深入的辨析与思考，并在思考论述依据的过程中完成一次次的论据评价，达到思维的深入发展。

任务五　表达与交流

(一)学习活动一：小小书评人

许多作家和读者在读完这本书后，对这本书进行了精彩点评，你能试着点评价这本书吗？

> 在我看来，与其说《列那狐的故事》是一部童话，倒不如说它是一部"非神圣的俗世圣经"。
>
> ——歌德

> 在西方童话里，狐狸其实是很常见的角色，而《疯狂动物城》狐狸尼克的身上，更是有着法国中世纪童话《列那狐的故事》中列那狐的影子。
>
> ——《观察者》

我的书评

基于语文核心素养的大单元教学

(二)学习活动二：小启示我来写

《列那狐的故事》这本书，是由一个个小故事组成的，每个小故事不仅生动有趣，还蕴含着许多做人做事的道理。在读的过程中，你是不是也有自己的思考呢？仿照下面的样子，把你印象最深的两个启示写下来。

小故事	故事梗概	获得启示
骗奶酪	乌鸦偷得一块奶酪，被列那见到，用花言巧语骗得乌鸦放松警惕，掉下奶酪。	不要轻易相信别人的花言巧语

小故事	故事梗概	获得启示

小故事	故事梗概	获得启示

208

(三)学习活动三：时空之旅

假如你能穿越进入列那狐中所在的时代，你希望穿越成为哪一个角色？亲身经历哪一个事件？你是否会想改变此人的命运呢？

假如可以穿越，我想我可能成为书中的 _____（人物），因为：

_____

_____

我想经历这一件事：

_____

_____

_____

我想将这个人的结局改变为： _____

_____

_____

我不想改变书中这个人物的结局，因为：

_____

_____

_____

基于语文核心素养的大单元教学

(四)学习活动四：好剧我来演

列那狐的故事经久不衰，曾被改编成动画片上映，好评如潮。以下是列那为了孩子找食物而不顾漫天大雪的情景，故事中还有很多扣人心弦的镜头，快和同学们一起演一演吧！

第 一 幕

狂风呼啸，雪花纷飞，一朵黯淡的火苗。这是列那狐的家，他正和夫人艾莫丽娜缩在家里。

列那狐双手捧着脑袋，坐在壁炉前，唉声叹气。艾莫丽娜看着已经空空的食橱，空的盆子，那双忧郁的眼睛里，蓄满了泪水。

壁炉里的火终于熄灭了。屋外，狂风呼啸。

艾莫丽娜长叹一声："家里什么吃的也没有了，一会儿孩子们回来可怎么办？亲爱的列那，快想想办法吧。"

一阵风，吹开了屋门，狂风夹裹着雪花灌进来。艾莫丽娜连忙去关门。

列那走上前去，亲昵地抚摸着妻子。艾莫丽娜的眼眶里滚出了两行泪珠。

列那狐忙用手去擦干妻子的泪水。艾莫丽娜哭得更伤心了。

列那狐猛地挺直了身子，抖了抖身上火红的金毛，说："亲爱的，我这就去。天再冷，我列那也不会空手回来。"

列那狐吻别了妻子，开门冲进狂风和大雪之中。

第 二 幕

迷蒙的雪幕中，一个隐隐约约移动的红点。

列那狐深一脚浅一脚地在雪中的森林里行走。

列那狐艰难地爬上一个雪岗。

列那狐居高临下地望去，除了白雪，什么也没有。

第 三 幕

孩子们的脸、妻子艾莫丽娜哀愁的脸，一齐浮现在列那狐的眼前。

他们似乎迎着雪花向他狂奔过来。

幻影消失，雪岗上的列那狐揉了揉眼睛，向四下打量着。

第三章　基于语文学习任务群的大单元教学设计与实施

列那狐突然笑了，他使劲用鼻子嗅着："咦，什么味儿这么香？啊！是鱼！鱼！宝贝们，等着爸爸吧！"

列那狐连滚带爬地冲下雪岗。

一只白雪球朝雪岗下的大路滚去。

"叮叮当当"的铃声。

一辆马车飞快地驶来。

一团雪球站了起来。

列那狐抖落了浑身的雪，又露出那火红的毛。

在表演课本剧的过程当中，有哪些同学表现亮眼，请你来评一评吧！

最佳配音员：

最佳表演者：

最佳编剧：

211

基于语文核心素养的大单元教学

金话筒奖：

我设置的奖项：

(五)学习活动五：记录读后感

读完《列那狐的故事》，你有一定有很多感受，先看看这位同学的读后感，然后试着自己把读后感写下来。

多面的列那狐
——读《列那狐的故事》有感

正如中国有一只家喻户晓的猴子孙悟空，法国也有一只狐狸列那，他的形象已是深入人心。由于故事的精彩，我两天就读完这本书——《列那狐的故事》。

列那狐，是只老奸巨猾的狐狸，也是被亚当和夏娃用神棒无意间敲打出来的怪兽。他极其聪明，用智慧教训了贪吃的雄狼伊桑格兰和狗熊勃伦。初读时，我觉得列那狐应该是只好狐狸，即使他有些贪吃的小毛病。当我回头再细读时，我又有了不一样的看法。在书中，他从用智慧教训"欺凌者"，发展到了用装死这种方法来偷渔夫的鳗鱼；骗小鸟爱尔蒙特上当；因为喝不到牛奶而把花猫的尾巴咬断。看到这儿时，我又觉得列那狐是只坏狐狸。

唉，他的形象真复杂。作者吉罗夫人称列那狐是"男爵"。但在我看来，列那狐简直是一只身上充满了未知之谜的多面狐狸。所以我特意查阅了相关资料。在现实中，列那狐的正面形象是一个反封建迷信思想的英雄，他捉弄国王、杀害大臣、嘲笑教会；他的反面形象则是一只无法无天的狐狸，疯狂伤害下层劳动人民。

　　这不禁让我想起了我的叔叔。我平时不喜欢叔叔，他大腹便便，说话大声，随时抽烟，不讲卫生，有时还笑话我的个子矮……他有很多很多的坏习惯。可是疫情中，我的叔叔却无私地捐赠了很多口罩，积极帮助村里进行排查工作，主动熬夜守村口。他有小毛病，但也有民族大爱。看着他的背影我又觉得他的形象高大了起来。人也是个复杂的动物，没有十足的好人，也应该没有全是缺点的坏人，我们应该更深入地了解一个人，全面的认识才不至于误解别人。

我的读书笔记

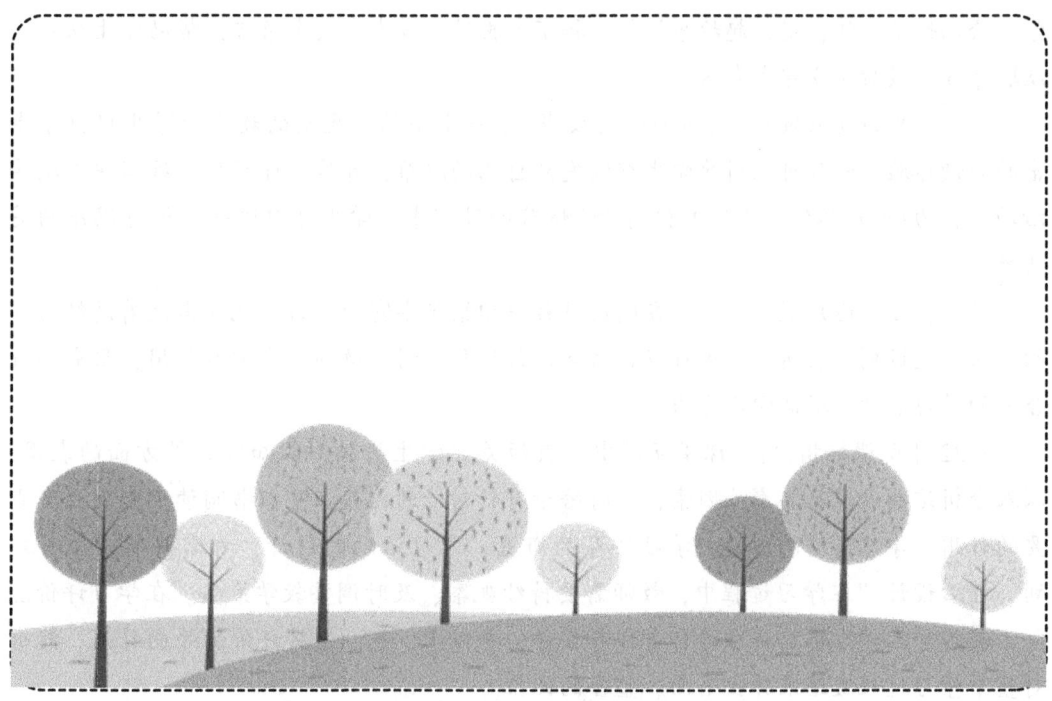

(六)学习活动六：百变狐狸

　　在很多故事和影视作品中，狐狸扮演着重要的角色。不同的故事中，狐狸的形象特点是一样的吗？回想一下你在故事或影视作品中遇到的不同的狐狸形象，以及这些小狐狸给你留下的印象，把你知道的内容补充在表格中。

故事/影视作品	狐狸形象
《乌鸦与狐狸》	
《了不起的狐狸爸爸》	
《疯狂动物城》	
……	
……	
……	

【设计者手记】

第一，层层递进策略。在学生尝试表达的过程中，教师应设计有梯度、有层次的训练，一步步帮助学生完成创作表达。故事的创编离不开跌宕起伏的情节，教师要先引导学生绘制情节曲线，搭设起故事框架，接下来再进一步丰富故事语言，帮助学生从书中汲取养分，最后独立完成表达。

第二，思维发散策略。《列那狐的故事》中一个个精彩生动的故事为学生提供了丰富的阅读体验。教师可以引导学生继续发散自己的思维，开展书评写作、编写课本剧等活动。在为《列那狐的故事》构思"穿越"情节的过程中，学生可以进一步锻炼思维的灵活性。

第三，迁移运用策略。学生在阅读过程中积累了丰富的语料，也在尝试着总结写作的方法。通过创意表达，学生可以将所学进行迁移运用，做到学生学有所用，形成知行合一的学习态度，提高学习能力。

2022年版课标指出："课堂互动中，教师关注学生基础、认知过程等方面的表现，深入分析这些表现及其影响因素，及时给予有针对性的指导在整本书阅读中起到至关重要的作用，学习情境的创设、学习任务的布置、学习活动的设计，都需要教师统筹规划、精心设计。"在学习过程中，教师需要持续观察、及时调整教学策略。在学习评价阶段，教师应在学生根据标准进行自评和互评的基础上，充分发挥评价的导向作用，能够对整个学习过程及结果作出全面、整合的评价。

(武汉市江汉区红领巾学校　黄文菊)

第三章 基于语文学习任务群的大单元教学设计与实施

走进民间故事 领略故事魅力
——《中国民间故事》"整本书阅读"学习任务群教学设计

一、课标分析

《义务教育语文课程标准(2022年版)》将整本书阅读单独设为拓展型学习任务群，旨在引导学生在语文实践活动中，根据阅读目的和兴趣选择合适的图书，制订阅读计划，综合运用多种方法阅读整本书；借助多种方式分享读书心得，交流研讨阅读中的问题，积累整本书阅读经验，养成良好的阅读习惯，提高整体认知能力，丰富精神世界。

第三学段要求高年级学生阅读"每分钟不少于300字"，要在"浏览"中"扩大知识面"，根据需要在"浏览"中"搜集信息"。课程要求学生在阅读中迁移从教材中学习到的方法，了解"故事梗概"，体会"思想感情"，了解"表达顺序"，并说出自己的感受。

根据上述要求，笔者依托五年级上册第三单元"民间故事"这一人文主题单元，以《中国民间故事》这本书为载体，设计了以"走进民间故事 领略故事魅力"为主题的整本书阅读学习任务群。

二、教材分析

统编版语文五年级上册第三单元围绕"民间故事"这一人文主题，编排了三篇课文，其中《猎人海力布》和《牛郎织女(一)》是精读课文，《牛郎织女(二)》是略读课文，呈现了外国民间故事和中国民间故事的多元魅力，表达了劳动人民对幸福美好生活的期盼与追求。

本单元的语文要素是"了解课文内容，创造性地复述故事"。这是在中年级"详细复述""简要复述"的基础上提出的进一步要求，旨在培养学生丰富的想象力，发展创造性思维。围绕这一语文要素，课后习题、语文园地"词句段运用"栏目中都有相关的练习，"交流平台"中则梳理总结了创造性复述故事的基本方法。本单元的口语交际还安排了"讲民间故事"的活动，并建议学生讲故事时"可以适当丰富故事的细节"，旨在让学生通过实践活动将所学的方法进行运用。

本单元的习作要求是"提取主要信息，缩写故事"，旨在引导学生通过摘录、删减、改写、概括等方法简要地介绍故事。教材在《猎人海力布》的课后题、《牛郎织女(二)》的阅读提示中都提出了概括内容的要求，为缩写故事作了铺垫。

本单元还安排了"快乐读书吧"栏目，推荐阅读中国民间故事以及欧洲、非洲等地的民间故事，并提示学生去"认识许多精彩的人物"，掌握"固定的类型和重复的段落"，

215

基于语文核心素养的大单元教学

感悟所寄托的"美好的愿望"。

综上所述，依托本单元设计整本书阅读的学习任务群不仅契合教材的编排意图，更顺应了学生的发展需要。而基于母语环境和文化基因，我选择《中国民间故事》这本书来设计整本书阅读学习任务群，一方面，希望能帮助学生更好地领略民间故事的魅力，更好地了解并传承中华传统文化；另一方面，希望学生能在任务驱动式的阅读实践中主动运用在课内习得的方法，从而进一步提升学生的核心素养。

三、学情分析

五年级上册第三单元"快乐读书吧"推荐阅读民间故事，其目的是拓宽学生的阅读视野，落实 2022 年版课标提倡的"少做题、多读书、好读书、读好书，读整本书，注意阅读引导，培养读书兴趣，提高读书品位"。"快乐读书吧"读书实践活动主要是由学生在课外自主完成的。五年级的学生已有了不少阅读整本书的经验，对故事内容能进行简单的概括和梳理，而且掌握了一些提高阅读速度的策略，但学生阅读的方法和习惯尚待加强，需要老师进行一定的方法指导和组织学习，才能实现课外阅读课程化的功能，帮助学生真正做到"思考型阅读"，提高学生的阅读能力，发展学生的思维，全面提高学生的核心素养。

"民间故事"是五年级上册第三单元的学习内容，这一单元的阅读要素是"了解课文内容，创造性地复述故事"。围绕民间故事的文本特点和本单元的阅读要素，在整本书阅读教学中，教师要精心设计任务群，引导学生从课内阅读中提取已学方法，指导学生运用方法进行课外阅读实践，最终实现学法迁移。

四、学习任务群构建

216

五、课时案例

《中国民间故事》整本书阅读推进课教学设计案例

【任务群框架】

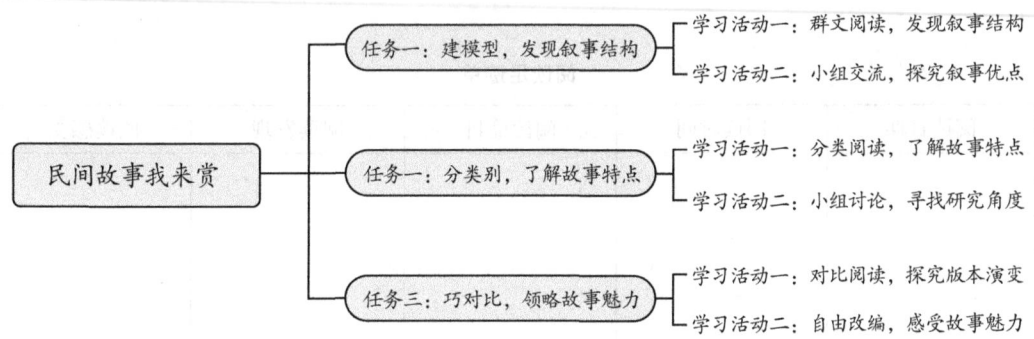

【学习目标】

1. 感受阅读的快乐，产生阅读更多民间故事的愿望和兴趣，并乐于表达与分享。

2. 通过比较阅读，了解民间故事的基本特点与叙事方式。

3. 习得阅读民间故事的方法，尝试寻找自己感兴趣的角度，专题式探究中国民间故事。

【学习重难点】

1. 通过比较阅读，了解民间故事的基本特点与叙事方式。

2. 习得阅读民间故事的方法，尝试寻找自己感兴趣的角度，专题式探究中国民间故事。

【学习准备】

1. 学习经验：学生的整本书阅读经验；读民间故事的经验与方法。

2. 学习资源：《中国民间故事》。

3. 学习工具：阅读学习单、互联网。

【学习时间】

1课时

基于语文核心素养的大单元教学

【学习过程】

学习活动：交流阅读感受，明确学习任务

1. 话题引入：民间故事，口耳相传的经典，老百姓智慧的结晶。

2. 借助阅读足迹单，说一说自己阅读的篇目，谈一谈自己的发现与感受。

3. 明确任务：赏民间故事，析故事特点，品故事魅力。

阅读足迹单

阅读日期	阅读时间	阅读篇目	阅读发现	阅读感受

 任务一 建模型，发现叙事结构

（一）学习活动一：群文阅读，发现叙事结构

1. 对比阅读《金斧子、银斧子和铁斧子》《刘三姐的故事》《雪山之巅的幸福鸟》这三篇故事，分别画出这三篇故事的情节图，试着发现它们的叙事密码。

2. 小组合作学习：展示自己的情节图，交流自己的发现。

3. 全班交流，教师小结。

小结：《金斧子、银斧子和铁斧子》里的河伯为了考验樵夫，捞了三次斧子；《刘三姐的故事》里刘三姐和坏人莫海仁斗智斗勇了三次；《雪山之巅的幸福鸟》里主人公为了寻找幸福鸟遇见了三次妖怪，历经了三次磨难。每个故事的情节都一波三折，出现了三次大同小异的重复，这就是民间故事典型的"三段式"叙事结构。

（二）学习活动二：小组交流，探究叙事优点

1. 回顾自己读到的民间故事，像这样的"三段式"叙事结构的故事，书里面还有吗？学生交流，教师补充。

2. 看来老百姓在创编故事时特别喜欢用三段式结构，你知道这是为什么吗？小组讨论，交流自己的想法。

3. 全班交流，教师小结。

小结：三段式的叙事结构可以让情节一波三折，引人入胜；三段式的叙事结构便于

老百姓记忆故事情节，更容易口耳相传。

任务二　分类别，了解故事特点

(一)学习活动一：分类阅读，了解故事特点

1. 根据前一阶段完成的阅读任务单，分小组交流自己对民间故事的分类结果。

2. 全班交流，师生一起梳理故事类别，例如爱情故事、民俗故事、历史人物故事、少数民族民间故事、民间风物故事等。

3. 小组交流：在阅读同类型的民间故事时，你发现这些故事有什么共同点呢？

小结：通过研读同类型的民间故事，我们能够发现民间故事一般都有固定的类型和相似的情节设置，叙述时还会有重复的段落，都寄托着劳动人民朴素而美好的愿望。这些正是民间故事的特点，使民间故事得以代代相传。

4. 交流：你在阅读不同类型的民间故事时，关注的侧重点有什么不同呢？

梳理学生回答：追求美好、节日的由来、景观的介绍、地域的特点、歌颂的人物……

小结：通过比较不同类型的民间故事，我们能够发现，不同的民间故事，其创作的目的不同，所以叙事的重点不同，我们在阅读时关注的侧重点也不同。

(二)学习活动二：小组讨论，寻找研究角度

1. 小组交流：在上一阶段的阅读过程中，你对什么最感兴趣？想研究什么？

2. 全班交流，教师引导学生发现更多的研究角度。例如，在比较阅读不同类型的民间故事时，可横向对比不同类型故事中同一元素的不同特点，也可纵向对比同一类型故事中同一元素的不同特点。

3. 小组合作，运用比较阅读的方法制订下阶段的研究计划。

4. 学生自主完成研究任务单，老师巡视指导。

5. 学生交流。师生共评后修改任务单。

比较阅读研究任务单

研究主题	
比较故事	
研究角度	
预期成果	

基于语文核心素养的大单元教学

 任务三 巧对比，领略故事魅力

(一)学习活动一：对比阅读，探究版本演变

1. 时代变迁，民间故事经过劳动人民的口耳相传，也衍生了不同的版本。交流一下你所知道的不同版本的民间故事吧。

2. 教师出示《孟姜女》和《孟姜女哭长城》两个故事，学生快速阅读，探究两个版本故事的不同。

3. 学生交流，教师小结。

小结：不同的时代，不同的作者，对故事的改编就不一样，表现了劳动人民不同的生活愿望，反映了作者不同的价值观和审美情趣。

(二)学习活动二：自由改编，感受故事魅力

1. 小组讨论：你觉得这个故事还会经历演变吗? 如果你来改编《孟姜女》，你会怎么改?

2. 小组合作，创造性改编故事。

3. 小组代表讲述本组改编的故事。

4. 全班投票评选出最受喜欢的故事版本。

5. 任务发布：(1)读完了整本书，可以找其他版本的故事读一读，充分感受民间故事的魅力。(2)将你最喜欢的民间故事改编成剧本，选择几位小伙伴，一起排练表演。

【设计者手记】

《中国民间故事》整本书阅读任务群设置了"我是民间故事传承人"的学习情境，基于课标、教材和民间故事的特点设计了"民间故事我来赏""最美人物我来评""故事语言我来品""民间故事我传承"这四个既相互联系又各有侧重的学习任务。每一个任务都能激起学生的思维火花，让学生在任务驱动下进行深度阅读，在阅读实践中迁移运用所学知识与方法，不断提升自己的阅读能力与综合素养。

本课作为一节阅读推进课，主要是为学生搭建交流的平台，在分享阅读感受、探究阅读问题的过程中推进阅读的质量、提升阅读的深度。本课以"民间故事我来赏"为核心任务，设置了三个不同的学习任务，旨在引导学生聚焦故事，在比较阅读中发现民间故事在内容与结构上的特点，加深对民间故事的认识与理解，以促进更广泛、更深刻的民间故事阅读。

(武汉市新洲区邾城街中心小学　吴佳琪)

第三章 基于语文学习任务群的大单元教学设计与实施

阅读探险故事　学写作品梗概
——《汤姆·索亚历险记》"整本书阅读"学习任务群教学设计

一、课标解读

整本书阅读是我国语文教育的优秀传统。《义务教育语文课程标准(2022年版)》明确将整本书阅读作为独立的学习任务群来呈现,旨在引导学生在语文实践活动中,根据阅读目的和兴趣选择合适的图书,制订阅读计划,综合运用多种方法阅读整本书;借助多种方式分享阅读心得,交流研讨阅读中的问题,积累整本书阅读经验,养成良好阅读习惯,提高整体认知能力,丰富精神世界。

第三学段课程目标中提出:阅读整本书,把握文本的主要内容,积极向同学推荐并说明理由。

整本书阅读"学习内容"部分第三学段中提出:学生阅读整本书时要"学习梳理作品的基本内容,针对作品中感兴趣的话题展开交流""梳理、反思小学阶段的阅读生活,运用口头或书面方式,与同学分享自己整本书阅读的经历、体会和阅读方法"。强调学生对全书主要环节的把握,重视学生积累阅读经验、形成阅读习惯,在多样的分享和交流活动中提升阅读能力,发展学生语文核心素养,突出整本书阅读的精神建构和价值引领功能,引导学生在阅读过程中积淀精神文化底蕴。

本案例选取的六年级下册第二单元的人文主题为:跟随外国文学名著的脚步,去发现更广阔的世界。语文要素有:①借助作品梗概,了解名著的主要内容;②就印象深刻的人物和情节交流感受;③学习写作品梗概。在《汤姆·索亚历险记》整本书阅读学习中,可以借助本单元学习到的这些方法。

二、教材分析

六年级下册第二单元的三篇文章都选自外国名著,单元的口语交际是"同读一本书",习作是"写作品梗概",语文园地的"交流平台"和"快乐读书吧",都指向整本书阅读的基本方法和基本思路。

本单元的第一个语文要素是"借助作品梗概,了解名著的主要内容"。梗概是对作品内容的浓缩和概括,了解作品梗概是把握名著主要内容的方法之一,本单元《鲁滨逊漂流记(节选)》一课中,就引导学生通过阅读梗概,把握整部小说的主要内容。

本单元的第二个语文要素是"就印象深刻的人物和情节交流感受",旨在培养学

221

生阅读时不仅能把握故事的内容，还能针对人物和情节表达自己的感受和体会。围绕这个要素，《鲁滨逊漂流记（节选）》引导学生交流对主人公鲁滨逊的看法，"交流平台"围绕人物评价展开交流，引导学生留意描写人物的句子，立体、多元地评价人物。

本单元的习作要求是"学习写作品梗概"。梗概是学生第一次接触的习作类型，写梗概可以进一步培养学生的概括能力。本单元的《鲁滨逊漂流记（节选）》一课给学生提供了梗概的范例，可以帮助学生了解梗概，为习作作铺垫。

本单元还安排了"快乐读书吧"栏目，推荐阅读世界名著《鲁滨逊漂流记》《骑鹅旅行记》《汤姆·索亚历险记》《爱丽丝漫游奇境》。这四部小说讲述的都是游历和冒险故事，主题贴近学生的阅读心理，能够激发学生阅读名著的兴趣，在阅读方法上也紧扣本单元的语文要素，可以引导学生迁移运用课内阅读学到的方法，获得更好的阅读体验，引导学生交流最吸引自己的情节和对人物形象的感受。

三、学情分析

六年级的学生已经有了一定的阅读基础，已经学习了猜测、预测、提问、精读、略读等阅读方法，他们对于文学作品，有了自己的判断。因此，如何激发学生阅读兴趣，需要老师提前做功课。我们可以通过精彩片段朗读、电影片段赏析等方法来激发学生的阅读兴趣。

《汤姆·索亚历险记》是美国作家马克·吐温的代表作，讲述了一个顽皮男孩颇具传奇色彩的成长历险记。孩子都喜欢历险，有趣的历险故事可以激发孩子的阅读兴趣，同时，本书故事情节曲折，充满冒险精神，孩子们可以在故事中感受整本书阅读的乐趣，经历心灵的成长，积累不一样的阅读经验，积淀精神文化财富。

四、学习任务群框架

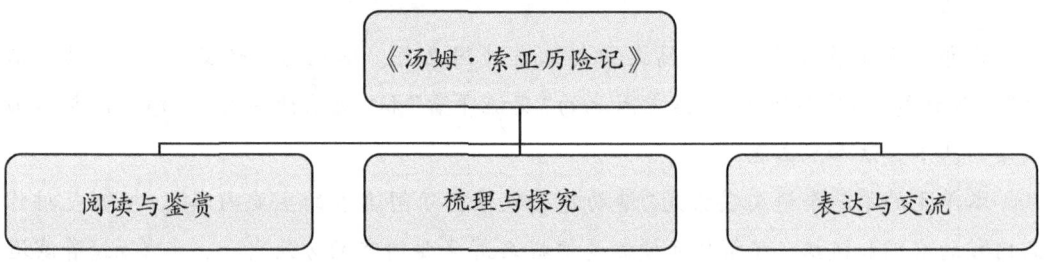

第三章　基于语文学习任务群的大单元教学设计与实施

五、课时案例

《汤姆·索亚历险记》整本书学习任务群教学设计案例

学习目标：

1. 通过阅读本书，对本书作者马克·吐温有初步了解，对他的作品产生阅读兴趣。

2. 通过梳理故事情节，感知人物形象环节，习得整本书阅读方法，举一反三。

3. 通过话题交流，初步了解冒险小说的基本框架，尝试自己创作冒险小说。

任务一　阅读与鉴赏

（一）学习活动一：初读知梗概

1. 初读本书，从封面和封底以及前后勒口、地图和序言中，你知道了哪些与本书有关的信息？猜猜这个故事的大概意思，填写下表。

作者信息	
出版社	
推荐语	
版权信息	
故事梗概	

2. 同学们对本书的作者马克·吐温还有哪些了解，大家还看过他的哪些书呢？全班交流一下。

3. 看地图，猜测他们在杰克逊岛有哪些历险经历？

223

基于语文核心素养的大单元教学

(二)学习活动二：朗读激兴趣

通过片段朗读的方式，让学生初步感受汤姆·索亚这一人物形象，激发学生的阅读兴趣。

1. "汤姆练得勤奋又专心，很快掌握了吹口哨的窍门。他嘴里吹着小曲儿，心头得意洋洋，逍遥自在地走在马路上，这种快乐的感觉就像是天文学家发现了一颗新的行星。要说这种感觉有多强、有多深，快乐有多单纯，那比起天文学家来，这个孩子绝对占了上风。"

从这段话里，我读到汤姆·索亚是一个_____的孩子。

2. 汤姆私自下河游泳被波莉姨妈罚刷墙，汤姆刷了一会儿就累了，他想了一个办法，让很多人来帮他刷墙，一起来看看。

"'我把苹果全都给你。'

汤姆把刷子递给他，脸上装作极不情愿的样子，心里别提有多得意，刚才那艘骄傲的'密苏里号巨轮'，现在正在烈日下干得大汗淋漓，而这位退居二线的艺术家却坐在旁边树荫底下的大木桶上乘凉，他一边晃荡着双腿，一边啃着苹果，心里还盘算着怎么多宰一些无辜的孩子。他不缺少备料，孩子们也一会儿来一拨，他们开始还在嘲笑，最终却都心甘情愿地留下来刷墙。"

从这段话里，我读到汤姆·索亚是一个_____的孩子。

(三)学习活动三：细读订计划

这本书非常有趣，你想尽快读完吗？一起来做一个阅读计划吧！

《汤姆·索亚历险记》阅读计划表

阅读时间	阅读页数	最喜欢的句子或事件	阅读评价 ☆☆☆☆☆

任务二　梳理与探究

(一)学习活动一：梳理情节知人物

1. 文中出现了很多小朋友，他们与汤姆·索亚的历险经历都息息相关，请梳理一

下，填入下面的气泡图中。

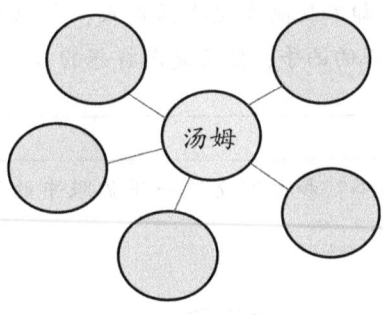

2. 这么多小朋友一起历险可真有趣啊，你最喜欢其中哪个小朋友呢？说说你的理由。

我最喜欢_____，因为_____

(二) 学习活动二：自主阅读谈感受

汤姆和小朋友们经历了很多有趣的事情，也有很惊险刺激的事情，把你的阅读感受写在下图中。

> 最有趣的情节
>
> _____
>
> _____
>
> _____

> 最惊险刺激的情节
>
> _____
>
> _____
>
> _____

基于语文核心素养的大单元教学

(三)学习活动三:同伴共读来分享

1. 汤姆目睹了凶杀案,却不敢把真相告诉别人,和你的小伙伴讨论讨论:他是怎样想的呢?最后他说出了真正的凶手,他又是怎样想的?

开始他想:_____

后来他想:_____

2. 你喜欢故事里的汤姆吗?和大家交流一下你眼中的汤姆,可以把相关情节说一说,用来印证你的观点。

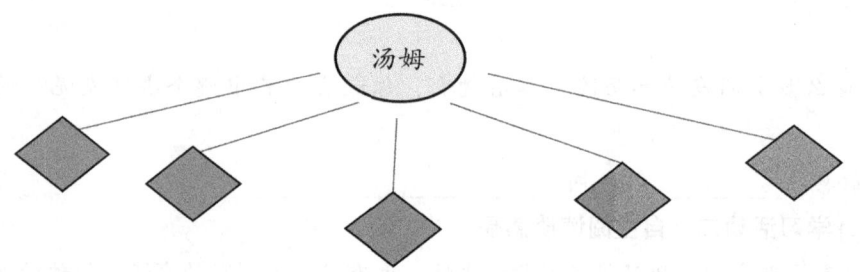

(四)学习活动四:这本好书请你看

汤姆的故事相信每个小朋友都很喜欢,请你写一段话,向身边的朋友推荐这本书,并说明理由。

_____

_____

🌱 **任务三** 表达与交流

(一)学习活动一:列框架学方法

1. 好的历险故事总是能吸引到读者,请看老师根据汤姆的历险经历梳理出的历险故事的基本框架。

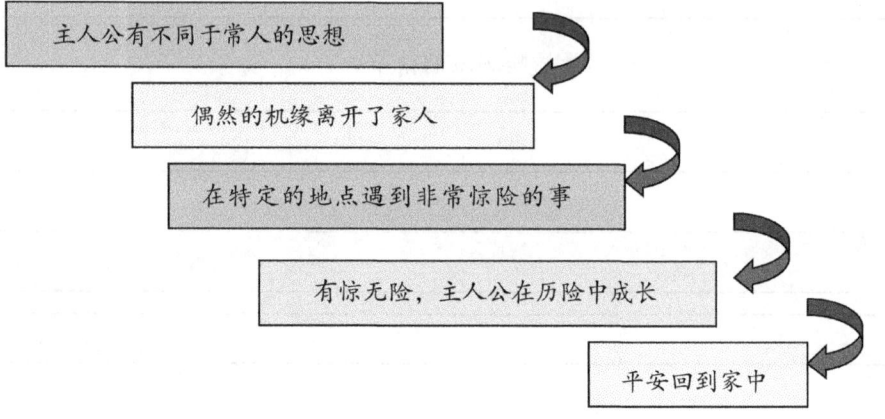

226

2. 请你按照这个框架，阅读"快乐读书吧"推荐的世界名著《鲁滨逊漂流记》《骑鹅旅行记》《汤姆·索亚历险记》《爱丽丝漫游奇境》，边读边梳理故事的框架，看看和老师梳理的是否一致。

(二)学习活动二：写故事用方法

读完这些故事，相信你已经被书中精彩刺激的经历深深吸引，是不是也想来一次历险呢？请你塑造一个主人公，列好故事框架，设计故事梗概，写一个属于你的历险故事吧！我们很期待哦！

_____

_____

_____

_____

_____

_____

_____

_____

【设计者手记】

整本书阅读教学提示指出，"整本书阅读教学，应以学生自主阅读活动为主"，倡导学生在教师的引导下，自主探索和总结适合自己的阅读方法。教师应引导学生了解阅读的多种策略，运用不同阅读方法，在了解主要内容的基础上，关注整体、局部之间的关系，重视序言、目录，设计多种语文实践活动，建立读书共同体，交流读书心得，分享阅读经验。

基于以上要求，本案例设计以学生自主阅读活动为主，紧扣单元要素，从整体入手知梗概、细赏情节深探究、积累总结勤练笔三个方面安排了三个任务，让学生在丰富的语文实践活动中体会整本书阅读的乐趣，习得整本书阅读的方法；学会将一本书的阅读经验迁移运用到其他书籍的阅读过程中，积极向他人推荐自己读过的好书并说明理由，分享自己整本书阅读的经历、体会和阅读方法。

(武汉市新洲区问津第一小学　左红霞)

基于语文核心素养的大单元教学

2. 跨学科学习

融合　融通　融创

——"跨学科学习"学习任务群理念解读与实施建议

义务教育课程方案和课程标准(2022年版)(以下简称"义教新课程方案")提出要开展主题化、项目式学习等综合性教学活动，促进学生举一反三、融会贯通，加强知识间的内在关联，促进知识的结构化。如何将项目化学习融入学科教学，义教新课程方案明确要求"开展跨学科主题教学，强化课程协同育人功能"，以及"各门课程用不少于10%的课时设计跨学科主题学习"。学科项目化学习是项目化学习常态化的必然要求。如何理解项目化学习与学科融合，教师如何助力项目化学习，促使日常课堂真正走向"素养立意"，促进学生认知学习与社会性成长的结合，成为此文探讨的重点。

(1)从国外延伸国内——把握"新课标"中的素养立意

我们的社会在发展，教育理念的迭代更新顺应了时代发展，回应了时代呼声。我们不妨从工业社会迈向信息社会的发展中，看看教育环境有了哪些变化。

①人工智能与核心素养

ChatGPT出现之前，"聊天机器人"所承担的角色更多是信息的筛选者和搬运者。ChatGPT的出现，意味着人工智能从分析式的机器人走向了生成式、创造式的机器人。可以说，给人类带来了前所未有的挑战，有可能造成人类自身智能的废弛和荒漠化，在越来越强势的人工智能面前，未来，那些"做体力劳动的脑力劳动者"，是随时可能被淘汰的"高危人群"。"什么知识最有价值?""什么能力最为关键?"作为教师，我们需要重新审视当下的教育，对"新课标"中的核心素养进行更为深入的理解。我们在选择教学内容时要更加注重价值观的培育；更加注重思维的重塑与提升，特别是创造力和批判力；更加注重情感的学习；更加注重意志品质的培养。ChatGPT是一次推动人类自我进化的机遇。

②STEAM教育与项目化学习

STEAM教育蕴含学科融合(整合科学、技术、工程、人文与数学五大学科)、问题解决与技术赋能三个核心理念，在教师引领下，围绕具有挑战性、融合性与思想性的主题内容，能动地、愉悦地、交互地参与学习活动，在原有经验基础上实现知识的理解、联结与迁移，并将其运用于解决真实情境下的问题，最终形成批判性与创造性的高阶思维能力。

项目化学习支持学生通过解决真实问题培育素养，是促进义教新课程方案中国家课程教与学方式变革的一种重要载体。项目化学习不是活动，而是指向素养的严谨学习系统设计，它以真实问题激发学生主动学习，以本质问题和大概念促进学生在项目间的迁

移，以高阶学习带动低阶学习，实现课程素养立意的终级目标。不难发现，项目化学习与 STEAM 教育的核心理念是具有耦合性的，小学语文学科中进行项目化学习是具有国际教育视野的。

（2）从综合走向融通——锚定"跨学科学习"任务群的项目化学习

项目化学习如何推动课堂转型？如何运用"跨学科学习"任务群落实项目化学习？

①要义把握

以往的"综合性学习"仅仅是语文单学科学习的实践拓展，是延伸的语文课外活动，活动任务单一，难以真正实现"跨学科学习"。

而"跨学科学习"是以往课程标准中"综合性学习"的升级版，义教新课程方案中，跨学科学习任务群"旨在引导学生在语文实践活动中，联结课堂内外、学校内外，拓宽语文学习和运用领域；围绕学科学习、社会生活中有意义的话题，开展阅读、梳理、探究、交流等活动，在综合运用多学科知识发现问题、分析问题、解决问题的过程中，提高语言文字运用能力"。

与单科学习相比，"跨学科学习"带来了显著变化。作为拓展型任务群，"跨学科学习"突破了知识能力的线性排列，改变了知识点的逐点解析和技能点的逐项训练，打破了学科壁垒，将课程内容、学生生活和语文实践进行协调、融通，更加重视学生在真实生活情境中发现问题、分析问题、解决问题的能力，从而帮助学生提升语言文字运用能力、综合思考能力和实践创新能力。

"跨学科学习"之"跨"重在拓宽学习领域。它加强了课堂内部与课堂外部、学校内部与学校外部、语文学科与其他学科、语文学习与社会生活之间的联系，拓宽了语言文字运用的领域，构建了一个广阔的语文实践空间。

"跨学科学习"之"学科"需要学生整合运用多门学科的知识、方法，"软化"学科边界，去解释和探究现象；或解决那些靠单门学科知识无法解决的复杂问题，积累新的学科认知经验，生成新的"跨学科逻辑"。但是，基于语文学科的学科融通，需要坚守语文学科本色，在跨学科视野中依然要聚焦于学生语文实践能力的提升。

"跨学科学习"之"学习"意味着语文学习中学教方式的变革，从传统的以教师为中心的"教"，转向以学生为中心的"学"。学生在跨学科的广阔情境中学语文、用语文，并在跨学科的语文实践活动中培养多学科协同解决问题的能力，实现知识与能力的高通路迁移。

②实施路径

首先，深化真实生活的情境与问题，这是跨学科项目化学习的起点。

今天的教育要关注学生未来所要面对的真实世界，真实的生活是不分科的，我们在面对生活中诸多问题时，解决的路径不是唯一的，更不是某一门学科的知识工具可以搞

基于语文核心素养的大单元教学

定的。因此，在课程的核心素养中强调"真实"，在真实情境中解决复杂的问题，跨学科项目化学习必须以真实的生活中的情境问题，来唤醒学生学习的内驱力，促使学生享受挑战，潜移默化地形成"大概念"，打通学科内和学科间的学习，还要打通学校教育与现实世界的路径。

跨学科项目化学习的情境创设有很多，根据不同的项目主题，有角色代入，有产品设计，有思辨争议等，情境是多元的。我们在教学设计中要迭代深化"真情境"，让学生主动进入情境解决问题，具有开放性、挑战性、创新性。

例如，统编教材小学语文六年级上册第七单元，学习主题是"艺术之美"，为学生创设了主题大情境——"艺术之旅"。通过"艺术场馆路线本单元图"，学生能对本单元的学习内容进行整体梳理，明确学习目标。围绕"艺术之美"，本单元紧扣单元文本内容，从古琴、绘画、书法三个方面设计了跨学科项目化学习，引导学生走进真实的生活情境，激发他们自主探究的欲望，鼓励他们综合运用音乐、历史、美术、信息、科学、劳动等多学科的知识与工具来解决问题，拓宽艺术常识的边界，感受艺术的魅力。通过这种学习方式，学生实现了从语文学科逻辑走向生活逻辑的转变，指向核心素养的发展，提升了综合实践能力。

其次，驱动关联递进式的结构任务，这是跨学科项目化学习的过程。

在跨学科项目化学习中，学习任务是项目推进的脚手架，具有较强的开放性，需要学生依据不同学科间的关联进行分析与创造设计，用高阶任务替代低阶任务。

跨学科项目化学习旨在培养学生整体性思考问题的能力和创造性解决问题的能力。教师要给予学生充分的话语权、选择权以及充足的时间和空间，提供学习支持。在项目推进过程中，教师需要将目标和任务分解为递进式的结构，使任务之间相互关联，让学生像"专家"一样去思考和解决问题。

激发学生进阶性思维的前提是他们要对整个问题有大局观。跨学科项目化学习的目的并非让学生掌握各学科的琐碎知识，而是要让他们在新的情境中运用多学科知识，建立新的关联，解决问题。

例如，《竹节人》作为阅读策略单元的精读课文，其核心目标是让学生掌握"有目的地阅读"的方法，提升阅读速度。阅读策略是本单元的显性教学主线，作为语文单科的学科实践，完成这一任务已能够达成基本的教学目标。但是，为了更好地契合义教新课程方案中核心素养"能做事"的发展需求，我们设计了三个具有生活实用性的情境任务：第一，制作玩具指南；第二，体会传统玩具的乐趣；第三，讲一个有关老师和竹节人的故事。

在这个过程中，学生通过梳理阅读材料，运用了语文阅读策略，包括提取关键信息、前后关联以及分类整合。

第三章　基于语文学习任务群的大单元教学设计与实施

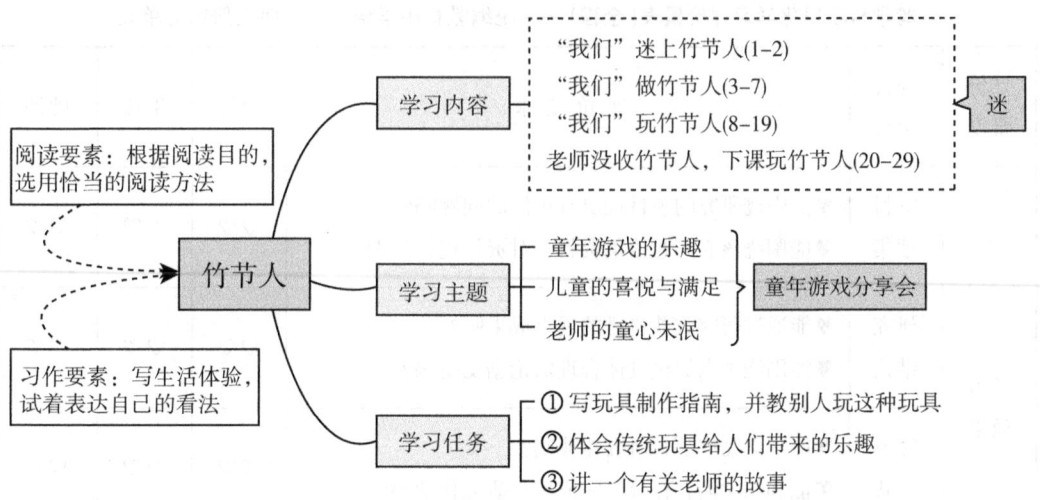

图2　跨学科项目化学习任务框架表——统编教材小学语文六年级上册第三单元《竹节人》

　　通过交流与讨论，学生不仅顺利提取了信息，还有创意梳理。如，他们归纳了竹节人的不同玩法，并用留白的形式鼓励拿到说明书的玩家设计更多的个性化玩法，最终用图文并茂的说明书来呈现。根据纸质玩具说明书，学生手动制作竹节人，并在实践中进一步完善修改，制作成多媒体玩具说明书。

　　说明书的迭代更新体现了学生运用多种学科的知识工具来解决问题的过程，涉及劳动、美术、数学、科学等多个学科。逐渐实现了由语文单学科学习走向多学科融通学习，从书本学习走向生活的迁移运用，这里就集中体现了课标中语文核心素养——用为始终，"做事"原则。

　　最后，促进元认知发展的全程评价，这是跨学科项目化学习的终点。

　　跨学科项目化学习的公开成果是学生对问题解决过程的全面呈现，它不仅反映了学生对相关学科知识和能力的掌握，还体现了他们在这一过程中所形成的必备品格，即素养。

　　针对指向素养的项目化学习评价，需要深入探讨以下几个关键问题：指向素养的学习任务具有哪些特征？这些评价任务与项目化学习的整体进程之间是怎样的关系？如何判断学生在项目化学习中的表现是否达到了预期目标？基于这些问题的探讨，可以得出结论：评价应以表现性评价和真实性评价等质性评价为主。其作用在于作为学生成果的展示平台，帮助学生检测目标达成情况，促进反思，进而推动元认知能力的发展。

　　由于跨学科项目化学习的驱动性问题源自真实的生活情境，因此评价任务的设计也应遵循以下原则：首先，评价任务要反映真实生活中解决问题所需的关键能力；其次，评价任务应具有真实性和公平性，让学生能够通过评价提升自主学习能力。

231

基于语文核心素养的大单元教学

跨学科项目化学习评价量表（全程）——统编教材小学语文六年级上册第七单元

评价维度	评价项目	评价要求	自评	生评	师评
学习效果	资料搜集	♥能围绕研究的项目提出有价值的问题吗？ ♥能围绕核心问题搜集资料，对资料进行整理吗？	♡♡	♡♡	♡♡
	研究结论	♥能通过研究收获自己的观点成果吗？ ♥能围绕观点提供具体合理的论据支持吗？	♡♡	♡♡	♡♡
	完成方式	♥能独立完成项目研究作业吗？ ♥能和同学们合作分工完成项目研究作业吗？	♡♡	♡♡	♡♡
	展示交流	♥能使用语文学科的学习方式展示研究成果吗？ ♥能使用多种学科的学习方式展示研究成果吗？	♡♡	♡♡	♡♡
对自己说	●所获： ●所思：				
对老师说	●我喜欢的学习活动：□探琴史 □读琴事 □识琴谱 □赏琴曲 □觅知音 ●我希望的作业(形式或内容)：				

整个学习评价贯穿于学习的全过程，既关注学习结果，也重视学习过程。评价方式丰富多元，包括学生的自我评价、同伴互评、教师评价，甚至还可以引入家长评价。在评价内容上，既注重个人成果的展示，也兼顾团队合作的成效，力求做到全面且多维。通过这种综合性的评价体系，能够更有效地促进学生素养的全面提升。

(3)从学科指向育人——"跨学科学习"任务群项目化学习的价值追求

"跨学科学习"任务群充分体现了学科融合的课程理念，彰显了语文课程的综合性和开放性。在具体的教学实践中，我们深刻感受到这一任务群在拓宽学习领域、打破学科边界、转变教学与学习方式以及落实立德树人课程目标方面的独特价值与追求。

①走出教室——学科领域走向生活领域

在跨学科学习中，语文学习领域和资源不再局限于课堂和学校。学生走进生活，走向社会，在家庭、社区、公园、图书馆、博物馆、城市街巷、乡村集市等更广阔的领

域、在更多的生活情境中学语文、用语文。教师要善于提炼"真情境"。

②打破壁垒——单科学习转向融通教育

各个学科有自己独立的知识体系，学科与学科之间关联甚少。分科学习获取的系统的学科知识也只是立足于"小概念"，不利于培养学生解决问题、沟通合作和创新实践等综合素养，这需要多学科融通形成"大概念"。跨学科学习基于真实生活情境，学习主题来源于真实生活中的现象、问题等，仅靠单科知识无法完成学习任务，必须综合运用不同学科知识才能解决问题，实现高通路迁移。

③以学促教——教师主导变为学生主动

在传统语文教学中，学生的学习内容多聚焦于单一知识点，知识呈现线性排序，学习过程以技能训练为主，整体学习方式停留在较低的认知水平。学习的全过程——包括学什么、怎么学、学得如何——均由教师主导，学生往往处于被动接受的状态，学习方式较为单一。

相比之下，跨学科学习以统整的主题为引领，以关联的任务为驱动，引导学生从"想做事"到"做成事"，激发学生的学习主动性。这种学习方式促使语文教学从"要我学"转变为"我要学"，让学生在复杂多变的生活情境中，通过解决实际问题，提升综合素养，实现从知识学习到素养发展的转变。

④立德树人——知识学习转为课程育人

跨学科项目化学习的"跨界"突破了传统学科的限制，强化了学科之间的内在联系。它将课堂内外、学校内外的学习场景有机联结，引导学生完整经历发现、分析和解决问题的过程。学生所获得的，不再仅仅是单一学科的知识或某种技能，而是涵盖信息搜集与整理、思辨分析、交流沟通、探究创造以及问题解决等多方面的综合素养。学习成果的展示与分享也更加多样化。

跨学科项目化学习从传统的"知识本位"转向"素养立意"，充分发挥了整体育人的独特优势，实现了语文课程价值的新追求。

在教育领域，协同融合是最高境界。面对未来未知的世界，无论是教师还是"人工智能教师"，无论具备何种能力，我们都必须完成自我智能和自我生命的进化升级。只有这样，我们才能在课程改革的浪潮中"绝处逢生"。在当下，不仅跨学科项目化学习值得深入研究，还有许多其他学习路径值得探索，我们所能做的也还有很多。

（武汉市江汉区大兴第一实验学校　张艳萍）

基于语文核心素养的大单元教学

 实例研究

寻脉中华文明　弘扬传统文化

——三年级下册第三单元"跨学科学习"任务群教学设计

一、课标解读

"跨学科学习"是2022年版课标提出的六大学习任务群之一。本学习任务群旨在引导学生在语文实践活动中，联结课堂内外、学校内外，拓宽语文学习和运用领域；围绕学科学习、社会生活中有意义的话题，开展阅读、梳理、探究、交流等活动，在综合运用多学科知识发现问题、分析问题、解决问题的过程中，提高语言文字运用能力。

"新课标""跨学科学习"任务群各学段的学习内容与学生的真实生活紧密相连，主要从语文生活、传统文化、社会现实三个方面分别提出了不同要求，各学段学习要求前后关联、循序递进。语文学科内部、各学科之间、学科学习与社会生活的多项整合，使得"跨学科学习"任务群学习内容和要求呈现结构化特点。

其中，"跨学科学习"任务群第二学段对"传统文化"的学习要求是"参观物质文化遗产，了解非物质文化遗产；关注传统节日节气、民俗风情、民间工艺、历史和传说等；探寻日常生活中龙凤、松竹梅兰等中华文化意象。积极参加学校、社区举办的文化主题活动，在活动中学习语文，获得多样的文化体验"。根据要求，依托统编教材三年级下册第三单元学习内容，笔者设计了"寻脉中华文明，弘扬传统文化"跨学科学习任务群。

二、教材分析

(一)"综合性学习"与"跨学科学习"任务群之间的关联

三下第三单元是"综合性学习"的起始单元，整个小学阶段共设有五次"综合性学习"，其分布及对应的活动主题和活动目标如下表所示。

统编教材"综合性学习"栏目一览表

册序	单元	活动主题	综合性学习活动目标
三下	第三单元	中华传统文化	收集、记录传统节日的资料； 写一写过节的过程； 小组合作交流节日的风俗习惯，以适当的方式展示综合性学习的成果； 对其他小组的展示活动作出评价，提出改进建议

234

第三章　基于语文学习任务群的大单元教学设计与实施

续表

册序	单元	活动主题	综合性学习活动目标
四下	第三单元	轻叩诗歌大门	根据需要收集资料，初步学习整理资料的方法； 合作编小诗集，举办诗歌朗诵会
五下	第三单元	遨游汉字王国	感受汉字的趣味，了解汉字文化； 学习搜集资料的基本方法； 学习简单的研究报告
六下	第四单元	奋斗的历程	综合运用学过的方法阅读材料，和同学分享阅读收获； 搜集研读红色诗词，和同学合作制作一本诗集； 选择适合的材料和方式，表达自己的心愿，用修改符号自主修改习作
	第六单元	难忘小学生活	运用学过的方法整理资料； 策划简单的校园活动学写策划书

纵观小学阶段五次"综合性学习"活动，都是围绕中华优秀传统文化、革命文化、社会主义先进文化的主题情境，在丰富多样的活动中逐步培养学生"收集、整理、运用资料的能力"以及"合作学习的能力"，助力核心素养的提升。每一次"综合性学习"的活动方式、活动目标都较前一次有所提升，与各年段"跨学科学习"任务群的学习内容和要求吻合，是开展小学"跨学科学习"任务群的主阵地，全面体现2022年版课标情境性、综合性、实践性的课程理念。

(二)"综合性学习"与单元整体学习之间的关联

第三单元以"中华优秀传统文化"为主题，编排的四篇课文从节日风俗、四大发明、古代建筑、传世名画等多个方面展现了中华优秀传统文化的魅力。

语文园地的"积累运用"板块补充介绍了"文房四宝""雅人四好""中医四诊"的四字词语，加深学生对中华优秀传统文化的了解。

此外，综合性学习——"中华传统节日"与本单元人文主题"中华优秀传统文化"密切相关，又和学生的学习、生活紧密相连，帮助学生不断拓宽语文学习和运用领域，在语言实践活动中进一步了解身边的中华优秀传统文化，感受中华优秀传统文化的魅力。因此，编者将"综合性学习"贯穿整个单元的学习过程之中，让学生边"学"边"实践"，不断提高语言文字运用的能力，实现"跨学科学习"的目标要求。

235

三、学情分析

首次出现的"综合性学习"活动目标是"初步学习收集、整理中华传统节日的资料""就自己感兴趣的一个传统节日写一篇习作，写清楚过节的过程"，以及"尝试小组合作，展示综合性学习的成果"。综合性学习研究的内容和一年级下册《端午粽》、二年级下册第三单元——"传统文化"单元有联系，学生对这些内容并不陌生。开展综合性学习的形式是小组合作学习，第一学段的"口语交际"活动中，已明确提出过"跟小组同学说一说……"的要求，小组合作的学习方式也已经使用过。这些都是学生开展综合性学习的既往学习经验。

本单元的语文要素是"了解课文是怎么围绕一个意思把一段话写清楚的"，从学习表达的角度提出了提高阅读理解能力的要求，也为学生完成课后练习"和同学交流古代的科技成就""和同学交流宝贵的历史文化遗产""向别人介绍《清明上河图》"，进行"综合性学习"中的习作实践——"写一写过节的过程或节日中发生的印象深刻的事"等多项语言实践活动提供方法上的引导。先读再说、先说再写，读、说、写结合，单元之内形成了素养提升的有序路径。教学时，需要将这些语言实践活动与课文学习有机融合在一起，分步逐个落实。创设语用情境、搭建展示平台、给予评价指导，帮助学生在"学"与"用"的过程中，全面提升素养。

四、大单元学习任务群框架

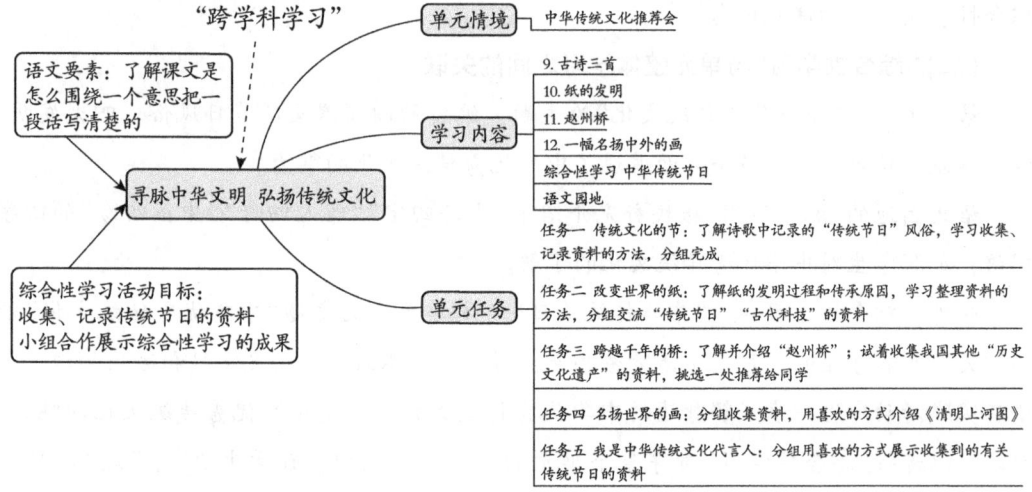

《古诗三首》学习任务群教学设计案例

【学习任务群框架】

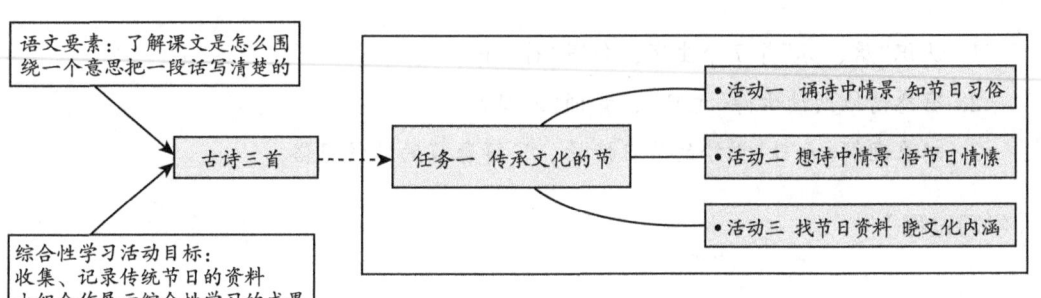

【学习目标】

1. 认识"屠、苏"等7个生字，会写"符、欲"等11个字。

2. 有感情地朗读课文，背诵课文，默写《清明》。

3. 能借助注释了解诗句的意思，描述诗中的节日情景。

【学习重点】

借助注释和插图阅读理解古诗，想象古诗描绘的情景，体会古诗表达的感情。

【学习难点】

通过古诗了解传统节日的习俗和文化内涵，激发学生对中国传统文化的热爱和探究的兴趣。

【学习准备】

1. 学习经验：学生理解诗句意思的经验；中华传统节日的学习经验、生活经验。

2. 学习资源：统编教材小学语文三下第三单元课文、《经典咏流传》第三季节目视频。

3. 学习工具：互联网、学习单。

【学习时间】

2课时

【学习过程】

第 一 课 时

【学习目标】

1. 认识"屠、苏"等7个生字，会写"符"字。

2. 有感情地朗读古诗《元日》，背诵《元日》。

3. 想象理解《元日》描绘的节日情景，了解春节的传统习俗。

【学习过程】

单元情境创设　明确学习任务

(一)创设情境，激趣导入

1. 任务情境：这个月学校要举行校园文化节，我们班准备以"中华传统文化推荐会"的形式参与，向师生和入校的家长介绍中华传统文化。本次活动，我们将以四人小组为单位，挑选优秀的小组代表展示。

2. 单元导入：想要办好这次推荐会，就必须了解"中华传统文化"。第三单元的学习内容恰好与之有关，我们先一起来学一学。

(二)复习旧知，回忆节日名称

1. 吟诵儿歌：二年级我们学过儿歌《传统节日》，大家还记得吗？背一背吧。

2. 排序游戏：请一名学生在背诵声中在黑板上把传统节日按时间顺序摆放。(春节、元宵节、清明节、端午节、七夕节、中秋节、重阳节)

3. 创设情境：这些有序排列的传统节日，在中华古老的土地上周而复始已延续数千年，传承着深厚的传统文化，这是中国人的根。浩如烟海的古诗文，珍藏着无数节日的印记。让我们走进古人的诗句，一窥古人的节日生活。

4. 出示、齐读课题：《古诗三首》。

活动一：诵诗中情景　知节日习俗

(一)借助拼音，读通诗文

1. 借助拼音，自由读诗。

2. 字词闯关，正音指导。

第一组：爆竹、屠苏、桃符、酒家、茱萸(出示词语以及对应的图片，感受节日文化)

第二组：行人、牧童、异客、兄弟

第三章 基于语文学习任务群的大单元教学设计与实施

第三组：瞳瞳、断魂(联系生字部件"日""鬼"，边读边理解意思)

3. 再读古诗，抽组轮句朗读。(依次抽取小组，分别朗读三首古诗。每个小组，每人轮读一句)

(二)诵读诗文，了解习俗

1. 初步感知：朗读诗文后，能猜出这三首古诗分别写的是哪个传统节日吗？(指名交流，随机将古诗题板贴在节日名旁边)

提示学法：元日是农历正月初一，也就是"春节"。注释直接解释了这个词语，让我们知道了"春节"的别称。借助注释是帮助我们读懂诗意的好方法。(板书：元日)

2. 猜得很快，看来是读懂了诗意。先来读读第一首《元日》，这首诗写出了什么样的节日情景呢？借助注释、联系生活经验读一读诗文，想象一下。(指名交流，随机将图示词卡"爆竹""屠苏""桃符"板贴在诗题下方，提示这些是节日习俗)

活动二：想诗中情景 悟节日情愫

(一)诵读联想，理解情感

1. 春节是中国重要的传统节日，传统文化推荐会不能少了这一项内容，谁能来用读的方式推荐它？(相继指导读出热闹、喜庆的场面，快乐、期待的情绪)

2. 结合诗句和学生的回答，提炼板书：除旧迎新。

3. 齐读《元日》。

(二)背诵《元日》，学习积累

活动三：找节日资料 晓文化内涵

(一)借助资料，了解内涵

1. 提供资料，了解传统：学习单上有老师通过阅读书籍查找到的关于"屠苏酒"的资料，大家读一读，会对这项习俗了解得更清楚。(提示收集方法；帮助学生了解传统习俗的文化内涵)

学 习 单

 小百科

屠苏酒，据说是我国汉末名医华佗创制，由大黄、白术、桂枝、防风、花椒、乌头等中药入酒中浸制而成，具有益气温阳、祛风散寒、避除疫疠之邪的功效。后由唐代名医孙思邈将其流传开来。屠苏，意为屠绝鬼气，苏醒人魂。据说正月初一早上喝此酒，可保一年不生病。

239

基于语文核心素养的大单元教学

2. 填学习单，明确收集任务：春节的传统习俗很多，相信同学们还知道不少，小组成员一起完成学习单"查资料"部分，填写"元日"的习俗吧。

查资料

学习单

节日	过节时间	节日习俗	相关资料

(二)分工收集，了解文化

1. 组内分工，收集资料：不同的习俗有不同的内涵，同学们也可以像老师这样，查找资料进行了解。在小组内分配收集任务，用自己喜欢的方式记录收集的资料。

2. 布置练习：课后查一查，下节课我们交流。

第二课时

【学习目标】

1. 会写"欲、佳"等10个字。

2. 有感情地朗读古诗《清明》《九月九日忆山东兄弟》，背诵两首古诗，默写《清明》。

3. 想象理解《清明》《九月九日忆山东兄弟》描绘的节日情景，了解清明节、重阳节的传统习俗。

4. 初步了解收集资料的方法：网络查找、向人请教、观看视频、查阅书籍或报刊……

【学习过程】

活动一：诵诗中情景　知节日习俗

(一)欣赏视频，回顾导入

1. 欣赏视频，打开思路：央视用唱的形式推荐经典古诗，展现诗歌的文化魅力。

(欣赏《经典咏流传》第三季节目视频《元日》合唱，为后期开展推荐会打开思路)

2. 板贴课题，导入新课：今天我们继续学习与传统节日有关的古诗。（板书：清明、九月九日忆山东兄弟）

240

(二)诵读古诗，想象情景

1. 小组互学，交流情景：这两首诗歌分别写出了什么样的节日情景呢？请同学们在小组内借助学习单，互相说一说。

2. 教师巡视，观察学情。

3. 抽组交流：分别说一说《清明》《九月九日忆山东兄弟》描绘的情景。（板贴注释里提示的节日习俗"扫墓""踏青""登高""插茱萸"）

活动二：想诗中情景　悟节日情愫

(一)对比朗读，体会情感

1. 指名读诗，发现不同：这两首诗歌都包含着对亲人的思念，读着读着，我们发现相同之中也有很明显的不同。谁能来说说看？（引导学生感受《清明》表达的是对逝去亲人的哀思，《九月九日忆山东兄弟》则是对远处家乡、家人的想念）

2. 结合诗句和学生的回答，提炼板书：借酒消愁、登高思亲。

3. 赛读古诗，读出情感。

活动三：找节日资料　晓文化内涵

(一)展示资料，学习收集

1. 分组展示，分享资料：课前，我们分组收集了关于传统节日的资料。大家对春节、清明节、重阳节的习俗有了更多了解，能来分享一下吗？（交流节日习俗和内涵，用说的方式推荐传统节日）

2. 交流方法，学习收集：你们组是怎么收集到这些资料的？（网络查找、向人请教、观看视频、查阅书籍或报刊……）

(二)拓展学习，了解传统

1. 补充古诗，感受文化：学习单上有老师补充的传统节日的诗句，你们能猜一猜对应的节日吗？

学 习 单

猜一猜

①节分端午自谁言，万古传闻为屈原。　　　(　　　)

②今夜月明人尽望，不知秋思落谁家？　　　(　　　)

③去年元夜时，花市灯如昼。　　　　　　　(　　　)

④天阶夜色凉如水，卧看牵牛织女星。　　　(　　　)

241

基于语文核心素养的大单元教学

2. 总结学习，激发兴趣：中国传统节日有着悠久的历史，古往今来文人墨客留下了许多与之相关的经典诗篇，课后请同学们继续查找"中国传统节日"的其他资料，用自己喜欢的方式呈现收集的资料，为推荐会作准备。

【板书设计】

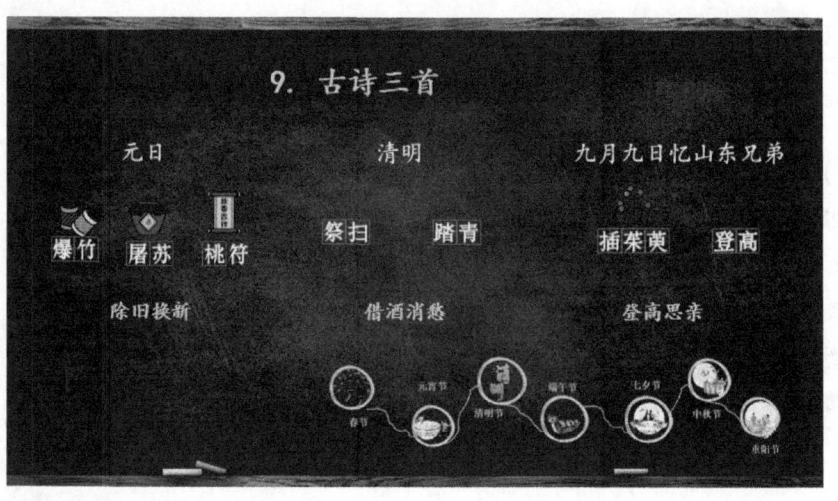

【学生成果】

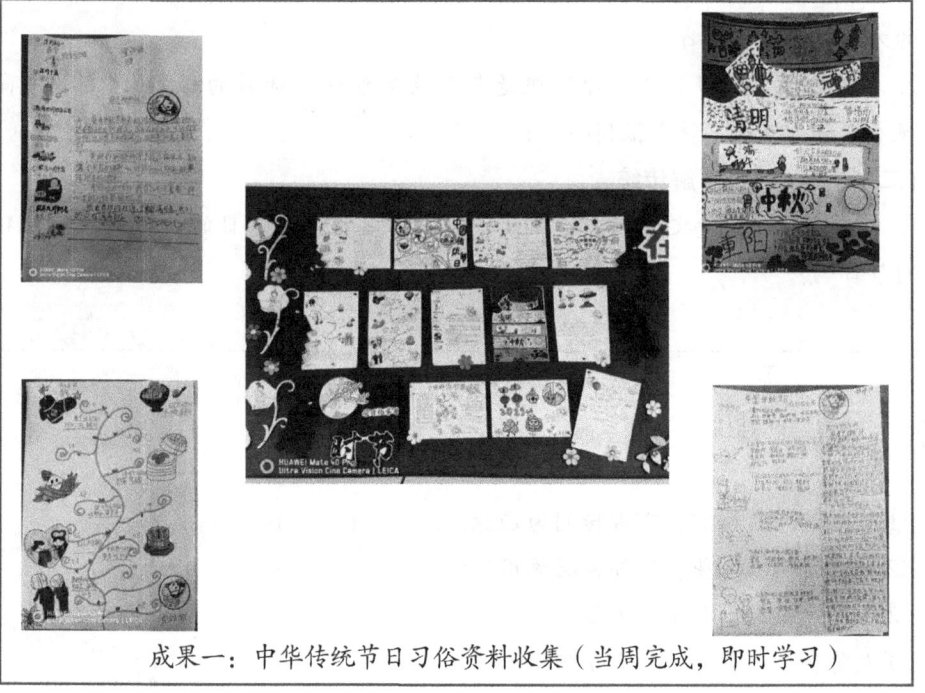

成果一：中华传统节日习俗资料收集（当周完成，即时学习）

第三章 基于语文学习任务群的大单元教学设计与实施

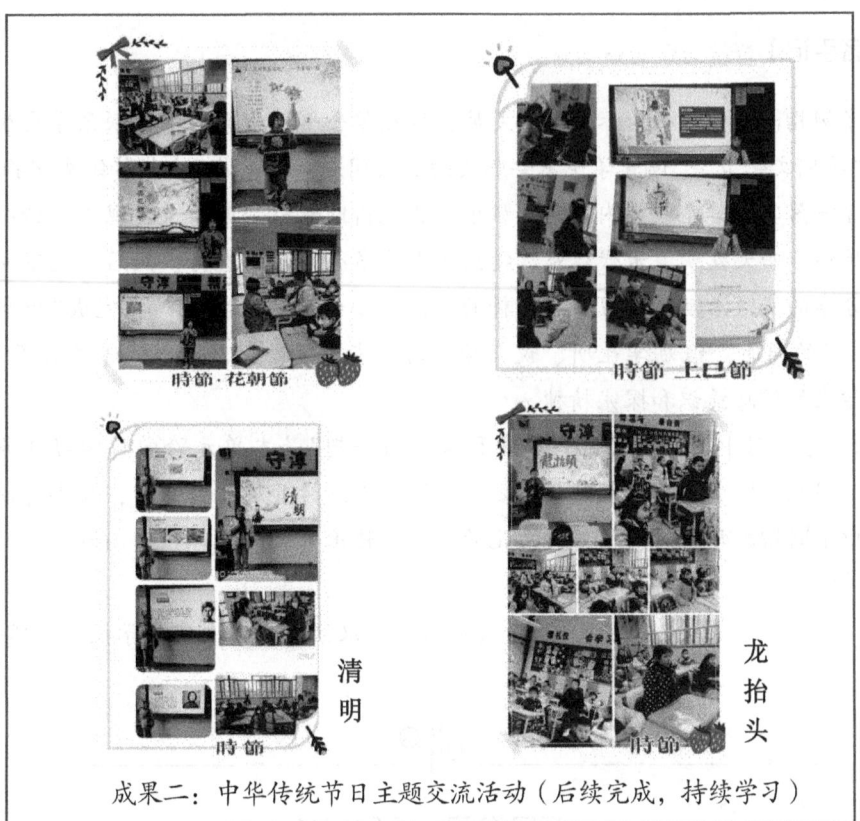

成果二：中华传统节日主题交流活动（后续完成，持续学习）

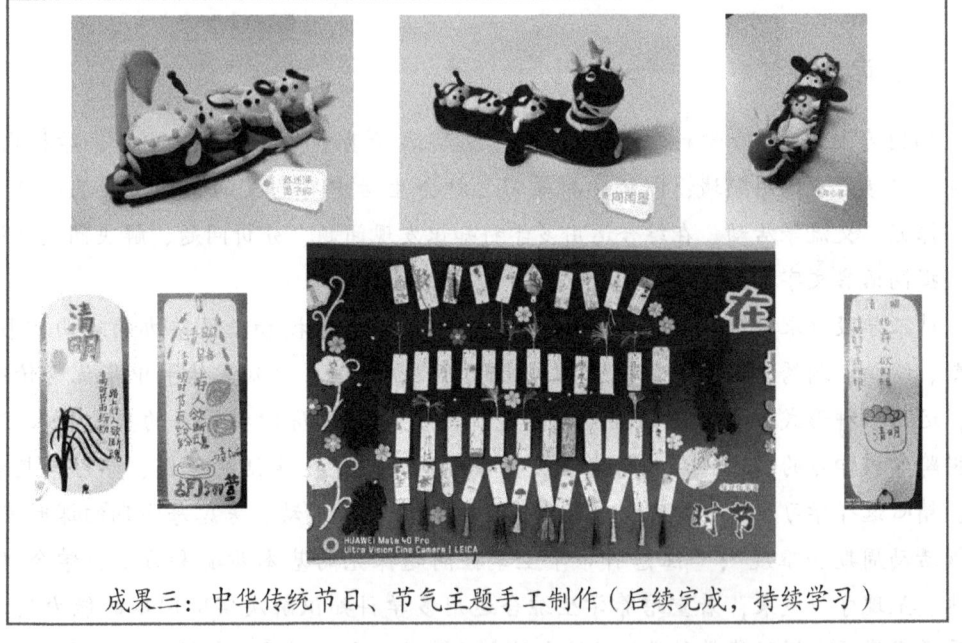

成果三：中华传统节日、节气主题手工制作（后续完成，持续学习）

243

基于语文核心素养的大单元教学

【设计者手记】

本案例指向学生核心素养目标的发展，旨在整合单元教学内容，联系学生生活的真实情境"校园文化节"，设置学生需要解决的真实问题——举办"中华传统文化推荐会"。

在逐一落实本单元教学内容的过程中，首先借助教材帮助学生发现中华传统文化中的节日风俗、四大发明、古代建筑、绘画艺术等多个方面的魅力；然后通过不同资料的收集、分享的实践活动，学习收集资料的方法、小组合作的技能。在完成"中华传统文化推荐会"的同时，锻炼学生听、说、读、写、查、画、唱、舞、做等多方面的能力，并培养学生的信息意识和探究精神。

"激发学生对中国传统文化的热爱和探究的兴趣"是本单元跨学科学习任务群的目标之一，因此在完成本单元教学任务之后，还可以继续开展相关活动，在丰富的语文实践活动中不断增加学生对中华传统文化的了解，传承爱国心，厚植爱国情。

（武汉市江汉区大兴第一实验学校　徐珺一）

逛民俗园　悟民俗情
——六年级上册第一单元"跨学科学习"学习任务群教学设计

一、课标解读

2022年版课标"跨学科学习"要求在语文实践活动中，联结课堂内外、学校内外，拓宽语文学习和运用领域；围绕学科学习、社会生活中有意义的话题，开展阅读、梳理、探究、交流等活动，在综合运用多学科知识发现问题、分析问题、解决问题的过程中，提高语言文字运用能力。

第三学段要求学生"积极参加校园文化社团，参与学校和社区举办的戏曲、书法、篆刻、绘画、刺绣、泥塑、民乐等相关文化活动，体验、感知、传承中华优秀传统文化，运用多种形式分享自己的经验与感受"；"充分发挥跨学科学习的整体育人优势，增强跨学科学习的计划性和目标意识。根据不同学段学生生活的范围、学习兴趣和能力，精心选择学习主题和内容，组织、策划多样的学习活动。考虑每学期的课时安排，把握活动周期和难度"；"注意引导学生掌握问题探究的基本步骤和方法，学会提炼、表达、呈现学习成果，着重培养学生综合运用多学科知识解决实际问题的能力"；"要拓展学习资源，增强跨学科学习的综合性和开放性。充分利用图书馆、互联网、社区生

244

活场景、文化场馆等，为学生开展跨学科学习提供必要的支持；也可以结合学校和社区开展的文化活动进行语文跨学科学习"。

根据上述要求，我依托统编教材小学语文六上第一单元"分清内容的主次，体会作者是如何详写主要部分"这一阅读策略主题单元，设计了"逛民俗园 悟民俗情"主题学习活动，以任务情境贯穿始终，综合运用多学科知识，完成学习任务，提高语文综合素养。

二、教材分析

"百里不同风，千里不同俗。"本单元以"民风民俗"为主题，选编了四篇课文，其中《北京的春节》《腊八粥》和《古诗三首》是精读课文，《藏戏》是略读课文，它们从不同角度介绍了各具特色的民风民俗，反映了中华民俗文化的丰厚博大。

《北京的春节》一文，老舍先生用他朴素自然、充满浓郁"京味儿"的语言，将老北京的春节习俗娓娓道来，为我们展开了一幅老北京的民俗画卷，时间跨度大，内容丰富。阅读时，我们要揣摩文章的表达顺序，分清内容的主次，体会详写、略写的好处。

《腊八粥》一文通过小孩八儿的视角，将我们引入美好的腊八风俗中让我们感受腊八粥的甜蜜以及家庭生活的温情。在阅读中，同学们可以用心体会作家沈从文描写细腻的写作特色，并能分清文章的详略，进而体会详略分明的效果。

《古诗三首》由《寒食》《迢迢牵牛星》《十五夜望月》组成，同学们可以借助注释、图画，了解、想象诗中描绘的景物，体会作者表达的思想感情。

《藏戏》一文让我们了解了藏戏的形成及其特色。在阅读中，感受文章的表达方法及语言特点，学习文章准确的说明和生动形象的描述，是学习本课的难点。

口语交际"即兴发言"主要是引导学生关注交际情况，增强交际时的对象意识，说得体的、有针对性的话，突出发言的重点。

"抓住重点，写出特点"是本单元的习作要求。我们要在阅读本组课文时，体会作者是如何详写主要部分的，并在阅读的基础上学习表达，在自己的习作中详略安排得当，突出中心，抓住重点，写出特点。

"交流平台"对分清文章主次的意义以及如何根据表达的需要安排详略进行了梳理和总结，提示学生读文章的时候，分清文章的主次，就能领会作者要表达的主要意思。写作的时候也要想好把哪些内容写详细。"交流平台"和"语句段运用"可以整合到课文学习中去。

文本内容编排由单文本向多文本过渡，训练步骤尊崇了"由扶到放"的原则——从"教策略"到"迁移练习"再到"自主实践"，体现了教材编排的统整性、序列性、迁移性和实用性。在教学时要集中体现"详略得当"的这一主题，形成一条贯穿全单元的、显

245

基于语文核心素养的大单元教学

性的线索。

三、学情分析

本单元语文要素为：分清内容的主次，体会作者是如何详写主要部分的。在这方面，学生有一定基础。在此之前，学生已经学习过如何把握文章的主要内容、怎样围绕中心意思来写。加之春节是我们的传统节日，学生对春节的习俗多少有些了解，在这个大背景下学习《北京的春节》，很能引起学生的学习兴趣，再结合信息、美术、音乐、劳动学科的介入，学生在喜闻乐见的愉悦氛围中感受作者的独特表达，感受春节传统的文化内涵。

四、学科融合

1. 信息：收集整理有关春节习俗的资料。
2. 美术：制作一盏属于自己的元宵节花灯，绘制年俗画或者手抄报。
3. 劳动：尝试做一份腊八粥，或者年菜。
4. 音乐：收集有关"民俗民风"的音乐，并为"北京春节民俗园"小视频配音。

五、大单元学习任务群框架

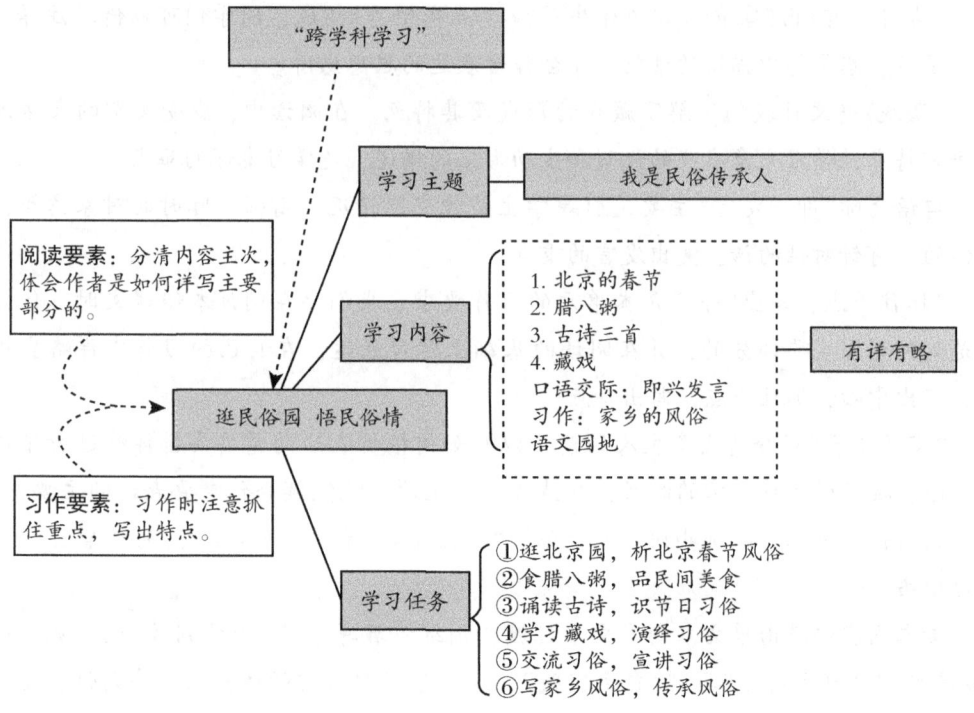

246

第三章　基于语文学习任务群的大单元教学设计与实施

《北京的春节》学习任务群教学设计案例

【学习任务群框架】

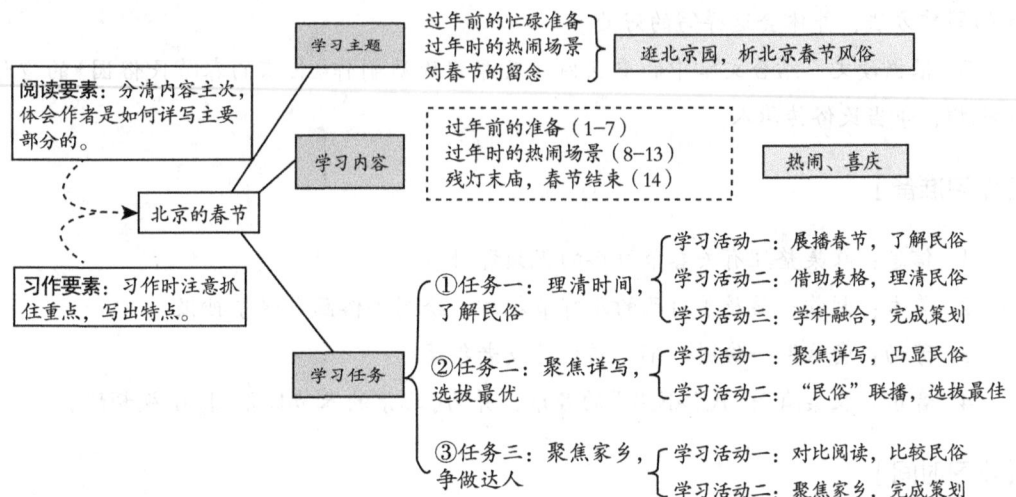

【学习目标】

1. 学科核心能力：能分清文章详略，体会这样写的好处，体会课文不同的语言风格，感受丰富的民俗文化。

2. 跨学科能力：抓住课文的重点内容，整合信息、美术、音乐、劳动学科知识，丰富学生的感性认识，进行合作创新的课堂项目化实践，激发学生学习兴趣。

3. 主要素养指向：

文化自信：感受春节的热闹与隆重，感受传统节日的魅力，认同中华文化，继承和弘扬优秀传统文化，提升文化自信。

语言运用：学习抓住重点进行细致描写的方法，感受语言文字的丰富内涵。

思维能力：了解课文的表达顺序，明确详略安排的表达效果，培养学生思维的敏捷性、灵活性、深刻性和独创性。

审美创造：品味"京味儿"语言特点，感受作者是如何借助"京味儿"语言凸显民俗特色的，从而获得较为丰富的审美经验，涵养高雅情趣。

实践创新：提升学生综合运用多学科知识解决实际问题的能力。

【学习重点】

根据本课的阅读任务，找到相关的阅读内容，仔细读，解决问题，完成阅读任务。

247

基于语文核心素养的大单元教学

【学习难点】

1. 了解北京过春节的习俗，感受北京春节浓浓的年味，领略传统文化的独特魅力。

2. 品味老舍"京味儿"语言的特点；通过比较阅读，学习按时间顺序记叙和详略得当的写作方法，并体会这样写的好处。

3. 根据读文，结合文章中的重点内容及课程资源制作《北京的春节民俗园》的宣传小视频，争当民俗传承人。

【学习准备】

1. 信息：收集整理有关春节习俗的视频资料。

2. 美术：制作一盏属于自己的元宵节花灯、绘制年俗画或者手抄报。

3. 劳动：尝试做一份腊八粥、腊八蒜或者年菜。

4. 音乐：收集有关"民俗民风"的音乐，并为《北京的春节民俗园》小视频配音。

【学习时间】

2 课时

【学习过程】

第 一 课 时

学习活动：阅读单元导语、明确语文要素

1. 话题引入：百里不同风，千里不同俗。

2. 阅读要素："分清内容的主次，体会作者是如何详写主要部分的。"

3. 习作要素："习作时注意抓住重点，写出特色"是这个单元的习作要素。

4. 明确任务：制作《北京的春节民俗园》宣传小视频。

🌱 **任务一** 理清时间，了解民俗

(一)学习活动一：展播春节，了解民俗

1. 谈话导入。"十里不同风，百里不同俗。"不同地区、不同民族都有自己特有的民风民俗。春节是我们中国人心中最隆重的节日，一到春节，大街小巷就变得热闹非凡，家家户户都是喜气洋洋。老北京的春节是怎样的呢？在课前，大家通过网络搜集了不少资料，大家也把它分享到了班级群，我选取了一两个同学的分享，我们一起来看看。

2. 播放视频。观看视频，说说北京的春节有哪些风俗，视频是分几部分介绍的。

248

3. 板书课题。今天我们学习的课文就是《北京的春节》，它的作者是老舍。

4. 简介作者。谁能通过课前资料的收集介绍一下作者老舍？

(二)学习活动二：借助表格，理清民俗

1. 初读课文，了解北京春节风俗。

自由轻声读课文，读准字音，读通句子。作家老舍笔下的春节给你留下了怎样的印象？

2. 检查预习：指名读生词，注意纠正字音。

3. 感受语言，体会"京味儿"。

(1)课件出示文中带有京味儿的句子。

杰出的语言大师老舍先生，他的语言通俗易懂，朴实无华，京味儿十足。下面我们来试着读一读文中京味十足的句子。

第一句：孩子们准备过年，第一件大事是买杂拌儿。这是用各种干果(花生、胶枣、榛子、栗子等)与蜜饯掺和成的……孩子们喜欢吃这些零七八碎儿……第二件事是买爆竹，特别是男孩子们。恐怕第三件事才是买玩意儿——风筝、空竹、口琴等——和年画。

第二句：腊月和正月，在农村正是大家最闲在的时候。过了灯节，天气转暖，大家就又去忙着干活儿了。

(2)自由读一读。

(3)找出文中其他京味儿的句子，比赛读一读，各组选出读得最好的，音色最好的为《北京的春节民俗园》配音。

4. 分享交流：老舍笔下的北京人是怎样过春节的？给你印象最深的是什么？

5. 小组合作，填写表格。

时间	人们的活动或者风俗

6. 小组汇报，填写表格。

7. 借助表格，完整地说一说北京人是怎么过春节的。

8. 理清详略。说一说哪几天写得详细，哪几天写得简略？

基于语文核心素养的大单元教学

(三)学习活动三：学科融合，完成策划

1. 说一说：在这些风俗中，你对哪个风俗最感兴趣，你准备用哪个学科知识表现这个风俗。

预设：

预设1：我是个小吃货，我对腊八粥最感兴趣，我准备请教妈妈，亲自做一份腊八粥，然后把它拍成小视频，分享给大家。

预设2：我从来没有吃过腊八蒜，我想看看它如翡翠般的颜色。

预设3：我的书法写得不错，我想写一副春联。

预设4：我想学着课本上的插图画一幅春节习俗的年画。我们美术课上学过如何画年画，我刚好可以展示一下。

预设5：课本中提到的玩具，我好多没见过，我想在网上收集一些图片，或者请教劳动老师，看看能不能试着做一个。

预设6：课本中元宵节的花灯，有各种材质，各种图案，我想尝试着做一做，因为我爷爷就会做花灯，我可以跟着学。做不出来的可以收集图片。

2. 理一理。看看课文中的这些习俗可以怎么分类呢？（美食、玩具、花灯……）

3. 填一填。小组讨论并完成"北京的春节民俗园"宣传视频策划书。

《北京的春节民俗园》宣传视频策划书

视频名称 _____

制作目的 _____

播出时间 _____

制作分工　宣传文稿_____

　　　　　视频配音_____

　　　　　美 食 类_____

　　　　　玩 具 类_____

　　　　　花 灯 类_____

　　　　　其 他 类_____

　　　　　视频合成_____

第 二 课 时

任务二　聚焦详写，选拔最优

(一)学习活动一：聚焦详写，凸显民俗

1. 出示表格，从腊八、腊月二十三、除夕、正月初一、元宵节中选择一天仔细品

250

读，想想作者写了哪些风俗特点，又是如何写的。可以结合自己的体验写写批注。

2. 学生默读，并作批注。

3. 交流。

预设：

(1)腊八：老舍先生选取了最具特色的食品写腊八的风俗特点。腊八粥的特点是食材多，腊八蒜的特点是色味双全，使腊八节的风俗特点更加突出，而人们在这一天的喜悦心情也跃然纸上。

(2)腊月二十三：老舍先生抓住小年"祭灶王"的习俗，重点写了街上卖糖以及吃糖瓜习俗的来历，有滋有味，有声有色地突出了风俗特点。

(3)除夕：老舍先生重点描写了除夕这一天吃团圆饭、守岁、祭祖等习俗。

(4)初一：老舍先生通过列举初一午后男人、女人、孩子的不同活动，写出了正月初一的热闹美好，展现了北京的春节风俗。

(5)元宵节：最大的特色就是灯，不仅街上店铺里有灯，家里也有灯，到处都是灯的世界，灯的数量多、种类多。

4. 小结：老舍先生抓住腊八、腊月二十三、除夕、初一和元宵这几天最有特点的习俗，从不同的角度写出了这些风俗的特点，处处充满喜庆、热闹的气息。

5. 思考：为什么作者有些日子的活动写得略，有的写得比较详细，这样写有什么好处？

6. 小结：这样有详有略使整篇文章重点突出、主次分明，更能突出老北京春节的民俗风情，给人留下深刻的印象。

(二)学习活动二："民俗"联播，选拔最佳

1. 播放各小组的《北京的春节民俗园》宣传小视频。

2. 评选出最佳小视频，并提出合理修改意见。

评 价 标 准	评价结果
形式多样地突出了北京春节的习俗	☆ ☆ ☆ ☆ ☆
画面清晰，结构布局合理	☆ ☆ ☆ ☆ ☆
语音介绍吐字清晰，京味儿十足	☆ ☆ ☆ ☆ ☆
背景音乐搭配得当	☆ ☆ ☆ ☆ ☆
建议	

基于语文核心素养的大单元教学

任务三 聚焦家乡，争做达人

（一）学习活动一：对比阅读，比较民俗

1. 对比阅读链接：阅读课后阅读链接，想一想同样是写除夕，斯妤和老舍在写法上有什么异同？

预设：

相同之处：两位作家都写出了除夕当地特有的习俗。

不同之处：①斯妤的文章镜头对准自家的热闹，以局部反映整体，充满了对美好情境的怀念；老舍先生则进行了全景式的扫描，写出了北京人过年的情景，文字间洋溢着热闹欢庆的气氛。②老舍写出了北京的习俗；斯妤反映的是闽南的习俗。③老舍先生用的第三人称，京味儿浓郁；斯妤用的第一人称，语言朴素。

2. 说一说：说说自己的家乡有什么风俗？

（二）学习活动二：聚焦家乡，完成策划

1. 议一议：你准备如何介绍家乡的风俗？

2. 填一填：小组合作完成《家乡风俗宣传策划书》。

（三）课后作业

1. 必做题：小组合作完成《家乡风俗》宣传视频。

2. 选做题：推荐阅读汪曾祺的《故乡的元宵》、冯骥才的《花脸》、肖复兴的《花边饺》，想一想，作者是如何抓住重点，突出风俗特点的？

【板书设计】

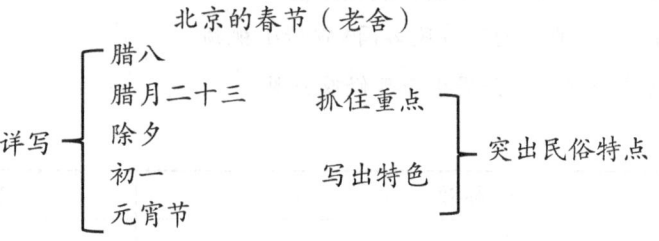

【设计者手记】

义务教育课程方案和课程标准（2022年版）特别指出，要设立跨学科主题学习活动，加强学科间相互联系，带动课程综合化实施，强化实践性要求。从培养学生核心素养的视角出发，义务教育阶段各门学科都以学科育人价值为标准，筛选具有独特育人价值的学科内容进入教学场域。"教学提示"和"教学建议"提出了"跨学科主题学习"至少要占

252

第三章　基于语文学习任务群的大单元教学设计与实施

学科课程的10%。这指引着一线教师必须改变传统教学方式，转向新的育人方式。作为拓展型任务群，"跨学科学习"突破了知识能力的线性排列，改变了知识点的逐点解析和技能点的逐项训练，打破了学科壁垒。

本课教学设计既关注了语文学科特点，紧扣单元要素，又融合了其他学科知识。要完成主题任务——制作《北京的春节民俗园》宣传视频，首先要关注课文内容，然后利用信息技术学科知识收集北京春节习俗的资料、制作小视频；利用劳动学科知识动手制作腊八粥、腊八蒜、年菜、玩具、花灯等；利用美术学科知识画年画、设计视频中的字体、制作花灯等；利用音乐学科知识给视频配音、配乐等。没有多学科知识的组合运用，学生很难完成这项任务。

本课教学设计着眼于大单元教学。教学设计围绕大单元任务"我是民俗传承人"设计了六项任务。第六项任务是"写家乡风俗，传承风俗"，是依据"抓住重点，写出特点"单元的习作要求设计的，本课的最后一项学习活动"聚焦家乡，完成策划"，很好地勾连了习作任务，为本单元习作打下了坚实的基础。

本课教学设计关注了"民风民俗"这一单元主题，综合运用了多学科知识解决问题，提高了语言文字的能力，而且让学生充分体会中华优秀传统文化的博大精深，感受中华传统习俗中蕴含的人情美、文化美，激发了学生对祖国传统文化的热爱。

（武汉市新洲区邾城街中心小学　施年荣）

依依惜别　成长往事
——六年级下册第六单元"跨学科学习"任务群教学设计

一、课标分析

《义务教育语文课程标准（2022年版）》中这样介绍跨学科学习任务群："旨在引导学生在语文实践活动中，联结课堂内外、学校内外，拓宽语文学习和运用领域；围绕学科学习、社会生活中有意义的话题，开展阅读、梳理、探究、交流等活动，在综合运用多学科知识发现问题、分析问题、解决问题的过程中，提高语言文字运用能力。"本单元是一个综合性学习单元，安排了"回忆往事"和"依依惜别"两个活动板块，与学生即将毕业的生活实际联系紧密。在这两个活动板块中，学生既要综合运用语文知识和技能，还要综合运用美术、音乐、劳动、信息等其他学科所学的知识和技能。因此，本单元可以作为"跨学科学习任务群"来开展学习活动。

253

基于语文核心素养的大单元教学

2022 年版课标要求"充分发挥跨学科学习的整体育人优势，增强跨学科学习的计划性和目标意识。根据不同学段学生生活的范围、学习兴趣和能力，精心选择学习主题和内容，组织、策划多样的学习活动"。第三学段要求"运用多种形式分享自己的经验与感受"，还提出第三学段在梳理与探究上能"策划简单的校园活动和社会活动，对所策划的主题进行讨论和分析，学写活动计划和活动总结"。本单元的学习任务很好地回应了 2022 年版课标的跨学科学习育人价值以及年段目标。

二、教材分析

(一) 横向联系生活

单元主题：本单元以"难忘的小学生活"为主题，具有生活化、情境化的特点，能够引起即将毕业学生的共鸣，有利于引导学生在真实的生活情境中学语文，用语文。在实践和体验中回忆小学生活，感受师生情，同学情，感受成长快乐。

语文要素：本单元语文要素为"运用学过的方法整理资料"，是基于真实的活动场景，学生综合应用学习过的方法，根据实际需要查找、收集、筛选、分类整理资料，又通过"填写时间轴""画成长树"等学生喜欢的饶有趣味的形式予以呈现。

综合性活动任务：本单元主要任务是"策划简单的校园活动，学写策划书"，仍然是基于临近毕业的真实生活情境，进一步培养学生计划、组织、实施开展校园活动的能力。

(二) 纵向螺旋上升

如下表所示，每个年级都安排了与童年相关的人文主题，尤其是起始年级第一单元，三年级开始双主题后的第一单元以及六年级下册最后一个单元都是以"学校生活"为主题，从适应学校生活，到爱上学校生活，到回味小学生活，为学生小学阶段画上一个圆。三年级开始安排了综合性学习，五年级开始学习查找资料，六年级最后一个单元综合应用，回应课标提出的学会在真实生活中发现问题、解决问题，提升学生的学科素养与综合实践能力。

年级册次	单元	人文主题	单元要素	综合性学习
一年级上册	我上学了	适应新的学习环境		
二年级上册	第三单元	儿童生活		
三年级上册	第一单元	学校生活		
三年级下册	第三单元			传统文化
三年级下册	第六单元	童年生活		

254

第三章 基于语文学习任务群的大单元教学设计与实施

续表

年级册次	单元	人文主题	单元要素	综合性学习
四年级上册	第六单元	童年生活		
四年级下册	第三单元			轻叩诗歌大门，诗歌朗诵会
四年级下册	第六单元	童年生活		
五年级上册	第四单元		结合查找资料，体会课文表达的思想感情	
五年级下册	第三单元		学习搜集资料的基本方法	遨游汉字王国，趣味汉字交流会
六年级上册	第八单元		借助相关资料，理解课文主要内容	
六年级下册	第六单元	难忘的小学生活	运用学过的方法整理资料	策划简单的校园活动

三、学情分析

(一)情感基础

即将告别小学，六年级毕业班的学生不久会开始新的学习生活。在这样的特殊时段里，学生既有对新生活的向往，有成长的喜悦，也会有对这六年小学生活的留恋，对老师、对同学的不舍。这是一段珍贵的记忆，这是真实生活背景下的真挚情感，有着良好的情感基础。

(二)知识与能力基础

从上面的教材分析可见，无论是从横向与生活的紧密相连，还是从纵向知识能力结构的环环相扣，六年级学生在每个年级的"童年生活"主题单元中，已经发现了童年生活的多姿多彩，同时也学习到了很多查找资料的方法，开展过"诗歌朗诵""汉字交流会"等综合实践活动，具备了良好的知识与能力基础。

(三)学习难点

综合性学习是打通课内课外的学习活动，除了课堂学习活动外，学生还需要在家里持续完成活动任务，如何利用上面提到的良好基础持续推动学生参与实践活动是难点。所以，要充分体现跨学科学习的真实性、情境性、实践性的特点，以项目化学习的方式，以学生为中心，将学生设计的方案、制作的作品放入真实情境，以此推动学生持续

255

基于语文核心素养的大单元教学

学习。

四、学习任务群构建

本单元以"难忘的小学生活"为主题，以"制作成长纪念册""举办毕业联欢会"这两个最终输出结果为驱动性问题，以语文学科为主要学科支撑，与美术、音乐、劳动、信息技术等学科融合，来构建学习任务群。所以本单元的学习目标确立为：第一，运用学过的方法整理资料，制作、分享成长纪念册；第二，结合实际生活和以往实践体验，综合各学科素养，策划、举办毕业联欢会。

五、大单元课时设计

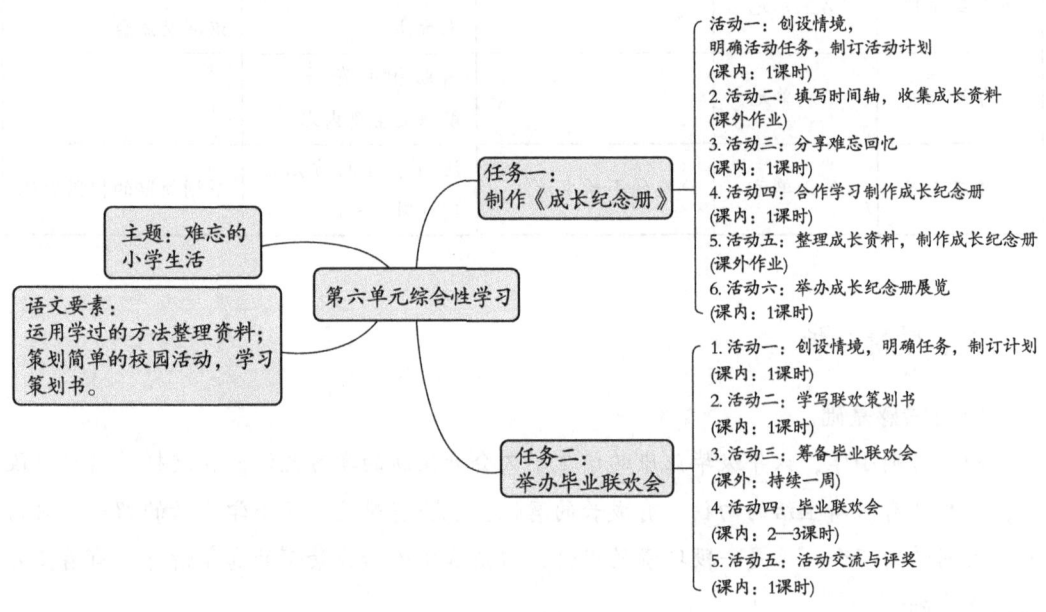

学做《成长纪念册》活动设计案例

【学习目标】

1. 复习给资料分类的方法，根据需要，给收集到的成长资料进行分类。

2. 设计《成长纪念册》的目录。

3. 学习制作《成长纪念册》的方法，激发学生对小学生活的热爱。

【学习重难点】

1. 根据需要给收集到的成长资料进行分类。

256

2. 学习制作《成长纪念册》。

【学习准备】

1. 完成时间轴和分享难忘记忆。

2. 学习资源：阅读材料3《如何制作成长纪念册》，美术老师及信息老师制作的微课及课件。

【学习时间】

1课时

【学习过程】

任务一　激趣热身，明确任务

1. 回顾导入：视频回顾学生"时间轴"作品以及学生分享难忘的回忆的精彩片段。

2. 了解任务：明确本次活动任务是制作《成长纪念册》，参加班级展览，并进行评选。

3. 明确本课活动的流程：制定优秀《成长纪念册》的标准——学习制作《成长纪念册》的方法——设计《成长纪念册》的目录——交流反思，明确下一步任务。

任务二　制定优秀《成长纪念册》的标准

(一)学习活动一：我心中的优秀《成长纪念册》

示例讨论：出示几本往届学生的《成长纪念册》，小组讨论：受欢迎的《成长纪念册》有什么特点？

学习支架：

(1)每位同学填写推荐单。

(2)小组同学轮流发言，介绍自己喜欢哪一本，理由是什么？

(3)小组讨论，用三个关键词来说说受欢迎的《成长纪念册》有什么特点，试着举例说明。

(4)全班讨论，推出三个关键词。

受欢迎《成长纪念册》推荐单

我最喜欢的《成长纪念册》序号是	
我用一个词来形容这个本子的特点	

257

基于语文核心素养的大单元教学

续表

我可以举一个例子来说明这个特点:	

(二)学习活动二：制定优秀《成长纪念册》评价量表

阅读书本阅读材料3《如何制作成长纪念册》，制定评价表格。

学习支架：(1)独立思考评价表格。(2)小组讨论完成一张评价表格。

《成长纪念册》评价表

全班推荐的三个关键词	精美	特色	创意
根据阅读材料请你把对应的要求填写进去	示例：有纪念意义的照片 ① ② ③	示例：对资料进行了分类 ① ② ③	示例：纪念册的名字很有创意 ① ② ③
你们小组认为达到几条具体要求为合格			
你们小组认为达到几条具体要求为优秀			

任务三 学习制作《成长纪念册》的方法

根据你所学习的资源，说说制作《成长纪念册》的方法及注意事项。

(一)学习活动一：自主学习课程资源

资源一：阅读材料3《如何制作成长纪念册》

资源二：微课《如何让成长纪念册更精美》(美术老师制作，微课要点：①把收集到的资料按一定方法分类后，给每一个板块设计一个内封，起个名字，配上有纪念意义的照片和奖状；②每个类别的资料数量接近，会显得比较均匀；③美化方法)

第三章　基于语文学习任务群的大单元教学设计与实施

资源三：微课《如何制作一个电子成长纪念册》（信息技术老师制作，要点：①要做好电子成长纪念册，先要做好脚本设计，再次强调资源收集、整理和分类；②从信息化角度介绍制作电子成长纪念册的手机 App 和电脑软件）

（二）学习活动二：小组里说说《制作方法记录表》

制作方法记录表

通过学习，聪明的你一定发现了，要想制作《成长纪念册》有三个步骤：第一，要学会收集和筛选资料，要把能体现特点、有代表性的资料收录进来；第二，要会按照一定方法把资料进行分类；第三，册子一般分为封面、目录、正文三个部分，你可以提前做好目录哦！当然，如果你很有创意，一定会做出吸引人的作品哦！说说看，你记住了哪些好办法？	
收集、筛选成长资料的方法	
你了解的资料分类的方法	
纪念册的编排方法	

任务四　制定《成长纪念册》目录

完成你的《成长纪念册》目录

学习支架：

（名字：　　　　　　）	
板块一：（　　　　） 1. 2.	
板块二：（　　　　） 3. 4.	
板块三：（　　　　） 5. 6.	

259

基于语文核心素养的大单元教学

板块四：（　　　）
7.
8.

🌱 **任务五** **总结提升，明确推进任务**

（一）学习活动一

小组内对照制作的目录和评价标准给自己和小组同学做一个评价，并思考一下改进措施。

（二）学习活动二

全班交流。

（三）学习活动三

明确课后任务，完成《成长纪念册》。

【板书】

制作《成长纪念册》

收集筛选资料

分类整理资料

有序编排资料

创意表现资料

【设计者手记】

本单元既是整个小学阶段的最后一个单元，又是一个以学生实践为主的综合性学习单元。在教学上，以跨学科学习任务群推进，体现以下三个特点。第一，强调以学为中心，目标前置，评价驱动，以终为始的教学设计。提供学习资源与学习支架，让学生在

260

自主、合作、探究中学习、实践。第二，强调真实生活。如 2022 年版课标要求"引导学生在广阔的学习和生活情境中学语文、用语文，提高交流沟通、团队协作的能力"。学生利用各种学习支架，学会提炼、呈现、表达自己的学习成果，提升了在真实生活中解决问题的能力。第三，强调学科融合。一方面，努力拓展学习资源，从整理资料到跨学科学习，从课本阅读材料到跨学科微课，为学生学习提供更丰富的支持；另一方面，强化语文学科本色，即使是跨学科学习，也从美术的角度，设计视频脚本的角度、强调本单元语文要素"用学过的方法整理资料"，凸显学科特点。

（武汉经济技术开发区实验小学　卢欣玲）

第四章
聚焦学习任务群的大单元作业设计与实施

2022 年 4 月，《义务教育语文课程标准》(以下简称"2022 年版课标")颁布。为落实语文课程"立德树人"的根本任务，贯彻党中央"双减"的文件精神，促进学生核心素养的全面形成，体现时代要求，在基于课程视域的背景下，以大单元为基本单位，以学习任务群为载体展开作业设计研究，有助于实现课程育人的高质量目标，让语文学习成为看得见的"最美风景"。

一、"素养"导向——重塑作业设计的"增值思维"

在"双减"背景之下，语文作业如何"控量提质增效"值得我们广泛关注。经过深度思考，不难发现，"双减"作业从"增量"走向"增值"的底层逻辑是基于"新课标"的发展目标——"核心素养"。

（一）学习任务群的核心素养逻辑

2022 年版课标中的课程目标体系是围绕核心素养构建的。"核心素养"是学生通过课程学习逐步形成的正确价值观、必备品格和关键能力，是课程育人价值的集中体现。崔允漷教授在《素养时代的学习评价》中指出：通俗地讲，核心素养就是能做事，"关键能力"指能做成事，"必备品格"指习惯做正确的事，"价值观念"指坚持把事做正确。简单地说，用语文"做成事"的过程，就是语文素养形成与发展的过程，是文化自信、语言运用、思维能力、审美创造的综合体现。

而 2022 年版课标中首次提出的"学习任务群"，既是课程内容的组织与呈现方式，也是课程内容的设计与实施路径。2022 年版课标从三个层次(基础型、发展型、拓展型)设置了六大学习任务群(语言文字积累与梳理、实用性阅读与交流、文学阅读与创意表达、思辨性阅读与表达、整本书阅读、跨学科学习)，各任务群之间相互交叉渗透，根据不同学段特征做了整体规划，优化了课程内容结构，强调各项语文学习任务之间的连贯性，螺旋上升，从"书中学"转向"做中学"，让学生在完整的语文学科实践活动中，人人想做事、个个会做事、事事能做成，促成学生关键能力和思维认知的进阶，突出语文课程核心素养发展的需求。

遵循学生的身心发展规律和核心素养形成的内在逻辑，学习任务群就能促进学生的深度学习，是核心素养落地的重要抓手。

（二）课程视域下的大单元作业观

以素养为导向的语文学习任务群的建构，必定带动教与学方式的变革。学习任务的设计，就是要从教师的"教"转向学生的"学"，以学定教，以学促教，让学生成为课堂学习的发生者、课堂学习的主人。

而课程视域下的作业观认为：其一，"作业即学习活动"，强调了作业不仅巩固教学中的知识与技能、能力与方法，还可以弥补教学中的不足，与教学互补，共同达成课程目标。其二，"作业即评价任务"，强调了作业可以诊断学生学习情况、改进教学、反思和评价课程目标是否达成。这两者都将作业看作课程的一个重要环节，是从学生的表现和学习结果对课程目标及内容进行反思与完善，更符合学习任务群的核心素养逻辑。

大单元统整学习主题，相对独立，且自成体系，则是体现课程视域作业观的最佳载体。"大单元"的"大"，体现于它以可迁移的"大概念"为学习目标，创设组织真实的"大情境"，设计规划通向目标的"大任务"。它让课程内容从零散走向关联，从浅表走向深入，从远离生活需要走向真实情境，更能体现出课程视域下作业作为教育教学的重要组成部分，彰显育人导向，承载育人功能。

基于以上理解，作业设计要从"增量"走向"增值"，从"教学"走向"课程"，从"单一"走向"多元"，从"技能"走向"素养"，必定要以大单元为基本单位，以构建学习任务群为载体，为重塑教育生态赋能。

二、"任务"驱动——确定大单元"学习任务群"作业目标

"学习任务群"是一种整合，以及整合之后向核心素养的聚焦，强调的是"任务"的群，而不是"文本"的群。在这一理念之下，可以有多种教学实践样态的共生共存：一是基于单篇的语文学习任务设计与实施；二是基于多篇的语文学习任务设计与实施；三是基于项目的语文学习任务设计与实施。其中，单篇教学最有可能成为主导样态。下面，本书就以现有教材的主题单元为例，对学习任务群活动作业设计作以下说明。

第一，从课程的纵向结构出发，关注单元语文要素的学段特点，梳理其循序渐进、螺旋上升的内在规律，从而找到学生学习的生长点，帮助老师准确把握学情。

第二，从单元内容的横向结构入手，明确各部分学习内容所承载的落实语文要素的任务。

第三，基于课程、教材和学情，确定大单元的学习主题，创设大情境，并构建学习任务群。

第四，围绕这一学习主题，确定学习目标，设计相应的学习任务。

第五，在此基础上，先后确立单元作业目标、课时作业目标。从单元到课时，逐层对标落实，作业的学习认知目标呈现出由低阶向高阶的梯度发展，共同指向学生核心素养的发展。

基于语文核心素养的大单元教学

以上设计思路，体现了课程视域下的大单元作业观。

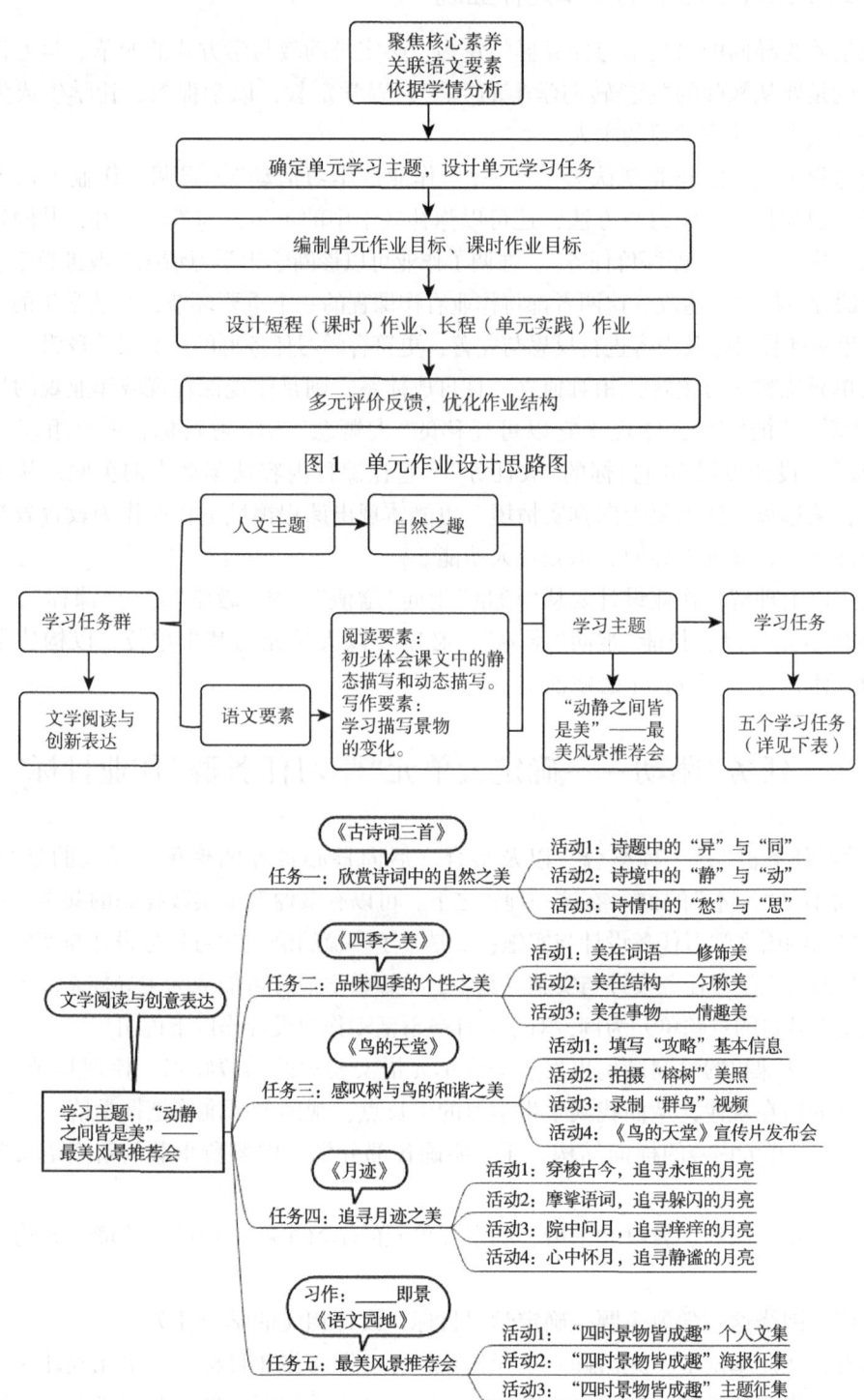

图 1　单元作业设计思路图

图 2　统编教材小学语文五年级上册第七单元学习任务群整体框架图

264

表 1　基于学习任务群活动的单元作业目标设计表——五年级上册第七单元

核心素养	课程学段要求	学习任务群类型	序号	单元作业目标	学习认知层次					
					记忆	理解	应用	分析	评价	创造
文化自信　语言运用　思维能力　审美创造	识字与写字	基础型	WSDY701	语境中正确书写、运用会写的生字词，准确掌握多音字读音。	✔	✔	✔			
	阅读与鉴赏	发展型	WSDY702	有感情地朗读课文。	✔					
			WSDY703	借助图示把握课文的主要内容。	✔	✔	✔			
			WSDY704	借助注释，联系上下文，想象课文中所描绘的景象，初步体会课文中的静态描写和动态描写，获得个性化的审美体验。		✔	✔	✔		
			WSDY705	积累、欣赏课文中的静态描写和动态描写的语句，提高审美品位。	✔	✔				
			WSDY706	积累中华经典文化，背诵《古诗词三首》《四季之美》《渔歌子》。默写《枫桥夜泊》。	✔	✔				
	表达与交流		WSDY707	仿照例句，运用静态描写和动态描写把画面写具体，表达自己独特的感受。		✔	✔	✔	✔	✔
			WSDY708	观察某种自然现象或某处自然景观，重点观察景物的动态变化，按照一定的顺序描写景物，以"＿＿＿即景"为题，写下观察所得，情感真挚。	✔	✔	✔	✔	✔	✔
	梳理与探究	拓展型	WSDY709	交流动态描写和静态描写的语句，梳理总结这样表达的好处。		✔	✔	✔	✔	✔
			WSDY710	运用多学科学习工具和知识经验，开展"古诗词中的愁""诗中有画，画中有诗"的综合性跨学科项目学习。	✔	✔	✔	✔	✔	✔

基于语文核心素养的大单元教学

表2　基于学习任务群活动的课时作业目标设计表——五年级上册第七单元《古诗词三首》

	课时作业目标	对应单元作业目标	作业来源	作业板块	作业功能	预计完成时间	作业难度	作业类型（本课涉及）
常规目标	①在语境中识记生字，运用会写的生字词；准确掌握多音字读音	WSDY701	选编	课前预学预学超市（选做）	巩固探究	15分钟	★较低　★★中等　★★★较高	口头书面实践个人独立小组合作短程作业长程作业（注：作业类型是基于不同的分类方式，交互进行，互为补充）
	②有感情地朗读课文	WSDY702		课中助学方法基地	迁移运用	10分钟		
	③借助图示把握古诗词的主要内容	WSDY703		课后研学阅读阵营拓展空间（选做）	拓展实践	10分钟一周（选做）		
核心目标	④借助注释，体会诗句中的静态描写和动态描写，想象诗词描绘的景象	WSDY704 WSDY705	改编					
	⑤能说出《长相思》的意思，试着体会作者的思想感情	WSDY705		加油站（学生）作业分析（教师）	评价反思			
	⑥背诵课文，默写《枫桥夜泊》	WSDY706						
	⑦运用多学科学习工具和知识经验，开展"古诗词中的愁""诗中有画，画中有诗"的综合性跨学科项目学习	WSDY710	创编					

三、"实践"赋能——设计凸显学科实践的活动作业

（一）创设真实情境，解决复杂生活问题

任务群学习必须设置真实性学习情境。所谓真实性，一是现实的真实，即真实的生活情境；二是可能的真实，指在生活中可能发生的事，或是可能遇到的问题；三是虚拟的真实，如文学性作品，学生在文学世界里体验到的一种文学情境，也能带给人真实的体验。

"真实性"是核心素养的精髓，学习任务群的活动作业源自真实的生活的情境，能够让学生更好地回归语言运用的生活场景，在不确定中提升解决复杂问题的能力。

第四章　聚焦学习任务群的大单元作业设计与实施

基于以上认识，笔者结合四年级上册第三单元《爬山虎的脚》一课，基于大单元大概念学习主题"连续是一种细致的观察方法"，设计了一个项目作业：2022夏·战"武汉高温"——告全体市民的一封倡议书。作业旨在引导学生走进2022年夏天的武汉，在真实生活中运用本单元观察日记的方式，连续记录武汉高温，关注身边发生的新闻，记录高温对生活的影响，如长江水位历史同期最低、商超限电、泳池人满为患等，然后查找资料，拟订一些应对的方法，就此对全体市民发出节约用电、战胜高温的倡议。

同时，笔者还结合六年级上册第三单元学习任务群大概念学习主题"关注提取真信息可以提高阅读速度"，为《故宫博物院》设计了项目作业：(1)为家人计划故宫一日游，画一张故宫参观路线图；(2)选择一两个景点，游故宫的时候为家人作讲解。学生需要运用前面学到的阅读方法——筛选资料，提取信息，甚至还要分析、比较、判断信息的真伪，再通过查找资料来补充、更新信息。例如，2016年的故宫地图可能有信息的更新，而设计一日游时，还要考虑疫情、淡季旺季的出行时间、游览者的知识文化背景、个人喜好以及旅游次数等因素。

可以说，在这两项学习活动中，学生带着"真实"的任务，主动进行知识的迁移和运用。不同于以往的低通路迁移，学生由具体走向抽象，建构自己解决问题的思维模式，再将这种思维模式应用于生活中的具体问题，实现高通路迁移。这一过程是促成学生核心素养发展的关键所在。

（二）搭建思维支架，培养学科关键能力

大单元以学习任务群的方式组织与呈现单元学习内容，以"大概念"统领学习任务，驱动学生有效学习。而促成核心素养形成的"大概念"，其关键是"理解"。在学习过程中，思维能力的多维提升是关键，因此，在作业设计中，笔者为学生提供了学习脚手架。

支架1——思维导图。帮助学生梳理课文的结构文脉，把握课文的主要内容，形成结构化思维。

支架2——补充资料。例如，为了帮助学生正确理解爬山虎的叶子和脚的特点，笔者为学生提供了两张图片：图片一是课前预学时学生收集和手绘的爬山虎图片，图片二是老师提供的一组爬山虎配图。学生理解课文后依据个人的学习经验，通过联想、想象、分析、比较，对图片作出判断，找到爬山虎的脚、茎、叶、叶柄的正确位置，真正读懂课文。在这个过程中，学生的思维能力得到了发展，更为重要的是，学生的好奇心、求知欲被激发，勇于探索、积极思考，求真求实的态度得以培养，思维品质也得到了提升。

支架3——作业贴士。在项目主题作业中，为了让学生在任务驱动下持续探究，笔者借助"作业小贴士"，为学生提供收集方法、研究路径、呈现方式等支持，帮助学生更好地完成学科实践活动，促进关键能力的发展。

267

基于语文核心素养的大单元教学

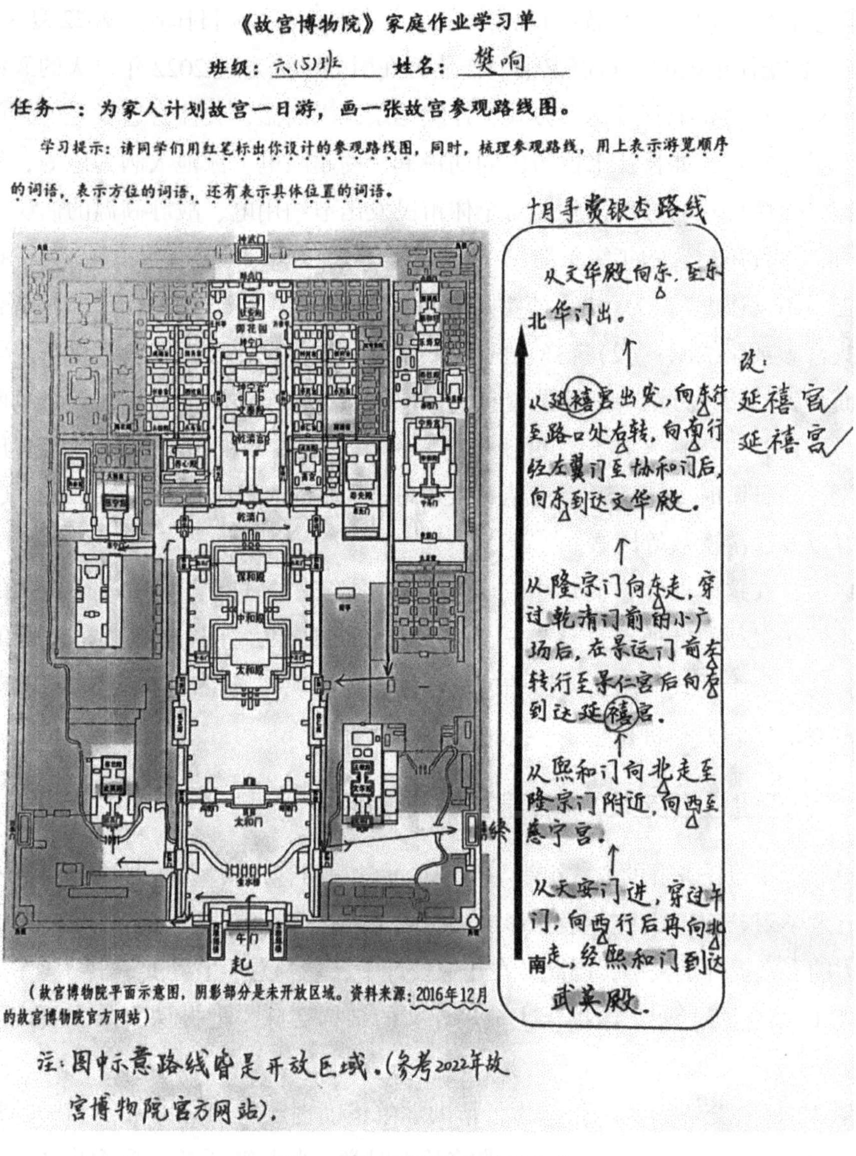

图3 《故宫博物院》项目作业

（三）整合学习资源，体现学科育人价值

课程总目标的第一条提出，"在语文学习过程中，培养爱国主义、集体主义、社会主义思想道德，逐步形成正确的世界观、人生观、价值观"，这是后面若干总目标的统领。2022年版课标将"文化自信"放于核心素养的第一位，提出要"认同中华文化，对中华文化的生命力有坚定信心"，在核心素养的观照下，从国家文化认同、社会文化参与、

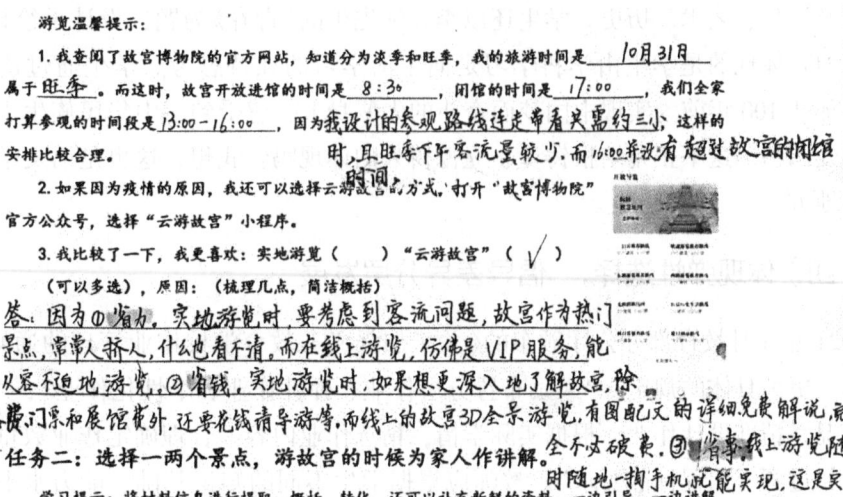

游览温馨提示：

1. 我查阅了故宫博物院的官方网站，知道分为淡季和旺季，我的旅游时间是 **10月31日** 属于**旺季**。而这时，故宫开放进馆的时间是 **8:30**，闭馆的时间是 **17:00**，我们全家打算参观的时间段是 **13:00-16:00**，因为**我设计的参观路线连走带看只需约三小时，且旺季下午客流量较少，而16:00并没有超过故宫的闭馆时间。**这样的安排比较合理。

2. 如果因为疫情的原因，我还可以选择云游故宫的方式，打开"故宫博物院"官方公众号，选择"云游故宫"小程序。

3. 我比较了一下，我更喜欢：实地游览（　）"云游故宫"（ √ ）
（可以多选），原因：（梳理几点，简洁概括）
答：因为①省力，实地游览时，要考虑到客流问题，故宫作为热门景点，常常人挤人，什么也看不清，而在线上游览，仿佛是VIP服务，能从容不迫地游览。②省钱，实地游览时，如果想更深入地了解故宫，除路费门票和展馆费外，还要花钱请导游等，而线上的故宫3D全景游览，有图配文的详细免费解说，完全不必破费。③省事，线上游览随时随地一掏手机就能实现，这是实地游览不可比较的。

任务二：选择一两个景点，游故宫的时候为家人作讲解。
学习提示：将材料信息进行提取、概括、转化，还可以补充新鲜的资料，一边引导，一边讲解，身临其境。

大家跟我来！走过乾清门，出现在我们眼前的就是乾清宫了。往左、右两侧看，乾清宫分别被日精门和月华门"把守"，代表日、月；左右并列两巷，一边六宫，一共十二个宫，是后妃的居住地，代表十二星辰；而宫殿本身是"天"字。大家猜到乾清宫的用途了吗？

没错，乾清宫是皇帝的住所。我们继续向前走。乾清宫经历过数次火灾，却依旧十分金碧辉煌。殿前的这处高台的东西两侧，各放有江山社稷亭，以彰帝王权威，另有祝福佩物多件。

让我们迈步进殿内，抬眼观顶，一下便可看到"正大光明"牌匾下的"双龙戏球"浮雕、天花板上的蟠龙圆案、地平台后的紫檀雕龙座镜，另外，还能看见许许多多外国贡品玲琅满目。这整个乾清宫，就是"龙的世界"，这也是古代帝王表现自己至高无上权威的极致体现。

图4 《故宫博物院》项目作业

个体精神成长三个层面落实学科育人、培根铸魂的目标要求。

例如，结合五年级上册第四单元"爱国情怀"，在学习任务"聆听少年中国的振兴呐喊"中，笔者设计了跨学科的长周期作业——观剧《觉醒年代》，并在班级群里开展剧评连载活动。

在迁移运用单元语文要素"结合资料"的过程中，学生通过可视化的阅读走进了"新文化运动"的历史情境，触摸到了一个个鲜活的、可爱的、可敬的人物。2021年正值建党百年的特殊时刻，在学习了《少年中国说》之后，暑假期间，43名学生用43天的时间，以接力的方式在网络平台上开展观剧、评剧的沉浸式学习。他们和老师一起讨论，

基于语文核心素养的大单元教学

话题涉及文化、艺术、历史。学生还以李大钊先生的《青春》为题，设计手绘封面。近2万字的留言体现的是学生由学科学习走向生活学习的独特思考。学生通过这项学习活动，在那些100年前为实现中国梦而奋斗的先辈身上，感受到了中华民族生生不息的民族魂和爱国情。这不正是培根铸魂、立德树人的体现吗？我想，这也是语文学习最具生命力的地方。

（四）体现弹性选择，倡导差异分层发展

2021年4月教育部办公厅颁布的《关于加强义务教育学校作业管理的通知》对弹性作业作了更为具体的规定："鼓励布置分层作业、弹性作业和个性化作业"；"针对学生不同情况，精准设计作业，根据实际学情，精选作业内容，合理确定作业数量，作业难度不得超过国家课程标准要求"。教师应根据学生不同的知识基础、能力水平、兴趣爱好、认知风格等，确定差异化的作业目标，设计不同难度、类型、完成方式的可选择性作业，让学生根据实际需要选择不同的作业。

例如，结合五年级上册第四单元"爱国情怀"，在学习任务"聆听少年中国的振兴呐喊"中，笔者设计了课前预学的活动作业——"走进1900"。学生根据预学单的学习要求，自主选择其中的两项任务，并在"制作人物名片"这一个活动作业中提供可选择的完成方式。

学生的学习风格存在差异，兴趣爱好也各不相同，不同内容和难度的作业可以满足不同学生的个性需求。学生的学习认知水平也存在差异，在项目研究的各种复杂任务中，鼓励学生采用合作的方式分层，甚至运用多学科的知识与工具，解决问题，提升能力，打开文化视野，使学生的综合能力得到发展。

（五）促进元认知发展，提升自主学习能力

长久以来，学生完成作业的动机大多是"老师要我这样做"，而效果却不尽如人意。想让学生真正实现自主学习，元认知的发展是关键因素。

在单元前准备作业阶段，学生自己制订单元学习计划，设计学习任务。通过设计自选任务的预学单，学生基于不同的学习风格和兴趣，选择自己喜欢的学习任务，自主提问、收集资料——他们可以阅读、可以绘画或写作。在单元的整个学习过程中，学生不断调节和监控自己的学习进度，采用适合自己的学习方式和方法完成学习任务。与此同时，学生还会不断进行自评与反思。只有经历了这样的过程，学生的元认知能力才能得到提升。

而挑战型的长周期作业则更好地体现了这点。每个单元可以设计符合主题的项目式学科综合性作业或者跨学科作业。学生在规定的时间内，自己规划时间，自主完成作业。值得说明的是，不论是大单元统整下的多学科融合的跨学科作业，还是学科内部的

270

第四章　聚焦学习任务群的大单元作业设计与实施

活动二：走近1900★★（5—10分钟）（至少任选两项）

学习提示：以"走进1900年"为学习主题，搜集资料，设计并完成几个自己感兴趣的学习活动。

> 1.走进梁启趣。为梁启超制作一张个性名片吧！
> 2.走进1900年。用时间轴的方式，以1900为中点，梳理一下"1840—1949年"100多年的中国历史大事件，看看你有什么发现。如果感兴趣，还可以接着往后梳理到现在呢！
> 3.走进文体。我们还学习过哪些题目带"说"的文章，这种文体有什么特点？

举例：（包含但不限于以下要素）

| 梁启超个性名片 | 字（号）： |
| 画像 | 祖籍：
代表作：
杰出成就：
人生经历：
名人评价： |

图5　《少年中国说(节选)》课前预学作业

综合实践类作业，都是根据学生的学习需要和单元内容特点而设计的长程综合实践类作业，并非每课时作业的"必需品"。

作业设计的最终目标是推动学生依靠自己的力量进行学习，从"他控"走向"自控"，从"外化"走向"内化"，逐步提升自主学习能力。

四、"评价"贴合——走向"教学评"的素养型课程体系

（一）优化作业结构，提升作业设计质量

作业设计质量如何衡量？作业结构是最终指标，也是关键指标。具体可以从以下四个方面进行考量。

第一，作业内容。作业内容应体现课时作业目标，对应单元作业目标，实现大单元作业目标的一致性。

第二，作业类型。作业类型按照课前预学、课中助学、课后研学的顺序，由易到难分别设置基础巩固类、迁移运用类、拓展实践类。这三类作业分别对应基础型学习任务群、发展型学习任务群和拓展型学习任务群，梯度推进，融入"听说读写思"多样态语文实践活动，同时关注学生学习认知水平由低阶向高阶的梯度发展。

第三，作业来源。作业来源应结合教材和学生的真实生活，有目的地选编、改编和创编。

271

第四，作业时间。在作业完成的时间上，要统筹安排，科学配比，落实"双减"政策，提质减负。

以"诊断学情与改善教学相结合，知识巩固与学力进阶相结合，规定时间与自主安排相结合"为原则，以学习任务群为载体，从核心素养维度优化作业设计，从而提升作业设计质量。

（二）注重评价反思，促进教学评一体化

2022 年版课标中首次提出了"学业质量"这一概念。作业作为过程性评价的重要组成部分，贯穿于学生的整个学习过程。作业中的评价分为两种：一种前置，作为表现性评价，它提出了关于学习习惯和学习方法的评价标准，作用是促进学生的学习。一种后置，融入质性评价，作用是作为学生成果的展现，帮助学生检测作业目标是否达成，形成反思，促进元认知的发展，最终实现学生的自主学习。在课中助学环节，评价可以结合教师的及时反馈，这样更直观、更有效。同时，应避免让评价成为学生学习的负担。

表3　学生作业评价量表（前置）——统编教材小学语文六年级上册第七单元《文言文二则》

	评价指标	自检
同学们，课前预学你收获了几颗♥？	♥能做到书写工整、美观	♡♡♡♡
	♥能在合理的时间内完成作业	
	♥预习时，关注到易错的字词，正确识记	
	♥提出感兴趣的问题，收集资料，尝试解决	

表4　学生作业评价量表（后置）——统编教材小学语文六年级上册第七单元《文言文二则》

评价维度	自己的鼓励	同学的鼓励	老师的鼓励
学习效果	□我能正确、熟练地运用所学的生字词； □我能正确、流利地背诵《伯牙鼓琴》； □我能用自己的话把《书戴嵩画牛》这个故事讲得生动有趣； □我学会了用仿写、积累名句、查找资料的方法理解"知音"的情感，能表达自己的感受； □我学会了做课堂笔记的一些方法	□能正确、流利地背诵《伯牙鼓琴》； □能用自己的话把《书戴嵩画牛》这个故事讲得生动有趣	□有良好的书写习惯、规范答题的习惯； 作业完成质量（□优□良□差）； □及时、正确地订正作业

第四章 聚焦学习任务群的大单元作业设计与实施

续表

评价维度	自己的鼓励	同学的鼓励	老师的鼓励
对自己说	●所获： ●所思：		
对老师说	●我喜欢的作业： □乐读琅琅□好问有疑□善思搜集□方法基地□阅读阵营 ●我希望的作业(形式或内容)：		

教师应通过科学的方法不断提高作业设计的质量。例如，利用教师作业设计反思评价表，借助作业对教学进行有效的诊断、调节，增强对学生进行个性化辅导的能力，提升自身的专业化素养。

表5 教师作业设计反思评价表

分析维度	分析主题	分析内容	教师调整
学生	时间规划		教学设计：
	作业质量		
	题目归因		
家长	参与程度		
教师	育人为本		作业设计：
	目标一致		
	结构合理		
	设计科学		辅导方式：
	差异分层		
	批改辅导		

不论是学生还是教师，评价反思都应是多元主体参与的全程化过程。以评促教，以评促学，从而走向"教—学—评"一体化教学体系的构建，提升"学业质量"，使"核心素养"落地生根。

273

基于语文核心素养的大单元教学

 实例研究

（一）实用性阅读与交流

寻根中华文化　弘扬民族精神
——三年级下册第三单元大单元作业设计

一、大单元作业设计综述

（一）课标分析

《义务教育语文课程标准(2022年版)》中发展型学习任务群——实用性阅读与交流是这样说的："本学习任务群旨在引导学生在语文实践活动中，通过倾听、阅读、观察，获取、整合有价值的信息，根据具体交际情境和交流对象，清楚得体表达，有效传递信息，满足家庭生活、学校生活、社会生活交流沟通需要。"本单元的人文主题是"中华优秀传统文化"，语文要素为"了解课文是怎么围绕一个意思把一段话写清楚的"。可见，人文主题和语文要素与实用性阅读与交流的内涵是一致的。"阅读有关家庭生活、学校生活、社会生活的短文，学习用口头和书面的方式，客观地表述生活中的见闻片段"是第二学段(3—4年级)的学习内容。本单元围绕"中华优秀传统文化"主题编排了四篇课文，并安排了以"中华传统节日"为主题的综合性学习活动，旨在展现中华优秀传统文化的魅力。本单元教学内容与实用性阅读与交流的学习内容是相符的。

在明确了本单元学习任务群类型为"实用性阅读与交流"后，我们引导学生围绕"中华优秀传统文化"这个主题，关注传统节日节气、民俗风情、民间工艺、历史和传说等，积极参加学校、社区举办的文化主题活动，在活动中学习语文，获得多样的文化体验。我们还引导学生在广阔的学习和生活情景中学语文、用语文，提高交流沟通、团队协作和实践创新能力。同时，注意引导学生掌握问题探究的基本步骤和方法，学会提炼、表达、呈现学习成果，着重培养学生综合运用多学科知识解决实际问题的能力。

（二）教材分析

1. 单元主题

本单元人文主题是"中华优秀传统文化"，这并不是第一次在教材中出现以"中华传统文化"为人文主题的单元。二年级下册第三单元，便是以"中华传统文化"为人文主题的识字单元。该单元的课文以简洁的语言、图文并茂的形式，从山川、节日、汉字和美

食方面引导学生了解传统文化，激发学生对中华传统文化的热爱。

而三年级下册第三单元同样是以"中华传统文化"为人文主题的综合性学习单元。该单元基于学生传统文化知识储备以及认知心理的发展，从不同角度或同一角度的更深层次来展现中华传统文化，进一步体现了中华五千年文明古国的风采。

册次单元	人文主题	文本	角度
二下第三单元识字单元	中华传统文化	《神州谣》	山川
		《传统节日》	节日
		《"贝"的故事》	字源
		《中国美食》	美食
		日积月累	属相
三下第三单元综合性学习单元	中华传统文化	《古诗三首》	传统节日
		《纸的发明》	古代科技
		《赵州桥》	古代建筑
		《一幅名扬中外的画》	国画艺术
		日积月累	文化常识

2. 语文要素

(1)本单元的语文要素是"了解课文是怎么围绕一个意思把一段话写清楚的"。与之关联的阅读训练要素在统编教材中分布如下：

册序	单元	阅读训练要素
三上	第六单元	借助关键句理解一段话的意思
三下	第三单元	了解课文是怎么围绕一个意思把一段话写清楚的

在三年级上册，我们曾学习过"借助关键语句理解一段话的意思"，这一要求主要是从理解内容的角度提出的。而本单元主要从学习表达的角度展开，引导学生了解"围绕一个意思写清楚一段话"的具体方法。这种学习不仅能促进学生深入理解课文内容，还能为学生在习作实践中"围绕一个意思把一段话写清楚"提供方法上的指导。

(2)还有一个语文要素，指向综合性学习要求。小学阶段共安排了三次综合性学习，各年级综合性学习内容和要求具体如下：

基于语文核心素养的大单元教学

册序	活动主题	学习要求
三下	中华传统节日	收集传统节日的资料，交流节日的风俗习惯，写一写过节的过程
四下	轻叩诗歌大门	根据需要收集资料，初步学习整理资料的方法；合作编写小诗集，举办诗歌朗诵会，感受诗歌的美丽
五下	难忘小学生活	继续学习整理资料的方法；制作成长纪念册，学生写策划书，策划毕业联欢会，写毕业赠言和书写几年小学生活

通过研读各册教材，我们发现中年级的综合性学习以嵌入式的方式安排在普通单元中，而高年级的综合性学习则变成了独立的单元。在本单元编排中，《古诗三首》分别描写了春节、清明节、重阳节的习俗，指向"传统节日"；《纸的发明》介绍了蔡伦改造造纸术的历史，指向"古代科技"；《赵州桥》展示了古桥雄伟、坚固和美观的特点，指向"古代建筑"；《一幅名扬中外的画》再现古都汴京的生活场景，指向"中华艺术"。这四篇课文都指向传统文化。语文园地中的"日积月累"积累了很多中华文化常识；"综合性学习"指向传统节日；单元插图中的中国结、祥云、水墨画、《清明上河图》局部等元素，作为一种传统文化符号，传递着浓厚的传统文化精髓。

本单元的写作要求是"围绕一个意思把一段话写清楚"。这一单元给了我们两个非常明确的写法。一是"分步写"：在《纸的发明》课后题直接体现，课文按照时间顺序，一步步交代不同时间段的造纸术流程；同时，"语文园地"中的"词句段运用"也体现了这一点，作者通过连续性动词，将蔡伦改进造纸术的过程写得清楚而具体。二是"列举写"：《赵州桥》和《一幅名扬中外的画》分别用列举的方式，呈现了一个古代建筑和一件中华艺术品。

综合性学习指向中华传统节日。从"收集"到"交流"再到"写一写"，贯穿整个第三单元的学习。本单元的写作和综合性学习结合在一起，既落实了"围绕一个意思把一段话写清楚"的要求，又通过综合性学习丰富了学生的写作素材，使学生在实践中提升语文综合素养。

(三)学情分析

从学情来看，三年级学生已经能感受到阅读的乐趣，浅显地了解一部分中华传统文化，并对此产生浓厚兴趣。在有一定的字词积累，同时掌握了"借助关键句理解一段话的意思"这些阅读基础后，多数学生能够做到"围绕一个意思去写"。但是，在实践运用中，学生很难自主地找到可以描写的点，或是想表达的中心意思。那么在教学中，围绕着"中华文化"这一大主题，以及"中华传统节日"这一相对较小的切入点，我们重点要解决的，就是帮助学生通过自主收集资料等方式，了解"传统节日"的名称、习俗、文化等相关知识，并作出介绍展示，在充分了解的基础上，引导学生尝试围绕某几个方面

276

第四章 聚焦学习任务群的大单元作业设计与实施

进行描写。这是一个难点。另一个难点是，即便学生找到了想要描写的方面，却不知道如何展开叙述。针对这一问题，我们需要借助课文中的范例，来一步步引导。

(四)大单元学习任务群活动作业整体框架

基于以上分析，我们可以将本单元的学习内容整合为"寻访中华优秀文化，争做传统文化代言人"的情境主题，并设计五大学习任务，引导学生将阅读与交流紧密结合，情感与语言相互融通，使作业活动与学习活动一一对应，逐层推进，体现教学评一致性。

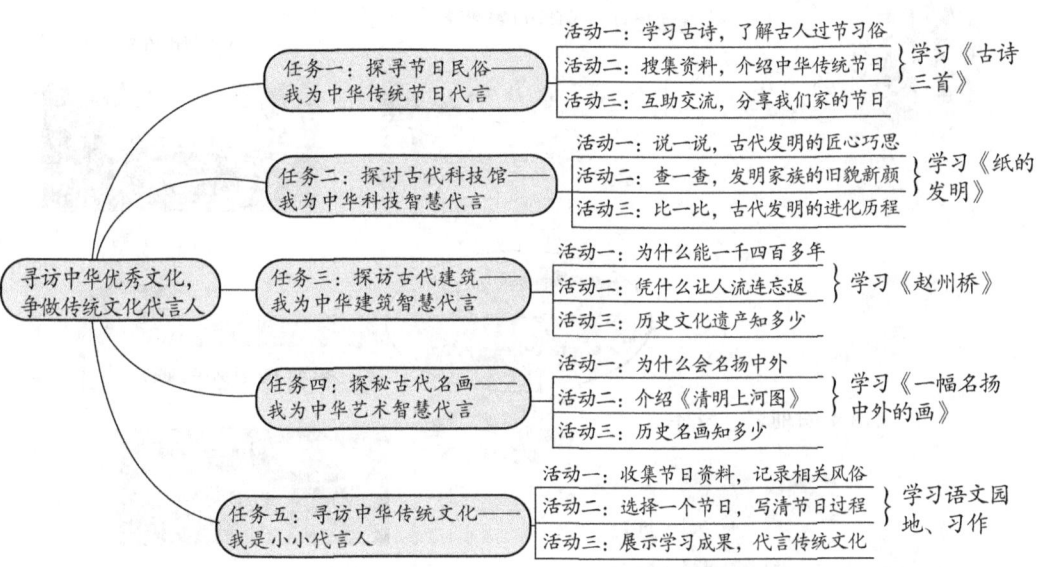

二、大单元作业设计与评价

(一)单元前准备作业

【活动情境】

亲爱的同学们：

你们好！我是你们的学习伙伴——兴小兴、兴小智。欢迎进入第三单元的学习！这一次，我们将带着大家开启一场"寻访中华优秀文化，争做传统文化代言人"的文化活动。让我们一起尽情感受中华优秀的传统文化吧！出发前，请各位同学了解活动内容，参加活动即可完成打卡，并赢得星级勋章。勋章最多的同学，就可以成为我们的传统文化代言人哦。赶快参与进来吧！

基于语文核心素养的大单元教学

【学习任务】（创编）

同学们，我们每顺利完成一个学习活动，就能获得一枚星级勋章，加油哦！我们将寻访中华传统各种优秀的文化，你对哪些学习内容比较关注呢？有什么样的疑问呢？可以自己先尝试解决解决。

我的关注	我的问题	尝试解决的途径	我的解答
《　　　》		可以阅读文章，可以上网搜集资料，可以向父母、老师、同学请教。	

第四章　聚焦学习任务群的大单元作业设计与实施

【设计者手记】

单元前准备作业为学生进入单元学习活动创设了主题大情境——"寻访中华优秀文化，争做传统文化代言人"，将作业融入活动情境，激发学生主动探究的兴趣。学生可以通过活动单打卡获得星级勋章，调动学习积极性，对本单元的学习内容有一个整体的了解，对大单元学习有一个初步的感知，并明确学习目标。同时，让学生通过初步朗读课文内容，针对课文提出自己的疑问，带着问题进入单元学习。在此过程中，教师为学生提供解决问题的途径，引导他们尝试自主解决问题，同时为后续的综合实践作业积累资料搜集的经验，让作业成为学生打卡闯关的趣味活动。

(二)单元课时作业示例

纸 的 发 明

【活动情境】

【课前预学】

评价内容	评价标准	自我评价
课前预学	能正确地给多音字注音；	☆
	朗读课文时，关注到易错的字词，正确识记；	☆
	简单了解课文内容，简要概括；	☆

279

基于语文核心素养的大单元教学

续表

评价内容	评价标准	自我评价
课前预学	会收集相关资料，剪贴或摘抄完成思维导图；	☆
	书写正确、整洁、美观；	☆
	能在合理的时间内完成作业	☆
同学们，课前预学集齐五颗星就能得到一枚勋章哦！		

活动一：词海拾贝(2分钟)★(选编+改编)

学习提示：大声朗读课文《纸的发明》，注意读准字音，读通句子，读的时候关注以下词语的读音。你都读准了吗？

1. 给下面的多音字注音。

积累（   ）   切（   ）断   便（   ）宜

朝鲜（   ）

2. 朗读课文的时候，你关注了下面词语吗？读一读。

发明　文明　贡献　创造　伟大　记录

笨重　保存　粗糙　经验　学富五车

活动二：科技之光(8分钟)★★★(创编)

学习提示：词语会读了，课文内容你了解了吗？从课文题目我们就可以知道，课文是讲纸的发明，你还知道中国古代的四大发明的其他三样吗？请收集相关资料，完成以下表格，可以剪贴也可以摘抄。

中国古代四大发明	我的了解
造纸术	

280

第四章　聚焦学习任务群的大单元作业设计与实施

【设计者手记】

课前预学作业能够有效激发学生的学习兴趣，帮助学生正确朗读字词并理清课文内容。课前收集资料是提高学生阅读能力和综合能力的重要方式。本课教学的重难点是学习如何收集资料，以及理解课文是如何汇总资料把"纸的发明"这一过程写清楚的。让学生先亲身经历收集材料，有助于突破这一重难点。用表格的方式进行填写，训练学生的思维能力。

同时，将预学作业与单元准备作业相结合，学生每完成一个学习活动，就能获得相应的星级勋章。这种设计让学生更能积极主动地完成作业。

【课中助学】

评价内容	评价标准	自我评价
课中助学	正确完成"纸的历史"时间轴的填写；	☆
	正确完成造纸方法的流程排序；	☆
	根据思维导图讲清楚"纸的历史"；	☆
	书写正确、整洁、美观；	☆
	能在合理的时间内完成作业	☆
同学们，课中助学集齐五颗星也能得到一枚勋章哦！		

活动三：巧手绘制时间轴(5分钟)★★(选编+改编)

学习提示：亲爱的同学们，纸的进化也有它自己的历程。借助课后图表，默读课文，请你根据画轴上的时间顺序，将纸的历史补充完整。

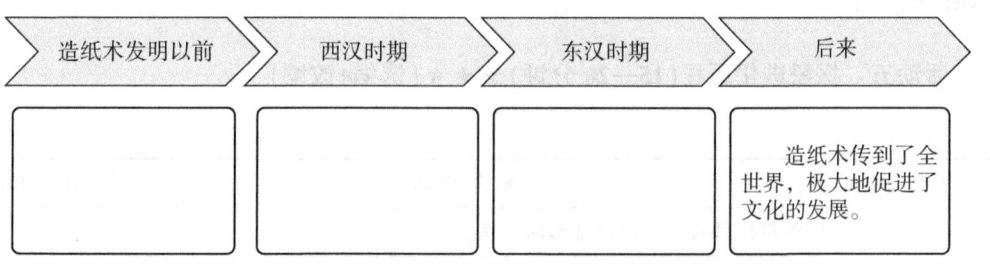

活动四：当好小小讲解员(5—8分钟)★★★(选编+改编)

学习提示：蔡伦的这项新发现，为世界文明史留下了浓墨重彩的一笔。你能完成下面造纸术的流程图的填写吗？

281

1. 造纸的方法是：（排序写序号）

①把原料浸在水里　　　②把浆晒干　　　③把原料剪碎或切断

④把浆捞出来　　　⑤把原料捣成浆

2. 你能根据活动三补充完整的图表以及上面造纸术的流程图，为大家讲解纸的发明过程，当好一名"纸的历史"展厅的讲解员吗？

评价标准	评价星级
能根据图表内容说出纸的发明；	★
改进完善图表，较为全面地说出纸的发明；	★ ★
大胆创意、形式创新，内容具体，能抓住造纸术的流程图的动作来描述过程	★ ★ ★

【设计者手记】

　　课中助学作业旨在帮助学生在研读教材的基础上对课文进行梳理。结合本单元的语文要素"了解课文是怎么围绕一个意思把一段话写清楚的"，用两个横轴型表格，帮助学生从整体上把握课文内容，并理清表格前后、上下信息的关联。这种设计能够引导学生关注、理解关键语句，根据表格进行口头表达，为语言文字的运用打下坚实的基础，同时促进学生思考、品读能力的提升。

【课后研学】

　　活动五：探秘进化历程（15—20分钟）★ ★ ★（选编+改编）

评价内容	评价标准	自我评价
课后研学	能用提供的句式说出自己的收获；	☆
	能根据调查员手册自主或合作完成报告；	☆
	会用第一人称介绍纸的外观、特性、作用等；	☆
	会收集相关资料，节约用纸；	☆
	书写正确、整洁、美观；	☆

续表

评价内容	评价标准	自我评价
课后研学	能在合理的时间内完成作业	☆
同学们，课后研学集齐五颗星还能得到一枚勋章哦！		

1. 请大家阅读课后的"资料袋"：《纸的家族》。

2. 用上"我们用_____（什么纸）来_____（做什么）"这个句式来说一说你阅读后的收获。

例：我们用书写纸来制作练习本。

3. 根据资料袋的内容，调查纸早期的形态和现在的成员，做一份"全家福"。领取一份《调查员手册》，开始行动。

调查员手册	
调查对象	纸的家族的先祖和现代的成员
调查途径	书报、图书馆、上网……
资料类型	图片、文字、视频、实物……
调查伙伴	小组分工合作、家长、专业人士……
报告形式	Word 文稿、美篇、PPT、小视频……
其他	……

4. 会用第一人称介绍纸的外观、特性、作用等。

温馨提示：口头介绍，可以展示 Word 文稿、美篇、PPT 或小视频等。

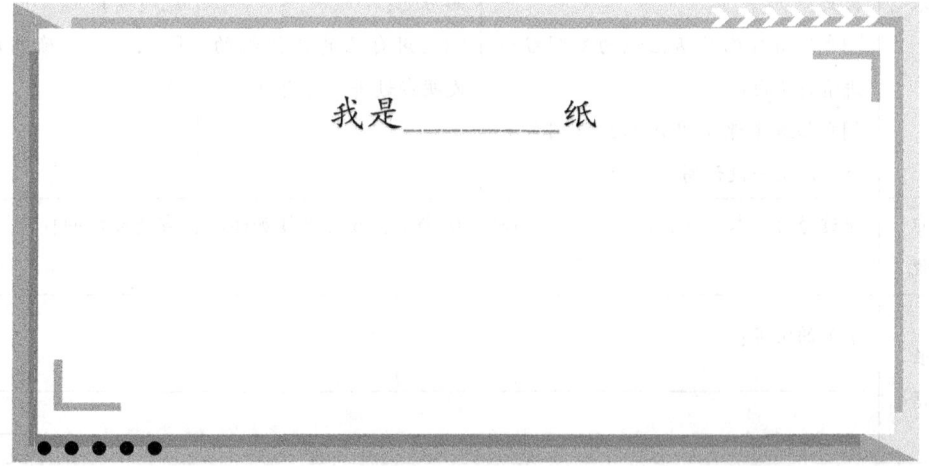

我是_____纸

5. 如何节约用纸？绿树行动，收集更多节约用纸的方法，养成节约用纸、保护环境的好习惯。

【课时作业评价】

评价维度	自己的鼓励	同学的鼓励	老师的鼓励
学习效果	□我能正确、熟练地运用会写的生字词； □我能正确、流利地朗读《纸的发明》； □我学会了用思维导图标注纸的历史； □我能用自己的话把纸的发明经过讲清楚明白； □我知道了课文里是怎么样围绕一个意思把一段话写清楚的	□能正确、流利地朗读《纸的发明》； □能用思维导图标注纸的历史； □能用自己的话把纸的发明经过讲清楚明白	□有良好的书写习惯、规范答题的习惯； □优□良□差(作业完成质量)； □及时、正确地订正作业
对自己说	通过努力，本课我获得了(　　　)枚星级勋章，我会继续加油的，我是最棒的！		
家长寄语	亲爱的宝贝：		

第四章　聚焦学习任务群的大单元作业设计与实施

【设计者手记】

课后研学作业旨在引导学生有效利用"资料袋"。在指导学生阅读"资料袋"时，教师既要让学生了解到"纸的家族"有哪些成员，同时让学生进行句式训练。这样，既丰富学生的语言积累，又能提高他们的语文素养，把知识变成"自己的东西"，体现"语文学习的外延与生活相等"的理念。

本课的教学目标是让学生学习收集资料，理解课文如何汇总资料，把纸的发明过程写清楚。课后作业注重学以致用，让学生初步了解收集资料的方法，并汇总、重组成篇，以调查报告和"绿树行动"的方式呈现出来。这样的设计能有效提高学生的语文学习能力。

(三)单元综合性作业

"寻访中华传统文化瑰宝"跨学科项目化作业

(两周)★★★(选做)　(创编)

【活动情境】

　　同学们，结束了中华传统文化的寻访之旅，相信你们一定收获满满，不仅获得了不少勋章，还对传统文化有了更深入的了解，说不定已经成为了名副其实的"传统文化代言人"呢！接下来，我们将继续踏上新的旅程，去寻访身边的展馆，探寻中华文化的更多瑰宝。
　　下面的项目作业，你们可以自主选择完成。如果需要，可以邀请家人一起参与，也可以和同学合作，共同完成。希望你们在新的探索中继续收获知识和乐趣，感受中华文化的博大精深！加油哦！

项目作业一：品中华美食(选做)

打卡地点：汉口吉庆街或武昌户部巷

打卡小贴士：乘坐地铁1号线或6号线到大智路站，从A出口沿大智路向南步行500米即可到达吉庆街；乘坐地铁5号线到司门口黄鹤楼站，步行6分钟即可到达户部巷。

285

打卡内容：

1. 尝美食

吉庆街上汇聚了诸多传统汉味小吃，比如小桃园鸡汤、四季美汤包、蔡林记热干面、老通城豆皮、面窝……户部巷也有着各色江城名小吃和汉味特色小吃等。如今，户部巷小吃已经成为汉味早点的代名词，现有"早尝户部巷，夜吃吉庆街"之说。

你可以和家人或小伙伴选择就近的地方，挑选自己喜欢的美食尝一尝，感受一下武汉传统小吃特有的风味。注意不要贪多哦！

2. 拍美食

以"中华美食"为主题，把你喜欢吃的美食拍下来，形成一组照片配上文字说明，或者把店家制作美食的过程录下来，配上一段文字解说，最后评选出"最佳美食摄影师"。

3. 做美食

自己尝试动手包一次饺子或者包一次粽子吧！可以观察美食城店家的做法，也可以根据下面提供的流程图片，跟家人或小伙伴交流包饺子或粽子的过程和经验！

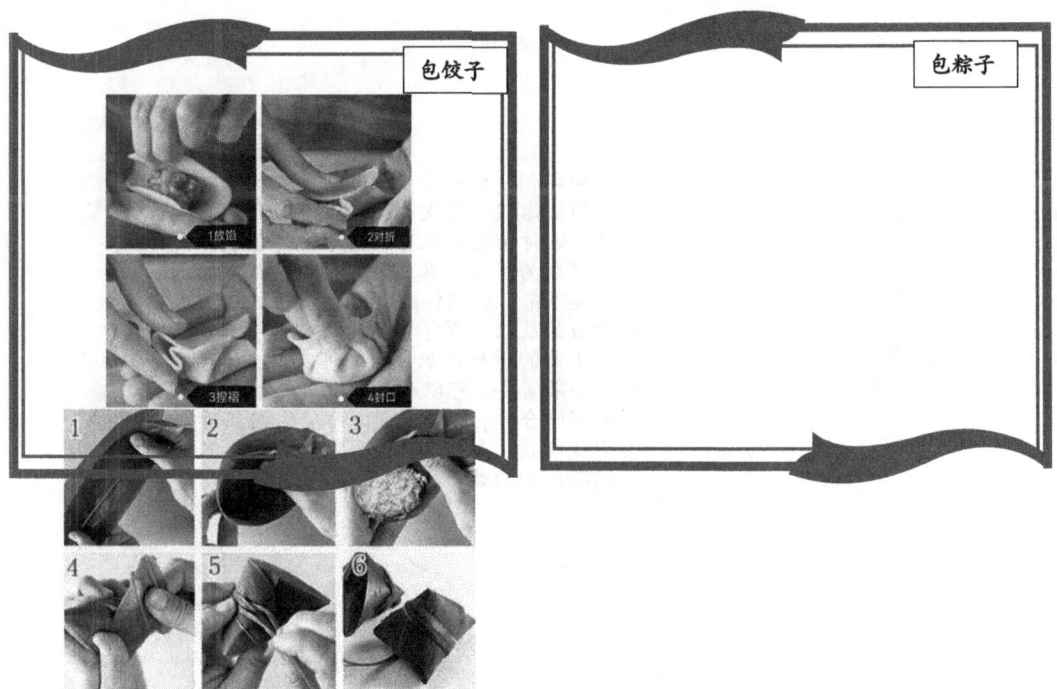

项目作业二：寻中华文物（选做）

打卡地点：湖北省博物馆

打卡小贴士：

1. 交通：乘坐地铁 4 号线在东亭站下车，沿黄鹂路步行 900 米即可到达。

2. 预约：在微信公众号"惠游湖北"上进行预约参观。

3. 开放时间：9 点至 17 点(周一闭馆，国家法定节假日除外)。

4. 编钟演出时间：周二至周日每天 4 场，10 点半、11 点半、14 点、15 点各一场。

打卡内容：

1. 寻镇馆之宝——湖北省博物馆有四大镇馆之宝：越王勾践剑、曾侯乙编钟、郧县人头骨化石、元青花四爱图梅瓶，找到这四件宝贝并仔细品鉴。

2. 听编钟之乐——选一场编钟演出，细细品味古代音乐的魅力。

3. 做国宝守护人——仔细聆听现场讲解员的讲解，也尝试着对家人或小伙伴解说一件宝物。

项目作业三：赏中华名画(选做)

打卡地点：武汉美术馆(琴台馆)

打卡小贴士：

1. 交通：乘坐地铁 6 号线到琴台站 A 出口，换乘 542 公交到知音大道三合里站，再步行 3 分钟即到。

2. 预约：需要提前在微信公众号"武汉美术馆"上预约。

3. 参观时间：上午场：9:00—12:00(11:30 停止入场)

下午场：13:30—17:00(16:00 停止入场)

打卡内容：

1. 欣赏建筑外观：外形如高山连绵，流水依依；层层银沙堆砌，构成的弧形轮廓，边缘柔和极具包容感，宛若生长在大自然里的艺术品，浑然天成，又巧夺天工。

2. 漫步展馆内部：馆内大大小小楼梯，高低错落有致。穿行其中，不难发现，美术馆内所有的展厅都是连通的，打破空间限制，完美衔接。

3. 模仿名家名画：选择自己喜欢的一名画家的一幅画作，拍下照片，模仿着画一画，感受下名家名画的艺术巧思。

项目作业四：吟中华古诗(选做)

打卡地点：黄鹤楼

打卡小贴士：

1. 交通：乘坐地铁 5 号线到司门口黄鹤楼站 A 出口步行即到。

2. 参观时间：周一 08:30—18:00

周二至周日 08:30—18:00,19:00—22:00

打卡内容：

1. 游诗画路线：南门→鹅池→诗碑廊→紫竹苑→毛泽东诗碑亭→南楼→奇石馆→崔颢题诗图→搁笔亭→古铜顶→黄鹤楼→黄鹤楼归来铜雕→三楚一楼牌坊→胜像宝塔→

287

基于语文核心素养的大单元教学

白云阁→落梅轩→紫薇苑→岳飞铜像→东门。

2. 诵经典诗词：游览过程中，选择一首你喜欢的古诗，大声地吟诵出来吧，做一名中华小诗人！

3. 书心中所感：将你心中的游览感悟用文字或者诗歌抒发出来吧，也可以用楷书或毛笔书写你喜欢的古诗！

【跨学科项目化作业评价】

【设计者手记】

本单元的跨学科作业作为一项长程作业，继续围绕"寻访中华传统文化瑰宝"的主题，设计武汉展馆打卡游。作业紧扣单元文本内容，从中华美食、文物、名画、古诗四个方面引导学生走进生活中的真实展馆。在家长的带领下或与小伙伴的合作中，学生可以根据体验内容进行深度探索，鼓励学生运用多学科知识来尝试创作，感受中华传统文化的独特魅力，提升学生的综合实践能力。

288

第四章 聚焦学习任务群的大单元作业设计与实施

跨学科作业评价单与单元预习单相呼应，都采用"通关券"的形式，符合中年级学生的年龄特点，能激发他们积极主动完成作业的兴趣。跨学科作业贯穿整个单元综合学习过程，学生可以根据兴趣选择性地完成任务，立足于学生核心素养的整体性发展，实现教学评的一体化。

(武汉市江汉区黄陂街小学 刘倩)

游奇妙世界 做宣传大使
——三年级下册第七单元大单元作业设计

(一)课标解读

"实用性阅读与交流"任务群是《义务教育语文课程标准(2022年版)》(以下简称"2022年版课标")设置的学习任务群之一，旨在让学生在语文实践活动中，通过倾听、阅读、观察，获取、整合有价值的信息，根据具体交际情境和交流对象，清楚得体表达，有效传递信息，满足家庭生活、学校生活、社会生活交流沟通需要。"实用性阅读与交流"任务群强调实用，即让学生真实地运用，让语文学习回归生活，学以致用，知行合一。

"实用性阅读和交流"第一学段围绕学生生活展开，包括个人生活、家庭生活、学校生活以及社会生活等，内容相对较熟悉，形式相对较简单；第二学段在继续关注学生生活的同时，范围向自然世界、科学领域拓展，阅读与交流形式也更为多样；第三学段内容范围与第二学段大致相同，但进一步提高了阅读与交流的要求，强调学生对社会的参与，对自然的探究，同时更加重视阅读和交流信息的整体呈现。三个学段的内容充分体现了学习程度、思维认知的阶梯性和整合性。

其中，"实用性阅读和交流"第二学段具体要求如下："阅读有关家庭生活、学校生活、社会生活的短文，学习用口语和书面的方式，客观地表述生活中的见闻片段，学习写留言条、请假条、短消息、简单书信等日常应用文，注意称谓和基本格式，文明礼貌地进行交流"；"学习阅读说明、叙写大自然的短文，感受、欣赏大自然的奇妙与美好，学习用日记、观察手记等，展示自己观察自然、探索世界的收获"；"学习具体、清楚、生动地讲述有关老一辈无产阶级革命家和革命英雄、劳动模范、科学家的事迹，以及反映中华传统美德的故事"。

结合上述要求，笔者依托统编版教材小学语文三年级下册第七单元，设计了"游奇妙世界，做宣传大使"这一主题活动，紧扣"实用"原则，让学生在真实的情境中促进学科逻辑和生活逻辑的双向提升，实现阅读输入和交流输出的双向碰撞，以及内在建构和

289

基于语文核心素养的大单元教学

实际表向的双向聚焦。通过这一活动，让学生学以致用，学有所得。

(二)教材分析

1. 单元主题

三年级下册第七单元单元以"奇妙世界"为人文主题，以"了解课文从哪几个方面把事物写清楚；初步学习整合信息，介绍一种事物"为语文要素，编排了三篇课文。其中《我们奇妙的世界》展现了世界的神奇和活力；《海底世界》揭示了海底世界景色的奇异和物产的丰富；《火烧云》描绘了火烧云变化极多极快的奇特和瑰丽。口语交际——劝告，根据创造的实际情境引导学生面对他人的不良言行，使用合适的语气进行劝告，通过讲道理使别人接受意见，改正错误，从而提高与人沟通、交往的能力。习作"国宝大熊猫"，从生活习惯、类别、爱好等方面介绍大熊猫。辅助学生查找资料，整合信息，围绕提示的问题写一写大熊猫。

2. 语文要素

纵观教材，以"关键词句"和"写清楚"作为关键语文要素，教材已经多次设计借助关键词句理解课文的方法，且方法各有侧重点。通过梳理，我们发现这一能力训练集中在中高段，阅读要素呈螺旋递进式发展，从段落到逻辑段再到篇章，反映出学生能力发展路径，而本单元处于承上启下的阶段。

册次单元	人文主题	阅读训练要素	表达训练要素
三上第六单元	祖国山河	借助关键语句理解一段话的意思	围绕一个意思写
三下第三单元	中华优秀传统文化	了解课文是怎么围绕一个意思把一段话写清楚的	就自己感兴趣的一个传统节日写一篇习作，写清楚过节过程
三下第四单元	观察与发现	借助关键语句概况一段话的大意	观察事物的变化，把实验过程写清楚
三下第七单元	奇妙的世界	了解课文是从哪几个方面把事物写清楚的	初步学习整合信息，介绍一种事物
三下第八单元	有趣的故事	了解故事主要内容，复述故事	根据提示，展开想象，尝试编童话故事
四上第五单元	习作单元	了解作者是怎样把事情写清楚的	写一件事，把事情写清楚
五上第五单元	习作单元	阅读简单的说明性文章，了解基本的说明方法	收集资料，用恰当的说明方法，把某一种事物介绍清楚

三年级下册三单元的"收集资料"练习，也为本单元习作"初步学习整合信息，介绍一种事物"打下了基础。从收集到整合，再到收集，这一训练要素体现了学生能力从基

第四章 聚焦学习任务群的大单元作业设计与实施

础到发展再到提升的进阶路径。同时，这一习作要素与本单元阅读要素相呼应，形成了读写结合的有机整体。

(三)学情分析

三年级的学生对大自然的奥秘充满了探索的欲望，因而他们对本单元的课文会比较感兴趣。三年级学生已经具备了一定的识字和阅读能力，能够借助拼音和工具书自主阅读课文，理解基本内容。但对于一些生字新词和长句子，仍需要教师的指导和帮助。学生开始尝试写作，能够写简单的段落和短文。本单元的习作要求"初步学习整合信息，介绍一种事物"，是在学生已有写作能力基础上的进一步提升，但是三年级学生仍然以形象思维为主体，对于篇章的梳理思路不太清晰，缺少结构化思维。故在作业设计中，我们借助丰富的多媒体手段、直观的画面和思维导图帮助学生梳理文章脉络，理解文章内涵，达到思维和表达的双向提升。

(四)作业目标

根据单元目标，我们设计了学习目标。

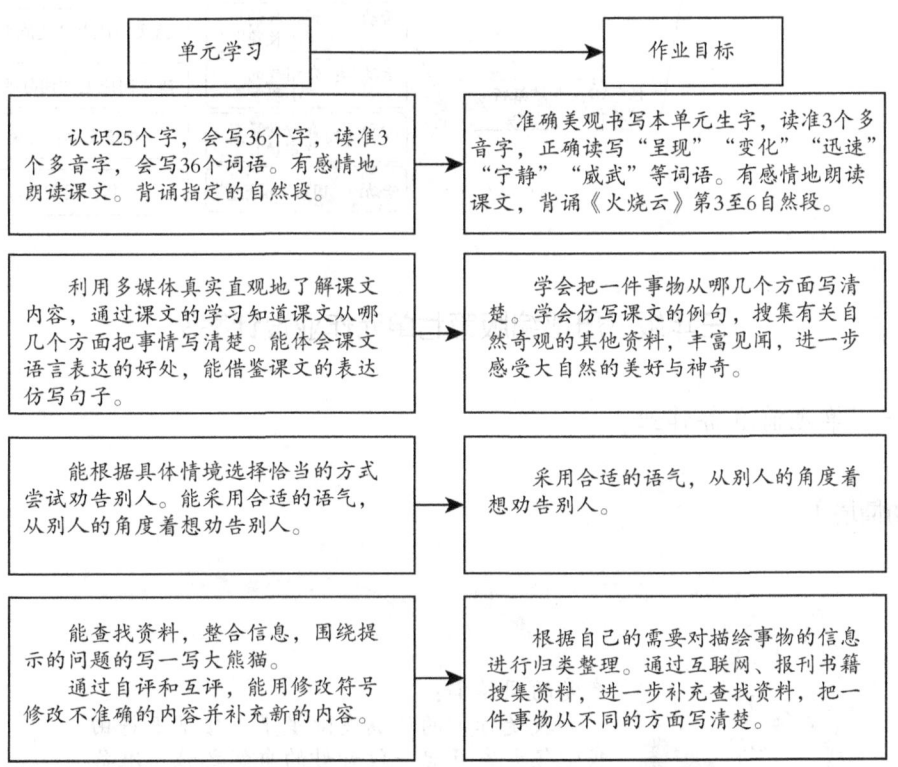

(五)作业设计整体思路

本单元是以游奇妙世界为主线，以学生喜闻乐见的运动会吉祥物——洪星星为切入点，通过洪星星乘坐"双减号"飞船展开探索之旅，将学生带入不同的情境故事中，进

291

基于语文核心素养的大单元教学

行自主性探究。在完成任务之后可收集能量石为"双减号"飞船加油，解锁下一旅行板块。收集足够的能量石还可获得不同探险家称号。作业设计整合了教材内容、学习情境、活动资源等要素，让学生在真实情境中完整体验学习过程，初步学会整合信息，介绍清楚一种事物。

(六)大单元作业任务框架

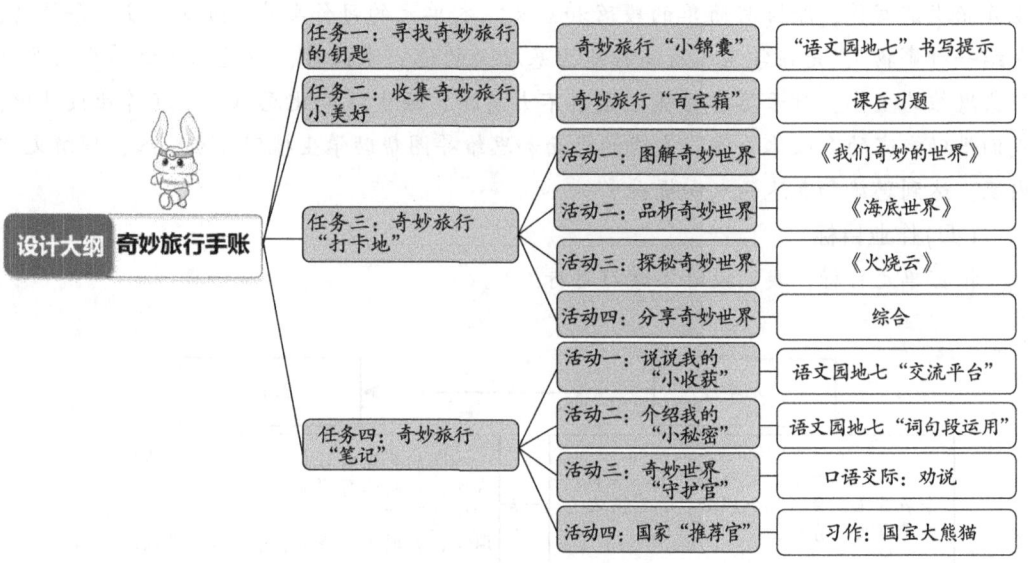

三年级下册部编版第七单元作业设计案例

一、单元前准备作业

【活动情境】

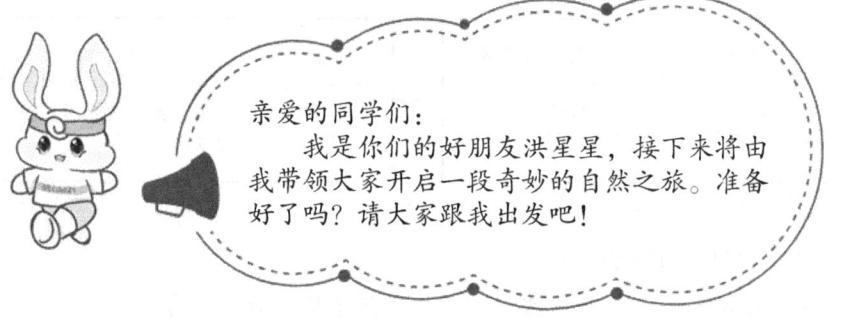

292

第四章 聚焦学习任务群的大单元作业设计与实施

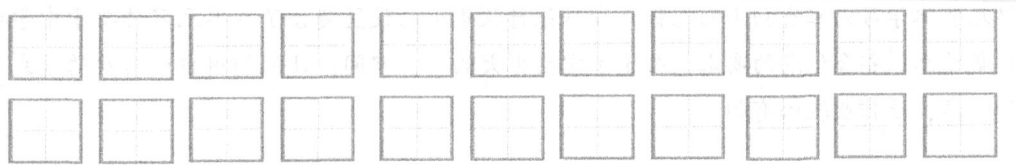 任务一 打卡奇妙旅行地

活动一：找到秘密 打开大门

第一站是奇妙世界的大门，想打开这扇大门很简单，请将下边的句子按要求抄在方格里。

天地间隐藏着无穷无尽的奥秘，等着我们去寻找。

（空白方格）

活动二：游览景点 绘制路线

打开奇妙旅行的大门后，通过浏览本单元的学习任务，洪星星发现这次奇妙旅行一共有五个景点，请你为她绘制一份打卡路线图！

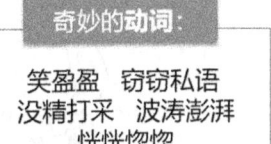

奇妙的**颜色**：

红彤彤 金灿灿 葡萄灰
茄子紫 半紫半黄
半灰半白

奇妙的**声音**：

啾啾 嗡嗡 汪汪
噼噼啪啪

奇妙的**动词**：

笑盈盈 窃窃私语
没精打采 波涛澎湃
恍恍惚惚

活动三：学会发现 初探奇妙

洪星星游览了奇妙的世界、探索了神秘的海底世界，又欣赏了令人如痴如醉的火烧云。在旅程中，洪星星发现词语中也蕴藏着许多奥秘，请你来帮她收集一下吧。

除此之外，还有哪些奇妙的地方呢？大家可以再收集一些吗？

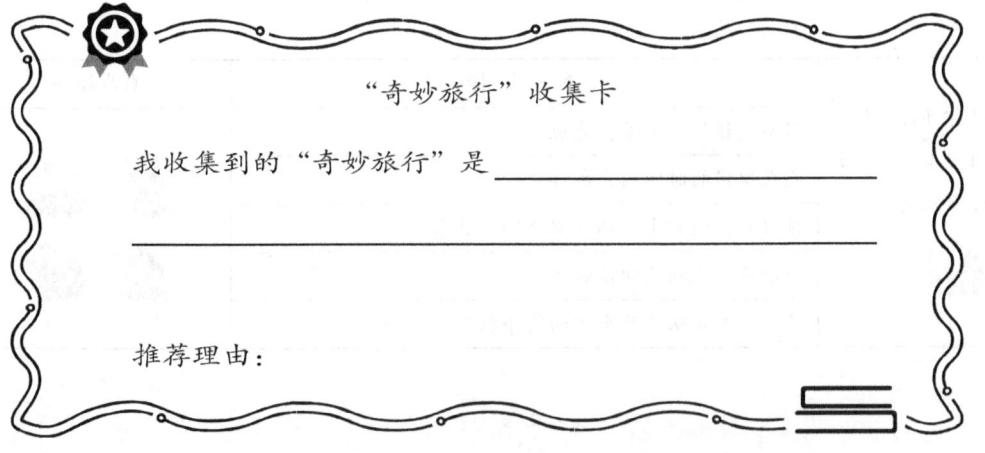

"奇妙旅行"收集卡

我收集到的"奇妙旅行"是 ＿＿＿＿＿＿＿＿＿＿＿

＿＿＿＿＿＿＿＿＿＿＿＿＿＿＿＿＿＿＿＿

推荐理由：

293

基于语文核心素养的大单元教学

【设计者手记】

单元前作业为学生进入单元学习情境创设了主题大活动——游奇妙世界，以学生喜闻乐见的运动会吉祥物洪星星为主角，带领同学们进入奇妙世界的旅程，将作业融入游戏情境，既激发学生的探索欲望，也凸显了学生学习的主体地位。在前置性作业中，通过抄写课前导语让学生在情境中落实语文园地的书写提示，绘制路线图的活动让学生对单元整体学习内容有初步的把握。奇妙旅行收集卡的设置契合了本单元习作要素中学会收集信息、整合信息的要求，给予了学生更大的自主空间，让他们用自己喜欢的方式进行收集，让作业轻松有趣。

二、单元课时作业

海底世界

【活动情境】

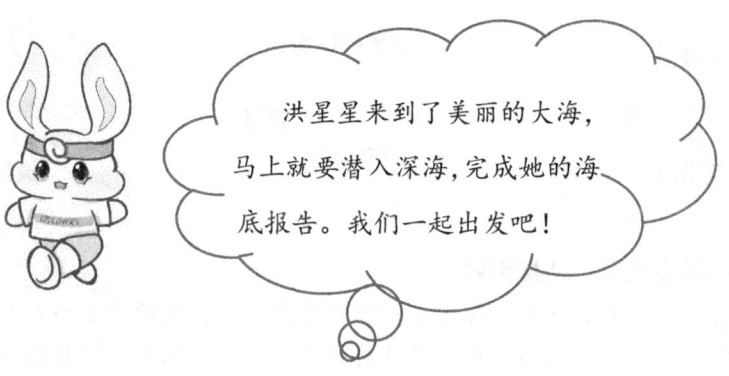

洪星星来到了美丽的大海，马上就要潜入深海，完成她的海底报告。我们一起出发吧！

【课前预习】

同学们，课前预习你收获了几颗能量石？	评价指标	自我检查
	书写无错误、工整、美观	
	能在规定的时间内完成作业	
	预习时，遇到生字词可以查阅工具书	
	能准确、流利地朗读课文	
	了解课文是从哪几个方面将事物写清楚的	

第四章　聚焦学习任务群的大单元作业设计与实施

任务一　深海初探秘

活动一：书声琅琅

学习提示：大声朗读课文《海底世界》，读准字音，读通句子，读不懂的地方多读几遍。读完后完成下面的自测题。

---

1. 洪星星来到了令人神往的大海深处，它发现海底非常 níng jìng，有 qì guān 会发光的深水鱼，有懒洋洋蠕动着的 hǎi shēn，还有会使用反 tuī 力的乌贼。如果你一不小心踩到它，它会 xùn sù 后退，瞬间消失不见。

2. 洪星星发现海底不仅动物多，植物差(chà chāi cī chā)异也很大，长度参差(chà chāi cī chā)不齐，它差(chà chāi cī chā)不多都不认识。

3. 洪星星还给小朋友们带了几个词语贝壳，你可以帮它们放到正确句子里么？

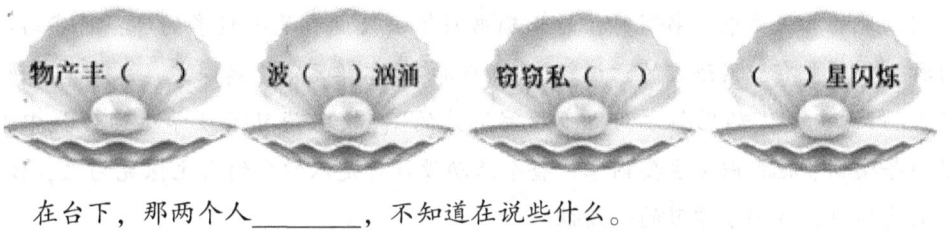

物产丰（　　）　　　波（　　）汹涌　　　窃窃私（　　）　　　（　　）星闪烁

在台下，那两个人_____，不知道在说些什么。

_____的海浪击打着岩石，好像在向人们怒吼！

黑夜降临了，我们看见夜空中_____，就像千千万万支小小的蜡烛在发光。

海底世界不仅_____而且美丽神奇。

活动二：火眼金睛

通过预习，你认为文中哪句话能概括本文的主要内容？请将它找出来。

活动三：理清层次

学习提示：课文开头提出疑问，结尾给出回答。一问一答，首尾呼应，告诉了我们海底是个景色奇异、物产丰富的世界。请仔细阅读课文，思考并梳理出课文是围绕哪几个方面来描写海底景色奇异、物产丰富的，并记录下来。

295

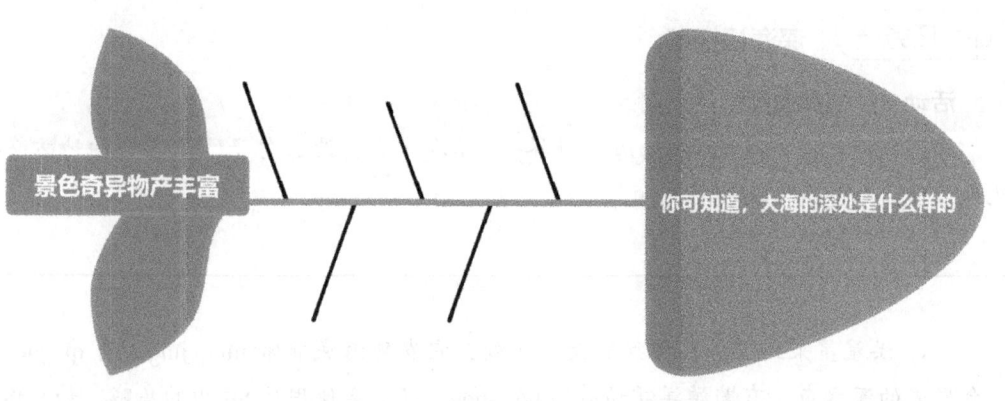

【设计者手记】

课前预习是为了帮学生扫清字词障碍，初步把握课文主要内容。在这一部分，我们以游海底世界情境导入，激发学生的学习兴趣和探索欲望。字词设计综合了课文生字词和语文园地的相关要求，书写时，能正确书写笔画较少和笔画较多的字，将字写规范，写匀称，平时要有积累语言的意识。《海底世界》是本单元第 2 篇课文，本单元的语文要素是"了解课文是从哪几个方面把事物写清楚的"，故在预习时让学生通过找中心句、画思维导图初步把握课文主要内容。整个活动设计都是以学生的自主探究为主，体现了学生的主体性，贯彻了学习的一致性。

【课中助学】

	评 价 指 标	自检
同学们，课中助学你收获了几颗能量石？	能做到书写工整、美观	
	能在合适的时间完成作业	
	能积累文中有特点的词和句子	
	能借助思维导图理清文章是如何围绕一句话将一个自然段写清楚的	

🌱 任务二 建海底档案

洪星星潜入海底世界后，接收到一个任务：要根据文中的提示，建立海底世界档案。

活动一：海底世界声音档案

海底是否一点儿声音也没有呢？也不是。海底动物常常在窃窃私语，

你用水中听音器一听，就能听到各种声音：有的像蜜蜂一样(　　)，有的像小鸟一样(　　)，有的像小狗一样(　　)，还有的好像在(　　)……它们吃东西的时候发出一种声音，行进的时候发出另一种声音，遇到危险还会发出警报。

1. 请你帮助星星将空白处补充完整。

2. 星星想让更多的小朋友也听见海底世界的声音，你能帮她录制一段有声书，并将它分享给大家吗？

活动二：海底世界动物档案

海里的动物，各有各的活动方法。你最喜欢谁的活动方式？说说原因。

我最喜欢＿＿＿＿＿＿的活动方式，因为＿＿＿＿＿＿＿＿。

活动三：海底世界植物档案

【设计者手记】

课中助学是对课堂内容的补充和深化，其作用是检测核心目标是否得到落实。本单元的语文要素是"了解课文是从哪几个方面把事物写清楚的"。"写清楚"的内涵，一是明确文章主要写了"事物"的什么特点，二是了解文章是从"事物"的哪几个方面展开描写的。所以在这一环节，我们紧扣语文要素，设计了关于动物和植物的思维导图，帮助学生厘清课文脉络，落实学习目标。

基于语文核心素养的大单元教学

【课后研学】

	评价指标	自评
同学们，课后研学你拿到了几颗能量石呢？	能做到书写工整、美观	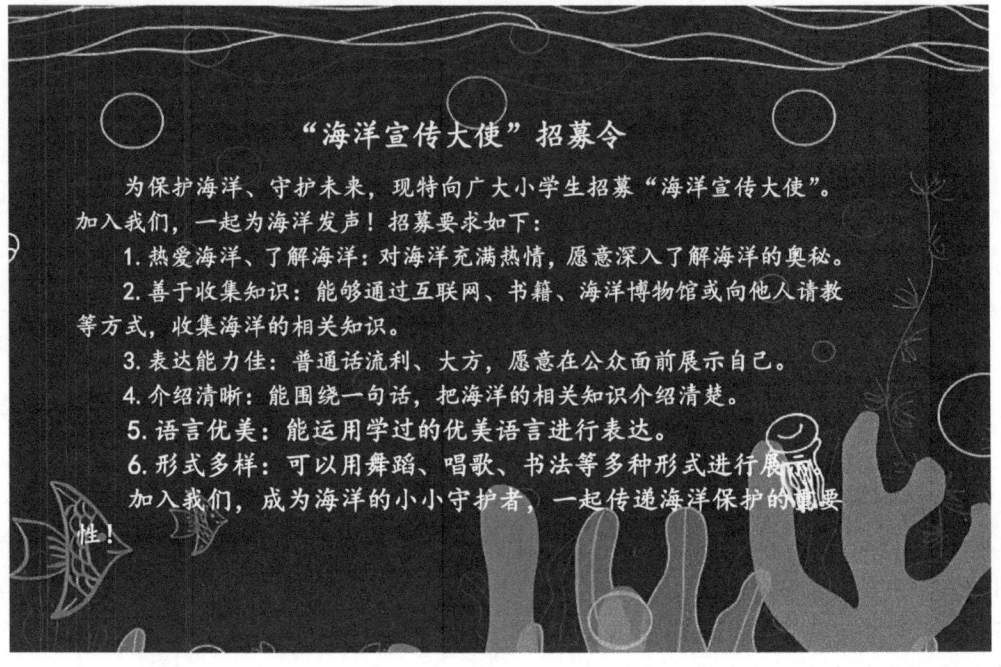
	能围绕一句话将事物介绍清楚	
	能学会收集资料，整合信息	
	能自然、大方地表现自己	

🌿 **任务四** 海底世界宣传官

探索完海底世界的奇妙后，洪星星迫不及待地将自己在海底的所见所闻与大家分享：

你可知道，大海的深处是这样的：＿＿＿＿＿＿＿＿＿＿＿＿＿＿＿＿＿

＿＿＿＿＿＿＿＿＿＿＿＿＿＿＿＿＿＿＿＿＿＿＿＿＿＿＿＿＿＿＿＿＿。

你是否听说过，＿＿＿＿＿＿＿＿＿＿＿＿＿＿＿＿＿＿＿＿＿＿＿

＿＿＿＿＿＿＿＿＿＿＿＿＿＿＿＿＿＿＿＿＿＿＿＿＿＿＿＿＿＿＿＿＿。

为了让更多的人也领略海底的景色奇异、物产丰富，她发布了一则海洋大使招募令，号召大家一起来宣传神奇美丽的海洋。

"海洋宣传大使"招募令

为保护海洋、守护未来，现特向广大小学生招募"海洋宣传大使"。加入我们，一起为海洋发声！招募要求如下：

1. 热爱海洋、了解海洋：对海洋充满热情，愿意深入了解海洋的奥秘。

2. 善于收集知识：能够通过互联网、书籍、海洋博物馆或向他人请教等方式，收集海洋的相关知识。

3. 表达能力佳：普通话流利、大方，愿意在公众面前展示自己。

4. 介绍清晰：能围绕一句话，把海洋的相关知识介绍清楚。

5. 语言优美：能运用学过的优美语言进行表达。

6. 形式多样：可以用舞蹈、唱歌、书法等多种形式进行展示。

加入我们，成为海洋的小小守护者，一起传递海洋保护的重要性！

第四章 聚焦学习任务群的大单元作业设计与实施

"海洋宣传大使"评价量表

评价标准	讲解效果		
	★	★★	★★★
无口头禅，表达顺畅			
声音洪亮，大方得体			
清楚明白，生动表达			
能围绕一个意思表达清楚			
会收集资料，整合信息			
评价建议			

【设计者手记】

课后研学结合了语文园地的词句段运用和本单元的语文要素，将学习任务和素养提升巧妙结合在一起。"海洋宣传大使"的招募活动加强了学生收集、整合信息的能力，提升了学生的学习兴趣，促进了学生之间的合作，全面提升了学生的个人素养，真正做到了"学以致用"，体现了语文人文性和工具性统一的特点。

三、单元综合性作业

"游奇妙世界"跨学科项目化作业

评价内容	评价标准 优秀(5 颗星) 良好(3 颗星) 合格(1 颗星)	自评	生评	师评
情感态度	整个作业完成过程参与积极，兴趣浓厚，勇于克服困难			
思、读、说能力	能从不同渠道收集资料，收集的资料完整丰富，能用自己的方式表达出来			
写作能力	能整合收集到的信息，有条理地写出来			
综合能力	呈现作品形式多样，美观有创意			
我的收获或建议				
家长感言				
作业总评				

299

基于语文核心素养的大单元教学

【活动情境】

洪星星的海底世界之旅结束了，但是广袤无垠的海洋和摇曳多姿的海洋生物都给小朋友们留下了深刻的印象，令他们回味无穷。洪星星再次带着小朋友们潜入蓝色秘境，用他们喜欢的方式继续探索。

活动一：艺术创作探海洋秘境

1. 画一画

运用色彩、线条和图形，将你们心中的海洋生物形象展现出来。

2. 做一做

五彩鱼灯是中国古老的传统手工艺品。教师可以先向学生分享制作鱼灯的方法，然后引导学生动手制作。

3. 捏一捏

你能用橡皮泥创造一个海洋生物世界吗？

活动二：精彩故事讲海底秘境

小朋友们，在三年级上册的《安徒生童话》中我们认识了海的女儿，她是那么纯洁、美丽，也是那么勇敢、坚强。你还知道哪些关于大海深处的故事吗？尝试着去收集一下，写在下面的资料袋里哦。

我收集的关于海底深处的故事：

活动三：走进科学知海洋秘境

洪星星创办了一期以"海洋知识知多少"为主题的科学实践活动，请小朋友用自己的方式呈现你所了解的海洋知识。

第四章 聚焦学习任务群的大单元作业设计与实施

制作海洋生物信息卡

海洋生物名称：

科属：

分布：

食物：

体型：

制作海洋资源信息卡

海洋资源

矿藏：
植物：
生物：

在探索中，洪星星和小朋友们还发现海洋的生态环境遭到了很大的破坏，于是呼吁大家保护海洋环境。你能帮她设计一张保护海洋环境的海报吗？书法、绘画形式都可以哦！

301

基于语文核心素养的大单元教学

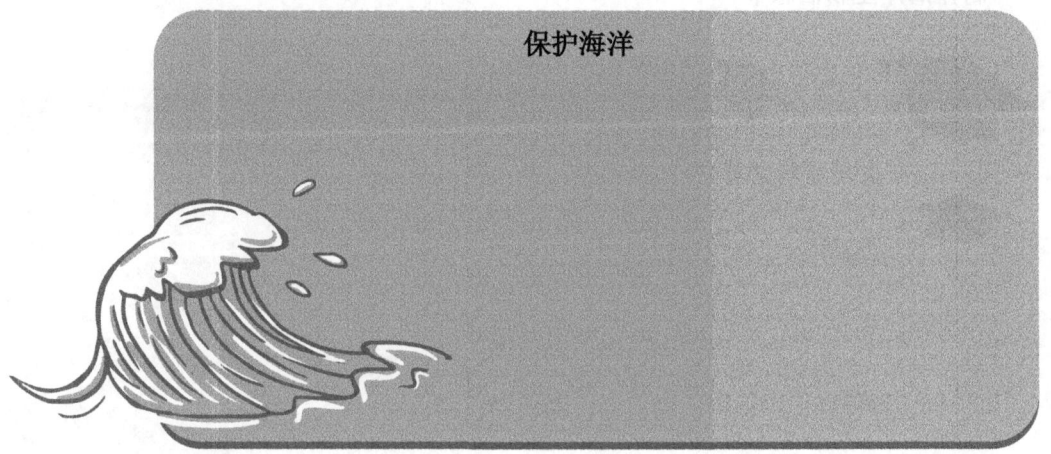

保护海洋

【设计者手记】

　　海底世界对学生来说是个神秘的领域，让学生既好奇又神往。故我们以"游奇妙世界"为主题，设计了融合美术、科学、语文的跨学科作业。在作业中，学生从学习者变成了创作者。在探索过程中，学生的审美能力、实践能力、科学素养得到了全方面的提升。这样的作业设计既是检测学生学习效果的有效手段，更是实现全面育人的创新途径。

（武汉市洪山实验外国语小学　耿华）

（二）文学阅读与创意表达

融情于境　创意表达
——五年级上册第六单元大单元作业设计

一、大单元作业设计综述

（一）课标分析

　　《义务教育语文课程标准（2022 年版）》（以下简称"2022 年版课标"）以学习任务群的形式组织和呈现语文课程内容，"文学阅读与创意表达"是 2022 年版课标设置的六大

学习任务群之一，旨在"引导学生在语文实践活动中，通过整体感知、联想想象，感受文学语言和形象的独特魅力，获得个性化的审美体验；了解文学作品的基本特点，欣赏和评价语言文字作品，提高审美品位；观察、感受自然与社会，表达自己独特的体验与思考，尝试创作文学作品"。它与"实用性阅读与交流""思辨性阅读与表达"同属发展型学习任务群，共同担负着培养学生阅读各类文本的能力，以及复合的表达与交流能力的责任。

2022年版课标"文学阅读与创意表达"学习任务群第三学段学习内容是"阅读表现人与社会的优秀文学作品，走进广阔的文学艺术世界，学习品味作品语言、欣赏艺术形象，复述印象深刻的故事情节，积累多样的情感体验，学习联想与想象，尝试富有创意地表达"，这和本单元的人文主题、学习内容、学习目标是匹配的。我们明确了本单元学习任务群类型为"文学阅读与创意表达"，引导学生围绕"舐犊之情"这一主题，从"任务""情境""评价"等方面凸显思维的开放，去品味语言、品读语言，形成独特的个体体验和积极健康的人生价值观。

(二)教材分析

1. 单元主题

教材解析"舐犊之情"是父母对子女浓浓的关心和疼爱，这是流淌在血液里的爱和温暖。这份爱是人类亘古至今的主题。教材围绕这一主题共安排了两篇精读课文《慈母情深》和《父爱之舟》，以及一篇略读课文《"精彩极了"和"糟糕透了"》。《慈母情深》选自梁晓声的《母亲》，要求学生边读边想象描写的场景、细节，体会字里行间蕴含的母爱；《父爱之舟》记录的是著名画家吴冠中对父亲的回忆，歌颂了庄重而深刻、朴实而真挚的父爱。教师在引导学生说出作者梦中出现的场景，体会深切的父爱。语文园地"词句段运用"的第二题要求学生在体会情感的基础上进一步了解场景描写的作用。

这个单元的各个板块几乎都是围绕"舐犊之情"这一主题展开的。"口语交际"谈的是"父母之爱"，习作要求用书信的方式写下自己想对父母说的话。阅读训练要素和"交流平台"需要落实：品味印象深刻的场景和细节，更好地体会作者的思想感情。对父母之爱的体会，往往需要通过具体的生活故事以及对故事里的细节和场景的回忆，才能有深刻的感悟。

2. 语文要素

本单元以"舐犊之情"为人文主题，阅读训练要素是"体会作者描写的场景、细节中蕴含的感情；习作训练要素是"用恰当的语言表达自己的看法和感受"。

①关于阅读训练要素

"体会思想感情"的方法有很多种，统编教材根据学生的具体学情和能力，将相关

基于语文核心素养的大单元教学

的方法进行了纵向的、持续的、有层次的设计安排。

册序	单元	阅读训练要素
二上	第七单元	展开想象，获得初步的情感体验
四下	第一单元	抓住关键语句，初步体会课文表达的思想感情
四下	第三单元	初步了解现代诗的一些特点，体会诗歌的感情
四下	第四单元	体会作家是如何表达对动物的喜爱之情的
五上	第一单元	初步了解课文借助具体事物抒发感情的方法
五上	第四单元	结合查找的资料，体会课文表达的思想感情
五上	第六单元	注意体会作者描写的场景、细节中蕴含的感情
五下	第一单元	体会课文表达的思想感情
六上	第三单元	体会文章是怎样表达感情的

　　从以上表格中，我们可以看出统编教材将"体会作品思想感情"这一阅读训练要素集中安排在小学的中高段。低中年级，主要是借助想象，运用图像化的阅读策略。四年级下册第一单元给出了明确的方法：抓住关键语句。这一方法承接了三年级的阅读训练要素，因为三年级上册第六单元的阅读训练要素是"借助关键语句理解一段话的意思"，三年级下册第四单元则是"借助关键语句概括一段话的大意"，所以这一方法的提出对学生而言并不陌生。第三和第四单元虽然都涉及体会感情，但是没有提出具体方法，这样的安排一方面巩固了学生在四年级第一单元学到的体会感情的方法，另一方面也帮助学生积累对文本感情的浪漫感知。五年级上册三个单元都给出了具体的方法，这就让学生对体会文本思想感情的训练更加系统化。本单元提到的方法其实是与四年级下册第一单元一脉相承的，因为对"场景、细节"的捕捉就势必需要找到与之相关的语句，而这些语句也就是读者体会文本思想感情的重要语句。五年级下册要求学生综合运用以上方法来体会作者想要表达的思想感情，六年级下册则提出了更高的要求：学生不仅要能体会思想感情，还要知道文章是如何将这些感情表达出来的。这样的设计符合各阶段学生的认知特点，且具有层次性。

　　②关于表达训练要素

　　单元的习作主题是"我想对您说"，表达训练要素是"用恰当的语言表达自己的心里话"。倾诉的目的是表达自己的想法和感受，为了能让别人准确理解自己的想法和感受就需要借助恰当的方法，也就是"恰当的语言"。

304

第四章 聚焦学习任务群的大单元作业设计与实施

如何表达自己的想法和感受？统编教材从三年级上册第七单元开始，分别安排了十多次有目的的训练，涉及的写作文体也是多样的。由此也能看出，这一表达训练要素在小学习作中的地位非同一般。

册序	单元	表达训练要素
三上	第七单元	留心生活，把自己的想法记录下来
四上	第八单元	写一件事，能写出自己的感受
四下	第一单元	写自己喜爱的某个地方，表达出自己的感受
四下	第八单元	按自己的想法新编故事
五上	第一单元	写出自己对一件事物的感受
五上	第六单元	用恰当的语言表达自己的看法和感受
五下	第二单元	学习写读后感
五下	第八单元	看漫画，写出自己的想法
六上	第三单元	试着在写事物时，融入感情，表达看法
六上	第六单元	学写倡议书
六上	第七单元	写自己的拿手好戏，把感受、看法写出来
六上	第八单元	通过事情写一个人，表达自己的情感
六下	第三单元	习作时，选择合适的内容写出真情实感

本单元的习作重点聚焦在"用恰当的语言"表达自己的看法和感受。教材中也提供了一些建议和思路：可以是对某个问题的看法，可以是和父母或者朋友间难忘的事情，可以向对社会作出贡献的人表达敬佩之情。

"恰当的语言"就包含了本单元的阅读训练要素"体会作者描写的场景、细节中蕴含的感情"中提到的"场景、细节的描写"。正所谓：场景融情，细节见情。《慈母情深》中的"小练笔"写"鼻子一酸"，这是具体的情感体验，是切身的感受表达。语文园地的词句段运用写自己的"第一次"，结合教材给出的例句可以看出，这个"第一次"首先必须自己有动情之处，其次要描写出当时那个场景里的感受或者片段中某个触动自己的细节。除此之外，口语交际里"评价父母表达爱的方式"，这也是在引导学生表达自己的看法或感受，将整个单元紧密串联起来，习作也就水到渠成了。

综合整个单元的学习内容，属于 2022 年版课程标准发展型任务群中的"文学阅读与创意表达"，其中第三学段提到"阅读表现人与社会的优秀文学作品，走进广阔的文学艺术世界，学习品味作品语言、欣赏艺术形象，复述印象深刻的故事情节，积累多样的情感体验"和"学习运用细节描写等表现手法，描述自己成长中的故事"。"教学提示"中提出，第三学段可以围绕"爱与责任"等主题展开，"在主题情境中，开展文学阅读和创

基于语文核心素养的大单元教学

意表达活动，引导学生感受文学之美，表达自己的独特感受，促进学生的精神成长"。同时提出，三、四学段"评价学生文学作品的欣赏水平，关注研讨、交流及创意表达能力"。

（三）学情分析

在五年级的学习中，学生已经掌握了一些学习语文的方法，具备了一定的语文学习能力。本单元的语文要素是"体会作者描写的场景、细节中蕴含的感情"。课文对故事中的场景、人物举止中的细节都有具体的描述，学生通过品读交流印象深刻的场景、细节，可以更深入地把握内容，更细致地体会蕴含其中的人物情感。

本单元的习作要求"用恰当的语言表达自己的看法和感受"。这是在鼓励学生大胆发表自己的感受和看法的基础上提出的更高要求，让学生在畅所欲言的同时，注意表达的内容和方式。并注重从联系学生的自身生活经历与体验入手，引导学生正确认识生活，体味成长中的亲情。尽管学生们缺乏课文中作者的生活经历，但是只要教师正确引导，再联系身边的亲情故事，还是能在学生的心灵上留下烙印的。鼓励学生进行整体感知，联系多个场景、细节来体会人物情感。课文教学与课后"小练笔"，语文园地中的"词句段运用"，口语交际和习作的内容都有密切的联系。

（四）大单元学习任务群活动作业整体框架

根据本单元的课文资源和学生学习的规律，将本单元学习内容结构化，统整为"感恩父母感受爱"情境主题，统整设计四大学习任务，每个大任务包含两个学习活动，力求一课一得，引导学生将阅读与表达紧密结合，将情感与语言相互融通，让整个单元的作业活动对应一个个学习活动，逐层推进，体现教学评一致性。

任务	任务目标	活动内容	活动方式	教学时间
发现爱	①借助导图，了解每篇文章要落实的语文要素；②通过学习《慈母情深》，了解内容，学会选择场景；③通过对比学习《慈母情深》和《父爱之舟》，体会描写场景的方法；④通过课后拓展，以"鼻子一酸的经历"为点进行场景描写练习，在写作实践中习得场景描写的方法	活动一：镜头下的父母之爱 活动二：鼻子一酸的经历	自读、对比读、小片段练习写	2课时
评判爱	①通过场景中人物神态、语言、动作等细节，了解父母对一首诗作出不同评价的原因；②联系生活实际，谈谈自己对巴迪父母不同的表达爱的方式的看法；③能选择恰当的材料支持自己的观点，能尊重别人的观点，对别人的发言给予积极的回应	活动一：爱的不同表达 活动二：你如何看待父母不同的表达爱的方式	自读、研读、辩证读	2课时

306

第四章 聚焦学习任务群的大单元作业设计与实施

续表

任务	任务目标	活动内容	活动方式	教学时间
表达爱	①通过学习单的分享，敞开心扉，选择述说的对象、事件，并以书信的形式写下来；②通过范文支架搭建，进一步修改巩固场景描写，并用恰当的语言表达自己的真情实感	活动一：敞开心扉 活动二：书出真情	写留言条 创作书信语文时间活动	2课时
传递爱	①通过课外书籍的阅读，巩固"抓场景、细节体会蕴含的情感"；②引导读整本书《母亲》，拓展阅读面，讨论分享阅读收获	活动一：不同的角度 活动二：分享你的收获	群文阅读、整本书阅读、语文实践活动	2课时

二、大单元作业设计与评价

（一）单元前准备作业

【活动情境】

亲爱的同学们：

天下所有的父母都爱自己的孩子，从孩子呱呱坠地那一刻起，他们就对孩子倾注了无限的爱。同样，我们也无限爱自己的父母，总有很多话要对自己的父母说。学校将举行"感恩父母"主题活动，让我们有机会进一步感受和表达与父母之间浓得化不开的感情。本单元，我们将学习以"舐犊情深"为主题的文学作品，体会作者蕴含在场景和细节中的深情，并主动运用场景、细节描写表情达意。那么，在学习课文之前，请同学们根据"单元前准备作业"的要求完成自己的作品，感受父母之爱，并表达自己的爱。

亲子交流卡			
单元前准备作业小提示：			
1. 回忆父母关爱自己的事例，填写亲子交流卡。			
2. 选择书信、演讲或图文并茂等方式，表达对父母的爱，形成作品。			
姓名		日期	
我想对父母说的一句话			

基于语文核心素养的大单元教学

续表

亲子交流卡				
典型事件介绍				
发生的时间			地点	
在场的人物				
具体的事例				
父母的话				
评价内容	评价标准			评价结果
具体事例	1. 语句通顺，表述规范，没有语病			
	2. 语言得体，符合身份，感情真挚			

【设计者手记】

　　单元前准备作业为学生进入单元学习活动创设了主题大情境——参加"感恩父母"活动，将作业融入生活情境，易于激发学生自主探究的兴趣。在正式进入单元学习之前，学生要完成"亲子交流卡"。未学先做，旨在让学生初步尝试创作"有形成果"。这一过程不仅能唤醒学生的旧知，还能让他们在课下通过与父母互动，获得情感的综合体验，从而对学习新知产生预期，为更好地投入学习任务群作准备。

　　(二)单元课时作业示例

父爱之舟

【活动情境】

同学们，本课我们将进入《父爱之舟》的学习，我们将走进深沉的父爱，去聆听他们的心声，你准备好了吗？

308

第四章　聚焦学习任务群的大单元作业设计与实施

【课前预学】

同学们，课前预学你收获了几颗♥？	评价指标	自检
	♥能做到书写工整、美观	♡ ♡ ♡
	♥能在合理的时间内完成作业	
	♥预习时，关注到易错的字词，正确识记	
	♥提出感兴趣的问题，收集资料，尝试解决	

活动一：发现爱——读中识爱 (5 分钟)★ (创编) (主要对应单元作业目标 LSDY701、LSDY702)

学习提示：大声朗读课文《父爱之舟》，读正确，读流利。读完后，完成下面的自检卡。

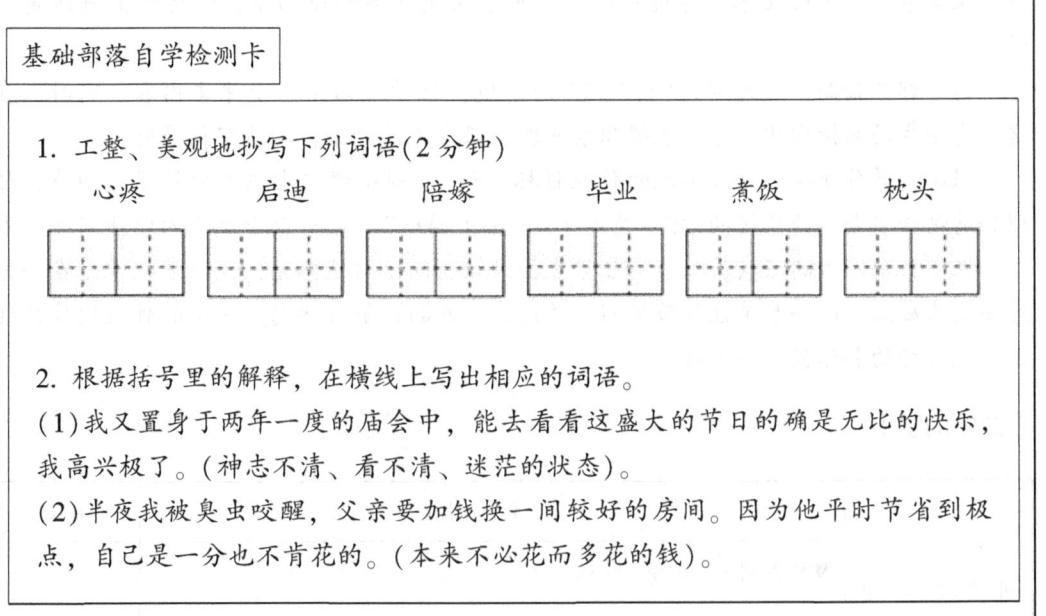

基础部落自学检测卡

1. 工整、美观地抄写下列词语 (2 分钟)
　　心疼　　启迪　　陪嫁　　毕业　　煮饭　　枕头

2. 根据括号里的解释，在横线上写出相应的词语。
(1) 我又置身于两年一度的庙会中，能去看看这盛大的节日的确是无比的快乐，我高兴极了。(神志不清、看不清、迷茫的状态)。
(2) 半夜我被臭虫咬醒，父亲要加钱换一间较好的房间。因为他平时节省到极点，自己是一分也不肯花的。(本来不必花而多花的钱)。

活动二：初识爱——摘录寻找爱 (5 分钟)★★ (创编) (主要对应单元作业目标 LSDY713)

309

基于语文核心素养的大单元教学

学习提示

　　这篇课文中有很多让人印象深刻的场景、细节，哪几个场景、细节留给你的印象最深刻呢？你有什么独特的感受？请你把相关句子摘录下来：

1. _____

2. _____

3. _____

　　我可以尝试用_____的方法品读出自己独特的感受，我还会在上课的时候和同学、老师一起讨论交流。

【设计者手记】

　　课前预学作业是为提升学生自主学习能力而设计的一项学习活动。从学生阅读的角度出发，它旨在为课文的学习扫清字词障碍；从质疑提问、收集资料的角度出发，它引导学生带着经验走进文本、走近人物。在问题探究任务的驱动下，学生能更好地走进课堂。

　　这一部分指向，通过创设"发现爱"的情境，让学生初步感受课文内容。同时，在这个有趣生动的情境中，学生能够积累并理解课文中的词语，扫清字词障碍。

　　课时预学作业也要结合单元的作业目标。如，"围绕课文中描写的场景、细节，梳理和总结作者表达的感情的方法"是本单元"语文园地"交流平台中重要的学法指导。本课有很多打动人心的场景和细节，让学生摘录相关的语句谈感受，是为了让学生在整体感知的基础上，进一步关注细节描写，并通过反复品读解决问题。这里的作业设计体现了单元目标的整体性和一致性。

【课中助学】

	评价指标	自检
同学们，课中助学你收获了几颗♥？	♥能做到书写工整、美观	♡♡♡♡
	♥能在合理的时间内完成作业	
	♥能借助思维导图的方式背诵《伯牙鼓琴》	
	♥能借用思维导图的方式讲述《书戴嵩画牛》	

310

第四章　聚焦学习任务群的大单元作业设计与实施

活动三：了解爱——绘图分辨爱(5—8分钟)★★(创编)(主要对应单元作业目标LSDY703、LSDY706)学习提示：请根据课文内容，补充下面的思维导图。

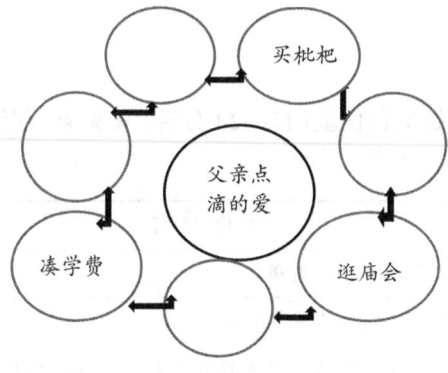

活动四：品味爱——对比品悟爱(5—8分钟)★★(创编)(主要对应单元作业目标LSDY703、LSDY705、LSDY708)

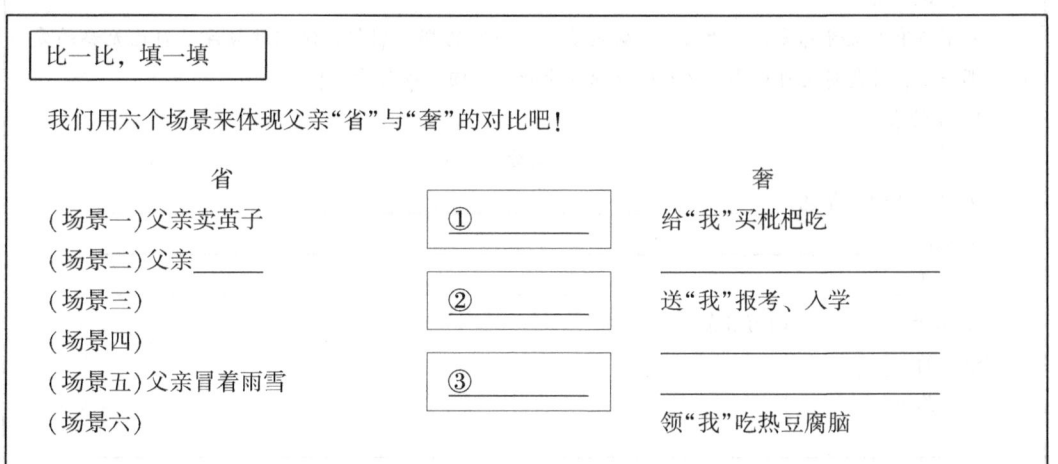

这些场景中，哪些细节最能打动人心？我抓住文中的一些细节和词语，感受到了(填写在序号①②③处)。

【设计者手记】

课中助学作业是一种和课堂教学互为补充的学习活动，具有诊断和改进核心教学目标达成情况的功能。这一部分指向"发展型学习任务群"中的"文学阅读与创意表达"，通过对比，激发学生的学习兴趣。通过展现故事中的场景和人物的具体描述，引导学生品读并交流印象深刻的场景和细节，可以更深入地把握内容，更细致地体会其中蕴含的

311

基于语文核心素养的大单元教学

人物情感。结合本单元的语文要素和本课的作业目标，课中助学作业用思维导图的方式帮助学生在课堂上把握课文主要内容，为学生提供了落实背诵、积累和创造性复述故事的有力支持，帮助学习习得方法，从而达成教学目标。

【课后研学】

活动五：表达爱——练笔留住爱(15—20分钟)★★★(创编)

同学们，课后研学你收获了几颗♥？	评价指标	自检
	♥能做到书写工整、美观	♡♡♡♡
	♥能在合理的时间内完成作业	
	♥能展开想象，用仿写课文的句式来描述想象的画面	
	♥能收集交友名句、查找资料，用来理解和表达感受	

一、说一说 写一写

天下所有的父母都爱自己的孩子，从孩子呱呱坠地的那一刻起，他们就倾注了自己无私的爱。回想那一刻，你想对父母说些什么？选择你喜欢的方式回应这份爱吧!

1. 爱的表白

父爱

父爱是甜甜的琵琶，_____。

父爱是_____，_____。

父爱是_____，_____。

2. 敞开心扉——爱的留言条

亲爱的_____：

您好!

_____

_____

_____

_____

2023 年_____

二、小练笔

写一个令你印象深刻与父亲相处的场景。场景中，父亲做了哪些动作？说了什么话？流露出什么神态？结合细节，展开具体描述。

_____

_____

_____

312

第四章　聚焦学习任务群的大单元作业设计与实施

活动六：分享爱——交流传递爱（学生选做）

1. 通过一组文章的阅读，巩固"抓场景，细节体会蕴含的情感"。

2. 课外拓展阅读，请同学们阅读朱自清的《背影》一文，讨论分享：

（1）你认为朱自清《背影》一文中刻画的是位怎样的父亲？

（2）找到印象最深刻的场景来谈谈你的体会。

【课时作业评价】

评价维度	自己的鼓励	同学的鼓励	老师的鼓励
学习效果	□我能正确、熟练地运用会写的生字词 □我能正确、流利地朗读《父爱之舟》 □我能根据地点变化，梳理出课文描写的七个场景，抓住父亲行动的细节，体会作者表达的情感 □我通过拓展阅读，联系生活，尝试描写与父亲相处的场景，进一步感受父爱	□能正确、流利地朗读《父爱之舟》 □能用恰当的语言表达自己的看法和感受	□有良好的书写习惯、规范答题的习惯 作业完成质量（□优□良□差） □及时、正确地订正作业
对自己说	●所获： ●所思：		
对老师说	●我喜欢的作业： □读书认识爱□摘录寻找爱□绘图分辨爱 □对比品悟爱□练笔留住爱□交流传递爱 ●我希望的作业（形式或内容）：		

【设计者手记】

　　本单元教学大胆突破传统教学中的教材编排和课时安排，采用大任务的形式，把学科知识按照教学实际和语文要素的内在逻辑重新规划整合，综合设计并有效实施。语文要素在落实上不局限于抓住场景、细节体会情感，而是把眼光放得更远，着眼于学生意识的培养。在前面几个板块，学生通过抓住场景、细节体会人物情感。课后研学作业进一步鼓励学生大胆发表自己的感受和看法，并提出了更高的要求。作业设计注重由课内到课外的知识迁移，由语言积累运用到直觉思维、形象思维的发展，让学生在畅所欲言的同时，既能选择恰当的材料支持自己的观点，又能注意表达的内容与方式，关注整体，为习作打基础。

313

基于语文核心素养的大单元教学

（三）单元综合性作业

"感恩父母，感受爱"综合实践类作业

作业小贴士：
● 围绕项目与任务仔细思考并认真研究；
● 可以独立完成，也可以和同学们合作分工完成；
● 合理规划时间。

【活动情境】

生活味的场景营造了情深的氛围，动人的细节中蕴含着款款深情。学了本单元课文，我们感受到了舐犊之情是流淌在血液里的爱和温暖。请大家结合本单元主题"感恩父母感受爱"，在下面的项目作业中自主选择，留下属于我们自己的成长收获。

项目作业一：故事细节深探究

🌱 任务一 品味句子

（1）我和父亲都饿了，我多馋啊！但不敢，也不忍心叫父亲买。父亲从家里带了粽子，找个偏僻的地方，父子俩坐下来吃凉粽子。吃完粽子，父亲觉得我太委屈了，领我到小摊上吃了碗热豆腐脑，我叫他也吃，他就是不吃。

（2）母亲掏衣完，掏出一卷揉得皱皱的毛票，用龟裂的手指数着。

小凌：读了上面的句子，我发现作者在表达情感时善于运用_____的方法。

小航：在《"精彩极了和糟糕透了"》中也有这样的句子：_____

_____

小琴：我知道许多优美的散文就运用了细节描写和场景描写来抒发感情。"妈，咱们走，我不要了……"我仰起脸望着母亲，心里一阵难过。亲眼见母亲因自己而被呵斥，还有什么事比这更令一个儿子内疚的？"不走，妈一定给你要回来！"母亲说着就在台阶上坐了下来，并扯我坐在她身旁，用一条手臂搂着我。

——梁晓声《母亲》

小悠：我也试着用场景、细节描写来抒发内心的情感。

_____

_____

_____

🌱 任务二 聚焦结尾

细心的你一定会发现，本单元的三篇课文的结尾的共同特点：要么和题目相照应，

314

要么和课文的开头相照应。

小凌：比如，《慈母情深》的结尾照应了文章的开头，交代了事情的结果，表达了我对母亲的感激之情。

小琴：《"精彩极了和糟糕透了"》的结尾照应_____，作用是_____。

小悠：《父爱之舟》的结尾照应_____，作用是_____。

🌱 任务三　迁移运用

读句子，想一想在你的成长中有没有类似的"第一次"。试着写一短话，把自己的感受和想法写下来。

那一天我第一次发现母亲原来是那么瘦小，那一天我第一次觉得自己长大了，应该是一个大人了。

_____

_____

_____

项目作业二：创意表达勇实践

材料一：母亲节起源于美国，发起人是费城人安娜·贾维斯。她终身未婚，一直陪伴在母亲身边。1906 年 5 月 9 日，贾维斯的母亲不幸去世，她悲痛万分。在她的努力下，美国国会于 1913 年通过了一份议案，将每年 5 月的第二个星期日作为法定的母亲节，并得到了全世界各国人民的支持。时至今日，已有很多个国家欢庆这个节日，但各国母亲节的日期却不尽相同：美国、意大利等国都在 5 月的第二个星期日，法国的母亲节是 5 月的最后一个星期日，泰国的母亲节是 8 月 12 日。有人提议我国也应该设立自己的母亲节，以提醒人们不忘报答母亲的养育之恩。

材料二：父亲节约始于 20 世纪初，也起源于美国，现已广泛流传于世界各地，节日日期因地域而存在差异。最广泛的日期在每年 6 月的第三个星期日，世界上有 52 个国家和地区是在这一天过父亲节。中国官方尚未设立正式的父亲节。但大陆民众习惯将每年 6 月的第三个星期日作为父亲节；而在台湾地区，父亲节则被定于每年的 8 月 8 日，又称为"八八节"。

🌱 任务一

想一想：你觉得有没有必要设定法定的母亲节和父亲节？为什么？

_____

_____

基于语文核心素养的大单元教学

 任务二

假如我国也要设立法定的母亲节、父亲节，你会选谁作为形象代言人？请说明理由。

（孟母，梁晓声的母亲，吴冠中的父亲，巴迪父亲）

_____

_____

 任务三

制作一份宣传海报，定好节日时间，选好形象代言人，设计好宣传语，以便推广你设定的母亲节或父亲节。

项目作业三：拓展融合提素养

1. 学一学：学唱歌曲《烛光里的妈妈》和《父亲》，唱给父母听。

2. 看一看：观看一部关于爱的影片，比如：《妈妈再爱我一次》《海洋天堂》《背起爸爸上学》《美丽的大脚》……

3. 做一做：为父母做一件力所能及的事情。

4. 写一写：给父母写一封感谢信或者制作一张贺卡。

5. 聊一聊：跟父母聊一件你们之间最难忘的事。

6. 搜一搜：收集赞美父母之爱的古诗、现代诗等，或一个感恩小故事。

7. 说一说：召开一次以"爱"为主题的交流会，分享学唱歌曲、观影体会和感恩故事、文章等。

8. 评一评：谁的分享让你印象深刻呢？评出班级"爱的使者"若干名。

呈现方式：研究报告、微视频、课本剧、主题宣传海报、主题分享会……

【综合实践类作业评价】

同学们，在这次综合实践项目化作业中，你有什么收获呢？我们来评一评吧！

第四章　聚焦学习任务群的大单元作业设计与实施

评价维度	评价项目	评价要求	自评	生评	师评
学习效果	探究过程	♥能围绕探究的项目有独立的思考吗？ ♥能围绕核心问题去认真实践吗？	♡ ♡	♡ ♡	♡ ♡
	探究结论	♥能通过探究收获自己的观点成果吗？ ♥能围绕观点提供具体合理的论据支持吗？	♡ ♡	♡ ♡	♡♡
	完成方式	♥能独立完成项目研究作业吗？ ♥能和同学们合作分工完成项目研究作业吗？	♡ ♡	♡ ♡	♡♡
	展示交流	♥能使用语文学科的学习方式展示研究成果吗？ ♥能使用多种学科的学习方式展示研究成果吗？	♡ ♡	♡ ♡	♡♡
对自己说	●所获： ●所思：				
对老师说	●我喜欢的作业： □故事细节深探究　□创意表达勇探索　□拓展融合提素养 □我希望的作业(形式或内容)：				

【设计者手记】

这里设计的是综合实践类作业。整个单元教学都紧密围绕"感恩父母感受爱"这一主题展开。由于这一主题与学生的生活体验息息相关，本就是学生生活中常常有意无意分享交流的话题，所以可以通过项目推进的方式，让学生自然而然地在真实的生活情境和学习任务中发生语文学习。这样的设计不仅能促进学生对这一主题的深切体验和思索，还能将语文学习融入生活实践。基于此，我设计了"故事细节、创意表达、拓展融合"这样的三个项目，旨在激发学生自主探究的欲望，落实本单元"体会作者描写的场景、细节中蕴含的感情"的语文阅读要素。教师应引导学生围绕单元主题，充分发掘和利用各种与主题相关的资源，培养学生对项目任务的自主探讨和独立学习的能力，充分发挥学生的主观能动性，使项目学习真正实现以学生为中心，发挥学生的主动性，增强对本单元人文精神的体验，提升综合实践能力。

(武汉市黄陂区姚家集街道姚集小学　刘春琴)

基于语文核心素养的大单元教学

"一颗中国心 一双世界眼"：世界文化之旅
——五年级下册第七单元大单元作业设计

一、大单元作业设计综述

(一)课标分析

《义务教育语文课程标准(2022年版)》中对"文学阅读与创意"学习任务群的表述如下："本学习任务群旨在引导学生在语文实践活动中，通过整体感知、联想想象，感受文学语言和形象的独特魅力，获得个性化的审美体验；了解文学作品的基本特点，欣赏和评价语言文字作品；提高审美品位；观察、感受自然与社会，表达自己独特体验与思考，尝试创作文学作品。"其中，第三学段的学习内容是："阅读表现人与社会的优秀文学作品，走进广阔的文学艺术世界，学习品味作品语言、欣赏艺术形象，复述印象深刻的故事情节，积累多样的情感体验，学习联想与想象，尝试富有创意地表达。"这与本单元的人文主题、学习内容、学习目标是一致的。本单元围绕"世界各地"这个主题，展现了水城威尼斯独特的城市风光、荷兰悠闲和谐的牧场、古老的埃及金字塔等一幅幅迷人的画卷，展现了世界各地丰富多彩的自然与人文景观的魅力，旨在拓宽学生的国际视野。

2022年版课标指出，"文学阅读与创意表达"任务群以任务为导向，以项目为载体，基于语言运用的真实情景和真实语言实践活动，引导学生感受文学之美、表达自己的独特感受，促进学生的精神成长，在运用语言的过程中提升语文素养。这一任务群强调学生的审美应占主体地位，应珍视个体的独特感受。基于此，大单元的作业设计就应变被动为主动，以语文学习实践为载体，创设真实而有意义的任务情境作业练习，让全体学生在情境中自觉融入，有层次地开展学习活动。

(二)教材分析

1. 单元主题

五年级下册第七单元以"世界各地"为人文主题，以"体会静态描写和动态描写的表达效果；搜集资料，介绍一个地方"为语文要素，编排了精读课文《威尼斯小艇》《牧场之国》，略读课文《金字塔》以及口语交际、习作和语文园地。涉及的文化有水上名城威尼斯的独有标志小艇、悠闲和谐的荷兰牧场、叹为观止的埃及金字塔和中国的世界文化遗产。特别是口语交际中的"我是小小讲解员"这一内容，引导学生了解多元的世界文化，怀揣着一颗中国心，放眼世界，了解世界文化并与他人展开交流，当众表达，做到条理清楚，内容丰富。单元习作让整个单元呈现从异域风情走向家国情怀的世界多元文化。

2. 语文要素

本单元的语文要素是"体会静态描写和动态描写的表达效果"。五年级上册第七单

318

元语文要素是"初步体会课文中的静态描写和动态描写"，本单元是在此基础上，进一步引导学生体会其表达效果，稳步培养学生的文学品鉴能力。围绕这个语文要素，本单元精读课文的课后题和泡泡用不同的方式，引导学生体会静态描写和动态描写的表达效果；"交流平台"对语文要素进行梳理总结，引导学生进一步感受静态描写和动态描写所体现出的景物的独特魅力；"词句段运用"引导学生运用静态描写和动态描写进行表达，训练呈螺旋递进式发展。

本单元的习作要求是"搜集资料，介绍一个地方"。从三年级下册开始，学生初步学习整合信息、介绍事物；到五年级上册，搜集资料，用说明方法把事物介绍清楚。而四年级上册则要求学生推荐一个好地方，写清楚推荐理由。将这些要求整合来看，教材对学生写作能力的培养呈现出递进式要求。本单元的习作任务是写一处中国的世界文化遗产。从阅读、感受世界各地的文化遗产，到介绍中国的世界文化遗产，教材引导学生关注中国傲人的文化成就，增强民族自豪感，并学习把一处文化遗产介绍清楚。本次习作着力培养学生根据目的搜集资料、整理资料并清楚地介绍事物的能力，逐步提高学生运用资料的能力。

(三) 学情分析

本单元旨在通过课文的学习，体会静态描写和动态描写的表达效果，从而感受世界、悦纳世界各地丰富多彩的文化。本单元首次出现了非连续性文本形式的课文《不可思议的金字塔》。教师要充分理解编排意图，指导学生感受非连续性文本直观、简明的呈现形式。单元难点是文本内容与学生的实际生活有一定的距离，学生相关的知识了解不足，会导致学生语言文字的消化吸收与输出有一定的差距。想突破这个学习难点，一定要化"被动接受"为"主动输入"，借助"文化之旅"这一媒介，引导学生边阅读文本，边进行建构，搭建框架，在感受世界各地不同文化的同时，梳理归纳方法。

本单元习作围绕"搜集资料，介绍一个地方"这一主题，学生要更多地关注旧知的迁移和介绍方法梳理的。因此，在作业设计中，可以引导学生利用画思维导图，先搭建习作框架，再完成习作书写。最后，通过习作评价表，学生可以围绕本单元的习作要求自主诊断，发现问题，再通过同学互评进行有效修改。

(四) 大单元学习任务群活动作业整体框架

语文课程应培养学生心怀祖国，面向世界的文化自信。本单元内容既有世界景观的介绍，又涉及中国文化遗产。据此，结合学生的学情特点，将本单元学习内容结构化，统整为"'一颗中国心 一双世界眼'世界文化之旅"情境主题。在此主题下，设计四大学习任务，引导学生将阅读与表达紧密结合，让整个单元的作业活动对应一个个学习活动，逐层推进，体现教学评一致性。

基于语文核心素养的大单元教学

学习主题："一颗中国心 一双世界眼"世界文化之旅	任务一：行前细攻略	活动1：旅行景点早知道	学习内容：整合三篇课文，知晓地理位置，构建旅行线路图
		活动2：规划旅行线路	
	任务二：行中慢慢赏	活动1：动静结合，识威尼斯之味	学习内容：《威尼斯的小艇》
		活动2：以动衬静，赏荷兰之闲	学习内容：《牧场之国》
		活动3：静中遐想，叹金字塔之奇	学习内容：《金字塔》
		活动4：多元世界，尽收眼底	学习内容：语文园地
	任务三：美丽中国欢迎你	活动1：文化遗产知多少	学习内容：迁移旧知，梳理搜集、整理资料的方法
		活动2：介绍大美中国	学习内容：口语交际"我是小小讲解员"
		活动3：我为中国代言	学习内容：习作《中国的世界文化遗产》

二、大单元作业设计与评价

（一）单元前准备作业

【活动情境】

亲爱的同学们：

你们好，欢迎大家进入第七单元的学习。古人云：读万卷书，行万里路。足下万里，寰宇纷呈，本单元我们将一起开始一段美丽的世界文化之旅。出发前，请各位同学浏览本单元的学习内容，完成下面的旅行线路规划图吧!

【学习任务】（创编）

"一颗中国心 一双世界眼"世界文化之旅

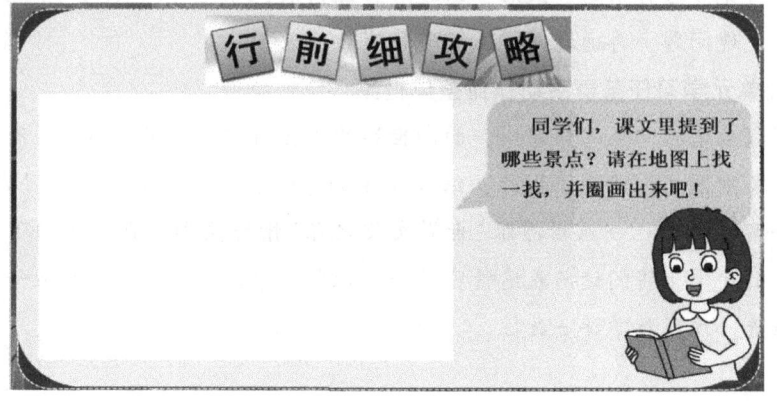

320

第四章　聚焦学习任务群的大单元作业设计与实施

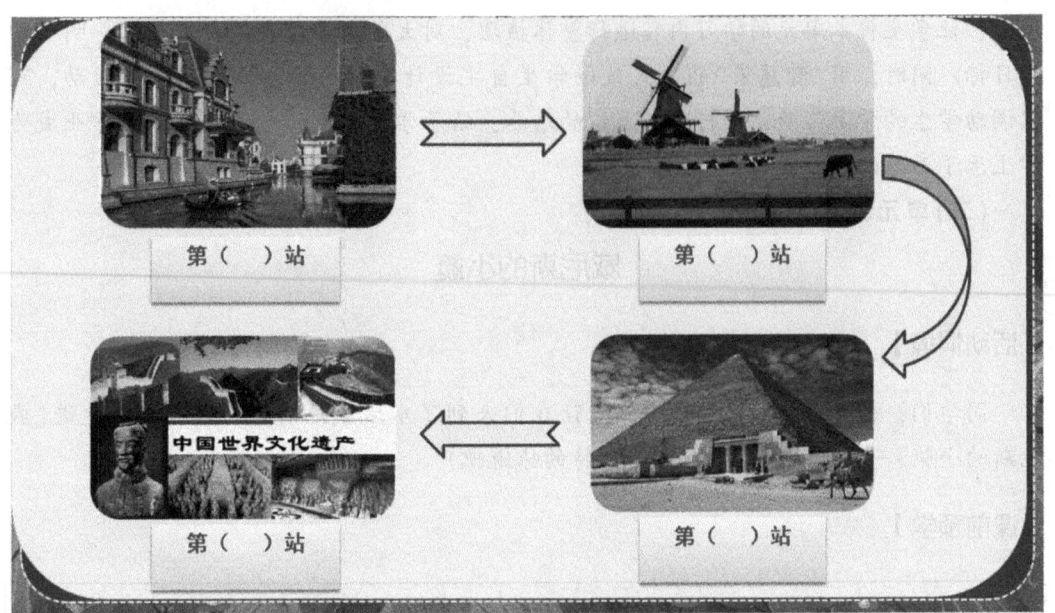

第（　）站　　　　　　　　　　第（　）站

第（　）站　　　　　　　　　　第（　）站

　　同学们，规划好了旅行路线，接下来，你会选择怎样的方式完成本次世界文化之旅呢？

　　同学们，在这次世界文化之旅中，让我们一起放眼世界，移步换景：领略水城威尼斯独特的城市风光，感受荷兰悠闲和谐的牧场，探秘古老的埃及金字塔。我们还会再现古人的智慧结晶，感受咱们中国的世界文化遗产……在这趟旅行中，你最想了解或探究哪一处景点？对哪些学习活动最感兴趣呢？你又想在旅行中尝试怎样的学习活动？不妨开动脑筋，设计一到两个吧！

智慧锦囊

【设计者手记】

　　单元前准备作业为学生进入单元学习活动创设了主题大情境——设计文化之旅线路，将作业融入生活情境，易于激发学生自主探究的兴趣。通过"文化之旅线路图"的

321

基于语文核心素养的大单元教学

形式，让学生将本单元的学习内容进行整体梳理，对大单元学习有了初步感知，明确学习目标。同时，用"智慧袋"的方式鼓励学生自主设计喜欢的单元作业、学习活动，可以调动学生的学习经验，进行创新思维的培养，给予学生更大的自主空间，让作业成为学生乐于参与的学习活动之一。

(二)单元课时作业示例

威尼斯的小艇

【活动情境】

同学们，世界文化之旅的第一站，让我们来到了水城威尼斯。让我们一起走进《威尼斯的小艇》一文，去感受这座城市独特的味道吧！

【课前预学】

同学们，课前预学你收获了几颗☆？	评价指标	自评
	☆ 预习时，能关注到易错的生字、词语，正确识记	
	☆ 对于不理解的词语，能利用工具书解决	☆ ☆ ☆
	☆ 主动质疑，搜集资料，尝试解决	

活动一：主动感知(7分钟)★(创编)

学习提示：朗读课文《威尼斯的小艇》，字音读正确，句子读通顺、流利。读完后，完成下面的自测单。

1. 选择正确的读音打"✓"。

威尼斯(ní nī)　　　　船艄(qiào shāo)　　　　翘起(qiāo qiào)

保姆(mú mǔ)　　　　哗笑(huā huá)　　　　雇船(gù zū)

2. 联系上下文，理解下列词语的意思。

独木舟：_____

船艄：_____

停泊：_____

活动二：主动发现(2分钟)★★(创编)

学习提示：学贵有疑，疑则有进也。读了课文，我有这样的疑问：

_____

_____

我可以尝试用_____的方式解决疑问，没有解决的问题我会在上课的时候和同学、老师一起讨论。

第四章　聚焦学习任务群的大单元作业设计与实施

活动三：主动参与(8分钟)★★★(创编)

学习提示：在作者马克·吐温的眼里，"小艇"代表威尼斯，在其他人眼里，威尼斯又是怎样的城市呢？同学们，读一读课后的"阅读链接"，相信你对威尼斯这座城市会有更多了解。读完后，你还想了解关于威尼斯的什么？请搜集相关资料，记录下来。

> **记录卡**

【设计者手记】

课前预学作业是为提升学生的自主学习能力而设计的一项学习活动。其中，"主动感知"是从读和词语理解两个方面为课文学习扫清字词障碍；"主动发现"通过质疑提问，培养学生依据文本理解提出有价值的问题的能力；"主动参与"是搜集资料，帮助学生更全面地感知文本。通过这些方式，从多个角度让学生带着经验走进文本，在任务驱动下深入理解文本。

【课中助学】

同学们，课前预学你收获了几颗☆？	评价指标	自评
	☆ 能梳理出关键词语，完成思维导图	
	☆ 借助思维导图，向大家介绍威尼斯的小艇	☆　☆　☆
	☆ 书写正确美观	

活动四：主动建构(5分钟)★★(创编)

学习提示：根据课文内容，先将下面的思维导图补充完整，再借助此图，向同学或老师介绍威尼斯的小艇。

323

基于语文核心素养的大单元教学

【设计者手记】

课中助学作业是一种和课堂教学互为补充的学习活动，可以为诊断和改进核心教学目标的达成提供支持。结合本单元的语文要素"体会静态描写和动态描写的表达效果"，以及本课的作业目标，教师可以用思维导图的方式帮助学生在课堂上把握课文主要内容，体会两种描写方式的表达效果，从而达成教学目标。

【课后研学】

同学们，课前预学你收获了几颗☆?	评 价 指 标	自评
	☆ 能通过文字体会威尼斯的动、静之美，有感情地朗读课文	
	☆ 类文阅读，感受不同作家的表达方法	☆ ☆ ☆
	☆ 运用文中的方法，介绍家乡武汉	

活动五：主动拓展(15—20分钟) ★ ★ ★ (选编+改编)

1. 为了将威尼斯的小艇特点介绍得生动、有趣，课文运用了一些小妙招。请同学们先来梳理并填写这些写作方法，再摘抄其中的一处，说说你的发现吧。

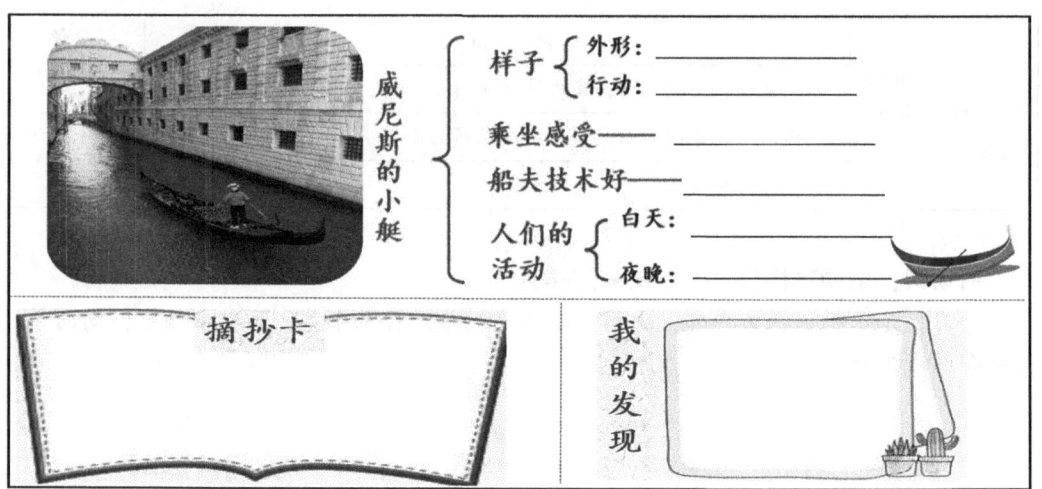

2. 课文是通过巧妙的写作手法，把一处世界文化遗产介绍得清楚、明白又引人入胜，相信大家已经找到了不少好方法。现在，让我们拿起手中的笔，也来写一写家乡武汉的著名文化遗产吧！

第四章 聚焦学习任务群的大单元作业设计与实施

同学们，黄鹤楼是我们家乡武汉的标志性建筑。"昔人已乘黄鹤去，此地空余黄鹤楼"，黄鹤楼随着崔颢的诗而名扬四方。黄鹤楼被誉为天下第一名楼，是江南三大名楼之一，坐落在武汉市武昌区的蛇山上，临江而建，历史悠久，享有"天下绝景"的美誉。站在黄鹤楼上俯瞰，江城美景尽收眼底。

请你学着课文的方法，先画一画，再写一段推荐词，介绍家乡武汉的著名标志性建筑——黄鹤楼。

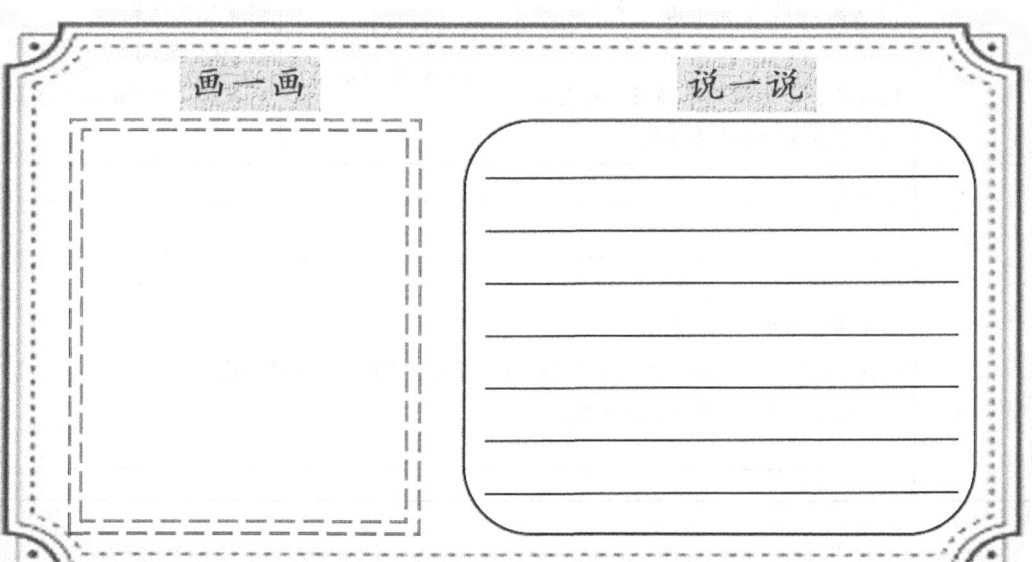

3. 同学们，我们的威尼斯风光之行接近尾声。旅行过程中，你有什么收获与感受呢？可以拿出笔，记录下你的思考与收获哦！

325

基于语文核心素养的大单元教学

智慧锦囊

_____

_____

_____

【课时作业评价】

评价维度	自己的鼓励	同学的鼓励	老师的鼓励
学习效果	□我能准确、熟练地运用已学的生字词 □我能有感情地朗读课文 □我能借助思维导图，厘清课文内容 □我学会了运用静态描写、动态描写的手法表现事物的特点	□能有感情地朗读课文 □能借助思维导图，说清楚课文内容	□有良好的书写和答题习惯 作业完成质量 （□优□良□差） □及时、正确地订正作业
对自己说	我的收获：———————————————————— _____		
对老师说	如下活动作业，我最喜欢： □主动感知　□主动发现　□主动参与　□主动建构　□主动拓展 我希望有如下形式或内容的作业：		

【设计者手记】

　　课前研学作业的设计主要是以迁移拓展类作业为主，旨在帮助学生从读通课文到读懂课文，在朗读中体会动静结合的描写方法，将小艇的独特之处巧妙展现。作业设计注重迁移写法，引导学生学以致用。整个过程实现了由课内到课外的拓展，由语言积累运用到思维能力的发展。同时，在语言实践中，学生不断加深审美体验，既放眼世界领略独特文化，又不忘勾连写作。学习课文的同时，学生开展资料搜集与整理，为介绍中国的世界文化遗产做好准备。

第四章　聚焦学习任务群的大单元作业设计与实施

（三）单元综合性作业

"一颗中国心　一双世界眼"世界文化之旅
——跨学科项目化作业（两周）★★★（选做）（创编）

【活动情境】

同学们，我们跟随美国作家马克·吐温的文字，通过"小艇"这个典型符号，领略到了威尼斯这座城市的动之灵、静之美。这艘小艇、这座水城一定给同学们留下了深刻的印象。请大家结合本单元主题"世界各地"，从下面的项目作业中自主选择一项或几项，也可以和同学合作完成，为"世界艺术展览会"选定展品，并做好充足准备！

项目作业一：探威尼斯古与今（选做）

"世界艺术展览会"的第一站是威尼斯。你要对前来参展的人们介绍威尼斯。想一想，可以从哪些方面进行介绍呢？请你搜集与威尼斯相关的资料，如历史背景、基本现状、历史价值、现实意义等，把资料来源记录下来，并选择你最感兴趣的方面进行资料整理，最终形成一篇对世界文化遗产威尼斯的介绍词，并进行讲解。

小贴士：可以独立完成，也可以和小组同学合作分工完成。注意合理规划时间。

项目作业二："博观约取"巧分享（选做）

在世界文化艺术长廊里，有很多让人们叹为观止的文物、建筑群、遗址，每处遗址后都藏着一段不为人知的故事。放眼世界，有静谧的荷兰农场，古老的埃及金字塔，神秘的宙斯神像，精致的古巴比伦空中花园等；聚焦中国，有雄伟壮观的万里长城，"世界第八奇迹"秦始皇兵马俑，绚烂的敦煌莫高窟，辉煌的故宫等。寰宇世界，精彩万分。请用你喜欢的方式了解一处世界文化遗产。

小贴士：呈现方式可以是研究报告、微视频、宣传小报、主题分享会等。

【跨学科项目化作业评价】

评价维度	评价项目	评价要求	自评	生评	师评
学习效果	资料搜集	☆能依据核心问题，有目的地搜集资料 ☆能把搜集的资料来源记录下来	☆☆	☆☆	☆☆
	资料整理	☆能依据核心内容，分类整理资料 ☆能有效筛选资料，剔除无关信息	☆☆	☆☆	☆☆

327

基于语文核心素养的大单元教学

续表

评价维度	评价项目	评价要求	自评	生评	师评
学习效果	资料撰写	☆能将整理的资料用自己的话写下来，或在引用时注明资料来源 ☆表达方式多元，有特点	☆☆	☆☆	☆☆
	展示交流	☆能使用语文学科的学习方式展示 ☆能使用多种学科的学习方式展示	☆☆	☆☆	☆☆
对自己说	我的收获： _____ _____				
对老师说	如下活动作业，我最喜欢： □探威尼斯古与今　□"博观约取"巧分享 我希望有如下形式或内容的作业： _____				

【设计者手记】

跨学科作业是对学习资源的一种重新整合，是将新课程理念转变为一种具体的可操作的教学举措。在完成跨学科作业过程中，不同内容和方法相互交叉、渗透和整合，从而提高学习效率，增强学生的语文实践能力。作为单元的长程作业，围绕"世界各地"，紧扣单元文本内容，从城市的典型符号、地域的核心特点等方面，引导学生走进世界各地。这一过程旨在激发学生自主学习和探究的欲望，鼓励学生综合运用信息、科学、美术、历史等多学科的知识和工具来解决问题，拓宽视野，加强审美体验。同时，跨学科作业与课时作业形成了有效互补，最终指向学生核心素养的发展。

(武汉市常青树实验学校　黄晔)

第四章 聚焦学习任务群的大单元作业设计与实施

"品文字妙趣　展想象奇美"：世界艺术主题之旅
——六年级上册第七单元大单元作业设计

一、大单元作业设计综述

(一)课标分析

2022年版课标"文学阅读与创意表达"学习任务群第三学段的学习内容是"阅读表现人与社会的优秀文学作品，走进广阔的文学艺术世界，学习品味作品语言、欣赏艺术形象，复述印象深刻的故事情节，积累多样的情感体验，学习联想与想象，尝试富有创意地表达"。这和本单元的人文主题、学习内容、学习目标是匹配的。我们明确了本单元学习任务群类型为"文学阅读与创意表达"，引导学生围绕"艺术之旅"这个主题，通过阅读文言文、传说故事、记叙文等文学作品，体会艺术的魅力，感受传统文化，品味语言、品读语言，帮助学生形成独特的个体体验，树立积极健康的人生价值观。同时，通过观察、思考、想象等方式，鼓励学生进行创造和表达，帮助并引导学生形成良好的核心素养。

2022年版课标中的"课程核心素养"更强调思维的开放、思路的融通、思想的打开，从"任务""情境""评价"等方面凸显思维的开放性。问题任务化，将作业变机械做题为任务驱动，变被动为主动；任务情境化，学生不再是单一地完成作业练习，而是带着一定情境任务，自主探究、多元实践，让真实、有意义的情境引发学生自觉融入，指向明确的语文素养目标；认知评价多元化，作业作为过程性评价的一部分，引导学生以俯视的眼光对作业进行反思，形成自己的评价。答案多元且丰富，使语文学习更具社会性意义，充分体现了素养立意的初衷，有利于学生独立思维的形成和人格的发展。

(二)教材分析

1. 单元主题

六年级上册第七单元以"艺术之美"为人文主题，以"借助语言文字展开想象，体会艺术之美；写自己的拿手好戏，把重点部分写具体"为语文要素，编排了文言文两则，课文《月光曲》《京剧趣谈》，以及习作、口语交际和语文园地。涉及的艺术形式有古琴、钢琴、绘画、书法、京剧，除了《月光曲》属于西方艺术，其他都是中国的传统艺术形式。特别是口语交际中"聊聊书法"这一内容，编排了王羲之的《兰亭集序》局部，引导学生欣赏与交流，感受书法魅力，这也与统编教材大力弘扬中华传统文化的

329

基于语文核心素养的大单元教学

目标高度契合。这些学习内容从不同角度折射出艺术的魅力，既有情趣，也有理趣，丰富多彩。

2. 语文要素

统编版教材从二年级到六年级10次提到了想象，可见想象在学生训练语言和思维提升中的重要作用。从二年级的"展开想象获得初步情感体验"到六年级"借助语言文字展开想象，感受艺术之美"，想象训练各有侧重，各有联结，也有梯度。

册序	单元	阅读训练要素
三上	第三单元	感受童话丰富的想象
三上	第四单元	一边读一边预测，顺着故事情节去猜想；学习预测的一些基本方法
三下	第一单元	一边读一边想象画面，体会优美生动的语句
三下	第五单元	走进想象的世界，感受想象的神奇
四上	第一单元	边读边想象画面，感受自然之美
四上	第四单元	感受神话中神奇的想象和鲜明的人物形象
六上	第一单元	感受课文中丰富的想象，深入理解内容
六上	第七单元	借助语言文字展开想象，体会艺术之美

教材从三年级下册开始对学生想象力的培养呈现螺旋递进式发展：从虚构文本童话作品的"想象"，过渡到通过文字想象现实生活的画面(例如自然之美)，再到穿梭于现实与虚幻之间的、无实体和实际画面的艺术之美的想象；从感受想象的丰富，到运用想象获得审美体验。随着学生认知能力、思维能力的发展，想象能力的培养有了深度上的递进。

本单元的习作要求是"写自己的拿手好戏，把重点部分写具体"。从教材习作的编排来看，三年级下册要求把事情的过程写清楚；四年级下册发展为按一定顺序把过程写清楚；本单元在五年级下册的基础上，围绕"自己的拿手好戏"这个话题把重点部分写具体。

(三)学情分析

本单元是统编版教材中"想象"难度系数最大的一个单元，它的"难"主要体现在两个方面：一是文本内容与学生的生活有一定的距离；二是学生相关的艺术知识

第四章　聚焦学习任务群的大单元作业设计与实施

背景、审美品鉴能力有可能不足，对艺术的迁移想象不容易实现。完成"语言文字"与"音乐声音"之间的转换，需要学生在语言运用中实现高阶思维能力（想象）的提升。

要想突破这个学习难点，一定要借助"画面"这一桥梁。学生边读文字，边在脑海中形成动态的、丰富的画面，充分调动听觉、视觉、触觉，从画面入手，结合自己的经验和知识来推测声音的特点和变化，体会其所蕴含的艺术之美。

习作中，要做到把重点部分写具体并不难，学生要更多思考的是如何围绕"自己的拿手好戏"这个话题来确定重点内容，以及如何从正反的角度、不同的方面，"一波三折"地把重点部分写出来。因此，在作业设计中，教师可以利用列提纲的方式，给学生搭建习作结构支架。通过作文评价表，学生可以围绕本单元的习作要素及时诊断习作问题，修改习作。

（四）大单元学习任务群活动作业整体框架

基于以上，将本单元学习内容结构化，统整为"'品文字妙趣，展想象奇美'世界艺术主题之旅"情境主题。在此主题下，设计六大学习任务，引导学生将阅读与表达紧密结合，将情感与语言相互融通，让整个单元的作业活动对应一个个学习活动，逐层推进，体现教学评一致性。具体任务设计如下：

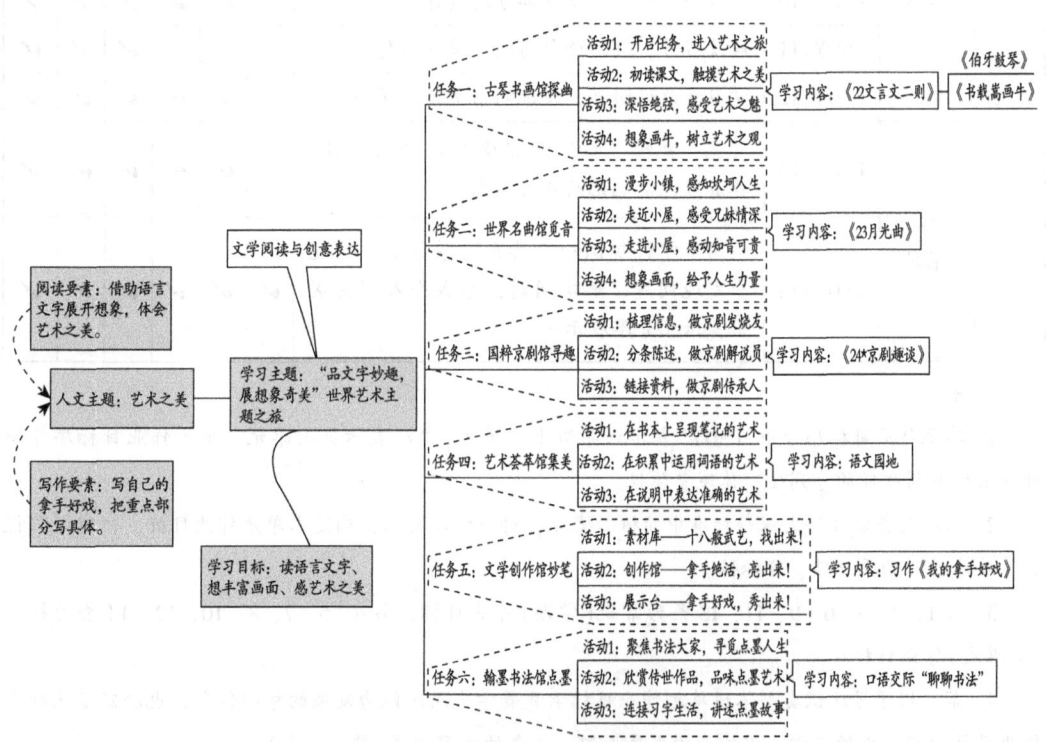

331

基于语文核心素养的大单元教学

核心素养	课程目标	序号	单元作业目标	学习认知层次					
				记忆	理解	应用	分析	评价	创新
文化自信 语言运用 思维能力 审美创造	识字与写字	LSDY701	语境中识记、运用已学的生字词	✔	✔	✔			
	阅读与鉴赏	LSDY702	正确、流利地朗读课文	✔					
		LSDY703	把握课文的主要内容	✔	✔				
		LSDY704	借助注释、课文插图等方式理解文言文		✔	✔			
		LSDY705	借助语言文字展开想象，并把自己看到的画面具体写下来，体会艺术之美		✔	✔	✔		
		LSDY706	积累背诵指定篇目	✔					
		LSDY707	了解、交流、积累、运用日常生活中与艺术有关的成语	✔	✔	✔			
	表达与交流	LSDY708	能用自己的话讲述文言文故事	✔	✔	✔	✔	✔	✔
		LSDY709	围绕话题展开交流，分点说明，有条理地表达	✔	✔	✔	✔	✔	✔
		LSDY710	学习列提纲，把重点部分写具体		✔	✔	✔	✔	✔
		LSDY711	修改习作，做到语句通顺，重点清楚				✔	✔	✔
		LSDY712	学习修改说明书，使说明书更清楚明白		✔	✔	✔	✔	
	梳理与探究	LSDY713	交流、梳理、归纳做课堂笔记的好办法，养成做课堂笔记的良好习惯		✔	✔	✔	✔	✔
		LSDY714	运用多学科知识和工具在跨学科项目研究中发现问题、解决问题，形成个人研究成果，乐于分享展示	✔	✔	✔	✔	✔	✔

说明：

1. 单元作业目标序号中"LSDY"表示六年级上册单元，"7"表示第七单元，单元作业目标序号使目标呈现教材年段的序列化，体现整体性。

2. 立足义务教育语文课程标准中的核心素养，对应学段要求，确定本单元作业目标，体现课程视域下单元作业的系统性、目标性。

3. 第1、2、3、6、9、11、13条为常规(学期)作业目标，第4、5、7、8、10、12、14条为核心(本单元)作业目标。

4. 布鲁姆学习认识类型体现单元作业目标承载着学生思维能力发展的核心任务，也决定了教师在作业设计中应该选择与学生思维能力发展匹配、适合的学习方式(作业形式)。

332

第四章　聚焦学习任务群的大单元作业设计与实施

二、大单元作业设计与评价

（一）单元前准备作业

【活动情境】

亲爱的同学们：

　　你们好，我是你们的学习伙伴——乐乐。进入第七单元的学习，我将和你们一起开启一段美好的艺术之旅。和我一起去穿越古今，感受中外艺术的魅力吧！出发前，请各位同学浏览本单元的学习内容，完成下面的"艺术之旅"参观路线图！

【学习任务】（创编）（主要对应单元作业目标 LSDY703、 LSDY714）

"品文字妙趣，展想象奇美"世界艺术主题之旅

333

基于语文核心素养的大单元教学

同学们，确定好主题，绘制了旅行参观路线图，接下来，你会选择怎样的方式完成本次艺术之旅呢？

_____

_____

_____

同学们，在艺术之旅中，我们一起穿越千年，听古琴名曲的知音故事，赏中国书画的精湛妙趣，叹国粹京剧的迷人魅力。我们还会在贝多芬的音乐中感受幸福……你最想了解、探究哪些场馆？对哪些学习活动最感兴趣？你还想在旅行中尝试怎样的学习活动？不妨设计一到两个吧！

【设计者手记】

单元前准备作业为学生进入单元学习活动创设了主题大情境——参观"艺术之旅"，将作业融入生活情境，易于激发学生自主探究的兴趣。通过参观"艺术场馆路线图"的形式，让学生将本单元的学习内容做一个整体梳理，对大单元学习有了初步感知，明确学习目标。同时，用"智慧袋"的方式鼓励学生自主设计喜欢的单元作业、学习活动，可以调动学生的学习经验，进行创新思维的培养，给予学生更大的自主空间，让作业成为学生乐于参与的学习活动之一。

334

（二）单元课时作业示例

文言文二则

【活动情境】

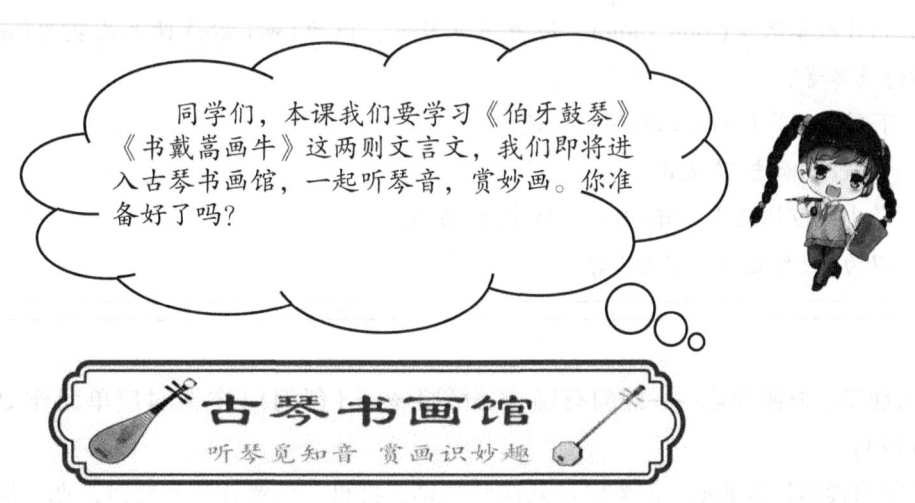

【课前预学】

	评 价 指 标	自检
同学们，课前 预学你收获了 几颗♥？	♥能做到书写工整、美观	♡♡♡♡
	♥能在合理的时间内完成作业	
	♥预习时，关注到易错的字词，正确识记	
	♥提出感兴趣的问题，搜集资料，尝试解决	

活动一：琴音流转——乐读琅琅（2分钟）★（创编）（主要对应单元作业目标LSDY701、LSDY702）

【学习提示】大声朗读课文《伯牙绝弦》《书戴嵩画牛》，读正确，读流利。读文言文时还要注意断句，读完后，完成下面的自检卡。

基于语文核心素养的大单元教学

基础部落自学检测卡

1. 给下面句子中的加点字选择正确的读音，画上"√"。

A. 善哉(zāi zān)乎鼓琴，巍(wēi wèi)巍乎若太山。

B. 一日曝(bào pù)书画，锦(jǐn jǐng)囊玉轴，众人爱之。

C. 伯牙破琴绝弦(xián xuán)，终身不复鼓琴，以为(wéi wèi)世无足复为(wéi wèi)鼓琴者。

2. 下列朗读节奏划分正确的一项是(　　)。

A. 方鼓琴/而志/在太山。

B. 蜀中/有/杜处士，好/书画，所宝/以百数。

C. 以为/世无足/复为/鼓琴者。

活动二：曲径探幽——好问有疑(5分钟)★★(创编)(主要对应单元作业目标LSDY713)

【学习提示】本单元我们要学习做课堂笔记，提出、记录自己的疑问，也是做笔记的方法之一！读了课文，我产生了这样的疑问：

_____

_____

我可以尝试用_____的方式解决疑问，没有解决的问题我会在上课的时候和同学、老师一起讨论。

活动三：弦外之音——善思搜集(8分钟)★★★(创编)(主要对应单元作业目标LSDY713)

【学习提示】《伯牙鼓琴》讲的是知音的传说，《书戴嵩画牛》描述了围绕唐代画家戴嵩《斗牛图》展开的有趣故事。读完后，你想了解哪些内容呢？古琴，《斗牛图》，还是伯牙、锺子期、戴嵩……请搜集相关资料，记录下来。

资料袋

336

第四章　聚焦学习任务群的大单元作业设计与实施

【设计者手记】

　　课前预学作业是为提升学生自主学习能力而设计的一项学习活动，从学生读的角度为课文的学习扫清字词障碍；从质疑提问、搜集资料的角度让学生带着经验走进文本、走近人物；在问题探究任务的驱动下，走进课堂。

　　课前预学作业也要结合单元的作业目标。例如，做课堂笔记是本单元语文园地交流平台中重要的学法指导，而本课作为单元第一课，在"好问善思"的作业中，可以引导学生提出并记录自己的疑问，这也是指导学生做笔记的方法之一。通过这种方式，学生可以主动发现问题，并通过查找资料解决问题。这里的作业设计体现了单元目标的整体性和一致性。

【课中助学】

	评价指标	自检
同学们，课中助学你收获了几颗♥？	♥能做到书写工整、美观	♡♡♡♡
	♥能在合理的时间内完成作业	
	♥能借助思维导图的方式背诵《伯牙鼓琴》	
	♥能借用思维导图的方式讲述《书戴嵩画牛》	

　　活动四：听琴觅知音(5—8分钟) ★★(创编)(主要对应单元作业目标 LSDY703、LSDY706)

　　【学习提示】请根据课文内容，补充下面的思维导图。

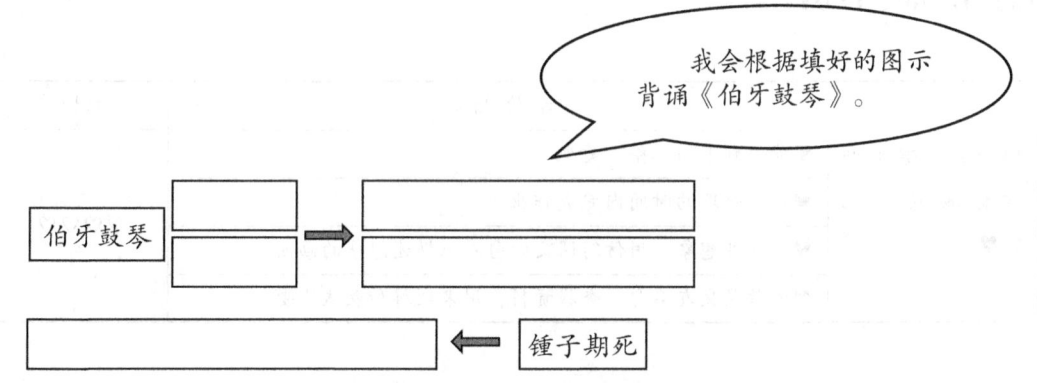

基于语文核心素养的大单元教学

活动五：赏画识妙趣(5—8分钟) ★★(创编)(主要对应单元作业目标 LSDY703、LSDY705、LSDY708)

【学习提示】借助思维导图，请你生动有趣地讲一讲《书戴嵩画牛》这个故事，讲给同学或家长听。

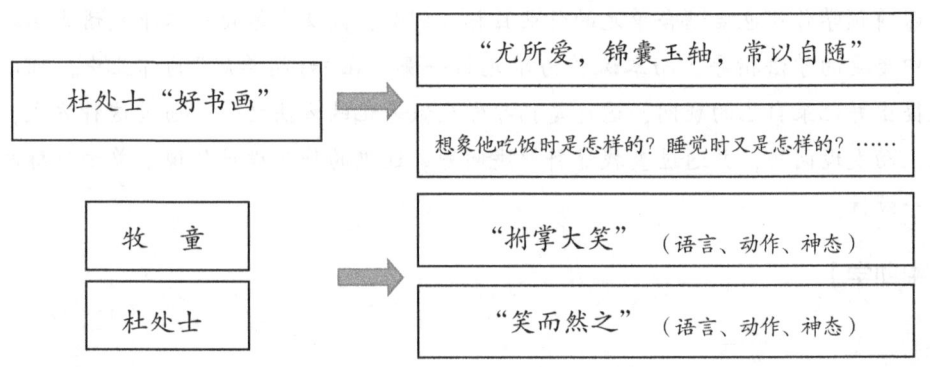

【设计者手记】

课中助学作业是课堂教学的重要补充，能够为诊断和改进核心教学目标的达成提供有力支持。结合本单元的语文要素"借助语言文字展开想象，体会艺术之美"，以及本课的作业目标，用思维导图的方式帮助学生在课堂上把握课文主要内容，为落实背诵、积累和创造性复述故事提供指导和支持，帮助学生习得方法，从而达成教学目标。

【课后研学】

活动六：高山流水觅知音(15—20分钟) ★★★(选编+改编)(主要对应单元作业目标 LSDY705、LSDY713)

	评价指标	自检
同学们，课中助学你收获了几颗♥？	♥能做到书写工整、美观	♡♡♡♡
	♥能在合理的时间内完成作业	
	♥能展开想象，用仿写课文的句式来描述想象的画面	
	♥能收集交友名句、查找资料，用来理解和表达感受	

伯牙鼓琴，锺子期听之。方鼓琴而志在太山，锺子期曰："善哉乎鼓琴，巍巍乎若太山。"少选之间而志在流水，锺子期又曰："善哉乎鼓琴，汤汤乎若流水。"锺子期死，

338

伯牙破琴绝弦，终身不复鼓琴，以为世无足复为鼓琴者。

1. 读了课文，我们仿佛看到了这样一幅画面：伯牙正在鼓琴，钟子期正在听。当伯牙鼓琴志在清风、志在明月、志在春雨……钟子期会怎样感叹呢？仿照文中的表达方式写一写。

方鼓琴而志在清风，钟子期曰："善哉乎鼓琴，＿＿＿＿＿＿＿＿＿＿。"

方鼓琴而志在明月，钟子期曰："善哉乎鼓琴，＿＿＿＿＿＿＿＿＿＿。"

方鼓琴而志在春雨，钟子期曰："善哉乎鼓琴，＿＿＿＿＿＿＿＿＿＿。"

方鼓琴而志在＿＿＿＿＿，钟子期曰："善哉乎鼓琴，＿＿＿＿＿＿＿＿＿＿。"

2. 结合教科书第104页的"资料袋"，完成下面的练习。

钟子期能从琴音中了解伯牙的心意，所以人们把真正了解自己的人叫作"＿＿＿＿＿"，用"高山流水"比喻＿＿＿＿＿＿＿或乐曲高妙。钟子期死后，伯牙"破琴绝弦，终身不复鼓琴"。从中我感受到＿＿＿＿＿＿＿＿＿＿＿＿＿＿＿＿＿＿＿＿＿

＿＿＿＿＿＿。（可以用上收集的交友名句来表达感受，例如：人生得一知己足矣，斯世当以同怀视之。）

3.《警世通言》中有《俞伯牙摔琴谢知音》的故事，以下是其中伯牙凭吊钟子期的一曲短歌，自己查找资料，试着理解。（选做）

忆昔去年春，江边曾会君。

今日重来访，不见知音人。

但见一抔土，惨然伤我心。

伤心伤心复伤心，不忍泪珠纷。

来欢去何苦，江畔起愁云。

子期子期兮，你我千金义。

历尽天涯无足语，此曲终兮不复弹，三尺瑶琴为君死！

4. 亲爱的同学们，古琴书画馆的行程即将结束，参观的过程中你有什么感受呢？可以结合搜集的资料，记录自己的思考与收获，这也是做课堂笔记的好办法！

基于语文核心素养的大单元教学

【课时作业评价】

评价维度	自己的鼓励	同学的鼓励	老师的鼓励
学习效果	□我能正确、熟练地运用会写的生字词 □我能正确、流利地背诵《伯牙鼓琴》 □我能用自己的话把《书戴嵩画牛》这个故事讲得生动有趣 □我学会了用仿写、积累名句、查找资料的方法理解"知音"的情感，能表达自己的感受 □我学会了做课堂笔记的一些方法	□能正确、流利地背诵《伯牙鼓琴》 □能用自己的话把《书戴嵩画牛》这个故事讲得生动有趣	□有良好的书写习惯、规范答题的习惯 作业完成质量 （□优□良□差） □及时、正确地订正作业
对自己说	●所获： ●所思：		
对老师说	●我喜欢的作业： □乐读琅琅　□好问有疑　□善思搜集　□方法基地　□阅读阵营 ●我希望的作业(形式或内容)：		

【设计者手记】

　　课后研学作业中的阅读阵营属于迁移拓展类作业。从理解体会课文中伯牙和锺子期二人"知音"的情感，到积累、运用交友名句表达自己对"知音"的感受，再到互文阅读"知音"的故事，最后，梳理总结所学所获，整个过程实现了从课内到课外的知识迁移，从语言积累运用到直觉思维、形象思维的发展，这正是本单元语文要素强调的"想象力"的培养，它直接影响着高阶思维创造力的培养与发挥。同时，在语言实践中，学生不断加深的审美体验，形成个人独特的感悟，进而逐渐产生对中国古琴文化、知音文化的理解与认同。

　　(三)单元综合性作业

　　"艺术奇妙游"跨学科项目化作业

　　(两周)★★★(选做)(创编)(主要对应单元作业目标 LSDY714)

【活动情境】

　　同学们，结束古琴书画馆的参观后，相信大家对中国传统音乐、书画一定留下了深

第四章　聚焦学习任务群的大单元作业设计与实施

刻的印象。请大家结合本单元主题"艺术之美"，在下面的项目作业中自主选择，可以和同学合作完成，编制一本有关古琴或者书画的研究书。

项目作业一：寻访千年古琴

作业小贴士：
● 围绕研究的项目提出有价值的问题；
● 围绕核心问题搜集资料，对资料进行整理；
● 可以独立完成，也可以和同学们合作分工完成；
● 合理规划时间。

北宋　赵佶《听琴图》　故宫博物院藏

1. 探琴史

《国家宝藏》曾经为我们展示了一把千年古琴，那就是现收藏于浙江省博物馆的"彩凤鸣岐"。作为中国最古老的乐器，古琴文化博大精深。你了解古琴的构造吗？古琴是怎样产生的？它经历了怎样的历史发展？是如何制作的？有哪些样式？和其他弦乐有哪些不同？

2. 读琴事

你一定听说过诸葛亮"于城上敌楼前，凭栏而坐，焚香操琴"，唱了一出"空城计"，吓退了司马懿大军的故事。四大名著中有不少和古琴有关的故事，感兴趣的同学可以整理一下，看看有什么发现。

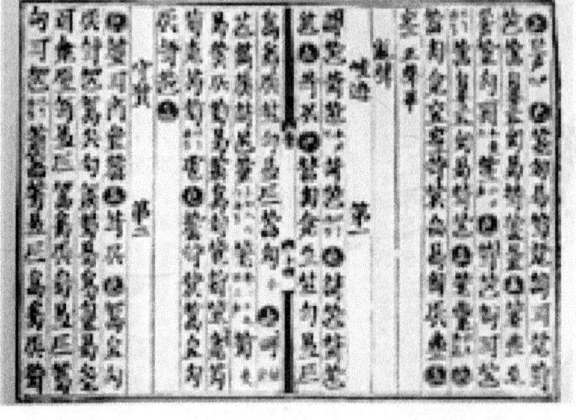

341

基于语文核心素养的大单元教学

3. 识琴谱

古琴的记谱方式很独特，叫作减字谱。这是谁创立的？有什么特点？你可以收集一些减字谱，和同学分享你的研究成果！

4. 赏琴曲

欣赏一首古琴名家演奏的名曲，用文字表达你所想象到的、感受到的画面。

5. 觅知音

作为武汉人，应该对汉阳钟家村、古琴台这些地名非常熟悉，这里面蕴含着浓浓的"知音文化"，请你将"知音文化"作为武汉的城市名片向全国、全世界进行推广。

呈现方式：研究报告、微视频、课本剧、主题宣传海报、主题分享会等。

项目作业二：趣聊中外名画存目(选做)

1. 镜头里的世界名画——列宾《伏尔加河上的纤夫》和《觉醒年代》中"南陈北李相约建党"镜头画面的比较欣赏；

2. 博物馆里的世界名画——为一幅中国画创作一个有趣的小剧本；

3. 美食里的世界名画——模仿名画做一道美食。

项目作业三："三希帖"的前世今生存目(选做)

1. 关于书法家——设计绘制关于"三王"（王羲之、王献之、王珣）的故事漫画系列；

2. 关于作品——制作个性化的作品推荐卡；

3. 关于收藏——"三希帖"的传奇历史小剧本(表演)；

4. 关于保存——书画收藏小妙招。

【跨学科项目化作业评价】

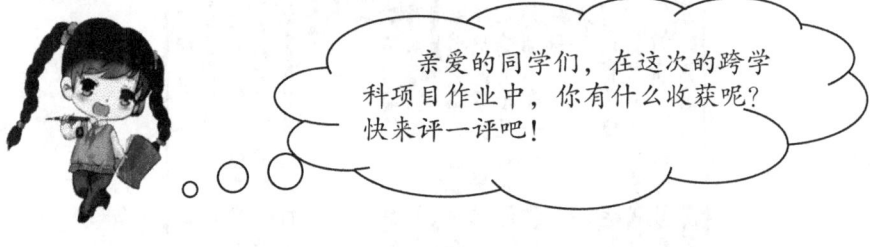

亲爱的同学们，在这次的跨学科项目作业中，你有什么收获呢？快来评一评吧！

342

评价维度	评价项目	评价要求	自评	生评	师评
学习效果	资料搜集	♥能围绕研究的项目提出有价值的问题吗？	♡	♡	♡ ♡
		♥能围绕核心问题搜集资料，对资料进行整理吗？	♡	♡	
	研究结论	♥能通过研究收获自己的观点成果吗？	♡	♡	♡ ♡
		♥能围绕观点提供具体合理的论据支持吗？	♡	♡	
	完成方式	♥能独立完成项目研究作业吗？	♡	♡	♡ ♡
		♥能和同学们合作分工完成项目研究作业吗？	♡	♡	
	展示交流	♥能使用语文学科的学习方式展示研究成果吗？	♡	♡	♡ ♡
		♥能使用多种学科的学习方式展示研究成果吗？	♡	♡	
对自己说	●所获： ●所思：				
对老师说	●我喜欢的作业： □寻访千年古琴 □趣聊中外名画 □"三希帖"的前世今生 ●我希望的作业(形式或内容)：				

【设计者手记】

这里的跨学科作业是单元的长程作业，围绕"艺术之美"，紧扣单元文本内容，从古琴、绘画、书法三个方面引导学生走进生活的真实情境，在情境中提出问题，激发学生自主探究的欲望，鼓励学生综合运用音乐、历史、美术、信息、科学、劳动等多学科的知识、工具来解决问题，拓宽艺术常识的边界，感受艺术的魅力。它与课时作业形成互补，实现了从语文学科逻辑最终走向生活逻辑，指向学生核心素养的发展，提升学生的综合实践能力。

值得说明的是，跨学科作业是根据学生学习的需要、单元内容的特点而设计的长程综合实践类作业，并非每课时作业的"必需品"，不论是大单元统整下的多学科融合的跨学科作业，还是学科内部的综合实践类作业，都指向了课程的育人功能。

(湖北省武昌实验小学　宋晨芳)

基于语文核心素养的大单元教学

（三）思辨性阅读与表达

探寻思维　辨出智慧
——五年级下册第六单元大单元作业设计

一、大单元作业设计综述

（一）课标分析

1. 思辨性阅读与表达的内涵解读

"思辨"就是辩证地思考，它始于质疑，回归于反思，是一个循环往复的过程。在这个过程中，好奇、质疑、批判、反思等是伴随思维过程的重要思维倾向，比较、分析、概括、推理是伴随思维过程的具体思维方法，思维倾向和思维方法不可分割，二者相辅相成，共同构成理性思维的主体。思辨性阅读与表达是《义务教育语文课程标准（2022年版）》（以下简称"2022年版课标"）提出的一个重要概念，思辨性阅读是以思辨为主要特征的阅读方式，是阅读主体对文本信息进行深入思考辨析并作出合理评判的阅读活动。

2. 思辨性阅读教学的价值解析与语文核心素养的联系

"思辨性阅读"几乎无所不在，因为有阅读就有思辨。它呼吁师生在阅读教学中，通过对课文的理解、分析、推理、质疑、判断、发现、反思等思维过程，深入地解读和阐释课文，从而提高学生的逻辑思维能力。思维是地球上最美丽的花朵，感性思维与理性思维是人类的两种重要思维形式。感性思维是运用经验和直觉进行思考与判断，理性思维是建立在证据和逻辑推理基础上的思维方式。2022年版课标十分重视培养学生的理性思维能力，在"总目标"中提出"初步掌握比较、分析、概括、推理等思维方法，辩证地思考问题"等要求，在"思辨性阅读与表达"学习任务群中提出"通过阅读、比较、推断、质疑、讨论等方式，梳理观点、事实与材料及其关系；辨析态度与立场，辨别是非、善恶、美丑"等要求。思辨性阅读教学的核心是阅读思辨，重在培养学生理性思维和理性精神。在众多的任务群中，"思辨性阅读与表达"属于提高性任务群。从字面上来看，本任务群针对的学习内容是思辨性阅读。思辨性阅读培养的是思辨性能力，它注重思维力，而语文核心素养的第二个方面便是思维能力。通过品读语言文字，感悟思维本质，注重提高思维的深度、广度以及创造力，从而提高学生的思辨能力，培养学生的批判精神和创新能力，这是提升语文课程核心素养的重要途径。

（二）教材分析

1. 单元主题

本单元的导语是"思维的火花跨越时空，照亮昨天、今天和明天"。这句话的关键

第四章　聚焦学习任务群的大单元作业设计与实施

词是"思维"，本单元以"思维的火花"为主题选编了三篇涉及古今中外的文章，分别是《自相矛盾》《田忌赛马》《跳水》。此外，还安排了想象类习作《神奇的探险之旅》，展现了思辨与智慧。编排本单元旨在引导学生树立结合实际思考问题的意识，知道根据具体情况选择恰当的解决问题的办法，并在学习课文的过程中，进一步培养学生对文章的整体把握能力和根据具体情况思考问题、解决问题的能力。

2. 语文要素

"思辨性阅读与表达"任务群以提升学生理性思维能力与水平，学会认知事物本质为目标，关注个体理性的阅读过程与体验。教学的关键在于引导学生通过对文本信息的分析、质疑、理性推理、多元解读，作出合理的价值判断。各单元的思维训练相互关联，有层次，有梯度。

册序	单元	阅读训练要素
一上	第六单元	认识逗号和句号，初步建立句子概念，读好长句子
一上	第八单元	找出课文中的明显信息，借助图画猜读不认识的生字
一下	第七单元	根据课文信息作简单推断，读出疑问句和祈使句的语气
二上	第五单元	初步体会课文讲述的道理
二上	第八单元	自主识字，自主阅读，借助提示，复述课文
二下	第五单元	能根据课文内容，谈谈简单的看法
三上	第八单元	学习带着问题默读，理解课文意思，学写一件简单的事
四上	第二单元	阅读时尝试从不同角度思考，提出自己的问题
四上	第八单元	了解故事情节，简要复述课文
四下	第二单元	阅读时能提出不懂的问题，并试着解决
五下	第六单元	了解人物的思维过程，加深对课文内容的理解
六上	第六单元	抓住关键句，把握文章的主要观点
六下	第五单元	体会文章是怎样用具体事例说明观点的，展开想象，写科幻故事

统编版教材语文要素中，关注思维训练的单元较多，从初步建立句子概念到提取课文主要信息，最终达成复述课文，体会文章是怎样用具体事例说明观点的。思维层层递进，呈螺旋式上升。

本单元以"思维的火花"为主题，编排了三篇课文，展现了思辨与智慧，意在引导学生树立结合实际思考问题的意识，知道要根据具体情况选择恰当的解决问题的办法。本单元的习作要求是"根据情境编故事，把事情发展变化的过程写具体"。习作主题是"神奇的探险之旅"，属于想象类习作。想象类作文是统编版教材中的重要习作内容，

345

基于语文核心素养的大单元教学

贯穿三年级至六年级，且难度和要求也逐渐提高，体现了从单纯关注故事到注意谋篇布局的转变。可见统编教材的想象作文，在强化整体性的同时又凸显阶段性。

(三)学情分析

2022版课标围绕发展学生思辨能力的总目标，对思辨性阅读与表达学习任务群提出了要求，其中第三学段相关内容提道：阅读哲人故事、寓言故事、成语故事等感受其中的智慧，学习其中的方法。五年级的学生正处于思维能力螺旋上升的关键期，他们已从直觉思维、形象思维，逐步转化为抽象思维，并具有一定的思维能力和思维品质。教学时应注意指导学生借助课文内容具体把握人物的思维过程，初步感受思维的缜密性。课堂上，教师应关注学生梳理的信息是否完整、推想是否合理，引导学生联系实际情形及故事的结局，找出能合理阐释人物思维过程的依据，促使学生在了解人物思维过程的同时，深化对课文内容的理解。

习作中，根据情境编故事，把事情发展变化的过程写具体，难点是把"遇险"的经过和"求生"的方法写具体，教师可进一步提示学生基于人物特点、环境条件等，想象在遇险之后会发生哪些事，依靠现有的装备和人员怎样脱离险境，从而丰富故事内容，推动情节的发展。

(四)大单元学习任务群活动作业整体框架

基于以上，将本单元学习内容结构化，统整为"'神奇的探险之旅'游戏发布会"情境主题，设计三大学习任务，引导学生将阅读与表达紧密结合，将情感与语言相互融通，让整个单元的作业活动对应一个个学习活动，逐层推进，体现教学评一致性。具体任务设计如下：

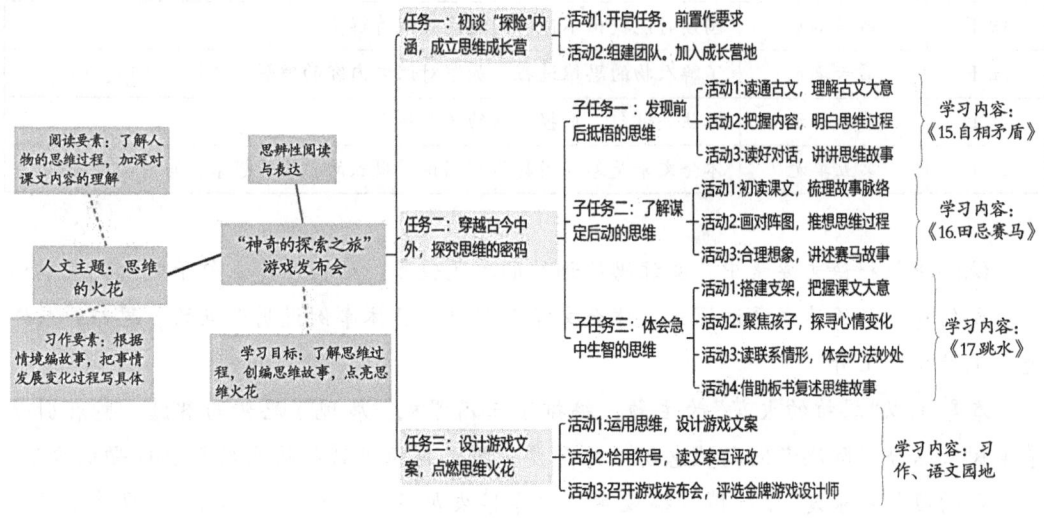

核心素养	课程目标	序号	单元作业目标	学习认知层次					
				记忆	理解	应用	分析	评价	创新
文化自信 语言运用 思维能力 审美创造	识字与写字	WXDY601	语境中识记、运用学过的生字词	✔	✔	✔			
	阅读与鉴赏	WXDY602	正确、流利地朗读课文	✔					
		WXDY603	把握课文的主要内容	✔	✔				
		WXDY604	了解文言文中的一些单音节词与现代汉语中的一些双音节词相对应的语文现象	✔	✔	✔	✔		
		WXDY605	了解课文中人物的思维过程	✔	✔	✔	✔		
		WXDY606	积累背诵指定篇目	✔	✔				
		WXDY607	初步了解古代对不同年龄段的别称	✔	✔				
	表达与交流	WXDY608	根据故事的起因、经过和结果，用自己的话讲述故事内容	✔	✔	✔	✔	✔	✔
		WXDY609	交流、总结课文中人物的思维过程，懂得要根据实际情况选择合适的解决问题的办法	✔	✔	✔	✔	✔	✔
		WXDY610	借助提示，按事情发展的顺序写一个探险故事		✔	✔	✔	✔	✔
		WXDY611	展开丰富的想象，把遇到的困境、求生的方法写具体			✔	✔	✔	✔
		WXDY612	仿照例句，写出自己关于时间很慢或时间很长的心理体验			✔	✔	✔	✔
		WXDY613	运用叶圣陶先生修改文章的方法修改作文	✔	✔	✔	✔	✔	✔
	梳理与探究	WXDY614	交流、梳理、归纳做课堂笔记的好办法，养成做课堂笔记的良好习惯		✔	✔	✔	✔	✔
		WXDY615	运用所学知识结合多学科知识和工具，独立思考分析，设计思维游戏文案，乐于分享展示	✔	✔	✔	✔	✔	✔

说明：

1. 单元作业目标序号中"WXDY"表示五年级下册单元，"6"表示第六单元，单元作业目标序号使目标呈现教材年段的序列化，体现整体性；

2. 立足义务教育语文课程标准中的核心素养，对应学段要求，确定本单元作业目标，体现课程视域下单元作业的系统性、目标性；

3. 第1、2、3、6、14条为常规(学期)作业目标，第4、5、7、8、9、10、11、12、13、15条为核心(本单元)作业目标；

4. 布鲁姆学习认识类型体现单元作业目标所承载的学生思维能力发展的核心任务，也决定了教师在作业设计中应该选择与学生思维能力发展匹配、适合的学习方式(作业形式)。

基于语文核心素养的大单元教学

二、大单元作业设计与评价

（一）单元前准备作业

【活动情境】

亲爱的同学们：

你们好！我是你们的学习伙伴——思思。最近，游戏公司要开发一款探险类游戏"神奇的探险之旅"，正在征集游戏文案。如果你的文案被选用，你将会被评为"金牌游戏设计师"。

【学习任务】（创编）

想成为"金牌游戏设计师"吗？快加入"思维成长营"吧！在这里，我们将穿越古今中外，探究思维的密码，锻炼提高思维能力，帮助我们更好地设计游戏文案。心动了吗？赶快填写报名表加入我们吧！

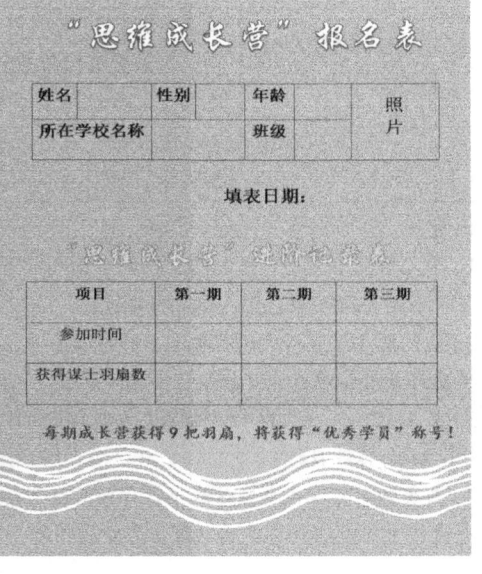

348

第四章 聚焦学习任务群的大单元作业设计与实施

【设计者手记】

本单元的作业，以征集"神奇的探险之旅"游戏文案为驱动任务，创设了"思维成长营"的学习情境，体现了作业的语文味、生活味、趣味性和挑战性。设计了"思维成长营进阶记录表"，以打卡记录的形式，让学生有更真实的学习体验。以本单元三篇精读课文为抓手，引导学生在情境中学习如何写好探险故事，成长为"金牌游戏设计师"。

(二)单元课时作业示例

田忌赛马

【活动情境】

> 亲爱的同学们，在本期思维成长营中，我们将穿越回群雄并起的战国时代，观看一次精彩的赛马比赛。我们即将乘坐时光机出发，你准备好了吗?

【课前预学单】

"思维成长营"第二期：了解谋定后动的思维

任务一：收拾行囊待出行

评价标准	等次	谋士羽扇数		
		自己评	同学评	老师评
①能完整流利地朗读课文三遍 ②能读准字音 ③能准确给字分类 ④能查找难懂词语的意思 ⑤能画出人物关系图，查阅资料了解孙膑	优秀 良好 合格			
我共获得(　　　)把谋士羽扇。				

349

基于语文核心素养的大单元教学

作业内容	难度	预计用时	对应单元学习目标
我们先一起整理行囊，梳理字词，做好出行准备吧！ 活动一：理课文字词（创编） 1. 我能完整流利地朗读课文三遍，难读的地方多读几遍。 2. 我能读准下列字音。 输赢（yíng yín）　　摩拳擦掌（quán cā　　chuán chā） 出谋划策（chè　cè）　引荐（jiàn　jìn） 3. 我能准确给下列字分类。 赢　拳　擦　策　荐 上下结构：_____ 左右结构：_____ 上中下结构：_____ 4. 我能写出下列词语的意思。 门客：_____ 赏识：_____	★	10分钟	WXDY601
活动二：明人物关系（创编） 画出人物关系图，查找资料了解孙膑。 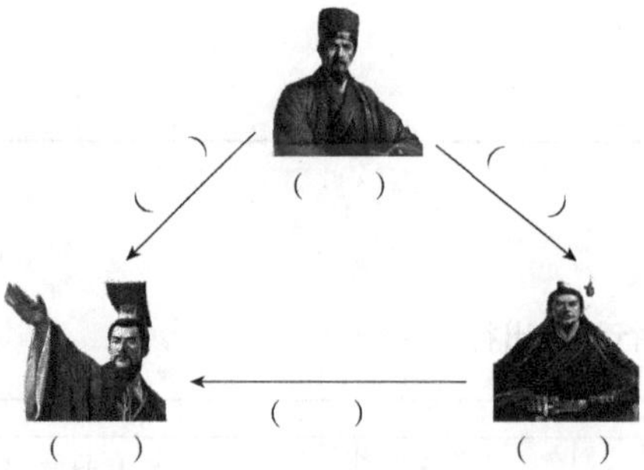 历史谋士名片 姓　　名：孙膑 生活年代：_____ 职　　业：_____ 主要作品：_____ 生平简介：_____ 	★	8分钟	WXDY605 WXDY609
活动三：论故事人物（创编） 你喜欢故事中的哪个人物？为什么？ _____ _____			

350

第四章　聚焦学习任务群的大单元作业设计与实施

【设计者手记】

　　课时前置作业主要是通过让学生课前自学，掌握相应的知识，其形式丰富多样。本课以课前预习单的形式呈现。此项作业属于基础巩固类作业。将识记字词放在课前，主要考查学生字词识记的能力。通过梳理人物关系，查阅孙膑资料，提升学生对课文学习的兴趣。

【课中研学单】

"思维成长营"第二期：了解谋定后动的思维

任务一：回到战国观赛马

评价标准	等次	谋士羽扇数		
		自己评	同学评	老师评
①能借助对阵图，推想孙膑制定计策的思维过程 ②能与同桌还原"出谋划策"的过程 ③能用自己的话，讲述田忌赛马的故事，得到 4 个"大拇指"	优秀 良好 合格			
我共获得(　　　)把谋士羽扇。				

作业内容	难度	预计用时	对应单元学习目标
我们穿越时空来到了战国时代，走进了齐国的赛马场。比赛战况如何呢？我们一起去看看！ 　　活动一：观赛马盛况。（改编） 　　1. 借助对阵图，推想孙膑制定计策的思维过程。	★★	10分钟	WXDY603

351

续表

作业内容	难度	预计用时	对应单元学习目标
我来推想孙膑制定计策的思维过程 认真观察 ┤（空白框）（空白框） 仔细分析推演布阵 　常规思路 　　齐威王　　田忌 　　上等马 → 上等马 　　中等马 → 中等马 　　下等马 → 下等马 　　结果：＿＿＿＿＿＿＿ 　孙膑思路： 　　齐威王　　田忌 　　上等马　　下等马 　　中等马　　上等马 　　下等马　　中等马 　　结果：＿＿＿＿＿＿＿ 2. 比赛的时候，孙膑把田忌叫到一旁，悄悄说了些什么呢？与同桌合作，情境模拟，还原"出谋划策"的过程。	★★	10分钟	WXDY603
活动二：谈故事精彩 田忌赛马的故事如此精彩，你已经用摄影机录下了全过程。请你模拟节目主持人现场直播，讲讲这个故事。(创编) | 顺序清楚	语言流畅	发挥想象	有创意 | |---|---|---|---| | 👍 | 👍 | 👍 | 👍 |	★★	10分钟	WXDY610

第四章 聚焦学习任务群的大单元作业设计与实施

【设计者手记】

在课堂教学中，教师可根据上课的具体情况，设计课堂导学单，将部分作业训练的任务放在课堂上，进行讲练结合。这样既可以提高上课效率，又能促使学生进行自主探究。结合本单元的语文要素"了解人物的思维过程，加深对课文内容的理解"，以及本课的作业目标，用对阵图的形式帮助学生推想孙膑制定计策的思维过程，通过"表演"这种表现性评价方式检验学生作业的学习成果。学生已充分理解课文内容，设计"小主持人"现场直播的方式，让学生以主持人的身份讲述故事，能锻炼学生复述故事的能力。

【课后研学单】

"思维成长营"第二期：了解谋定后动的思维

任务三：谈古论今拓思维

评价标准	等次	谋士羽扇数		
		自己评	同学评	老师评
①能完成拓展阅读 ②能坚持阅读课外书 ③能课下搜集谋略小故事，完成取圆片小游戏并获胜	优秀 良好 合格			
我共获得( )把谋士羽扇				

作业内容	难度	预计用时	对应单元学习目标
观看了田忌赛马的故事，我们一定意犹未尽！在本期成长营结束之际，思思给我们准备了一个学习大礼包，我们拆开来看看！ 	★ ★★	15分钟	WXDY615

353

基于语文核心素养的大单元教学

续表

作业内容	难度	预计用时	对应单元学习目标
活动一：拓展阅读（改编） **围魏救赵** 　　战国时期，魏国和赵国之间隔着一条漳河，魏国强大，赵国弱小，魏国早就想吞并赵国。这一年，魏国将军庞涓率领八万精兵出征赵国，一路所向披靡，势如破竹，很快就直抵赵国都城邯郸，把一个小小的邯郸城围得严严实实。 　　赵国危在旦夕。赵国国君一面竭力防卫，一面派人去齐国求救。齐国担心赵国灭亡后，魏国乘胜追击，将战火烧到齐国，决定出兵救赵国。 　　齐威王命田忌为主将，孙膑为军师，率大军出征。 　　田忌打算直奔邯郸，去解救赵国。 　　孙膑却连连摇头，对田忌说："不等我们赶到，邯郸就会失守，你这样做又有什么用呢？" 　　田忌说："你说该怎么办？" 　　孙膑胸有成竹地说："魏国集中全国的主力去打邯郸，自己的都城大梁却只剩下了一些老弱残兵，这不正是个大好机会吗？我们现在去救邯郸，会跟魏国主力硬拼，伤亡一定很大。倒不如乘虚而入，直取大梁。魏国主力必定会回师自救。我们在他们返回的路途做好准备，以逸待劳，岂不是稳操胜券！" 　　一番话说得田忌心服口服，他立即下令，大军直奔魏国而去。 　　为了麻痹庞涓，孙膑又故意派出两个无名将领，率一部分兵力去强攻魏国的襄陵。这一打，果然不出孙膑所料，齐兵在襄陵城下吃了个大败仗。消息传到庞涓那里，他很自得，心想田忌哪是自己的对手。 　　庞涓怎会料到，这一切都是孙膑设下的圈套。就在孙膑派兵佯攻襄陵的同时，齐军主力早已绕道直奔大梁而去了。 　　魏王发觉齐军已经逼近都城，急忙要庞涓快来保驾。庞涓得到命令，自然不敢怠慢，只好撤离邯郸，带领自己的部下日夜兼程，赶回魏国救援。 　　再说魏军这次攻赵，连续行军打仗，一直就没有好好休息过。现在一听说自己的国都被齐军包围，后院起火，一个个都乱了方寸，连兵器、粮草都顾不得多带，就一个劲儿地往回赶，人心惶惶，士气低落。 　　桂陵是通往魏国的交通要道，地势险要，易守难攻。孙膑就在这里布下天罗地网。魏军急急忙忙赶到桂陵时，早已是精疲力竭。 　　田忌见魏军进入了伏击圈，便命令齐军一齐杀出。魏军溃不成军。庞涓见大势已去，知道无力回天，只得率残兵败将落荒而逃。齐军大获全胜。 　　　　　　——改编自《史记》卷六十五《孙子吴起列传》	★ ★★	15分钟	WXDY615

354

第四章 聚焦学习任务群的大单元作业设计与实施 🌿

续表

作业内容	难度	预计用时	对应单元学习目标
1. 仔细阅读短文，用两种不同颜色的笔画一画魏国和齐国的行军路线图。 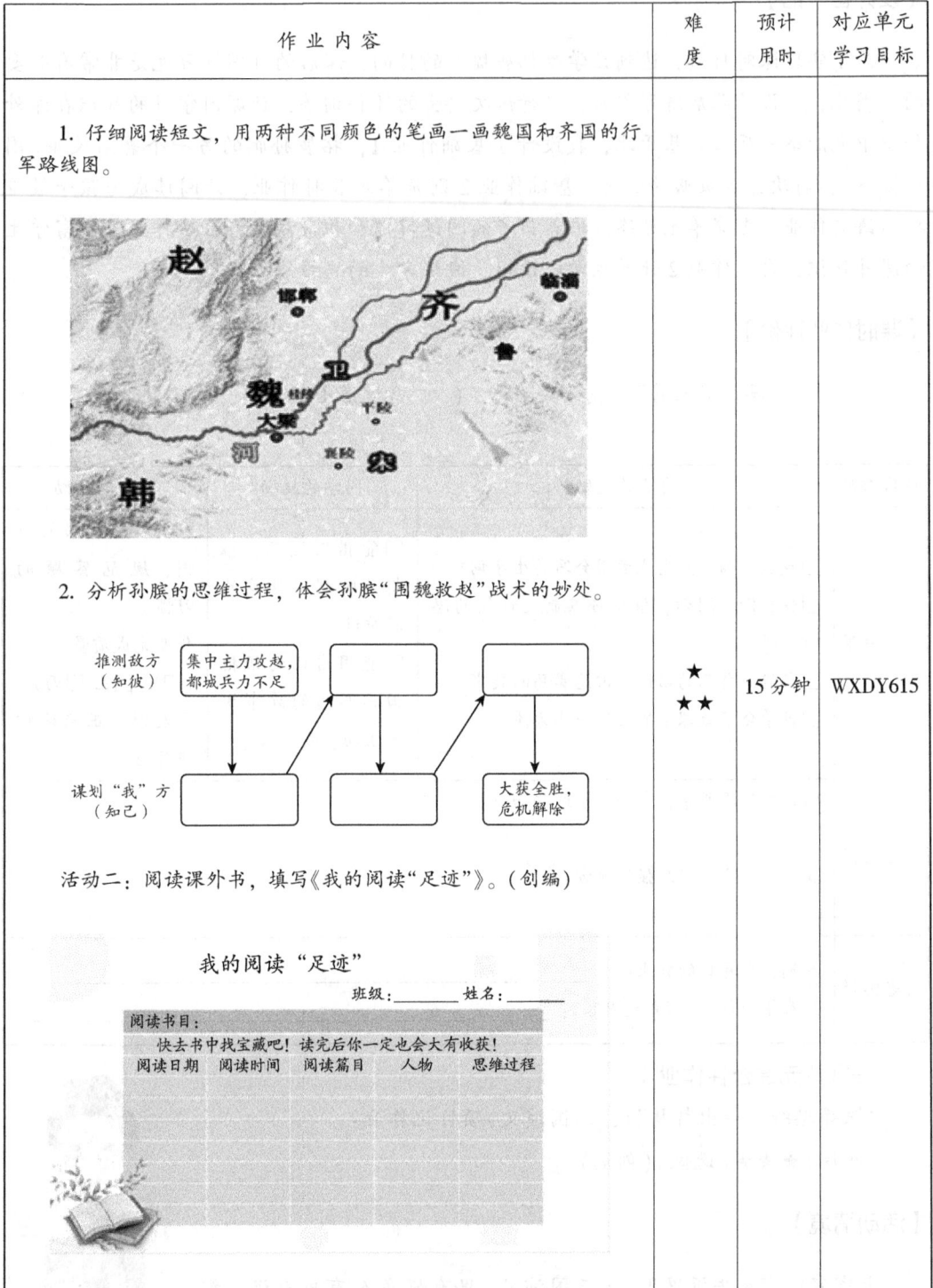 2. 分析孙膑的思维过程，体会孙膑"围魏救赵"战术的妙处。 活动二：阅读课外书，填写《我的阅读"足迹"》。（创编）	★ ★★	15分钟	WXDY615

355

基于语文核心素养的大单元教学

【设计者手记】

为了实现课时目标，达到让学生拓展提升的目的，课后的巩固练习也是非常有必要的。因此，在设计课后练习单时，进行语文要素的迁移训练，让课内学习的知识在课外知识中也能举一反三。基于此，我设计了基础作业1，拓展孙膑的另一个著名故事《围魏救赵》，再次体会策略的运用。基础作业2则是单元长时作业，让阅读成为孩子最重要的语文作业，贯穿单元始终，培养孩子的阅读习惯和积累意识。自选作业1丰富学生的课外知识，自选作业2让学生学以致用，锻炼学生的思维能力。

【课时作业评价】

经过本期"思维成长营"，我一共获得了(　　　)把谋士羽毛扇，被评为(　　　　　　)。

评价维度	自己的鼓励	同学的鼓励	老师的鼓励
学习效果	□我能正确、熟悉地运用会写的生字词 □我能借助图示，推想孙膑制定计策的思维过程 □我能用自己的话讲述田忌赛马的故事 □我学会了做课堂笔记的一些方法	□能借助图示，推想孙膑制定计策的思维过程 □能用自己的话把田忌赛马的故事讲得生动、吸引人	□有良好的书写习惯、规范答题的习惯 作业完成质量 (□甲 □乙 □丙) □及时、正确地订正作业
对自己说	回顾本节课所学，我知道了这些知识： 我还有这些可以加强的地方：		
对老师说	本期，我喜欢的作业：＿＿＿＿＿＿＿＿＿＿＿＿ 我希望的作业(形式或内容)：＿＿＿＿＿＿＿＿＿＿		

(三)单元综合性作业

"探寻思维　辩出智慧"读《三国演义》项目化作业：

(四周)★★★(选做)(创编)

【活动情境】

大家好！有人告诉思思，《三国演义》里有好多人有勇有谋，智慧非凡，特别是诸葛亮，我真是太佩服他了！现在我们来到三国时

期,诸葛亮刚刚结束了一场战斗,"借"回了许多箭,我们去看看吧!

项目作业一:"草船借箭"新闻发布会

1. "草船借箭"是我国古典名著《三国演义》中赤壁之战的经典故事。"草船借箭"之后,作为大会主办方的你,该如何开好新闻发布会呢?快看看下面的思路吧!

2. 读经典,谈感受——读《三国演义》中讲述"草船借箭"的部分,谈谈自己的阅读感受。

3. 理思路,作筹备——利用作战计划,用自己喜欢的方式梳理草船借箭的过程,并想一想,如何介绍这次发布会,吸引记者参加呢?

4. 早预备,显智慧——假如你是记者,想要采访诸葛亮(鲁肃、周瑜、曹操),了解人物的思维过程,你会分别提什么问题?假如你是发言人(诸葛亮、鲁肃、周瑜、曹操),你会如何发言展现人物的思维过程?请记录下提问或发言提纲。

5. 创情境,实演练——按照提问或者发言的提纲,演一演新闻发布会的情境,感受人物的思维过程。

项目作业二:三国战争风云榜(选做)

1. 说一说你喜欢的一场战役(官渡之战、赤壁之战、夷陵之战)。

2. 制作战争风云卡,罗列地点、主帅、军师、结果。

3. 说一说战争胜利原因和人物的思维过程。

作业小贴士:
1. 制定阅读计划,边读边做批注;
2. 围绕核心问题搜集资料,并进行整理;
3. 聚焦人物故事,感受思维过程;
4. 可以独立完成,也可以合作完成。

项目作业三:三国英雄人物展(选做)

1. 选出你心目中的三国英雄,为其制作名片。

2. 讲一讲最能体现这位英雄气概的故事。

3. 为你的英雄写一段颁奖词。

【整本书阅读项目化作业评价】

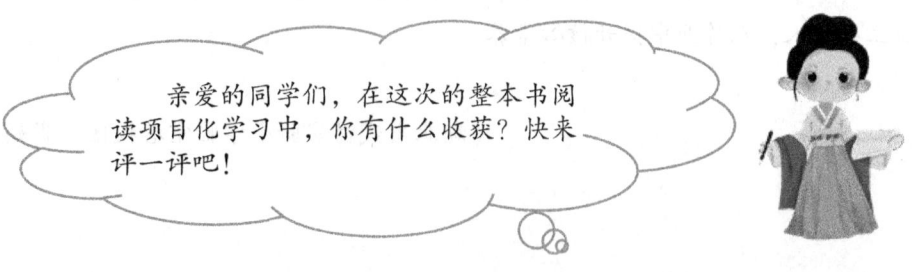

亲爱的同学们,在这次的整本书阅读项目化学习中,你有什么收获?快来评一评吧!

基于语文核心素养的大单元教学

评价维度	评价项目	评价要求	自评	生评	师评
学习效果	制订计划	能合理制订阅读计划，并按计划完成通读任务吗？	🐚	🐚	🐚
	研读主题	能根据项目化学习内容确定研读主题吗？	🐚	🐚	🐚
	适当批注	能结合人物特点、感兴趣的故事情节进行适当批注吗？	🐚	🐚	🐚
	展示成果	能在项目活动中形成成果，进行展示吗？	🐚	🐚	🐚
对自己说	所获： 所思：				
对老师说	我喜欢的作业： □"草船借箭"新闻发布会□三国战争风云榜□三国英雄人物展 我希望的作业(形式或内容)：				

【设计者手记】

三国鼎立，智谋比拼，三国时代是一个英雄辈出的时代。这里的整本书阅读是单元的长程作业，围绕"思维的火花"，紧扣单元要素文本内容，设计同学们比较熟悉的"草船借箭"的情境，激发他们对人物的智慧的崇拜之情，提升阅读兴趣。为了完成项目学习，学生需要根据自选项目，制订阅读计划，通读全文(或经典文段)，搜集资料，锁定智慧人物，思考推断其思维过程，进行适当批注，还要形成成果。

其实，这不仅仅是整本书阅读的项目化学习，同时也是跨学科学习。学生在完成项目化学习的过程中，有语文的"写一写"，有美术的"画一画"，有艺术的"演一演"，从风向与大雾中学习科学知识，从三大战役中领略历史之美……从语文学科走向多学科融合，从单篇课文走向整本书阅读，从个人智慧走向英雄时代，从书本走向生活，在课程中彰显立德树人，在作业中提升核心素养。

(湖北省武昌实验小学临空港校区　肖娟)

第四章　聚焦学习任务群的大单元作业设计与实施

（四）整本书阅读

褒贬劝讽皆故事　听说读写悟人生
——三年级下册第二单元《中国寓言故事》整本书阅读作业设计

一、大单元作业设计综述

（一）课标分析（核心素养）

《义务教育语文课程标准（2022 年版）》针对"整本书阅读"的价值定位指出："本学习任务群旨在引导学生在语文实践活动中，根据阅读目的和兴趣选择合适的图书，制订阅读计划，综合运用多种方法阅读整本书；借助多种方式分享阅读心得，交流研讨阅读中的问题，积累整本书阅读经验，养成良好阅读习惯，提高整体认知能力，丰富精神世界。学习任务群第二学段学习内容中，"尝试发现奥秘，表达观点与思考，表达故事的道理"与三年级下册第二单元的人文主题、学习内容相符，因此我们构建了以"褒贬劝讽皆故事　听说读写悟人生"为主题的"整本书阅读"学习任务群，引导学生围绕"寓言"这一主题，读寓言故事，了解故事的主要情节，领悟小故事中蕴含的大道理。

（二）教材分析

三年级下册第二单元以"寓言"为人文主题，以"读寓言故事，明白其中道理"为语文要素，编排了《守株待兔》《陶罐和铁罐》《鹿角和鹿腿》《池子与河流》以及习作和语文园地。其中《守株待兔》是一篇耳熟能详的寓言故事，出自《中国古代寓言》一书。通过揭示寓言道理，引起学生的阅读兴趣，从而指向整本书的阅读。《中国古代寓言》是统编版语文三年级下册推荐的必读书目。这本书精选了 80 篇左右中国古代寓言故事，这些寓言故事均由相应的文言文改写成现代文。故事篇幅短小，却形象鲜明，兼具趣味性和教育意义。多数故事用成语作题目，成语本身往往揭示了故事的主要内容。与《伊索寓言》不同，《中国古代寓言》中有的故事在结尾点明了道理，有的则没有点明，需要读者自己去体会。整本书阅读目标是让学生产生阅读兴趣，了解故事内容，体会寓言故事中的道理，初步掌握整本书阅读方法，并联系生活中的人和事深入理解，感受阅读的乐趣，学习其中蕴含的中华智慧。

学段	阅读书籍类型	阅读要求
第一学段 （1—2 年级）	富有童趣的图画书等浅易的读物	体会读书的快乐
	阅读、朗诵优秀的儿歌集	感受儿歌的韵味和童趣
	自己喜欢的童话书	想象故事中的画面，学习讲述书中的故事

359

基于语文核心素养的大单元教学

续表

学段	阅读书籍类型	阅读要求
第二学段 (3—4年级)	表现英雄模范事迹的图书	讲述英雄模范动人故事
	儿童文学名著	感受作品传达的真善美,用自己喜欢的方式讲述故事大意
	中国古今寓言、中国神话传说等	学习其中蕴含的中华智慧,口头或书面分享自己获得的启示
第三学段 (5—6年级)	反映革命传统的作品	讲述自己感受到的家国情怀和爱国精神
	文学、科普、科幻等方面的优秀作品	学习梳理作品的基本内容,针对作品中感兴趣的话题展开交流
		梳理、反思小学阶段的阅读生活,运用口头或书面方式,与同学分享自己整本书阅读的经历、体会和阅读的方法

(三)学情分析

从一年级到现在,学生已从课本中学过不少寓言故事,如《刻舟求剑》《亡羊补牢》等,还从课外读物、影视作品中了解了一些寓言故事,他们对寓言故事有一定的感性认识。但对大部分学生来说,完整、有条理地讲故事,并说出其中的道理仍有一定的难度,尤其是将故事中的人和生活中的人和事相联系,这需要进一步引导和训练。在阅读方面,学生很难坚持看完一本书,阅读习惯有待加强。三年级学生目前掌握的阅读方法较为有限,阅读理解能力还需要进一步提升,同时阅读速度也较为缓慢。

(四)学习任务群活动作业整体框架

情境主题	任务	任务目标	活动内容	活动方式
"寓言大王"争霸赛	阅读与鉴赏——循序渐进"阅读大王"	①通过学习计划样例,了解制订计划的基本意义和方法 ②试着制订计划,将整本书阅读任务合理安排 ③通过交流互赏,不断完善计划,使制订的计划更科学,更高效 ④借助计划完成整本书的阅读任务 ⑤通过有效的整本阅读,能回忆出书中印象深刻的情节,并用画笔试着画一画	①"预则立"计划达人 ②"识长短"借鉴达人 ③"品情节"绘画达人	制订阅读计划、讲精彩情节、画寓言画面

360

第四章　聚焦学习任务群的大单元作业设计与实施

续表

情境主题	任务	任务目标	活动内容	活动方式
"寓言大王"争霸赛	梳理与探究——津津有味"理解大王"	①通过看图猜成语，看词猜成语，看句子猜成语等丰富的阅读活动，增强阅读兴趣，检验阅读的进度与效果 ②通过"猜猜猜"的活动，加强小伙伴间的阅读交流，提高阅读效率 ③联系生活实际，使阅读指导生活与成长，领会小故事中的大道理	①寓言猜猜猜 ②生活悟悟悟	猜寓言故事、悟生活道理
	表达与交流——有模有样"表演大王"	①开展推荐会活动，学生分享自己喜爱的故事，锻炼思维与表达能力，加深对寓言的理解与感受 ②开展小剧场活动，以表演的形式表现故事内涵，提高综合表达能力，培养和小伙伴的团队合作精神，加深对寓言的感受 ③开展辩论赛活动，全方位、多角度看待寓言故事，选择恰当的材料支撑自己的观点，同时尊重他人的观点，对不同的看法给予积极的回应	①寓言推荐会 ②寓言小剧场 ③寓言辩论赛	推荐书籍、演寓言故事、辩论赛

二、整本书阅读作业设计与评价(跨学科项目作业设计与评价)

【活动情境】

这天，乐乐正捧着一本《中国古代寓言》津津有味地读着，小敏正好走过，不屑一顾地说："这本书我早就看完了。"乐乐听了不服气，两人为谁更懂寓言故事争得不可开交。正巧，大队部组织一年一度的"寓言大王"争霸赛。同学们，快拿起书本，一起参加比赛吧！

任务一　阅读与鉴赏——循序渐进"阅读大王"

活动一："预则立"计划达人

《中国古代寓言》一书精选了80篇经典寓言。学生利用课余时间完成整本书阅读，大概需要2个月的时间。为此，我们制定了一个阅读进度安排表，学生根据个人阅读习惯确定每天读书的时间，坚持阅读，以完成整本书阅读。考虑到学生的年龄特点和语文

361

基于语文核心素养的大单元教学

学习基础，我们推荐每天阅读30分钟。

1. 制订整本书阅读进度安排表

小朋友们，请翻开第一个故事，对着时钟，开始读一读吧！读完后再看看时钟，记录下你花了多长时间哦！（   ）翻开目录有多少个故事？（   ）

2. 出示阅读计划表

《中国古代寓言》阅读计划表

阅读时限	月　　日至　　月　　日(共　　天)		
阅读时间	页码	故事名称	满意度自评
月　　日			
月　　日			
月　　日			

出示阅读计划表，思考：你看懂了什么？自己的阅读计划又该怎样做呢？与同桌交流，制订属于你的阅读计划吧！

活动二："识长短"借鉴达人

阅读小锦囊：同学们，制订阅读计划表不仅要考虑整本书篇目的平均分配，还要考虑故事寓意理解的时长。如果寓意比较难理解，当天看的故事篇目可以少一些；如果寓意很好理解，当天看的篇目就可多一些。每天都要对自己的阅读情况进行记录和自评，这样才能保证自己的阅读进度和阅读质量！

1. 同学们，看看下面的安排表，你对计划肯定有新的想法，试着调整一下你的计划。

阅读之旅	阅读内容	建议阅读时长
第一站	《爱钱如命》《扁鹊说病》《百发百中》《杯弓蛇影》《鹬蚌相争》《伯乐识骥》	一周(每天_____分钟)
第二站	《鲍君神》《唇亡齿寒》《吹管的猎人》《此地无银三百两》《爱驴》《暗室》	一周(每天_____分钟)
第三站	《长竿入城》《楚王葬马》《大王降祸》《打草惊蛇》《得过且过》《对牛弹琴》《古琴高价》《高山流水觅知音》	一周(每天_____分钟)
第四站	《割肉相啖》《公输刻凤》《猴子捞月》《好酒被捉》《后羿射箭》《狐假虎威》《汉阴丈人》《画龙点睛》	一周(每天_____分钟)

362

第四章　聚焦学习任务群的大单元作业设计与实施

续表

阅读之旅	阅 读 内 容	建议阅读时长
第五站	《画蛇添足》《邯郸学步》《河豚鱼》《井底之蛙》《季子投师》《惊弓之鸟》《嗟来之食》《纪昌学射箭》	一周(每天＿＿＿＿分钟)
第六站	《夸父追日》《空中楼阁》《两个和尚》《滥竽充数》《鲁人造酒》《假人》《两个母亲和老虎》	一周(每天＿＿＿＿分钟)

2. 和小伙伴交换计划看一看，将你的计划调整得更科学、更有效。

活动三："品情节"绘画达人

1. 在阅读过程中，你一定有印象特别深刻的情节，请把它讲给小伙伴听一听。

2. 精彩的情节不仅可以讲述，还可以通过画面呈现出来！从你读过的故事中，选取一个你认为最精彩、最喜欢的部分，画出阅读过程中你脑海中的画面。

你选择的段落	画出脑海中的画面

【作业评价】

评 价 指 标	评价(1—5分)
1. 制订完整的计划，坚持阅读打卡	☆ ☆ ☆ ☆ ☆
2. 学习搜集资料和归纳读寓言故事的方法	☆ ☆ ☆ ☆ ☆
3. 故事较为清晰完整	☆ ☆ ☆ ☆ ☆
4. 能将印象深刻的情节有趣地讲述出来(选做)	☆ ☆ ☆ ☆ ☆
5. 画面能体现基本故事情节	☆ ☆ ☆ ☆ ☆
6. 画面优美，色彩艳丽(选做)	☆ ☆ ☆ ☆ ☆

363

基于语文核心素养的大单元教学

【设计者手记】

阅读计划有助于学生建立良好的阅读习惯和学习习惯，激发阅读兴趣，促进学生认真阅读，拓宽学生知识面，增强学习能力和思维能力，提高学习效率。它还可以作为一种正常的学习规律，提高学生树立秩序的能力。到现在，学生已从课本中学过不少寓言故事，如《刻舟求剑》《亡羊补牢》等，还从课外读物、影视作品中了解了一些寓言故事，他们对寓言故事有了一定的感性认识。但对大部分学生来说，能完整、有条理地梳理故事情节并表达其中的道理还颇有难度。寓言故事符合学生的认知特点。学生喜欢用形象和感性的方式来理解和表达事物。品情节这一环节正好结合了这一点，用生动有趣的故事来包裹抽象、深刻的道理，让学生在读故事的同时，也能拓宽想象，展开绘画。

🌱 任务二 梳理与探究——津津有味"理解大王"

活动一：寓言猜猜猜(猜图、猜词、猜句子)

1. 看图猜猜猜

2. 看词猜猜猜

关键词1	关键词2	关键词3	寓 言
演奏	吹竽	南郭先生	《滥竽充数》
珍珠	盒子	还	《买椟还珠》

续表

关键词1	关键词2	关键词3	寓　　言
马			《老马识途》《二人相马》《心不在马》《马价十倍》《塞翁失马》《伯乐识马》《千金市骨》《按图索骥》……
变通			《郑人乘凉》《刻舟求剑》《郑人买履》《长竿入城》《按图索骥》《表水涉澭》……

3. 读句猜猜猜

(1)"宁可相信尺码，也不相信自己的脚。"出自＿＿＿＿＿＿＿＿＿＿＿＿＿。

(2)"自己丢了一件黑衣服，就要扒下别人的衣服。"出自＿＿＿＿＿＿＿＿＿＿。

(3)"做事要把握正确的方向，如果方向错误，即便有再多便利的条件也无济于事。"出自＿＿＿＿＿＿＿＿＿＿＿＿＿＿＿＿＿＿＿＿＿＿＿＿＿。

(4)"比喻不必要的，没有根据的担忧。"出自＿＿＿＿＿＿＿＿＿＿＿＿。

(5)"比喻生活中的好事和坏事都不是绝对的，在一定条件下，坏事有可能引出好结果，好事也有可能会带来坏隐患。"出自＿＿＿＿＿＿＿＿＿＿＿＿＿＿＿。

(6)寓言＿＿＿＿＿＿告诉我们不能只看到事物的一部分，而应看全局，只有了解事物的全面情况，才能作出正确的判断。

(7)教育孩子要讲诚信的寓言故事是＿＿＿＿＿＿＿＿＿＿＿＿＿＿＿。

(8)讽刺那些虚有其表、没有真才实学的人的寓言故事是＿＿＿＿＿＿＿＿。

活动二：生活悟悟悟

1. 这则(些)寓言或寓言中的道理，让你想到了生活中的哪些人和事？

＿＿＿＿＿＿＿＿＿＿＿＿＿＿＿＿＿＿＿＿＿＿＿＿＿＿＿＿＿＿＿＿＿＿＿

＿＿＿＿＿＿＿＿＿＿＿＿＿＿＿＿＿＿＿＿＿＿＿＿＿＿＿＿＿＿＿＿＿＿＿

＿＿＿＿＿＿＿＿＿＿＿＿＿＿＿＿＿＿＿＿＿＿＿＿＿＿＿＿＿＿＿＿＿＿＿

2. 由这一篇文章，你还想到了哪些阅读过的文章？

阅读中的发现	
人物	
出处	
情节(关键词)	

基于语文核心素养的大单元教学

【作业评价】

评 价 指 标	评价(1—5分)
1. 看插图猜出寓言故事	☆ ☆ ☆ ☆ ☆
2. 根据关键词猜出寓言故事	☆ ☆ ☆ ☆ ☆
3. 归纳与联想，讲故事大概内容记忆完整	☆ ☆ ☆ ☆ ☆
4. 能将寓言故事有序归类	☆ ☆ ☆ ☆ ☆
5. 联系的生活实际是否切合主题	☆ ☆ ☆ ☆ ☆
6. 表格填写是否完整	☆ ☆ ☆ ☆ ☆
7. 表达与想象	☆ ☆ ☆ ☆ ☆

【设计者手记】

　　根据图片猜测寓言故事能加深学生的记忆，考验学生寓言阅读的广度；联系生活中的人和事能帮助我们更深刻地理解寓意。寓言就是这样一个小怪兽，当它朝你走来时，分明是一个故事，生动活泼；而当它转身走开的时候，却突然变成了一个哲理，意味深长。

🌱 任务三　表达与交流——有模有样"表演大王"

活动一：寓言推荐会

　　《中国古代寓言》好看、好读、好画、好玩！这么有意思，又能告诉我们这么多道理，真是一本值得看的好书！邻居家的小妹妹不爱看书，她周末来找你玩，你正在看这

366

本书，怎么向小妹妹推荐这本书呢？

学生活动：

1. 同桌相互说一说，注意把理由说清楚。

2. 全班交流。

活动二：寓言小剧场

孩子们，寓言故事大多有鲜活的人物形象和完整的故事内容，我们可以通过表演再现故事内容，演出对故事的理解。课前同学们自由组合排练一个喜欢的故事，课上演给大家看一看。

学生活动：

1. 学生表演。

2. 学生对寓言的完整性，演员的神情、动作、语言以及表演的编排等方面进行评价。

3. 学生投票。颁发"最佳剧组""最佳导演""最佳编剧""最佳演员"等奖项。

活动三：寓言辩论赛

同学们对《愚公移山》的故事已经很熟悉了。你觉得故事中的愚公是应该"搬家"，还是应该"移山"呢？将班级分为四小组并展开辩论赛。

正方：移山

反方：搬家

我选择(   )方。理由如下：

(1)_____

(2)_____

【**作业评价**】

评 价 指 标	评价等级(1—5分)
1. 能完整表达故事	☆ ☆ ☆ ☆ ☆
2. 演员的神情、动作	☆ ☆ ☆ ☆ ☆
3. 表达是否流利	☆ ☆ ☆ ☆ ☆
4. 故事编排是否生动	☆ ☆ ☆ ☆ ☆
5. 不违背常识	☆ ☆ ☆ ☆ ☆
6. 辩论者的神情、态度	☆ ☆ ☆ ☆ ☆
7. 论据有说服力	☆ ☆ ☆ ☆ ☆
8. 有感染力，号召力	☆ ☆ ☆ ☆ ☆

基于语文核心素养的大单元教学

【设计者手记】

学生经过一段时间的阅读之后，对一本书会产生自己的阅读体验，期待与他人分享，或者有疑问需要跟大家探讨。寓言推荐会主要就是为学生搭建一个读后交流的平台。在小剧场中，学生表演故事，能鉴别故事情节，感受故事内涵，表达故事情感，对故事每个细节产生深刻的记忆，在不断学习的过程中，学生的记忆能力会得到增强与提高。参加辩论赛可以提高学生逻辑思维能力。辩论注重前后逻辑一致和表述层次分明，还能开发思维，让学生明白寓言道理的由来，从中学到更多的知识。

(武汉市江汉区武汉关小学　万琦)

畅游童话世界　体会人物形象
——四年级下册第八单元《安徒生童话》整本书阅读作业设计

一、大单元作业设计综述

(一)课标分析(核心素养)

《义务教育语文课程标准(2022年版)》针对"整本书阅读"的价值定位指出："本学习任务群旨在引导学生在语文实践活动中，根据阅读目的和兴趣选择合适的图书，制订阅读计划，综合运用多种方法阅读整本书；借助多种方式分享阅读心得，交流研讨阅读中的问题，积累整本书阅读经验，养成良好阅读习惯，提高整体认知能力，丰富精神世界。"学习任务群第二学段内容中的"感受作品传达的真善美，用自己喜欢的方式讲述故事大意"和四年级下册第八单元的人文主题、学习内容相符，因此我们构建了以"畅游童话世界　体会人物形象"为主题的"整本书阅读"学习任务群。学生通过阅读童话故事，把握故事的主要内容，展开奇妙的想象，体会鲜明的人物形象。

(二)教材分析

1. 主题分析

四年级下册第八单元以"中外经典童话"为人文主题，以"感受童话的奇妙，体会人物真善美的形象；按自己的想法新编故事"为语文要素，编排了《宝葫芦的秘密》《巨人的花园》《海的女儿》以及习作和语文园地。其中《海的女儿》是一篇耳熟能详的童话故事，出自《安徒生童话》一书。教材的课文中摘录了童话的开头部分，通过对海底世界奇妙景物和人物行为的细致描写，引起学生的阅读兴趣，从而指向整本书的阅读。

368

第四章 聚焦学习任务群的大单元作业设计与实施

《安徒生童话》是丹麦作家安徒生创作的童话集，已经被译为 150 多种语言出版发行。本次整本书阅读的作业设计，我们选择的是与教材配套的人民文学出版社发行的《安徒生童话》。整本书一共有 23 篇童话故事，这些童话故事有着深厚的现实基础，同时充满了浓厚的浪漫主义气息和美丽的想象。有的表现了安徒生对社会现象的深刻观察和分析，对社会阴暗面的揭露和批判，同时也有不少的篇章表现出他对人们高尚品质的歌颂。

2. 目标分析

统编版教材在小学的各个学段都涉及整本书阅读的学习内容，并根据每个年龄段学生的特点，提出了明确的学习建议和目标。

统编版教材 1—6 年级整本书阅读训练要素的编排如下表所示：

学段	阅读书籍类型	阅读要求
第一学段 (1—2 年级)	富有童趣的图画书等浅易的读物	体会读书的快乐
	阅读、朗诵优秀的儿歌集	感受儿歌的韵味和童趣
	自己喜欢的童话书	想象故事中的画面，学习讲述书中的故事
第二学段 (3—4 年级)	表现英雄模范事迹的图书	讲述英雄模范动人故事
	儿童文学名著	感受作品传达的真善美，用自己喜欢的方式讲述故事大意
	中国古今寓言、中国神话传说等	学习其中蕴含的中华智慧，口头或书面分享自己获得的启示
第三学段 (5—6 年级)	反映革命传统的作品	讲述自己感受到的家国情怀和爱国精神
	文学、科普、科幻等方面的优秀作品	学习梳理作品的基本内容，针对作品中感兴趣的话题展开交流
		梳理、反思小学阶段的阅读生活，运用口头或书面方式，与同学分享自己整本书阅读的经历、体会和阅读的方法

(三) 学情分析

四年级的学生已经学习了根据图书封面、目录等信息了解图书基本内容的方法，能够灵活采用浏览、略读、精读等多种不同的阅读策略去读书。但是，现阶段很多学生更倾向于碎片化、简短化的阅读，面对一整本书的时候，他们往往难以坚持读完。学生容易被精彩的故事情节吸引，忽略对人物形象的解读。针对这些问题，我们采用制定阅读进度安排表的形式，了解学生的阅读情况，提醒学生坚持阅读。通过图文结合的方式，

369

基于语文核心素养的大单元教学

输出人物形象，走进故事本身，成为书中人，体会人物身上的真善美。

（四）学习任务群活动作业整体框架

情境主题	学习任务	任务目标	活动内容	活动方式
"安徒生童话世界"奇妙游	任务一：阅读与鉴赏——初步了解书本，制订读书计划	①查阅课外书籍，利用网络，了解《安徒生童话》的作者和写作背景； ②借助书本封面目录，知晓整本书的结构和童话故事内容； ③制订合理的阅读计划，按照计划完成整本书阅读的任务	活动一："我是小小阅读者"——爱读书 活动二："我是时间管理师"——制计划	查阅课外书、网络搜索、自主阅读、制订阅读计划
"安徒生童话世界"奇妙游	任务二：梳理与探究——走进童话故事，感受奇妙世界	①通过语言、动作、环境等细节描写，分析人物形象； ②关注童话故事中的不同角色的命运和喜怒哀乐，用适当的语气配音，突出人物的个性特点； ③借助思维导图，梳理童话内容，并进行合理续编，表达内心美好愿望	活动一："我是童话小编辑"——做手账； 活动二："我是童话书中人"——趣配音； 活动三："我是童话小作家"——巧续编	做手账、为童话人物配音、续编童话故事
	任务三：表达与交流——面向爱阅读者，推荐童话故事	①结合个人阅读感受，用文字或者口头表达的方式，向他人推荐书籍； ②灵活运用现代化技术，用小视频、美篇等创意方式，向他人推荐书籍	活动："我是图书推荐官"——乐推荐	写推荐词、讲精彩故事内容、视频展示

二、整本书阅读作业设计与评价

【活动情境】

在遥远的森林深处，住着一只美丽善良的小精灵。一天清晨，小精灵挥舞着魔法棒，带着她最喜欢的魔法书《安徒生童话》来到了你的窗前。当你睁开朦胧的睡眼，刹那间，一束耀眼的光照亮了你的世界，于是你走进了安徒生童话。你会遇到哪些有趣的童话人物，他们之间又会发生怎样神奇的故事呢？让我们满怀期待，来一场说走就走的"安徒生童话世界"奇妙游吧！

370

第四章　聚焦学习任务群的大单元作业设计与实施

任务一　阅读与鉴赏——初步了解书本，制定读书计划。（创编，20分钟）

活动一："我是小小阅读者"——会读书

亲爱的同学：

你好！小精灵选择你成为她的小伙伴，欢迎你和她一起走进这本神奇的魔法书，来到安徒生的童话世界！出发前，请你查阅书籍或网络资料，完成下面的阅读资料卡，初步了解作者安徒生和他的作品吧！

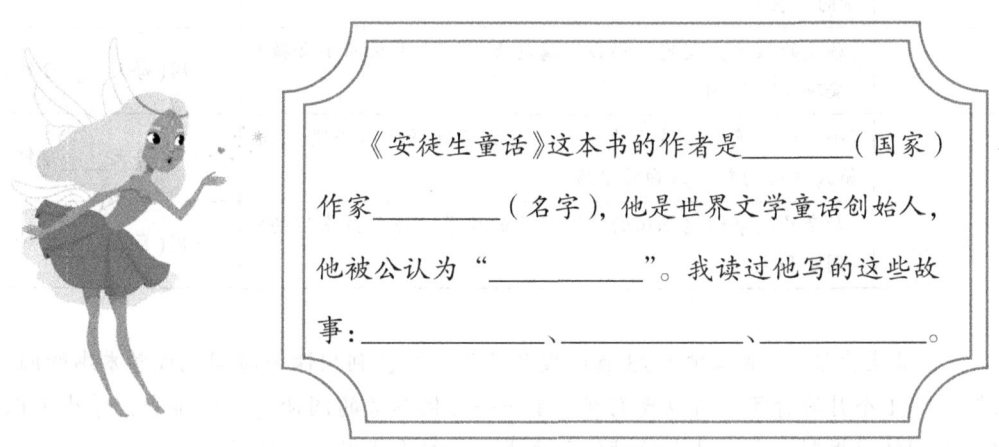

《安徒生童话》这本书的作者是_____（国家）作家_____（名字），他是世界文学童话创始人，他被公认为"_____"。我读过他写的这些故事：_____、_____、_____。

读一读图书的封面、目录和导读，你是不是对《安徒生童话》这本书有了更多的了解？下面这些图片中的角色分别出自《安徒生童话》中的哪个故事呢？请把故事的名字写在下面对应的横线上。

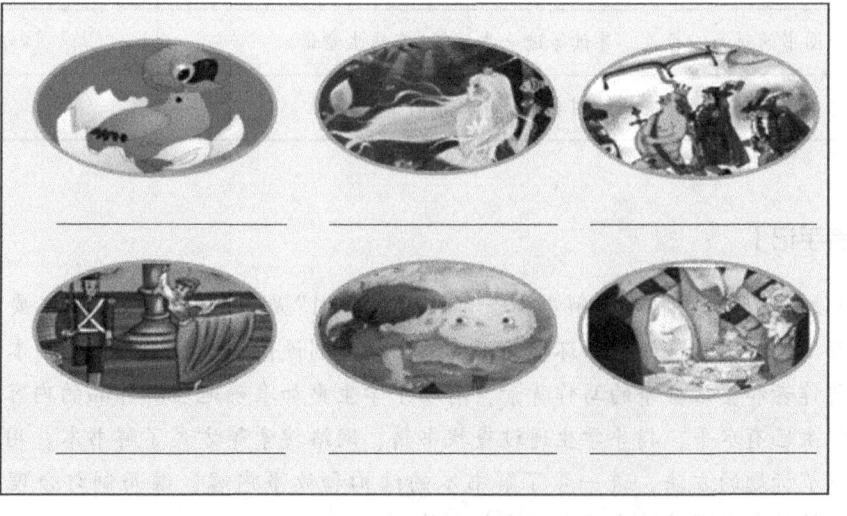

371

基于语文核心素养的大单元教学

活动二："我是时间管理师"——制计划

亲爱的同学，在前期的努力下，你和小精灵已经对安徒生的童话世界有了初步的了解！为了在这里交到更多童话里的朋友，我们需要制订一个合理的童话世界畅游计划——一份完整的阅读安排计划表，按照计划进行阅读打卡。

阅读之旅	阅读内容	阅读时长 （建议每日 30 分钟）
第一站	《丑小鸭》《拇指姑娘》《野天鹅》《豌豆上的公主》《夜莺》《皇帝的新装》	一周（每天＿＿＿分钟）
第二站	《顽皮的孩子》《坚定的锡兵》《海的女儿》《卖火柴的小女孩》《安琪儿》《雏菊》	一周（每天＿＿＿分钟）
第三站	《小意达的花儿》《最后的珠子》《老头子做事总不会错》《飞箱》《幸运的鞋套》《白雪皇后》	一周（每天＿＿＿分钟）
第四站	《母亲的故事》《老栎树的梦》《沙丘的故事》《谁是最幸运的》《园丁和主人》	一周（每天＿＿＿分钟）

《安徒生童话》一书编排了 23 篇经典的童话故事，利用课余时间完成整本书的阅读，大概需要 1 个月的时间。所以我们制订了一个可供参考的阅读进度安排表，学生可以根据个人阅读习惯制定每天读书的时间和方式，坚持完成整本书阅读。

【作业评价】

评价指标	评价
①能通过书籍、网络查找资料，初步了解安徒生和《安徒生童话》	🐚 🐚 🐚
②能结合图书的封面、目录、导读等进一步了解《安徒生童话》	🐚 🐚 🐚
③能独立制订完整的阅读安排计划表并坚持阅读打卡	🐚 🐚 🐚

【设计者手记】

"阅读与鉴赏——初步了解书本，制订读书计划"是为初步了解书籍主要内容而设计的学习活动。用常见的童话环境和可爱的小精灵创设情境，拉近学生与书本的距离。

了解作者和童话故事的写作背景，有助于学生更加准确地理解作品的内容。活动设计根据学生已有水平，指导学生通过查找书籍、网络搜索等方式了解书本。用浏览书本目录和章节标题的方法，进一步了解书本的结构和故事内容，继而制订合理的阅读计划，为后续整本书阅读的实施做好准备工作。

第四章 聚焦学习任务群的大单元作业设计与实施

任务二 梳理与探究——走进童话故事，感受奇妙世界

活动一："我是童话小编辑"——做手账

这一段时间的旅途中，我们认识了许多童话故事里的人物，交到了不少的好朋友。这些童话人物生活的环境，他们的一言一行，让你有着怎样的感受？在阅读的过程中，你最喜欢童话世界中的哪一位朋友呢？你从他身上看到了怎样美好的品质？

请认真读一读你喜欢的角色，理清关于他/她的故事情节，提取关键信息，用图文并茂的手账来写一写、画一画，为他/她做一份精美的人物手账吧。

《坚定的锡兵》

《海的女儿》

《丑小鸭》

【作业评价】

评 价 指 标	评价
①能根据语言、动作、环境等细节描写，感受人物的真善美	🐚 🐚 🐚
②能抓住关键词句，结合故事的内容制作手账，突出人物个性	🐚 🐚 🐚

活动二："我是童话书中人"——趣配音

读童话故事，品故事人生。童话带给我们无限的想象空间，让我们拥有了一个奇幻的世界。《安徒生童话》中哪个故事最能打动你？试着和朋友一起成立一个童话故事配音小组，选择你们最喜欢的故事桥段，收集合适的配音音乐，并整理好每个小组成员的台词，合理分配角色，完成一次人物配音秀吧！

组员	角色	个性	台词
组员1	角色1	乐观开朗	……
组员2	角色2	多愁善感	……
组员3	组员3	温柔善良	……

基于语文核心素养的大单元教学

续表

组员	角色	个性	台词
组员4	组员4	凶狠狡猾	……
……	……	……	……

《野天鹅》

《老栎树的梦》

《园丁和主人》

【作业评价】

评价指标	评价
①小组分工明确，能够收集合适的配音音乐，台词分配合理	🐚 🐚 🐚
②根据角色个性的不同，用语气、语调的变化突出人物的特点	🐚 🐚 🐚
③配音演员大方自然，配音有感染力，让人感同身受	🐚 🐚 🐚

活动三："我是童话小作家"——巧续编

本次童话世界之旅即将结束，相信这段旅程会给你和小精灵留下十分美好的回忆。通过这段时间的探索，你一定对《安徒生童话》中的人物有了更深刻的了解，对他们的喜怒哀乐更能感同身受。他们的故事没有结束，请选择自己喜欢的故事，发挥想象，运用思维导图梳理故事情节，试着继续编写童话故事新篇章。

《卖火柴的小女孩》

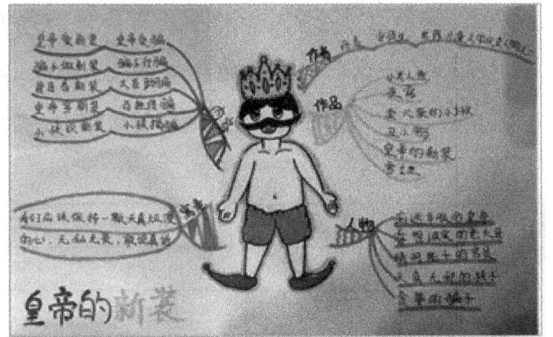
《皇帝的新装》

374

第四章 聚焦学习任务群的大单元作业设计与实施

【作业评价】

评 价 指 标	评价
①能用思维导图梳理故事情节，发现童话的特点	🐚🐚🐚
②能抓住人物个性特点，尝试合理地续编童话	🐚🐚🐚
③能从合理性、创造性等方面对续编童话进行恰当的评价	🐚🐚🐚

【设计者手记】

"梳理与探究——走进童话故事，感受奇妙世界"通过组织有趣的语文实践活动，让学生在活动中积极思考，学会合作。结合原有故事特点，发挥想象，将自己的感受融于合理的创作中。

我们将课堂学习延伸到课外自主学习，引导学生在文字中感受丰富的人物形象和优美的文学语言，关心作品中美好的人物品质，走进不同的人物内心，探索每一个角色存在的意义。运用手账、配音、思维导图等多种方法梳理故事内容，理清童话故事的特点，继而续编故事，表达学生内心美好的愿望。

任务三 表达与交流——面向爱阅读者，推荐童话故事

活动："我是图书推荐官"——乐推荐

亲爱的同学，一段奇妙的旅程，让我们结识了许多可爱的朋友：坚定勇敢的锡兵、奋勇直前的艾丽莎、愚昧滑稽的皇帝……相信这段旅程一定给你带来了许多美好和快乐。你愿意把这些朋友介绍给更多的人，让他们也收获这份快乐吗？选择自己擅长的方式，试着将《安徒生童话》推荐给身边的人吧！

1. 试着为你最喜欢的故事或者整本书写一段推荐词，制作成推荐卡片，把它推荐给你的朋友。

推荐卡示例1　　　　　　　推荐卡示例2　　　　　　　推荐卡示例3

375

基于语文核心素养的大单元教学

2. 尝试通过精彩片段展示、故事内容概述等方法，向身边的人推荐《安徒生童话精选》。（选做）

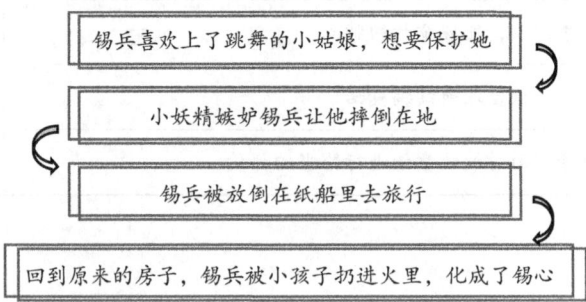

3. 运用信息化技术，拍摄一段小视频或者制作美篇来推荐这本书。（选做）

舞台剧《白雪公主》

和小伙伴策划一场舞台剧，演一演童话故事，并拍摄下来，让身边的人通过小视频了解《安徒生童话》里的故事。

【作业评价】

评价指标	评价
①能写合适的推荐词，制作图书推荐卡，将故事推荐给他人	🐚🐚🐚
②能概括故事内容，或选取精彩片段，向他人推荐书籍	🐚🐚🐚
③熟练运用信息技术手段，用独特的创意向他人推荐书籍	🐚🐚🐚

【设计者手记】

"表达与交流——面向爱阅读者，推荐童话故事"是为提升学生表达能力、增强表达信心而设计的学习活动。学生在理解童话故事内容的基础上，灵活运用其他学科知识，清楚明白地讲述见闻，表达自己的感受和想法。

第四章 聚焦学习任务群的大单元作业设计与实施

深刻的故事内涵、精彩的故事情节，都是学生在整本书阅读时比较容易抓住的点。写推荐词、概括故事内容，用书面或口头的方式与人交流沟通，培养学生良好的表达习惯。同时，我们也鼓励学生合理地运用现代化方式，让语文学习从书本走向日常生活，以促进学生语文核心素养的提升，丰富学生的精神世界。让学生在阅读的过程中发现文字之美，在实践的经历中感受色彩之美，在表达的呈现中品味心灵之美。

（武汉市江汉区武汉关小学　王倩倩）

（五）跨学科学习

"难忘小学生活"：毕业时光之旅
——六年级下册第六单元大单元作业设计

一、大单元作业设计综述

（一）课标分析

2022 年版课标"跨学科学习"任务群旨在引导学生在语文实践活动中，联结课堂内外、学校内外，拓宽语文学习和运用领域；围绕学科学习和社会生活中有意义的话题，开展阅读、梳理、探究、交流等活动，在综合运用多学科知识发现问题、分析问题、解决问题的过程中，提高语言文字运用能力。其中第三学段的内容包括"综合运用语文、道德与法治、科学、劳动等多方面的知识和技能，通过小组研讨，集体策划、设计参观考察活动方案，运用跨媒介形式分享研学成果"。

语文的跨学科学习要立足于语文学科特点，打破学科壁垒，使学生在多学科探究过程中不断积淀语文核心素养，实现语文学习能力与跨学科综合素养的"双增长"。

（二）教材分析

1. 单元主题

六年级下册第六单元是以"难忘小学生活"为主题的综合性学习单元，共有"回忆往事"和"依依惜别"两个板块。两个板块之间紧密联系，层层递进。"回忆往事"的主题活动重在一个"忆"字，主要是引导学生回顾、梳理、交流小学生活，选取有代表性的内容与同学分享，制作一本具有特殊意义的成长纪念册，珍藏难忘的成长记忆。"依依惜别"主题活动重在一个"别"字，主要引导学生在毕业之际，全员参与毕业联欢会，通过写毕业赠言、开展联欢、写信等活动，为自己的小学生活画上圆满的句号。

2. 语文要素

377

基于语文核心素养的大单元教学

本单元的语文要素"运用学过的方法整理资料"，是对之前学过的方法进行巩固运用。中年段安排了收集并记录资料、合作整理资料的学习，五年级进一步安排学习了根据需要收集资料，以及分类整理资料的方法。本单元在此基础上，引导学生综合运用上述已学方法，根据自己的需要收集、筛选和分类整理资料。教材用"填写时间轴""分享难忘回忆""制作成长纪念册"的活动及阅读材料《如何制作成长纪念册》，指导学生有选择地分类筛选和整理小学六年间的成长资料，帮助学生在实践中具体操作、练习，发展整理资料与使用资料的能力。

册次单元	活动主题	语文要素
三下第三单元	中华传统文化	收集传统节日的资料，交流节日的风俗习惯，写一写过节的过程。
四下第三单元	轻扣诗歌大门	根据需要收集资料，初步学习整理资料的方法。 合作编小诗集，举办诗歌诵会。
五下第三单元	遨游汉字王国	学习搜集资料的基本方法。 学写简单的研究报告。
六下第四单元	奋斗的历程	合作制作红色诗词集。 选择合适的材料和方式进行表达。
六下第六单元	难忘小学生活	运用学过的方法整理资料。 策划简单的校园活动，学写策划书。

本次综合性学习活动的主要任务是"策划简单的校园活动，学写策划书"。"策划"这个关键词在跨学科学习任务群中多次出现，是跨学科学习要培养的重要能力之一。这一内容在第一学段未有涉及，第二学段要求学生能参加简单的活动策划、组织工作。第三学段要求学生在参与策划的基础上，要与同学合作撰写活动计划、实施方案、活动总结。可见，2022 年版课标对学生的策划能力的要求在跨学科学习中呈现逐级上升的特点。教材安排了"举办毕业联欢会"的活动，为学生提供了策划平台，以进一步培养学生计划、组织、协调和实施活动的能力。

(三)学情分析

这个单元与学生的生活联系紧密，学生进入这个单元的学习时，即将告别生活六年的小学校园，开始新的学习生活。在即将毕业的时候，开展一系列有意义的活动，可以让学生在珍藏记忆、表达情感、祝福未来的同时，综合运用语文知识和技能，促进语文素养的发展。

所以，在作业设计中可以创设真实情境，学生综合运用多学科知识进行真实的活

第四章 聚焦学习任务群的大单元作业设计与实施

动，表达真实情感，呈现真实的毕业成果。资料的获取和整理、同学间的沟通和交流、团队合作、写作等都在一系列充满意义的活动中真实地发生。与此同时，学生在真实情境中学语文、用语文，并运用多学科知识解决实际问题的能力也会得到提升。

（四）大单元学习任务群活动作业整体框架

基于以上，笔者将本单元学习内容结构化，统整在"'难忘小学生活'毕业时光之旅"情境主题下，设计了三个子任务的学习活动，并借助表格清晰呈现了本单元的作业目标。

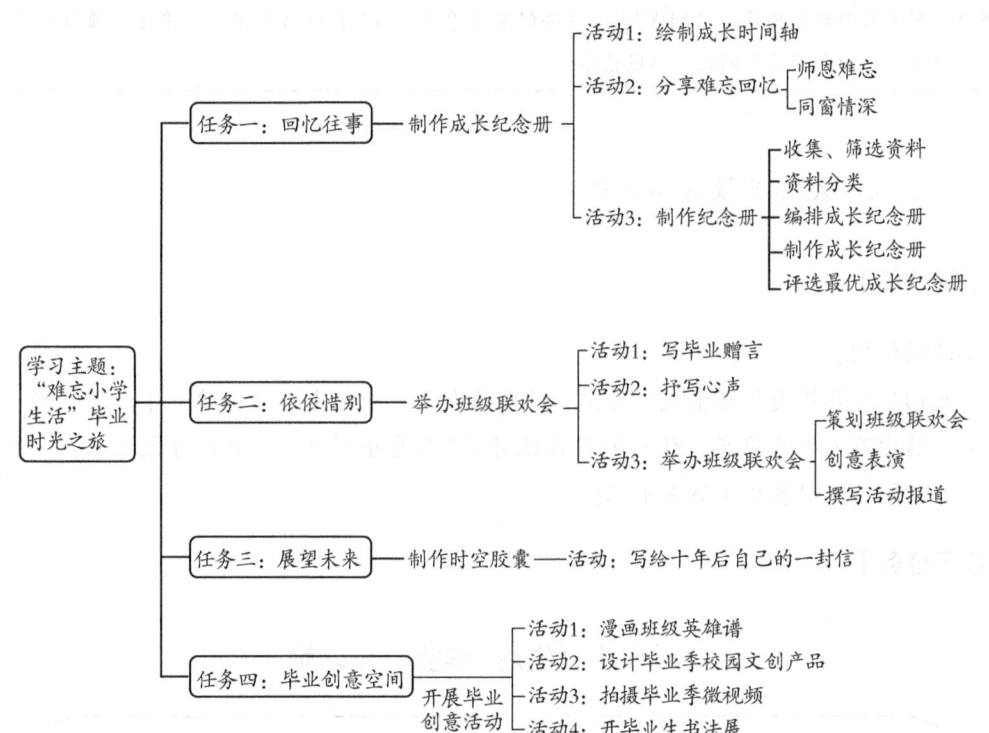

序号	单元作业目标	学习认知层次					
		记忆	理解	应用	分析	评价	创新
LXDY601	能与同学交流、协商，制订阶段性活动计划		✔	✔	✔		
LXDY602	能根据活动主题收集和筛选反映小学生活的资料，绘制成长时间轴，与同学分享难忘的回忆	✔	✔	✔	✔	✔	✔
LXDY603	能参考"活动建议"和"阅读材料"，自主整理成长资料，设计制作成长纪念册	✔	✔	✔	✔	✔	✔
LXDY604	能策划毕业联欢会，写出策划书，做到主题鲜明，分工职责明确，活动流程清楚	✔	✔	✔	✔		✔

379

基于语文核心素养的大单元教学

续表

序号	单元作业目标	学习认知层次					
		记忆	理解	应用	分析	评价	创新
LXDY605	能与人合作，筹备并举办毕业联欢会，表达对师友、对母校的惜别之情	✔	✔	✔	✔	✔	✔
LXDY606	能用书信等形式表达情感，与人交流	✔	✔	✔	✔	✔	

备注：单元作业目标序号中"LXDY"表示六年级下册单元，"6"表示第六单元，单元作业目标序号使目标呈现教材年段的序列化，体现整体性。

二、大单元作业设计与评价

【活动情境】

亲爱的同学们：

我们从天真烂漫的儿童成长为意气风发的少年，一起走过了小学六年。回忆起六年时光，其中有太多的难忘。让我们现在就开启"难忘小学生活"毕业时光之旅，一起留住美好瞬间，一起展望美好未来吧！

【学习任务】

"难忘小学生活"毕业时光之旅

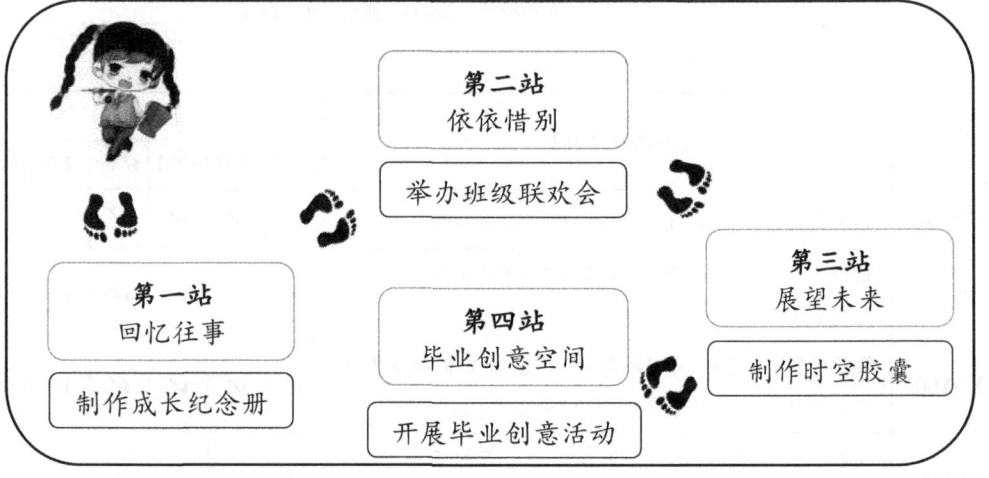

第四章　聚焦学习任务群的大单元作业设计与实施

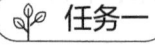 **任务一** 回忆往事(一周)

活动一：绘制成长时间轴★（改编）（对应单元作业目标 LXDY602）

六年的小学生活，有太多值得我们细细回味的点点滴滴。你对哪些人或事有着深刻的印象？或许是难忘的集体活动，或许是舍不得的人……你可以提炼关于成长的关键词句，填写在下面的"成长树"上；也可以在参观"时间轴创意集"后设计一张自己喜欢的时间线索图。

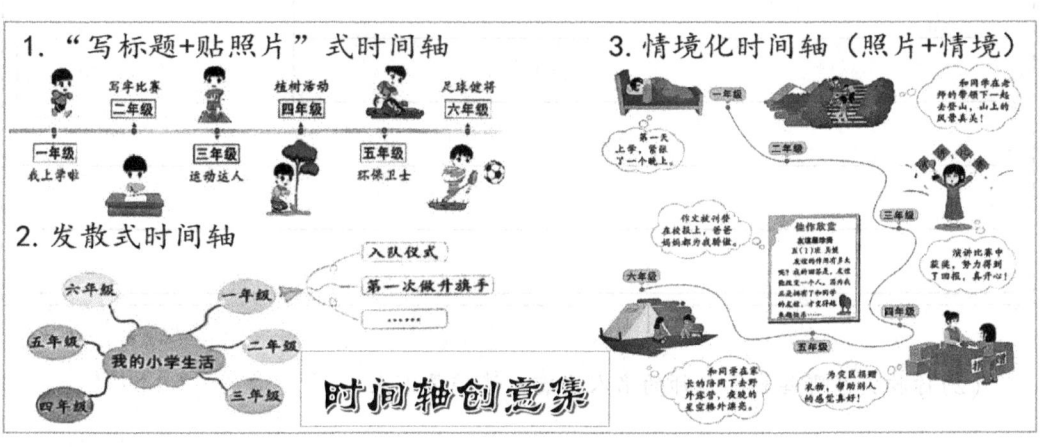

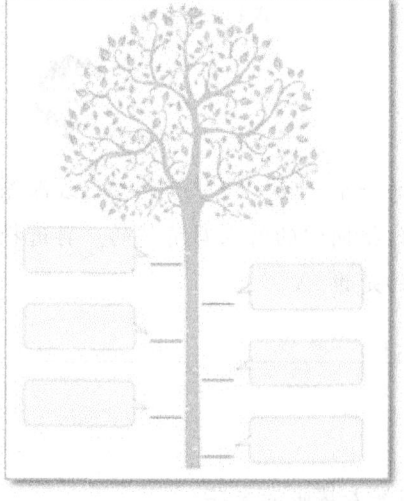

我设计的成长时间轴：

活动二：分享难忘回忆★★（选编+改编）（对应单元作业目标 LXDY602）

1. 师恩难忘

(1)有人说，一个好老师能让孩子一辈子受益。在你的成长过程中，哪些老师给你

381

基于语文核心素养的大单元教学

留下了深刻的印象？把你记忆中关于老师的最美的镜头图文并茂地描绘出来，和同学们分享吧！

(2)你收集了哪些感恩老师的名人名言？请摘录下来。

我要把这些句子摘录到成长纪念册里。

2. 同窗情深

同窗六载，情谊深深。分别就在眼前，但同学们的一举一动、一颦一笑都已经深深刻在你的心底。阅读下面的小短文，想一想作者是如何把同学的特点写清楚的。再选择班级中的一位同学写一写，写完了让同学们猜猜你写的是谁。

我们班"星光闪烁"

车佳禾

我们班的同学多才多艺，如同天幕中的星星，闪烁着耀眼的光芒。

一号人物：学习之星

她叫晓璐，是我们班学习榜上的"常青树"。她外表文静，总是低着头，似乎在思考问题。我们经常见她若有所思地拿起笔在纸上写着什么，或许是闪现的灵感，或

第四章　聚焦学习任务群的大单元作业设计与实施

许是难题的解答步骤。上课时，她总是目不转睛地盯着讲台上的老师；下课时，她总是跟在老师后面问这问那。也许这就是她成为"学霸"的秘诀吧！

二号人物：疾驰之星

她是我们班的"疾驰之星"，乌黑的短发，一米四左右的个子。也许你要问，她个子不高，怎能疾驰？对，就是她，学校50米短跑冠军——晚霞。她的跑步姿势与众不同，嘴巴紧闭，头高昂着，一双小手拼命摆动。她飞似的冲向终点，如一阵劲风呼啸而过，真是英姿飒爽！

三号人物：艺术之星

瞧！那个扎着马尾辫，脸上充满自信的女生就是我们班的"艺术之星"——晓文。她从小爱好跳舞，拉丁舞、爵士舞样样精通；她钢琴八级，小提琴也拉得顶呱呱，学校"六一"晚会上，她的演奏令人陶醉；唱歌也是她的拿手好戏，她经常代表学校参加歌咏比赛，捧回了很多大奖。总之，她是校园里当之无愧的小明星。

我们班的同学各有所长，还有"文明小达人""劳动小能手""科技新星"和"阅读之星"，等等，他们的故事三天三夜都说不完。展望未来，相信在那美丽的夜空中，一定会有这些"星星"的专属空间。

（选自《生活镜头习作》，有删改）

猜 猜 他 是 谁

_____

_____

_____

_____

活动三：制作成长纪念册★★★（改编+创编）（对应单元作业目标 LXDY603）
用心制作一本成长纪念册，珍藏这段难忘的回忆。

383

基于语文核心素养的大单元教学

1. 收集、筛选成长资料

➢ 我最得意的习作＿＿＿＿＿＿＿＿＿＿＿＿

➢ ＿＿＿＿＿＿＿＿＿＿＿＿＿＿＿＿＿＿

➢ ＿＿＿＿＿＿＿＿＿＿＿＿＿＿＿＿＿＿

➢ ＿＿＿＿＿＿＿＿＿＿＿＿＿＿＿＿＿＿

➢ ＿＿＿＿＿＿＿＿＿＿＿＿＿＿＿＿＿＿

选出最能反映你小学生活的、有代表性的资料。

2. 资料分类

同学们可以采用"编年体""栏目式"或其他的编排方式给成长纪念册中的资料分类。

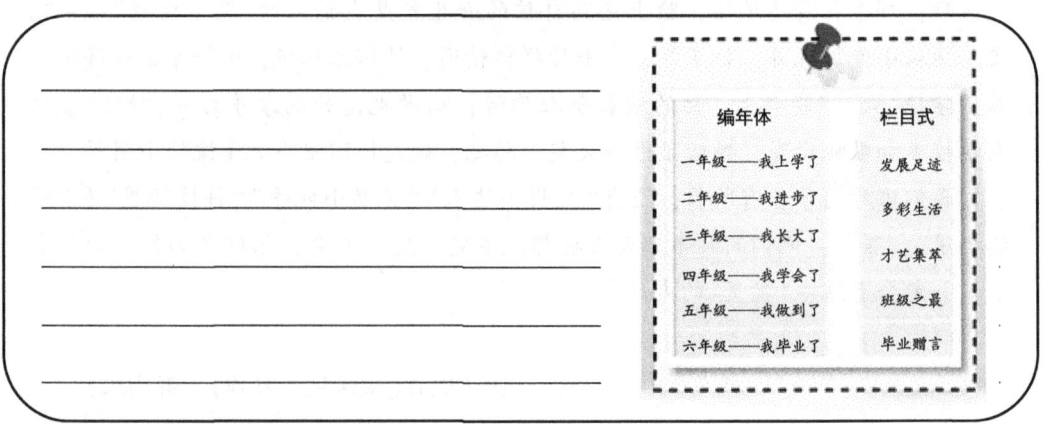

编年体	栏目式
一年级——我上学了	发展足迹
二年级——我进步了	多彩生活
三年级——我长大了	才艺集萃
四年级——我学会了	班级之最
五年级——我做到了	毕业赠言
六年级——我毕业了	

3. 编排成长纪念册

(1) 给自己的成长纪念册设计一个个性化的封面，并取一个贴切的名字：＿＿＿＿＿

(2) 扉页为"卷首语"或"成长感言"，请你写一写。

384

4. 制作成长纪念册

运用整理好的资料，制作自己的成长纪念册吧！可以是手写手绘的纸质手册，也可以借助多媒体制作成电子成长纪念册，然后在班级内向老师们和同学们分享展示。

5. 评价最优成长纪念册

班级宣传部将组织开展最优成长纪念册评选活动，评选出"最佳封面奖""最佳编排奖""图文结合奖""最佳创意奖""最具情感奖"。评选方式为"自我推荐+同学评选"。请根据自己的成长纪念册，选择一个评选项目，并简单阐述理由，还可以自行设计奖项。

(1)我推荐自己的成长纪念册参加_____项目评选，我的推荐理由是_____

_____

_____。

(2)我给自己的成长纪念册设计了一个_____奖项，我的理由是_____

_____

_____。

(3)经过宣传部的推选，你的纪念册获奖了，你能写下感言吗？可以分享你的收获，也可以说说自己的反思和不足。

_____

_____

_____。

任务二　依依惜别（一周）

活动一：写毕业赠言★（选编+改编）（对应单元作业目标 LXDY606）

你一定给很多老师和同学都写了毕业赠言吧！请挑选你最满意的几则毕业赠言写在下面。

致（　　　　）老师

致（　　　）同学

致（　　　）同学

大家一起来评一评，谁的赠言最美好、最独特、最有意思……

活动二：抒写心声★★（选编）（对应单元作业目标 LXDY606）

此时此刻，你肯定有很多话想对老师、同学倾诉吧！快拿起笔，给其中一位写封信，诉说心声！写之前回忆一下书信的格式要求，注意感情真挚，语句通顺。

第四章　聚焦学习任务群的大单元作业设计与实施

活动三：举办班级毕业联欢会★★★（改编+创编）（对应单元作业目标 LXDY601、LXDY604、LXDY605）

1. 策划班级联欢会

为了办好毕业联欢会，我们要先写一份策划书。活动分工职责要明确，活动流程要合理。

毕业联欢会活动策划

活动名称　＿＿＿＿＿毕业联欢会

活动目的　感恩母校，感谢师友，告别小学生活

活动时间　＿＿＿＿＿＿＿＿＿＿＿＿＿＿＿＿

活动地点　＿＿＿＿＿＿＿＿＿＿＿＿＿＿＿＿

活动分工　节目统筹：＿＿＿＿＿＿＿＿＿＿＿＿

　　　　　会场布置：＿＿＿＿＿＿＿＿＿＿＿＿

　　　　　道具准备：＿＿＿＿＿＿＿＿＿＿＿＿

　　　　　摄像、摄影：＿＿＿＿＿＿＿＿＿＿＿

　　　　　主持与串词撰写：＿＿＿＿＿＿＿＿＿

　　　　　秩序维护：＿＿＿＿＿＿＿＿＿＿＿＿

　　　　　场地清洁：＿＿＿＿＿＿＿＿＿＿＿＿

　　　　　活动报道：＿＿＿＿＿＿＿＿＿＿＿＿

活动流程　1. 开场白

　　　　　2.＿＿＿＿＿＿＿＿＿＿＿＿＿＿＿＿

　　　　　3.＿＿＿＿＿＿＿＿＿＿＿＿＿＿＿＿

　　　　　4.＿＿＿＿＿＿＿＿＿＿＿＿＿＿＿＿

　　　　　5.＿＿＿＿＿＿＿＿＿＿＿＿＿＿＿＿

　　　　　……

基于语文核心素养的大单元教学

节目单

1. _____

2. _____

3. _____

4. _____

5. _____

6. _____

7. _____

8. _____

如果你是毕业联欢会的主持人，你会怎么开场？请把开场白写下来。

_____

_____

你又会如何串联节目？请把节目串词写下来。

第（　）和第（　）个节目之间的串词：

_____

_____

_____

策划完成了，我们分小组来交流一下吧！我们要群策群力，通力合作，为毕业联欢会贡献最佳方案。

388

2. 创意表演

即将分别的我们，是如此不舍。最后的联欢会上，你准备表演什么节目呢？发挥创意，大胆展示吧！

➤ 写剧本，将小学生活中令人难忘的事情改编成小品演一演。（可参考四年级上册第八单元的《西门豹治邺》课后练习3中写剧本的方法。）

➤ 写诗歌，读"依依惜别"的"阅读材料1"——《我为少男少女们歌唱》，仿照其结构表达，创作诗歌，表达对母校的惜别之情，并配乐朗诵。

➤ 写演讲稿，读"依依惜别"部分的"阅读材料2"——《聪明在于学习，天才在于积累》，学习如何写演讲稿，并结合统编语文教材六年级上册第二单元的口语交际——"演讲"，进行演讲。

➤ 填词创作毕业歌，现场演唱。

  ……

3. 撰写活动报道

同学们个个多才多艺，贡献了一个又一个精彩的节目。在同学们的通力合作下，班级毕业联欢会顺利落下帷幕。现特邀你作为班级小记者在班级群中给家长朋友们报道此次的毕业联欢活动。可以撰写文字报道，发至班级群；也可以录制现场报道视频，直观展现活动盛况。

任务三　展望未来（40分钟）

活动：制作时空胶囊★★（创编）（对应单元作业目标LXDY606）

毕业既是终点，更是新征程的起点。给十年后的自己写一封信，展望将来的自己，放飞纯真的梦想，然后把信件放进时空胶囊封存在学校图书馆内。未来的某一天，时空胶囊开封时，一定会有很多感动和怀念。

基于语文核心素养的大单元教学

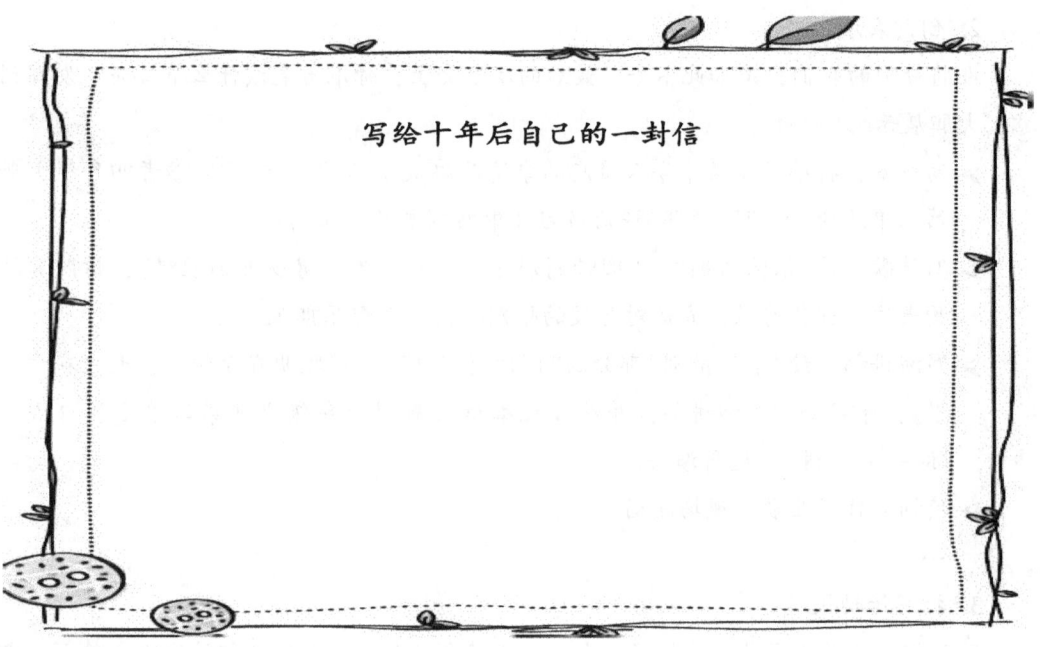

写给十年后自己的一封信

任务四 毕业创意空间（一个月）

【活动情境】★★★（创编）（选做）

我们一起进行了毕业时光之旅，同学们是不是还意犹未尽呢？你还想开展什么创意活动表达对母校、老师的感激和留念，以及对同学的依依惜别之情呢？一起来看看这一份毕业季创意活动清单吧！

毕业季创意活动清单

➤1. 漫画班级英雄谱，开毕业漫展

选择想写的同学，想出人物称号，用生动的描写和具体的事例写出人物特点，并绘制人物漫画。对作品进行筛选和整理后以个人或多人合作的形式在班级、在校园开漫展。

➤2. 设计制作毕业季校园文创产品，互相赠送

结合校园文化和学校生活设计文创产品，如纪念手环、纪念币、手绘校园风景明信片等。

第四章 聚焦学习任务群的大单元作业设计与实施

> 3. 拍摄毕业季微视频，留住美好童年

把难忘的故事变成情景剧，录制成微电影。采访毕业生，录制毕业感言。小组合作收集、筛选、整合音视频素材，剪辑出属于我们的微电影。

> 4. 开毕业生书法展，书写远大理想

用钢笔或毛笔书写毕业感言，记录远大理想，然后收集作品，在校园开毕业生书法展。

......

我想开展＿＿＿＿＿＿＿＿活动，我准备＿＿＿＿＿＿＿＿＿＿＿＿＿＿＿

【单元作业评价】

"难忘小学生活"毕业时光之旅系列活动评价单

姓名： 班级： 时间：

"毕业主题活动达人"徽章	评价内容	评价等级		
		自评	生评	师评
纪念册达人	1. 能按时间轴的顺序将收集到的资料进行梳理、归类、筛选和整理；	□是	□是	□是
	2. 能以"编年体""栏目式"或其他有效的编排方式图文并茂地制作完整的成长纪念册	□否	□否	□否
策划书达人	策划书主题鲜明，内容齐备，分工明确，流程清楚	□是	□是	□是
		□否	□否	□否
表演达人	1. 能大方自信地进行现场展演	□是	□是	□是
	2. 能表达真情实感	□否	□否	□否
书信达人	1. 能用正确的书信格式写信	□是	□是	□是
	2. 能根据收信人的身份表达合适的情感和内容	□否	□否	□否
创意达人	能借助其他学科的知识主动开展其他毕业季创意实践活动	□是	□是	□是
		□否	□否	□否
备注：若自评、生评和师评均获得"是"的肯定，即可获得该项达人徽章				

391

基于语文核心素养的大单元教学

姓名：	班级：	时间：	
反思与建议	我的收获： 我的不足：		
	我最喜欢的活动是： 我的建议：		

【设计者手记】

跨学科学习活动的本质是语文实践活动，因此要以语文的读写活动为主线，实现学科的深度融合。因此，本单元作业设计立足真实情境，通过一系列读写活动，完成了主要的学习任务、落实了语文要素。这一系列读写活动又形成一条活动链，将美术、音乐、信息、书法等多个学科知识融合进来，引导学生在活动过程中综合运用多学科知识解决问题。

在活动设计上，以学生为主体，充分尊重学生的情感体验。活动形式的多样化也给予了学生巨大的弹性空间，让学生能够基于兴趣进行自由选择。同时，也要鼓励学生在活动过程中互相沟通，团队协作，在合作与探究中共同进步。

关于活动评价，比起分数量化或者等级评价，应该更倾向于彰显素质的过程性评价。学生能够在某一活动中展现较强的综合能力即可获得该项达人徽章。学生自评、生生互评、老师评价相结合的方式相对客观。但跨学科学习的评价如果能让其他学科教师也参与进来，更能激励学生全面发展。评价还应关注活动中小组成员的分工方式、讨论程序和对不同意见的处理方式，从而借助评价引导学生反思学习的过程。

（湖北省武昌实验小学　邓小莹）

第五章
基于素养导向的学业质量评价

2022 年颁布的义务教育课程方案和课程标准全面贯彻党的教育方针，落实立德树人根本任务，遵循教育教学规律，结合义务教育性质及课程定位，凝练核心素养框架，强化育人导向，优化课程内容结构，研制学业质量标准，细化了评价与考试命题建议，注重"教学评"一致性，引领义务教育阶段学习方式、育人模式和评价机制的根本转型，实质性深化课程改革。正确认识素养导向的评价理念和方式，对于深入推进义务教育阶段课程改革，具有极其重要的意义和价值。

一、解核心素养内涵，明质量评价方向

《义务教育语文课程标准（2022 年版）》在新增的"学业质量"部分明确指出："学业质量是学生在完成课程阶段性学习后的学业成就表现，反映核心素养要求。"由此可见，要评价学生的语文课程学业质量，深刻把握语文核心素养的性质和内涵是关键。

核心素养是基于义务教育培养目标，将党的教育方针具体细化为课程应着力培养的正确价值观、必备品格和关键能力，是课程育人价值的集中体现。义务教育语文课程培养的核心素养，不是在教师的"告诉""讲解"中形成的，而是学生在积极的语文实践活动中表现出来的，在识字与写字、阅读与鉴赏、表达与交流、梳理与探究等实践活动中积累、建构出来的，是文化自信和语言运用、思维能力、审美创造的综合体现。四个素养是一个整体，立体交融在现实情境中每个具体的语文实践活动中，将立德树人根本任务和义务教育总体目标具体化，成为联结义务教育总体目标和语文学科教育目标的主轴，为语文学科育人价值提供了概念框架，为语文学科在课程目标、内容、实施的深度融合提供了理论基础，也为义务教育阶段的学业质量和评价提供了统一的目标指向。

语文课程学业质量标准以核心素养为主要维度，核心素养理所当然是语文学业质量标准的出发点、着力点和落脚点。不论是实施综合评价，还是学业发展水平的监测，以及选拔性的考试命题，都需要注重素养导向。我们始终要将学生素养发展贯穿课程学习始终，用发展和变化的眼光考察和理解学生的成长和发展，充分认识到学生成长的复杂性和个体差异，关注同一学生在不同素养上以及同一素养在不同学生身上发展的多样性

基于语文核心素养的大单元教学

和不平衡性。

二、析学业质量标准，建质量评价框架

《义务教育语文课程标准(2022年版)》指出：语文课程学业质量标准是以核心素养为主要维度，结合课程内容，对学生语文学业成就具体表现特征的整体刻画。依据义务教育四个学段，按照日常生活、文学体验、跨学科学习三类语言文字运用情境，整合识字与写字、阅读与鉴赏、表达与交流、梳理与探究等语文实践活动，描述学生语文学业成就的关键表现，体现学段结束时学生核心素养应达到的水平。四个学段的语文课程学业质量标准之间相互衔接，体现学生核心素养发展的进阶，为核心素养评价提供了基本依据。从学业质量内涵的界定中，我们不难看出：

学业质量标准是对核心素养基本表现的完整描述。它不是对单个核心素养不同表现水平的描述，而是依托日常生活、文学体验、跨学科学习三类语言文字运用情境，整合四种素养与语文知识对学业成就的整体刻画。它不再是强调孤立学科知识点或技能的深浅或多少，不限于现有的讲授法和纸笔考试理念所指向的学习结果，反映的是通过语文课程学习形成的综合性学习结果。它既不是习得孤立零碎的学科知识和概念，也不是在固定情境下简单应用知识或技能，而是如何应对和解决各种复杂的、不确定的现实问题或任务。在复杂现实问题解决过程中，各种跨学科和学科核心素养以及相关学科的结构化知识和技能、学科观念和思想得到了有机整合。

学业质量标准清晰刻画了语文学业发展的进阶水平。学业质量标准对不同学段的学业质量进行了描述，阐明了在三类语言运用情境与四种语文实践活动整合中，不同学段学生在核心素养上应该具有哪些具体表现，应该达到什么标准，充分体现了进阶性。

学业质量标准满足不同类型评价和测量的要求。学业质量标准给学业质量评价提供了标杆，让语文课程评价由隐性走向显性，外显为可观察、可测量、可评价的具体行为表现。这种从学习结果的角度构建起来的，反映不同阶段学生学习进阶的等级性尺度，不仅为各级各类考试和评价提供了上位的价值方向、理论框架和水平依据，也为教师在日常教学中怎样教、学生怎样学指明了方向。

认真体悟"学业质量内涵"，反复研读各学段"学业质量描述"，我们又会发现，对学业质量进行评价，可以概括为"三抓"。一抓"三种情境"，二抓"四种语文实践活动"，三抓"每种实践活动下的关键行为表现"，即考察学生在什么情境下，有什么关键行为表现，达到了什么样的标准。(见下表)

情境	实践活动	关键行为表现
日常生活 文学体验 跨学科学习	识字与写字	·主动识字·明晰字义·累计识字·书写汉字·交流展示
	阅读与鉴赏	·整体感知·信息整合·理解阐释·推断探究·赏析评价
	表达与交流	·陈述与表述·描绘与表现·解释与分析·介绍与说明·应对与说明
	梳理与探究	·筛选与提炼·规整与分类·比较与抽象·收集与组合·发现与再造

三、研考试评价建议，丰质量评价之径

学业质量内涵的界定以及学业质量学段标准的提出，无疑会引起学业质量评价的变化。语文课程评价包括过程性评价和终结性评价。

（一）巧设过程性评价

过程性评价贯穿语文学习全过程，它包括课堂教学评价、作业评价以及阶段性评价。较之以往，评价内容、评价主体、评价方式、评价结果运用等都有了转变。评价内容重点考察学生在语文学习过程中表现出来的学习态度、参与程度、课堂关键表现、典型作业、阶段性测试等数据，关注各个学段的水平进阶、核心素养的发展水平。评价主体多元化，可以是学校管理者、班主任、教师、家长、同伴，甚至是自己，极大改变了以往教师一言堂的现象。评价方式多样化，课堂观察、对话交流、小组分享、学习反思、日常写字、读书、习作、讨论、汇报展示、朗读背诵、课本剧表演、纸笔测试等，凡是能记录学生核心素养发展的典型表现均能作为评价学生的方式。评价结果运用有助于教与学的及时改进。

那么，该借助什么样的工具对学生进行过程性评价呢？其实，只要秉持素养立意，紧密结合学段的课程内容，关注内容之间的进阶关系和横向联系，合理设计的学习任务、学习活动、创设的情境、试题等都可以作为过程性评价工具。

下面就四年级下册第一单元为例，来阐述一下"文学阅读与创意表达"过程性评价设计。

这一单元的主题为"乡村生活"，单元要素为"抓住关键语句，初步体会课文表达的思想感情"，习作要素为"写喜爱的某个地方，表达出自己的感受"。根据单元主题、单元要素以及选文的特点，我们将该单元归属于发展型学习任务群中的"文学阅读与创意

基于语文核心素养的大单元教学

表达"任务群。

该任务群的宗旨：引导学生在语文实践活动中，通过整体感知、联想想象，感受文学语言和形象的独特魅力，获得个性化的审美体验；了解文学作品的基本特点，欣赏和评价语言文字作品，提高审美品位；观察、感受自然与社会，表达自己独特的体验与思考，尝试创作文学作品。

学习内容：阅读描绘大自然、表现人类美好情感的诗歌、散文等文学作品，结合自己的生活体验，尝试用文学语言表达自己热爱自然、珍爱生命的情感。

教学提示：①可以根据学段学习要求，围绕多样的学习主题创设阅读情境。②重视古代诗文的诵读积累，感受文学作品语言、形象、情感等方面的独特魅力和思想内涵，提升审美能力和审美品位；鼓励学生在口头交流和书面创作中，运用多样的形式呈现作品，发挥自己的创造性；引导学生成长为主动的阅读者、积极的分享者和有创意的表达者。③评价应围绕学生阅读文学作品的过程性表现进行。第二学段在阅读全文基础上，侧重考察学生对重要段落和语句的理解，以及对作品的语言和形象的具体感受。

学业质量描述：能发现作品中的优美词语、精彩句段，并根据需要进行摘录；能借助上下文语境，说出关键语句、标点符号、图表在表达中的作用；能复述读过的故事，概括文本内容，根据自己的阅读理解提出问题并与他人交流；乐于和他人分享阅读所得，关注有新鲜感的词句，并有意识地在口头和书面表达中运用。

将单元主题、单元要素、选文的特点与任务群、学业质量描述结合，我们创设这样一个任务：

同学们，经过这一单元的学习，相信纯朴的乡村那一道道独特的风景，一定在你的脑海里留下了美丽的画卷。我们即将举办"美丽乡村行"活动，请你来当小导游带领大家一起去乡村看一看。

围绕任务，设置了以下实践活动。

活动一：我会写推荐语

穿越时空隧道，我们来到了宋朝，恰逢诗人范成大、杨万里、辛弃疾正在深情款款地吟诵各自的诗词《四时田园杂兴(其二十五)》《宿新市徐公店》《清平乐·村居》，他们请你根据诗词写一份最美乡村推荐语。

评 价 标 准	评价结果	建议
能言从字顺地说出诗词大意	☆ ☆ ☆	
能抓住不同景物的特征展开联想	☆ ☆ ☆	
能表达对乡村生活的欣赏与赞美	☆ ☆ ☆	

活动二：我会转述

请将下列乡村游要注意的事项转述给同学或家人。

1. 了解所到乡村的民风民俗，入乡随俗，尊重当地村民的风俗，和村民友好相处。

2. 看当地的天气预报，准备适宜的衣服。带上雨伞、遮阳伞、防晒霜等必需品。带上自己的水杯，方便喝水。注意：路边的水果、蔬菜不要随便摘。

评 价 标 准	评价结果	建议
语气亲切	☆ ☆ ☆	
要点清晰，没遗漏主要信息	☆ ☆ ☆	
人称转换恰当	☆ ☆ ☆	

活动三：我会绘美景

请将你最喜欢的地方介绍给大家，让大家也来感受你的快乐。

评 价 标 准	自评	互评	师评	综合评价（甲、乙、丙）
有合适的题目	☆ ☆ ☆	☆ ☆ ☆	☆ ☆ ☆	
写清楚了你喜欢地方的样子	☆ ☆ ☆	☆ ☆ ☆	☆ ☆ ☆	
写清楚了你的活动	☆ ☆ ☆	☆ ☆ ☆	☆ ☆ ☆	
表达了你的快乐	☆ ☆ ☆	☆ ☆ ☆	☆ ☆ ☆	
自评互评，用修改符号修改	☆ ☆ ☆	☆ ☆ ☆	☆ ☆ ☆	

活动四：我是最佳小导游

请依据评价标准，选出你心中最佳小导游。

该过程性评价设计，改变了以往"看拼音写词语""古诗词填空"等考查静态知识点的题型，在任务群视野下，以任务驱动，创设语言文字运用情境，设计情境化、综合性、应用类试题，强化语文知识、儿童生活和语文实践的关联，考查学生在真实情境中灵活运用知识解决问题的能力，努力实现从静态知识点考查向动态多维的素养测评的转变。

这个过程性评价设计着重测评学生在文化自信、语言运用、思维能力、审美创造等

397

基于语文核心素养的大单元教学

方面的发展水平。活动一属于文学体验类语言文字运用情境，整合了阅读与鉴赏、表达与交流等语文实践活动，考察学生是否理解诗词大意，是否能将所学与实际生活经验建立联系，测评其信息处理、理解探究、欣赏评价、概括归纳等多方面能力，关注学生文化自信、审美能力以及语言运用素养的发展。

活动二和活动三属于日常生活类语言文字运用情境，整合了表达与交流、梳理与探究等语文实践活动。活动二旨在将本单元口语交际融于生活情景，考察学生是否乐于在班级活动中交流展示，能用普通话交谈，能把握对话主要内容并作简要转述；能尝试根据语文学习经验和生活经验解决日常生活中的问题。通过观测学生在完成这一活动分析比较、归纳判断等认知表现，测评其思维能力与语言运用的发展水平。活动三将本单元习作融于活动中，考察学生是否乐于表达、观察周围世界，能否将自己觉得有趣或印象深刻、受到感动的内容写清楚，测评学生语言运用的发展水平。

活动四则发挥多元评价主体的积极作用，充分尊重学生的主体地位，关注学生在兴趣、能力和学习基础等方面的个体差异，引导学生开展自我评价和相互评价，引导学生依据评价标准整合、分析、比较，有条理地表达自己的观点，学会自我反思和自我管理，考察学生的思维能力发展状况。

四个活动在大任务驱动下，遵循教材编排以及内在逻辑联系，逐一突破目标，引导学生在思考和解决问题的过程中实现相关知识的结构化。情境化的典型任务，考察了学生的语文素养水平，完成任务的过程也是评价学生学习的过程。

像这样的过程评价设计还有：一年级拼音无纸化测评，就可创设"爱'拼'才会赢，百'变'我能行"的大任务，依次设计"勇探字母岛""勇跨词语谷""勇攀句子峰""勇闯话语海"四个学习活动，全面、集中地考察孩子们声母、韵母、整体认读音节和词语拼读、句子表达几个方面的能力，让孩子们在闯关探险的情境中体会学习的乐趣。

（二）创编学业水平试题

学业水平考试的目的主要是通过学生的学业质量表现检验学生在义务教育阶段结束时核心素养的发展水平。

学业水平考试已发生了改变，不再是老师们过去熟悉的模式。其命题坚持素养立意、依标命题、科学规范的原则，从过去关注"对书本知识的再现和理解"转为"关注学生在解决真实问题的过程或者结果上的表现特征"，考查学生能否灵活运用学科知识，以及是否具备学科的实践能力。学生需要根据问题和任务的需求灵活重组所学的知识、技能、方法和观念，来应对和解决复杂现实中的问题。测试题将不再是一道题指向一个考点，而是一组题指向一个完整核心素养的基本表现，或者是某个学段所应具备的基本表现。

项目	过 去	现 在
评价理念	知识取向	素养导向
评价指向	对书本知识的再现和理解	现实问题解决能力
任务特征	分析式的、 抽象的、封闭性	综合的、 情境化、开放性
评价依据	关注标准答案 强调正确与错误	关注表现特征 强调发展水平
评价结果	常模参照解释 关注分数变化	标准参照解释 关注学习进阶

那么，学业水平考试题应该是什么样的？我们不妨看一看四川"2023年四年级语文学科素养监测题"，一定会让我们深受启发。

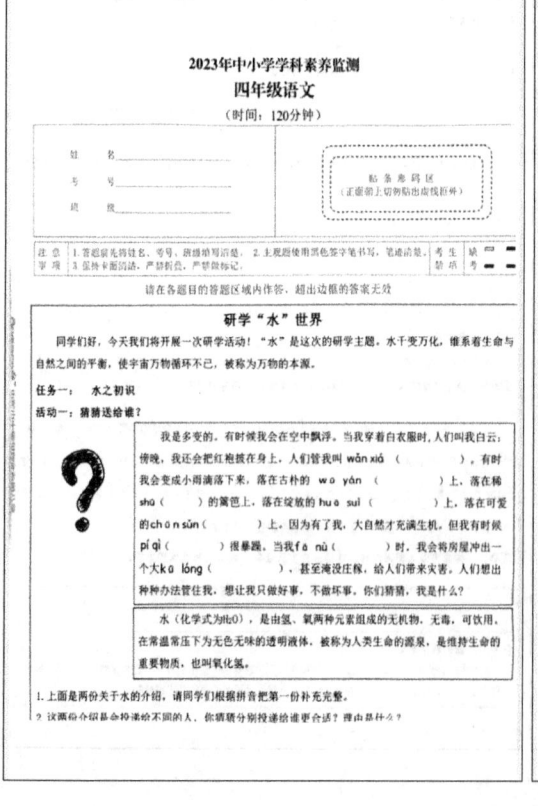

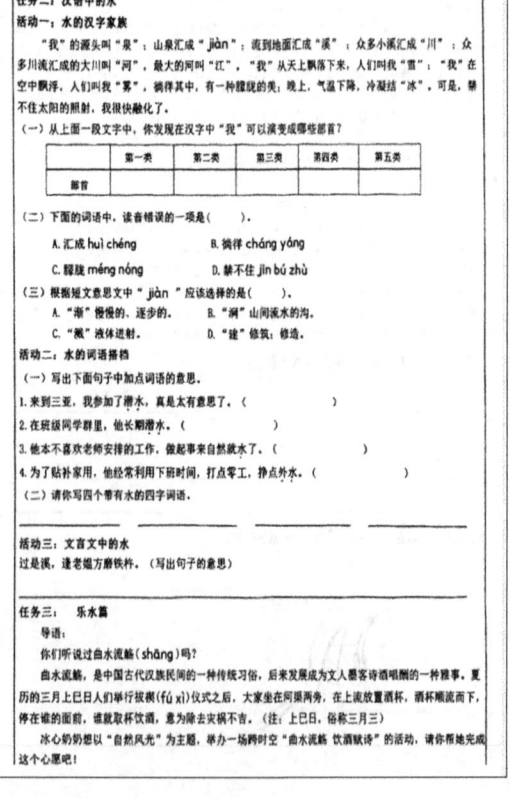

基于语文核心素养的大单元教学

活动一：邀请

你好同学，导语中的"披襟"的意思是什么？你是根据哪些具体内容推猜出来的？

我：_____

我想以"自然风光"为主题组织一场跨时空的"曲水流觞 饮酒赋诗"的活动，请你给我建议三位古代诗人。

我：_____

为什么邀请他们三位？

我：_____

谢谢你，有理有据！请你根据导语，确定时间、地点给其中一位诗人拟定一张邀请函样本吧。

邀请函

_____

_____

_____

_____

活动二：宴会

邀请的诗人已到位，"曲水流觞 饮酒赋诗"宴会即将开始，请你按诗人所在朝代有序安排诗人就坐，并在枯号中填出诗人的名字。

酒杯顺水而至，拿到酒杯的诗人围绕"自然风光"这一主题吟诵相关的诗句，请在方框中记录下他们吟诵的诗句。

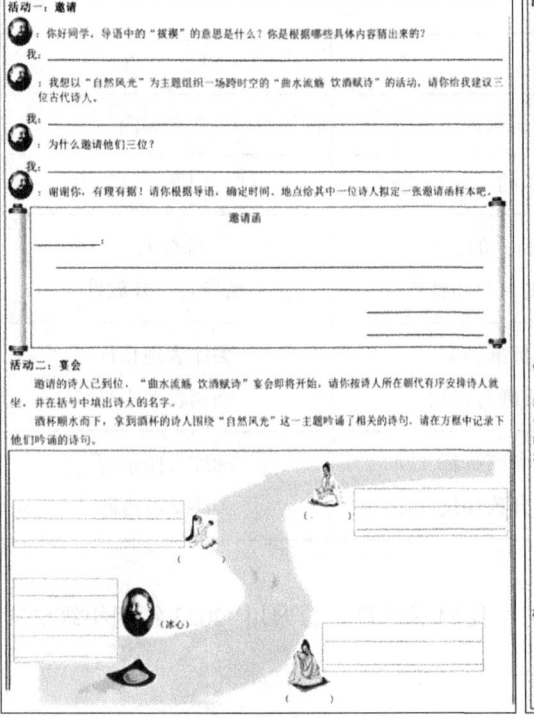

（冰心）

（　）

活动三：唐诗神游

诗人余光中先生，融会古今，把古诗改编成现代诗，既发扬传统，也开拓了现代诗的领域。

寻隐者不遇
[唐]贾岛
松下问童子，
言师采药去。
只在此山中，
云深不知处。

寻隐者不遇
余光中
那童子笑笑说
师父一早就上山去了
云，实在太深了
连樵夫也不想出门
不如且坐在松树下等
让我去扫扫松针来
给您煮茶

他身子一向好
也不全为了采药
要是我烦您去找
只怕你们先迷了路

请你也来一次唐诗神游，发挥想象，把《芙蓉楼送辛渐》改写成现代诗。

_____

_____

_____

任务四：治水篇

早在两千多年前，齐国政治家管仲就提出：要治国，先要治好五类自然灾害，即水、旱、风雾霜霾、疫病、虫害。其中，水灾排在首位。因此，历朝历代都非常重视治水，几乎贯穿了整个漫长的历史中，并且形成了"不治水不害国之心"的共识。

活动一：请阅读下面三则治水故事，然后完成练习。

材料一：
大禹治水　作者：麦乔
远古洪荒　　　岷山导江
华夏始祖　　　东别为沱
大禹治水　　　禹兴西羌生于石纽
世代相传　　　躬亲劳苦民为贵
临危受命赴万难　　躬亲劳苦民为贵
疏通水路定九州　　国势利导报家国
三过家门而不入　　三过家门而不入
三过家门而不入　　三过家门而不入
大公无私安天下　　大公无私安天下　　（选入时有改动）

材料二：
李冰治水
古代的四川并不是现在这样的"天府之国"，每年不是水灾就是旱灾，有"泽国"、"赤盆"的称号。
李冰是蜀郡太守。李冰到四川之后，率众修建了都江堰水利工程。都江堰地形复杂，工程浩大。李冰自实地考察，召集有治水经验的百姓，计议修建方案。他首先将玉垒山劈开了一个宽二十米的大口子，后人称为"宝瓶口"，被分开的玉垒山就像两堆大石头，因此叫"离堆"。他还在江中心修建了分水堰，把江水分成了两支，使其中的一支流进宝瓶口里。

分水大堰形如鱼头，并且前端有一个开口，所以取名叫"鱼嘴"，它迎水上长江上游，把流通而来的江水分成东西两段。西段的叫"外江"，是岷江的正流；东段的叫"内江"，是用来灌溉的河渠的主干。前段首就是宝瓶口，鱼嘴的分水量有一定的比例，大致是外江占百分之四十，内江占百分之六十。内江经过宝瓶口后被分成许多小水渠，组成了一个纵横交织的扇形水网，灌溉了千里原野的千里良田。飞沙堰建在分水堰中段修建的渠渠道，具有泄洪、排沙和调节水量的显著功能。

分水大堰建成以后，成都平原很少有水旱灾害了。从此成都川得名"天府之国"，都江堰水利工程体现了劳动人民的智慧，2018年，被列入世界灌溉工程遗产名录。

材料三：
南水北调
"南水北调工程"是中华人民共和国的战略性工程，是指把长江流域水资源自长江上游、中游、下游，结合中国疆土地貌特点，分东、中、西三线抽调部分送至华北与海河和西北地区水资源短缺地区，从而改变中国南涝北旱，北方地区水资源严重短缺局面的重大战略性工程。
中国的南方水多，经常发生洪涝灾害，而北方地区却严重缺水。对于南方地区，把水资源借出去，在雨季的时候水会减小，降低了夏季洪峰的压力，减少了洪水灾害的影响，同时也解决了北方的用水短缺的问题，因此将南方的水输送到干涸的北方，从根本上解决南涝北旱的问题。

1. 仔细阅读三则材料，找到关键词句完成下面图表。

	治水方法	意义影响
大禹治水		
李冰治水		
南水北调		

2. 根据材料二，标注出：内江、鱼嘴、飞沙堰的位置。
①内江　②鱼嘴　③飞沙堰

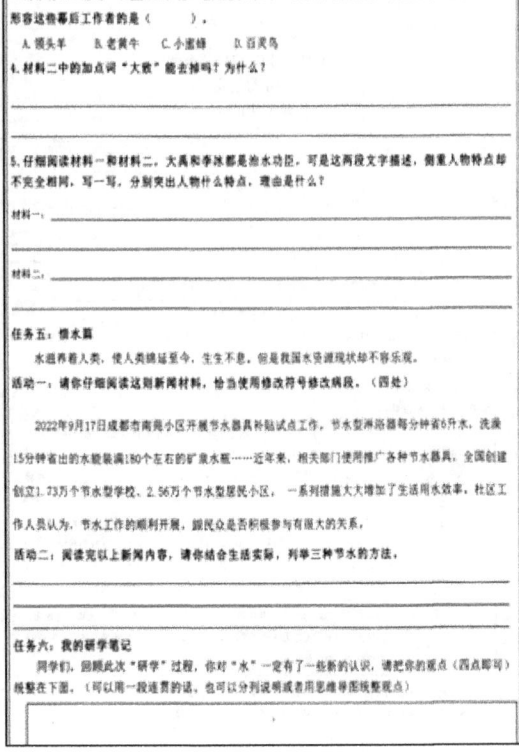

3. 南水北调工程是一项巨大的工程，它的建设离不开许多人的默默付出。下面的词语最适合用来形容这些幕后工作者的是（　　）。
A. 颗头牛　B. 老黄牛　C. 小蜜蜂　D. 百灵鸟

4. 材料二中的加点词"大概"能去掉吗？为什么？
_____

5. 仔细阅读材料一和材料二，大禹和李冰都是治水功臣，可是这两段文字描述，侧重人物特点却不完全相同，写一写，分别突出人物什么特点，理由是什么？
材料一：_____
材料二：_____

任务五：惜水篇

水润养着人类，使人类延续至今，生生不息。但是我国水资源现状却不容乐观。

活动一：请你仔细阅读这则新闻材料，恰当使用修改符号修改病段。（四处）

2022年9月17日成都市南苑小区开展节水器具粘贴试点工作，节水型淋浴喷头每分钟省6升水，洗漱15分钟省出的水能装满180个左右的矿泉水瓶……近年来，相关部门推广各种节水器具，全国创建创立1.73万个节水型学校、2.56万个节水型居民小区。一系列措施大大增加了生活用水效率，社区工作人员认为，节水工作的顺利开展，跟民众是否积极参与有很大的关系。

活动二：阅读完以上新闻内容，请你结合生活实际，列举三种节水的方法。
_____

_____

任务六：我的研学笔记

同学们，回顾此次"研学"过程，你对"水"一定有了一些新的认识，请把你的观点（西点即可）梳理在下面。（可以用一段连贯的话语，也可以分列说明或者用思维导图线梳理观点）
_____

毫无疑问，这是一种任务群视野下的全新命题方式。这份学科素养监测题试卷有一个明晰的主题：研学"水"世界。该主题，或者说该大任务、该情境是指向真实具体的社会生活的。众所周知，都江堰是全世界迄今为止，年代最久、唯一留存的宏大水利工程，它担负着四川 40 个县（市、区）1130 余亩农田的灌溉以及城市生活供水等，与人民的生活息息相关。可以说，"水"是四川人的骄傲。

在这个接地气的主题下，设有七个板块，即七个任务：水之初识——汉语中的水——乐水篇——治水篇——惜水篇——我的研学笔记——我与水的故事。每个任务下，设计了语文实践活动。主题有包容性，任务有针对性，活动有连续性。从主题，到任务，再到活动，层层递进，环环相扣，共同指向学生的核心素养发展。

该试卷充分体现了语文实践活动——识字与写字、阅读与鉴赏、交流与表达、梳理与探究的整合，在具体的命题材料和社会生活实际找结合点，引导学生围绕任务、活动、话题、现象，深入思考探究，综合分析解决问题。

从这份试卷可以看出，要想出一份好的学业水平考试卷，一是要有任务群的视野，坚持素养立意；二是将学业质量标准作为评价依据，评判学生素养发展水平和进步情况；三是突破关注零碎的知识和技能的原有做法，改变脱离情境的元素式任务形态的关注，以情境为载体，创设综合性、情境化、开放性、探究性的主题或大任务；四是按照日常生活、文学体验、跨学科学习三类创设新颖、有趣、内涵丰富的语言文字运用情境；五是整合识字与写字、阅读与鉴赏，以及表达与交流、梳理与探究等创设实践活动；六是综合运用多种评价方法，利用评价量表进行评价。（见下页图）

基于语文核心素养的大单元教学

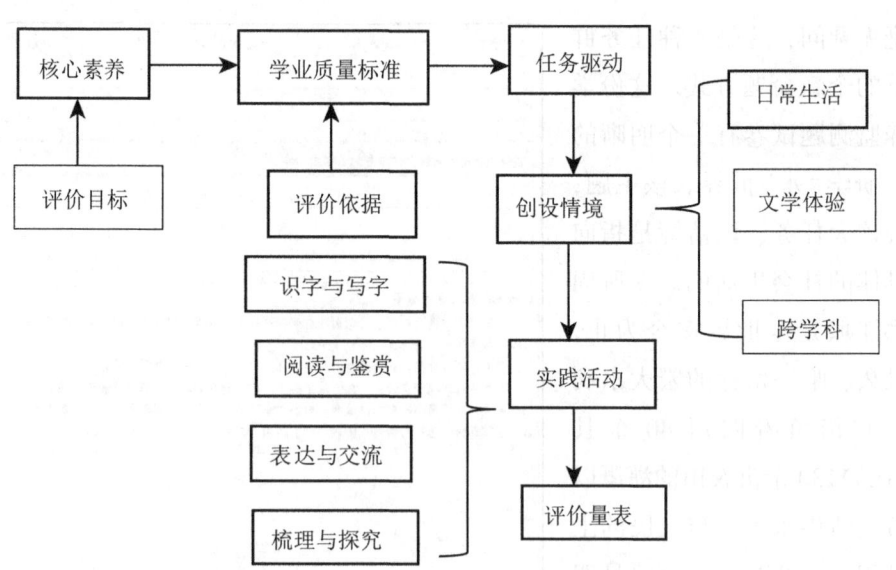

　　随着时代的车轮滚滚向前，语文核心素养的内涵势必会愈加丰盈，学业质量评价方式将呈现更多元的状态，老师们面对的挑战也愈发严峻。"教材讲了一滴水，考试考了黄河水；教材讲了一粒沙，考试考了撒哈拉"的窘态是我们都不愿看到的，面对任务群视野下的全新改革，我们唯有像何捷老师所说的那样：日常真教，真学，真用！

参 考 文 献

[1] 中华人民共和国教育部. 义务教育语文课程标准(2022 年版)[M]. 北京：北京师范大学出版社，2022.

[2] 人民教育出版社，课程教材研究所，小学语文课程教材研究开发中心. 义务教育教科书教师教学用书[M]. 北京：人民教育出版社，2024.

[3] 王春燕. 区域推进小学语文"整本书阅读"的实践探索[J]. 小学语文教师，2024(5)：5-8.

[4] [美]格兰特·威金斯，杰伊·麦克非格. 追求理解的教学设计：第二版[M]. 上海：华东师范大学出版社，2024.

[5] 刘月霞，郭华. 深度学习——走向核心素养[M]. 北京：教育科学出版社，2024.

[6] 王崧舟，彭才华. 理性思维：做负责任的表达者——"思辨性阅读与表达"任务群的内涵解读[J]. 语文教学通讯，2022(9).

[7] 毛成. "文学阅读与创意表达"学习任务群的内涵理解、内容分析与实践路径[J]. 教学月刊小学版(语文)，2023(6).

[8] 袁爱国. 发展思辨力："文学阅读与创意表达"深度学习路径[J]. 语文教学通讯，2023(6).

[9] 薛法根. 理性思维：做负责任的表达者——"思辨性阅读与表达"任务群的内涵解读[J]. 语文建设，2022(4).

[10] 王崧舟，魏星. 博学审问　慎思明辨——《义务教育语文课程标准(2022 年版)》"思辨性阅读与表达"解读[J]. 语文教学通讯，2022(10).

[11] 刘荣华. 在思辨性阅读与表达教学中发展学生理性思维的对策[J]. 小学语文教师，2023(11).

[12] 侯杰颖，向昆. 依托统编教材，落实"思辨性阅读与表达"任务群的学习内容[J]. 语文建设，2022(10).

[13] 吴欣歆，管贤强，陈晓波. 新版课程标准解析与教学指导——小学语文[M]. 北京：北京师范大学出版社，2024.

[14] 孙国萍，黄厚江. 对"真实的语言运用情境"的困惑和理解[J]. 语文建设，2021(1).

[15]杨向东，崔允漷.课堂评价：促进学生的学习和发展[M].上海：华东师范大学出版社，2012：30.

[16]夏雪梅.素养时代的项目化学习如何设计[J].江苏教育，2019(22).

[17]王月芬.重构作业——课程视域下的单元作业[M].北京：教育科学出版社，2021.

后　记

随着 2022 年 4 月《义务教育语文课程标准》的颁布，指向核心素养成为本次语文课程改革的热点和焦点，"学习任务群""项目化学习""跨学科学习"等学习内容的重构和学习方式的变革，都在昭示着面对日新月异的世界，教育面临的问题也在不断更迭，已从"什么知识最有价值"走向"如何学习最有力量"。

作为核心素养实施的最佳路径——"大单元教学"引起了全国各界的广泛关注。在大单元教学中，教师突破了以知识点、能力点为中心的线性架构方式，创造了以学生主体、语文实践活动为主线的块状结构方式，折射出全新的课程内容建构观，旨在以"少而精"的结构化课程内容引领与推动高质量的语文教学。

新的课程理念带来的是不确定的挑战，也带来了激发智慧的变革力。2022 年，作为湖北名师工作室的领衔人，我带领工作室弟子 20 多人躬身入局，走出固有的教学舒适区，对"课程标准"的解读经历了头脑风暴式的洗礼，并在各自的教学实践中孜孜探索，研究语文课程内容的实施路径及策略。通过每月到基地校举行一次大型学科实践活动，不定时的线上、线下团队研课，邀请国内、省内知名专家解读课标，融创理念，让智慧的种子深深扎根于教学土壤之中。

伴随 2022 年版课标教学实践的全面落地、全员投入、全程精进，两年的时间，工作室形成了不少有价值的教育理论和教学案例。骨干成员在语文核心期刊发表论文达数十篇，在 AI 作文课程创新实践和跨学科学习中作出了积极尝试。同时，国家级、市级、区级各类课堂教学大赛中有大批工作室骨干成员脱颖而出，获得殊荣，在省内起到了积极引领、广泛辐射的作用。

本书的完成离不开湖北省张艳萍工作室全体成员的辛勤付出与大力支持。在写作过程中，工作室成员积极参与，贡献了智慧与心血。其中，第二章由刘春琴老师撰写，第三章由鲍青老师和黄文菊老师共同完成，第四章由宋晨芳老师执笔，第五章由曾慧老师负责。另外，宋晨芳老师不仅在第四章的撰写中表现出色，还协助完成了大量的体例统整工作，为本书的顺利出版付出了诸多努力。在此，向所有参与本书编写的成员表示衷

405

心的感谢!

感谢湖北省教育厅、武汉市教育局为教师队伍建设搭建的发展平台，同时还要感谢华中师范大学的杨再隋教授，他一直非常关注我们工作室的建设，提出了许多宝贵的建议，给予了无私的支持，并在百忙之中，为本书作序。

"教育的对象是有血有肉的人，教育的目的应在于激发和引导学生的自我发展之路。"在未来，我们期待在"大单元教学"的实践研究中不断探索创新，为学生自主发展提供更优质的学习模式，促进学生核心素养的全面提升，推动基础教育优质均衡的发展。我们要走的路还很长，由于受理论水平和教学视野的限制，书中可能存在错误或瑕疵，希望广大读者不吝赐教，使其不断完善。

张艳萍

2024 年 8 月 9 日